普 通 教 學 法

方 炳 林 著

三 民 書 局 印 行

國家圖書館出版品預行編目資料

普通教學法／方炳林著.－－修正九版四刷.－－臺北市：三民，2005
面；　公分

ISBN 957-14-0324-5　(平裝)

520

網路書店位址　http://www.sanmin.com.tw

 普通教學法

著作人　方炳林
發行人　劉振強
著作財產權人　三民書局股份有限公司
臺北市復興北路386號
發行所　三民書局股份有限公司
地址／臺北市復興北路386號
電話／(02)25006600
郵撥／0009998-5
印刷所　三民書局股份有限公司
門市部　復北店／臺北市復興北路386號
重南店／臺北市重慶南路一段61號
初版一刷　1969年6月
修正九版一刷　1997年8月
修正九版四刷　2005年10月
編　號　S 520250
基本定價　陸元捌角
行政院新聞局登記證局版臺業字第〇二〇〇號

ISBN 957-14-0324-5　(平裝)

自序

隨着時代的進步，教學的發展，愈具有專業的趨勢。所謂專業，包括了專業的知能和專業的信念。教學的專業知能，是指各種教學的理論基礎、教育學識與教學方法及技能；教學的專業信念，則為教師對教學工作的認識、態度與抱負。前者影響教學的效率，後者決定教學的成敗，必須二者兼具，教學始能有成功的可能。至於教學之出神入化，臻於化境，則又有待教師之努力與藝術之素養，不但要熟悉精通教學的知能，並靈活運用之；而且要全神貫注於斯，有志趣發揮與創造。

十餘年來，筆者在國立臺灣師範大學教授「普通教學法」，卽本此瞭解以教學，務期理論與實際並重，知能與信念兼顧。爰將歷年來發表的一些作為講義的短文，整理補充，輯成本書。一則供教學之參考，一則敝帚不敢自珍，略盡個人「提供經驗以為分享」之責。

本書共分六篇：第一篇緒論，闡述教學法的基本概念，在使讀者瞭解教學的因素、趨勢與目的。第二篇教學原理與原則，除說明一般教學原則及其應用外，要在略論教學之心理的、社會的與哲學的基礎，使讀者瞭解教學各項理論與實施之所由來。第三篇教學方法，分別討論思考教學法、練習教學法、欣賞教學法與發表教學法的步驟與應用，並對編序教學與協同教學特予介紹，藉以瞭解教學上新的發展與趨向。第四篇教學技術，討論瞭解學生、準備教材、計劃教學、講述、問答、運用教具、指導作業、教室管理、診斷與補救教學等技術，以便教師有效的完成教學活動。第五篇教學成績的評鑑，分別說明成績考查、記載與報告之重要及方法，藉以有助於教師做好評鑑工作。第六篇教師職責與修養，則在闡述教師的課外責任、修養與進修，使教師瞭解教學以外的責任，並從應具的修養，建立起專業的信念，善盡人師的職責。

本書之作，正值筆者趕辦另項進修計劃之手續，故為時不及四月，幸承教育系劉答滙同學與內子孫慧俠女士，分別協助整理資料與繕寫，得以早日完成，併此誌謝。時間匆促，識見淺薄，疏陋之處，尚祈教育先進與讀者指正。

方炳林於　國立臺灣師範大學

普通教學法目錄

普通教學法

方炳林著

第一篇 概論

第一章 緒言

第一節 教學法的意義

一、教學的意義　何謂教學？簡單的說，就是教師指導學生學習的活動。詳細以言，則是教師依據學習的原理原則，運用適當的方法技術，以刺激、指導、鼓勵學生自動學習的活動。其中所謂：

刺激　就是刺激學生學習。在許多學習的材料和活動中，不一定都是學生所希望學習的，而事實上是他們所應該學習的，教師就要設法引起學生學習的動機、興趣和需要。這種引起學習動機的工作，稱爲刺激學生學習。

指導　是指學習方法的指導。教師之所以要講求教學法，主要在於使學習活動能够經濟而有效。爲使學習又快又好，方法的指導是必需的。

鼓勵　鼓勵學生學習包括幫助學生解決困難和設法維持學習興趣。學生在學習中，難免遭遇到困難，這時教師既非越俎代庖，以教代學，替學生解決困難，亦非不聞不問，不管學生困難，而是幫助學生解決困難。教師可以幫助學生找出困難之所在，提供已知的經驗或解決之途徑，但困難仍須學生自己解決，這才是鼓勵學生學習之道。

為期教學經濟而有效，不但使學習既快且好，而且要使學生在愉快高興中學習，所以教學開始時要引起學生學習的動機和興趣，在教學過程中，亦要設法維持其學習興趣，以鼓勵其繼續完成學習活動，這亦是鼓勵學生的學習。

以上所言刺激、指導、鼓勵，只是教師的工作，教學一詞包含「教」「學」二字，其中「教」是「教師」的「教」，「學」則是「學生」的「學」。所以，除了教師的刺激、指導和鼓勵外，教學還需要學生的自動學習。甚至教學應該更着重學生的學習，因為，缺乏教師良好的刺激、指導和鼓勵，固足以使學生嘗試錯誤而致教學不經濟，缺乏學生的學習，則教學將會根本無效。學生要如何學習？要自動地學習。俗語說：「能够拉一匹馬到河邊，但不能强令其喝水。」學習需要學生自己學，正同喝水要馬自己喝一樣。所以，教學應該是教師的教和學生的學，兼顧並重，缺一不可的共同活動。

二、教學法的意義　教學法是教學的方法。教學的意義，已如前述，方法則是一種經濟有效的做事手續。無論做任何一件事情，如果有一定系統的步驟和一定明確的目的，便是有方法；反之，則是雜亂無章，缺乏方法。由此，我們可以歸納說：教學法是一種有目的有系統的步驟，教師用以刺激、指導、鼓勵學生自動學習，以達成教學目標。

方法的條件，一是有目的，一是有系統。教學法的目的，在於達成教學目標；教學法的步驟則為：

1.瞭解目標　教學目標是教學工作的方向和依據，所以教師首先就要瞭解教學目標。

2.瞭解學生　學生是教師教學工作的對象，認清對象，才能施敎。教師必須找出學生的需要，才能計劃有助於滿足此種需要的經驗。教師亦要瞭解學生在成熟、能力和過去訓練方面的準備，以爲施敎的依據。

3.選擇敎材　敎材和教學活動是學生學習的內容，亦是達成敎學目標的工具，所以，選擇敎材既要適應學生身心的發展，亦要符合教學的目標。

4.指導學習　這是教學過程中主要的活動，包括環境的佈置、動機的引起、各種方法和技術的應用。敎師可以指導學生如何處事、提出新的事實和新的觀念、以及經由問答、例證、利用視聽敎具以幫助其學習。亦可以讚許一些合適的成功和努力，以鼓勵學生的學習，要在使學習經濟而有效。

5.評量效果　根據敎學目標，隨時考查學生學習的成績，以明瞭敎學效果和價值，同時亦藉以決定次一教學步驟。

6.診斷補救　如果評量效果，教學目標已經實現，即可從第一步驟開始，瞭解第二單元或第二階段的目標，逐步實施教學。如果目標未能達成，則需施行診斷與補救教學，瞭解教學失敗的所在及原因，對症下藥，務期徹底達成教學目標。

亦有教學法的書籍把上列的步驟列爲診查學習情境、佈置學習情境、指導學習活動和評鑑學生學習等四步（註一），但不論分列幾步，敎學法就是敎師按照上述一定的步驟，以刺激、指導和鼓勵學生自動學習，以達成敎學的目標。

第二節　教學的因素

從教學的意義，可知教學實爲一具有複雜因素的活動。其中有人、時、地、物諸多因素，用教學上的名詞說，就是包括目標、教師、學生、課程、方法和環境等因素。我們可以將這些因素及其關係，繪圖如左：

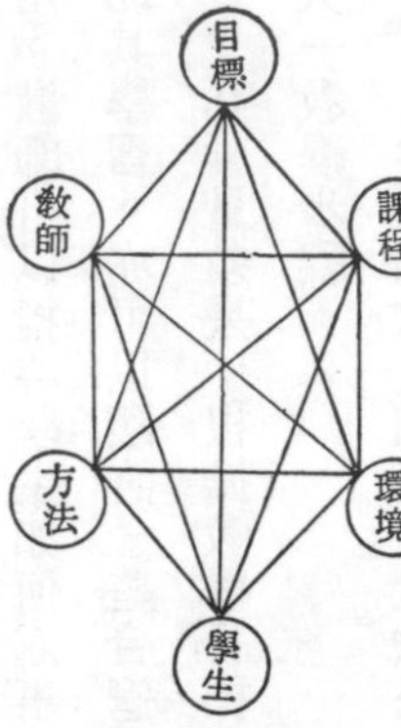

1-1 教學因素關係圖

在這張圖裏面，上下兩端分別爲目標和學生，學生位於下端，表示還沒有成熟，需要教學來充實和發展，以提高到上端教學目標的理想位置。目標和學生是教學因素關係中主要的兩極。爲完成這兩極的活動，而有教師、課程、方法和環境等因素。環境是教學活動進行的空間，課程是教學活動的內容，由教師運用適當的方法，透過課程的學習以完成此一教學活動。這六項因素之間，都有線條互相連接，表示任何一項因素都和其他五項具有關係。必須六者具備，且都能充份發揮作用，相互兼顧協調，然後教學才能收良好功效。

茲以一項爲主，說明它和其他五者之相互關係，然後依次以另一項爲中心，說明它和其餘的關係。

一、從教師說起

1. 教師和目標

(1) 確立方向　目標是教學的鵠的和活動的方向，教師實施教學活動，指導學生學習，首先就要了解教學目標，然後才能對準方向，全力以赴。教學上的目標很多，在距離上有遠的目標和近的目標，在範圍上有大的目標和小的目標，在內容上有抽象的亦有具體的，可以從國家的教育宗旨、憲法中的教育文化基本任務、各級學校教育目標，而到各學科教學目標、各單元目標和每課的教學目標。這些遠近大小不同的教學目標，教師都要深切的了解，才能由小而大，逐步實施，完成最高的目標。

教學目標之於教師，正如航行方向之於舵手，舵手不明方向，不僅使航行費時失業，而且會有差之毫釐失之千里的危險，所以教師教學，要了解教學目標。

(2) 預期結果　教學目標亦是教學活動的預期結果，教師知道目標，就可以有預知之明，成竹在胸，根據目標以計劃教學，實施教學，並且可以用預期結果的目標作標準，衡量自己的教導和學生的學習，命題考查要依據目標，診斷補救亦要以此爲準。

2. 教師和課程

(1) 瞭解課程　透過課程，教師才能指導學生學習，教師對於課程的性質、課程的功用、課程的內容和組織，都要深切瞭解；教師不宜拘泥於課程是各種學科或局限於教科書，而應該包括整個學習的活動和經驗。教師要瞭解課程不是支離割裂的知識學習，而是統整的生活經驗和生活情境。同時，課程除了具有完整的特性以外，還有其程序，課程是順一定程序的學習活動。教師了解了這些，纔能適當的應用課程，以收引渡學生以達目標的功能。

(2) 熟悉教材　組成課程內容的是教材，教師指導學生學習，就必須熟悉內容，精通教材。因爲教師僅僅教給學生一些書本的知識，是不足以鼓勵和啓發他們更高更深領域的涉獵之興趣和企圖，而且教學亦將枯燥乏味，無法游刄有餘。所以，學識淵博永遠是教師必備的條件。

(3)愛好科目　課程不限於學科，但教師終要擔任學科的教學，所以教師要能從熟悉教材進而喜愛自己的學科，纔能興之所趣，樂於研究，具有心得，以收最高的教學效果。

3. 教師與學生　如果教學活動以教師爲主體，則學生是教師工作的對象。但我們亦常說由舊教學法進步到新教學法，活動的重心已由教師轉移到學生。無論怎樣的說法，教師和學生同屬於教學活動中人的因素，其關係最爲密切。

(1)教師要了解學生　學生有不同的家庭背景、不同的身心發展階段，更有不同的才能、興趣和性向。教師必須對於每個學生有所認識和了解，纔能因材施敎，給予最合適的指導，而收人盡其才的效果。

(2)教師要指導學生　教師指導學生學習，不僅是知識技能的傳授，更重要的是生活行爲的指導。入則孝，出則悌，行有餘力，則以學文，古有明訓。「教育卽生活」是教育上的名言，我們現在積極推行生活教育，更應該在做人做事的基本生活上指導起。

(3)教師要幫助學生　學生學習有困難，教師既不可過份熱心代替學生學習以解決其困難，亦不可誤用自動原則，不問不聞其學習困難，而是幫助學生解決其困難。可能學生的困難和煩惱，在教師看來是不值得或沒有意義。但只要學生提出來，教師就要細心傾聽，表示關心，願意給予必要的援助和指導。這是一種同情和關心，不是憐憫，亦當然不是漠不關心。

(4)教師要喜愛學生　教師不祇是了解學生，還要進一步去喜愛學生。本來教育的基本條件之一就是教育愛，用教育愛來滋潤學生，使學生獲得健全人格的發展，用教育愛來開啓學生心靈之門，使能自動積極的接受教導。所以，有人說：「如果你不能眞正的喜歡孩子或不愛青年男女，最好你要放棄教學。」其實喜愛學生不是一件難事，除了他們無知、膚淺和缺乏經驗以外，他們並沒有其他的缺點，尊重他們的人格和意見，就會發現每個學生都有其可愛之處。他們天眞活潑，精力充沛，富有朝氣。喜愛學生最好的方法，是加入學生群中與之爲伍，一起作息，遊樂相共，自然可以了解他們、指導他們和喜歡他們。教師不再是教學王國中的統治者，冷冰冰的維持着僵硬的師生關係，教師應該是教學活動中風趣、親切、可信、可愛的嚮導。

(5)師生相互敬愛適應　教師要了解學生、適應學生，同樣學生亦要了解教師、適應教師。因爲，教師亦是人，人都有其優劣得失，接受一位教師的教學，要適應他的教法和習慣，儘量發掘其長處，取長捨短，才能從教師那裏獲得教益。不必怨嘆、抗拒，甚至仇恨，而要像對父母一樣的去敬愛教師。無論如何，教師的學識、經驗、能力、態度等等，終有可以爲學生學習的地方。記住老師是來教導的，尊師就是重道。

4.教師與方法　教學方法是達成教學目標的手段，同一教材，由長於教法的教師教之，就像優良的琴師之操琴，能够觸動學生思想和情感的心弦，刺激之、安慰之、興奮之、鼓勵之，反之則呆板枯燥，扞格不入，而且事倍功半。教師和方法的關係是：

(1)明瞭方法　教學上有各種方法，教師接受專業訓練的時候，就要明瞭各種教學方法，從方法所依據的原理、方法應有的步驟到各種方法的優劣得失，都要非常清楚，然後才能合適的應用方法，深入淺出，有條不紊，諄諄然善誘之。教學上常常有新的教學法出現，教師要能隨時接受新的方法，以改進自己的教學。

(2)熟練技術　教學中同時要運用許多技術來刺激、指導和鼓勵學生的學習，諸如教學的計劃、教材的選擇與組織、教具的使用、作業的擬訂與處理、診斷與補救教學等，教師要在工作中熟練這些技術，而能達到熟能生巧、出神入化的藝術境界，才可以提高學習的興趣，增進教學的效率。

(3)創造方法　教師要熟諳各種方法、原則和技巧，而能靈活運用，所謂「在循規蹈矩之中，能够縱橫自如；能無意於法則，而自合於法則。」進而能根據教學原則，實驗和創造更多新的教學方法。如果墨守陳規，率由舊章，毫無創進，教師就成了方法的奴隸和教書匠，教學上有所謂創意教學（Creative Teaching），就是教師利用已經知道的，加上新的見解，並運用自己所產生的結果，才能避免落入舊套去教導學生。教師要能獨運匠心，發揮自己創造的智慧和才能，因人因事因時因地而制宜。

5.教師與環境　環境是所有教學因素中最易被忽視的一種因素，可能是大家重視教學的心理學基礎而忽略社會學基礎所致，其實社會學和心理學對教學同樣的重要。整個的社會、學校所在的社區、學校以及教室，都屬於教學的環境。教師對環境的關係是：

(1)了解環境　教師要能了解當前的社會需要、社區的情況和學校的環境，才能切實指導學生，學習如何適應社會生活，教師自己亦才能對環境作最好的適應。例如教師對學校的傳統和作風，應該予以了解，在參與學校計劃如教學研究會、教務會議、訓導會議、人事評判、經費稽核等機會中，能够作適當的適應，而無過又不及之弊。

(2)領導社會　社會中心學校所推行的社會中心教育，便是要教師以學校爲社區中心，領導社會的發展和促進社區的進步。所以教師不僅要教導學生書本知識，還要指導學生參與社會，共同爲社會生活的改善而努力。教師是知識份子，在社會上有其特殊的地位和示範的作用，其言行思想，可以間接地由學生經家庭而影響社會，直接則可以領導社會的改進，所謂「化民成俗，其必有學乎」便是這種意思。

(3)處理教室　教師對於環境最能作有效地處理的，便是教室管理。無論是導師的班級或一般的班級，教師多數是和學生在教室中進行教學，而教室又是學生在學校生活和學習的中心，所以教師要能有效的處理教室。這裏我們用教室處理而不用教室管理，爲的是避免狹隘觀念的限止。講教室管理，往往只限於秩序的維持和訓導問題的處理，事實上教室處理包括教室環境、教室設備、教室衞生、教室氣氛和教室常規等，可以說是教室中人、事、物的處理。教師務使教室環境安靜、明朗、雅緻，教室設備充實、耐用、方便，教室衞生整齊、清潔、衞生，教室常規簡明、合理、自然，教室氣氛輕鬆、愉快、勤奮，教室訓導公平、合理、友愛，以達到維持教室秩序、啓發學習興趣、提高教學效率、培養自治精神和增進師生情感的教室處理目的。

二、就目標而言

1.目標與學生

(1)學生宜了解目標　目標是希望學生達成的境界，所以目標同樣是學生學習的方向。學生能够知道目標的所在，就會向着目標，克服困難，努力以赴。心理學上認爲明確的目標，是學生學習强有力的一種動機，而且讓學生瞭解目標，還能產生一種內發的熱情，願意與教師共同合作，以完成這些目標的實現。因爲目標能够有助於師生們的觀察、選擇和規劃，使教學活動得以順利進行。所以，在教學活動中，應儘量使學生知道要達成的鵠的和預期的結果。

⑵目標須顧及學生　普通討論目標，總有目標早經決定的感覺，這種目標是外在的目標，教育家杜威有謂教育歷程以外的目的和歷程以內的目標，前者注意到文化遺產和社會成人的需要，後者則注意學生的興趣和能力。良好的教學目標須內外兼顧，學生的興趣、才能和需要，亦是決定目標的重要因素，然後目標才具有最大的活動意義，教學不致變成外加的苦工，能够逃避，就儘量逃避。

2.目標與課程

⑴課程依目標而決定　課程和教材是實現教學目標的工具，所以課程教材必須依據教學目標。有什麼樣的目標，就有什麼樣的課程。例如延長教育年限後的國民中學教育目標「在於繼續國民小學之基本教育，發展青年身心，陶融公民道德，灌輸民族文化，培育科學精神，實施職業陶冶，充實生活知能，以奠定其學習專業技能或繼續升學之基礎，並養成忠勇愛國之健全國民。」國民中學便有公民與道德、健康教育、語文學科、數學科、社會學科、自然學科、藝能學科、職業陶冶及其他選修科目，童子軍訓練、團體活動及指導活動等十類學科之規定。至於構成課程內容的教材和活動，則更是依據目標而選擇。

⑵目標賴課程以實現　教學目標之實現，要緊的是合適的工具，如果目標是情趣的欣賞和陶冶，而所用的是反覆操作的課程和材料，或者目標是藝能的熟練，而學習的是增進知識的課程和材料，自然不能如期的達成，南轅北轍，則愈騖而愈遠。

3.目標與方法

⑴目標有賴方法　教學目標的達成，一方面要有合適的內容，一方面亦賴有效的方法，任何事情都

要講求方法，教學活動之需要方法和技術，在於經濟有效的實現教學目標，否則，如何良好的目標和合適的材料，亦無由經濟的達成。

(2)方法配合目標　教學上有很多方法，而方法的採用，要能配合目標。目標在於經驗的增進，就要以教學做合一的做上學來配合，知識思考教學法配合增進知識、啓發思想的目標，練習教學法配合習慣技能的培養，發表教學法配合創作發表的目標，此外欣賞教學法、社會化教學法等，都在配合不同的教學目標。

4.目標與環境　環境雖然是空間的因素，同時還具有時間的性質。所謂當前的環境，便是指此時此地的環境而言，而目標不能脫離時間和空間的因素。

(1)環境決定目標　教學目標雖然有歷程內外之分，但至少必須要幫助學生適應生活。學生生活在環境中，什麼樣的環境，具有何種生活情境，需要些什麼，必然影響到教學目標的決定。原始社會和生活進步的社會不同，封建社會和民主社會不同，工商業社會和農業社會不同，在教學目標上都有不同的要求。同理，中國社會和西洋社會不同，自不宜抄襲別人的教學目標。同是中國，各地區不一，教學目標卽宜多具地方的伸縮性。

(2)目標改進環境　環境固然可以決定教學目標，反之，教學目標未始不可改進環境。這就是社會學上的社會變遷、社會控制和社會指導。社會變遷可以接受外力的指導，教學上根據理想，訂定目標，使社會環境向理想的境界，作有計劃的改進。大至國家、社會，小至社區、學校，都可以按照預定目標，力求改善和發展。

三、就課程而言

1.課程與學生　課程是學生學習的一種有程序的內容，是引渡學生以達目的的橋樑，所以必須學生和目標二者同時兼顧。課程與目標已如前述，課程與學生的關係則在：

(1)課程在增進學生的經驗　理論上說課程是引渡學生的橋樑，實際上課程是在增進學生生活的經驗。人類生活是完整的，學習的課程必須亦是統整的。如果爲了學習方便而分成各種學科，亦是分別增加相關的生活知能，以充實完整的生活經驗，決不是片斷零碎的書本和文字。

(2)課程是學生需要的　課程既是增加學生的生活經驗，則課程應該是學生需要和喜愛學習的。一種課程，如果是學生樂意參加和急切需要的，則這種課程必然是有價值的，所以課程宜符合學生的需要。

(3)課程是學生能學習的　課程之所以有程序，是要配合學生身心發展的程序，學生能够學習，然後才能經由課程，獲致經驗，增加生活知能，所以教材的選擇組織和排列，要注意到學生的智力、才能和經驗。分科課程和活動課程，便常因學生年齡而異其價值。

2.課程與方法　課程是達成教學目標的工具，方法是達成目標的手段，二者如車之兩輪，鳥之雙翼，相輔而後相成。課程端賴良好的方法，以顯示其價值和發揮其功能。缺乏了方法，課程祇是一堆死的材料或一串無由實現的活動計劃。而且，方法亦影響材料的學習，方法精巧有效，可使材料條理清晰，易於學習；方法拙劣，則使材料艱深，次序混亂而難學。另一方面，課程和教材的性質，又決定了方法的採用，工具學科、內容學科與藝能學科所用的方法並不一樣。材料亦有講解的、記憶的、思考的、實驗的、觀察的、討論的、活動的等不同性質，方法自亦須相互配合，才能相得益彰。

3.課程與環境　課程之需要適應社會環境需要，正如課程之需要適應學生同樣的重要。課程的變動性，就是在於隨環境而變動。因爲人類的生活隨環境而不同，所以古代有價值的課程，不一定現代仍有價值，外國有價值的課程，未必中國亦有價值。過去農業封建社會講求修身，現在民主工商業社會則重視公民。同一課程，其教材亦因環境不同有所差異，城市和鄉村、山地與濱海，在教材上的需要不同，便是最好的例證。所謂教育必須在土內生根，才能成爲活的教育，就是指課程之需要適應環境。

四、就環境言

1.環境與學生

(1)學生在環境中學習　環境是學生生活和學習的空間，而且環境爲學生提供了人類經驗和生活型式，學生在環境中享受到一切學習。過去的教育，脫離生活，與社會孤立，現在要革除此弊，讓學生在實際的生活情境中學習，去認識環境。教學上有社會資源的運用，根據學者研究的分析，運用社會資源具有許多功用：①可以使學生眞正了解社會的組織及其活動。②可以使學生了解當前的問題。③可以引起學生關心社會的興趣。④可以養成學生對於社會的責任感。⑤可以培養學生改進社會生活的願望和能力。此外，主要的可以使教學變得眞實有用，使學生在環境中學習，而非在環境之外的象牙塔裏學習。

(2)環境影響學生發展　近朱者赤，近墨者黑，環境對學生的影響力非常大。社會的環境和風尙、家庭的情況和態度、學校的設備、環境和校風、教室裏同學間的相處和師生間的關係，都是有形和無形的環境，影響着學生知識的學習、做人處事的態度和健全人格的發展。個人不能爲社會或周圍的環境所接受，或者不能符合社會需求的標準，就容易形成不良的適應或反社會的行爲，個人和社會兩皆受到損害。所以，個人既要學習適應環境，環境亦要良好，足以容納個人有自由合適的發展。

(3)學生可以改造環境　學生是社會未來的主宰，所以學生可以根據理想，配合需要，發揮力量，改造環境。例如：可以有效的處理教室、校園、學校，以期更適合於自己的學習，亦可以參加社區的服務和活動，使環境能更適合於人們的生存、生活和發展。「知天、用天而制天」，才是學生對環境應有的理想態度與抱負。

2.環境和方法　環境不同，方法各異，是爲因地制宜。教學上的利用資源、社會調查、旅行、參觀、訪問以至社會服務等方法，莫不因環境的有利或限制而影響。教學技術的實施，亦受環境因素的影響。通都大邑，工商業發達，機器精良，一切視聽教學的實施就方便，否則，很多教學方法與技術無由施展。學校缺乏研究的設備、環境和風氣，不便、亦不足鼓勵進修與研究，則教學方法必然墨守成規，無從推陳出新。反之，優良和進步方法的提倡，亦足以改善環境、改良風氣，而有助於教學。

五、方法與學生

1.方法適應學生差異　學生有個別差異，方法就要針對學生的智力、才能、經驗、年齡、性別、興趣、需要和性向等差異而不同。例如，講述法是否適合大學生、中學生和小學生？教師實在無法對不同的學生，用相同的方法而想收到相同的教學成效。一切講述的詳簡快慢，作業的深淺多少和作業的性質種類，行爲的指導，獎懲的處置，無不需要因人而制宜。論語上記述孔子回答弟子問孝，便是最好的適應學生的教導方法。

2.方法爲學生所喜愛　在教師與學生關係中，曾提到學生要適應教師所用的方法，同時教師所用的方法，亦要爲學生所喜愛。雖然教學上所採用的方法，是否應爲學生的好尙所支配（註二），仍舊是一個問題，但教學方法能爲學生所喜愛，必然可以提高學生學習的興趣，增進教學的效率。

以上所述，只是六種教學因素相互關係的大概，雖屬平凡簡略，但已經是錯綜萬端，複雜之至。由此可見，教學不是識得字就可以從事，亦不是掉以輕心即能奏功。教學既具有科學的基礎和內容，教師更需要藝術的手腕和態度，才能靈活運用諸多因素，將學生有效的引升到目標的理想境界，做好教學工作。

第三節　教學的特質

哈艾特（G. Highet）說：「教學是日常生活中廣泛實踐的事。」（註三）他認爲在日常生活中，父母與子女、夫婦之間、主管、醫生、作家與藝術家等，無不在進行着教學的工作。任何地方，只要有專家和生手、老年和青少年，就會有教導和學習。每一個人都是學生，同時又是教師。每個人做的事，亦不外乎學習，或者教導別人。這雖然亦是教學的特質之一，但不是本書所稱的教學。就正式的學校的教學而言，則教學有其激勵性和參與性的特質。

一、激勵性　有人認爲教學就是教書，輕而易舉；有人認爲教學是淸苦的工作，單調乏味；亦有人認爲教學是艱巨的工作，富有意義。言人人殊，多因觀點不同而異。其實，眞正的教學，應該是一種激勵的工作。所謂激勵，包括了激發、興起、鼓舞和砥礪，有類於英文的 challenging 和 exciting 的意義。這可以分別從教和學的觀點以說明之：

1. 從學的觀點而言　所謂從學的觀點，就名詞說是「學生」，從動詞說是「學習」，亦卽從學生學習的觀點而言，教學無疑地是一種激勵的工作，因爲：

第一，人類的潛能是因教學而開啓和發展的。學生生而具有的，只是一些普通的能量，發聲、步行、思考，都是普通的能量，要能說話，成爲運動家，能精密思考，成爲特殊的才能，則有待後天有效的教學。教學開展了學生無限的能量，所以教學對學生是一種最富激勵的工作。

其次，學生從教學中學到許多的知識和技能，知所未知，能所未能。等於是一座無盡的寶藏，展示在學生面前，經由教學，學生們得以深入寶山，擴增見聞，獲窺奧秘，開創偉大的人生成功之道。

第三，學生良好的習慣與品德的砥礪，亦是主要來自教學活動。學生從教學中學習到明辨是非善惡美醜，建立起遠大的理想，陶冶心性，具有安定的情緒，欣賞眞善美，提高人生境界，更能享受人生的樂趣。教學能使學生繼續向上、向前、向好的方向生長發展，所以它對學生是一種激勵。

2. 從教的觀點而言　教學之所以激勵，主要還是由教的觀點而來。本來，任何工作對於其工作者，都會是一種激勵和挑戰，而教學之於教師，則爲尤甚。因爲：

(1) 努力不懈　就教學的內容說，教師要瞭解教學目標、瞭解學生、選擇教材、指導學習、評鑑學習和診斷補救，這些工作，都不是識得字就能做得好的。就是以知識而論，現代知識的進步，日新月異，要想使教學內容充實生動，必須隨時隨地蒐集學習，努力不懈，才能維持自己於不墮。嚴格的說，教學不只是教師的教和學生的學，教學根本就和學習分不開。每一位教師都應當不斷地學習他所教的科目，每一年，每一月，學到新的東西。有了教材，如何選擇、組織，最便於學習，尤其採用何種方法指導，才最有效，更是對教師能力的一種考驗。沒有受過專業訓練的，固然需要接受專業訓練，受過專業訓練的，亦還要發揮創造的智慧，實施創意的教學，以收教學的最高效果。

(2)嚴肅艱巨　教學不祇是傳授知識，訓練技能，教學可以說是一種「干涉另一個人生活」的事情。干涉另外人的生活，實在是一種嚴重的事，一句無心的話，可能在學生的心靈上烙下終生創傷，或者亦可以使頹廢的青年人振奮，而終身受用不盡；幾個月不得法的教學，可能斲傷學生學習的興趣，視一門有用的科目如畏途，厭惡學習，不肯踏入有價值的知識園地，而剝奪了他們本來可以畢生享用的財富。好的教學，必能爲學生打開知識的門窗，將學生的心靈帶到無限長的途程上去，使他們不但得窺門徑，而且有興趣繼續研究，以求登堂入室。教學之成爲嚴肅和艱巨的工作在此。教師能不臨淵履冰，時時惕勵，努力以赴？

(3)複雜困難　教學亦是一件複雜的工作，不同的學生，固然有差異，就是同一個學生，在不同的時間或空間內，亦會不同。這種千變萬化的情境，何等的複雜！同樣的問題，因爲發生在不同的學生身上，由於各人有不同的背景、需要或困難，處理的方法和技巧，可能截然不同。教學上的因材施教，訓育上的因勢利導，在實施上確實是件艱困的工作。教師能因爲艱困而放棄不做嗎？如果我們要做個「無欺」和「無愧」的教師，我們一定不會放棄。明知艱巨，而要克服艱巨，這便是激勵。

(4)考驗挑戰　教師在教學中遇到的學生，多數只是無知、膚淺和缺乏經驗，不過，這些不是問題，相反的還是教學的可能依據。問題是有時候會遇有態度蠻橫、輕佻、蔑視、兇狠或者愚蠢、固執、懶惰、頑皮，總括一句說是頑强的學生。在許多普通學生中間，夾雜着少數的頑强學生，你既不能傷心或灰心而放棄他們，又不能全神貫注的專敎他們，而且他們對你的敎導具有極大的抗拒。這對敎師的時間、耐心和毅力，都是一種挑戰和考驗。敎師要以無比的同情與愛心去瞭解、誘導、啓發和拯救他們，像醫生之診治病人，使其康復，使他們能和一般學生一樣，納入常規，步上成功的正途。

(5)鼓舞欣慰　敎學難道都是那麼艱難和辛苦嗎？不！敎學亦有其輕鬆愉快的一面。敎學最大的報酬，是創造的歡欣。因爲敎學是敎師把心思用在有價值的事物—樹人—上面，敎師從敎學中創造了個人，從每個學生的生長和成就中獲得無限的歡欣。孟子說：「得天下英才而敎育之，三樂也。」這種敎學之樂，除了創造的欣慰之外，更有「樂道」的精神享受，安貧樂道，怡然自得。這一切欣慰和樂道，對敎師是一種最大的激勵和鼓舞。

(6)砥礪興起　敎師在敎學中，身敎言敎並重。要想做一個人師，必然要在自己的立身處世，對人接物、態度、理想、情感、興趣各方面，有良好的表現，以爲模範，以爲楷式，然後才能潛移默化，眞正收到人格感召春風化雨之效。而敎師修養身心，陶冶性情，砥礪品德，健全人格，則是修身涵泳的功夫，所以敎學對敎師亦是最具砥礪興起的工作。

總之，敎學對個人說，是啓迪個人智慧，增進生活經驗，使學生學會如何做人，如何處事，如何治學；就社會說，在於傳遞、發揚與更新社會文化，以促進社會之進步；就國家說，則在延續民族生命，培養建國人材，以建設富強康樂的國家；就世界人類說，則在促進世界和平，增進人類幸福。繼往開來，任重道遠，加以敎學相長，敎學實爲一富有意義與激勵性之工作。

二、參與性　敎學除了具有激勵性之外，還有其參與性。舊式的敎學，以敎師爲活動的中心，敎師將準備好的教材，講解傳授給學生，學生的學習是被動的、消極的，而且是靜態的。新的教學則是動態的，亦就是師生共同參與的活動。

根據現代課程的觀念，課程具有「動」的特性，這種「動」，除了變動之外，還是動態的。因爲課程不僅是變動的生活和經驗，而且是動態的經驗和活動；是參與的活動，而非代替的學習。學習現代的課程，不再是知識文字或孤立學科的學習，亦不再是教師强迫鞭策與記憶背誦的活動，而是學習者能够和樂於參與的活動。在參與中計劃學習、選擇題材和方法、與教師和同學共同合作、評鑑學習的成績，是做與學合一，知與行並重。所以，學習現代課程，是一種自發的、明智的、熱烈的參與。（註四）課程既然是變動的和動態的，教學自亦不僅是書本文字記憶的靜態學習，而是動態的參與活動。

根據教學的意義，教師需要刺激、指導、鼓勵，更要使學生自動樂意地參加學習，共同負責完成教學活動，所以教學具有參與性。只要我們觀察一下兒童們參加遊戲的活潑和興緻，想到兒童們從遊戲中所習得經驗之生動和自然，或者青少年們參加課外活動的那種精力充沛和淋漓盡緻的情形，就可以知道參與性的重要和價值。惟有參與性，才能確保教學的生動和教學的有效。

當然，教學爲適應目標、內容、學生以及環境，而有其他特性。至少，從教學的激勵性，可以知道教學的價值與眞諦，是值得我們從事的工作；從參與性，可以知道教學應有的途徑和方法，瞭解到如何來完成此一工作。

第四節　教學的趨勢

教學的發展，可以遠溯到人類的歷史。可以說有人類就有教學，因爲有人類就有生活，有生活就必然有教學的活動。而且，教學亦隨着人類生活的進步而發展，人類生活由簡單而複雜，教學亦由散漫而系統，由無意的教學而到有意的教學，由缺乏方法而講求方法，使教學的效率提高，對人類生活的貢獻亦愈大。尤其當教學從過去舊的發展到今天新的教學，其效率和貢獻，更爲顯著。孫邦正教授在其所著「普通教學法」自序中曾列舉新舊教學法顯著不同之點有六：第一打破偏重知識教育的觀念，注重人格教育；第二打破偏重書本教育的觀念，注重實際生活的經驗；第三打破講授方法的限制，注重指導學生自動自學；第四打破學科的界限，注重經驗的完整；第五注重個別差異的適應；第六注重群性的陶冶。這等於指出了現代教學方法的趨勢。此外，還有許多討論教學趨勢的文章（註五）。根據研究，現代教學至少可以歸納成下列四種趨勢：

一、教學心理化　自從自然主義教育思想發生以後，教育上便開始重視學習者——兒童本身的價值，注重順應兒童自然的發展。加以生物學和心理學長足的進步，對於個人身心生長的程序和人類學習的法則，有更正確的認識，教學的發展，便有心理化的趨勢產生。所謂教學心理化，就是教學上的一切設施，都能注意到學習者身心發展的程序和需要。這可以分成下列幾點說明：

1. 教學目標　過去的教學，似乎受主知主義的影響太大，偏重文字知識的學習，注重書本課文的背誦和記憶，而這種背誦和記憶，又以應付考試爲目的。今天心理化的教學，不再只重知識的增進，而以促進學生身心平衡、發展健全人格爲主要的教學目標。事實上，學生的情感、興趣、情緒、愛憎和理想態度，遠比知識對於他自己和對於社會的影響與貢獻爲大。

2.教材　教材是達成教學目標的工具和內容，所以教材的選擇，在教學活動中佔有重要的地位。過去教學上的選擇教材，只注意到成人社會的標準和將來生活的應用。兒童識字以後，要讀四書五經，爲的是社會上的科舉以經書爲內容，爲的是半部論語可以治天下。並沒有考慮到兒童能不能體會到明明德、止至善的道理；亦沒有考慮到兒童有沒有興趣讀這一些。現在教學上的選擇教材，標準固然很多，但適應學生心理發展則是主要的一項依據。小狗叫、小貓跳、飯前飯後要洗手……都是切合學生的經驗和兒童生活中最重要的部分，兒童能够學，需要學，學得有趣，教學的效率亦就提高。

教材的選擇顧及學生的能力、經驗、興趣和需要，教材的組織和排列亦是注意到兒童心理的發展。教材組織，有心理的組織法和論理的組織法，前者以學生的經驗和能力爲出發點，以學生的興趣和需要爲中心，所以學習容易；後者使教材有系統，有條理，且可訓練學生整理知識的方法，但不便於學習，所以教材的組織，是按年齡大小、年級高下和經驗多少，由心理的組織而到論理的組織。

其次，教材的排列，亦是顧及學生學習的能力，由易而難，由淺而深；顧到兒童觀念的發展，由具體而抽象，由近而遠；以及顧到經驗的發展，由舊經驗而到新經驗，逐漸擴大其範圍。

3.教法　教法的發展，亦從注入式的講演法進步到注重學生能力、經驗、興趣等心理化的方法。一位美國護理教育家英格曼博士（Dr. Ingmire Ph D.）曾在臺灣療養院對臺北護理界講述創意教學（Creative Teaching），其中有一張教學法的圖表（註六）最足以表示教法心理化的趨勢：

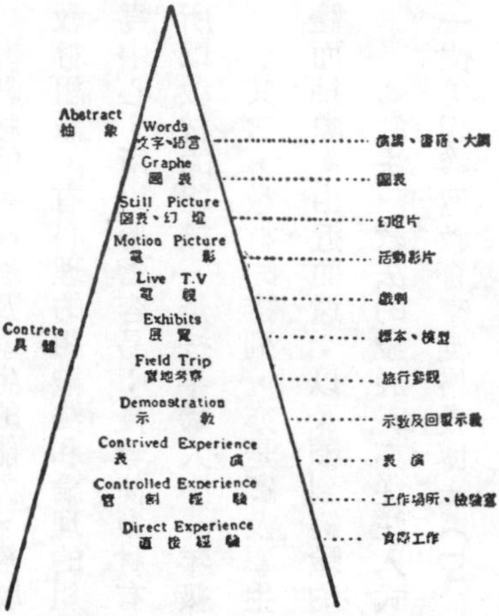

1-2 Teaching Methods 教學方法

上圖是從三角形的尖端往下發展，從語言文字開始，利用演講、書籍、大綱以教學，是抽象的教學。圖表比較具體，但仍然在抽象的階段。幻燈，電影和電視等的視聽器材之運用，就已經由抽象進到具體的傳達思想的方式。再往下的展覽，實地考察，教學就更顯得具體，愈往下，愈具體，使學習者身歷其境，直接經歷和體驗。行以求知，是最有興趣，最切實際的教學活動。所以，現代的教學，要儘量增加學生的活動，諸如讓學生參與師生計劃的活動，蒐集資料、自動學習、解決問題、師生共同評鑑和欣賞學習的成果等等，都是以學習者爲教學活動的中心。

4. 教學原則　今日教學的許多原則，都表現了心理化的趨勢。應用準備原則，教學要注意學生的成熟、能力、過去訓練和動機的準備；應用類化原則，教師指導學生學習，要引起學生舊經驗的回憶，要儘量利用學生已有的經驗解釋新教材，如果缺乏舊經驗時，得設法用教具、參觀、旅行等方法，提供必要的經驗，以作類化基礎；自動原則則需要學生從做上學。此外，個性適應原則，更是教學心理化的應用。自從心理測驗發明以後，心理學上對於個別差異研究的進步，使教學上知道人類在智慧、能力、性別、性格、興趣、經驗和特殊才能方面，有顯著的不同。這些差異，有的來自遺傳，有的來自環境，或者是兩者交互的影響，無論如何，差異之不能消滅是事實，加以現代班級教學之忽視個性，社會之分工精細。所以，教學上逐漸注重差異的適應。適應的方法，有的是改良學級編制、限制每班人數、或者分班分組教學；有的是從難度、份量、種類和成績上區分作業，有的是增加選課，或設立特殊學校和班級；主要在於能因材施教，做到人盡其材。

5.指導和輔導　行爲指導是訓導的問題，好像和教學沒有關係。事實上，教學是指導學生學習，是改變學生行爲，變化學生氣質，發展學生健全人格的活動，所以訓導是包括在教學以內。要想指導學生行爲，必須依據學生的個別情形，才能作最適當的指導，此所以瞭解學生成爲今日教學上最基本的步驟。教師之瞭解學生，就像醫生之瞭解其病人一樣，瞭解得愈清楚，對診治疾病愈有幫助，對學生行爲的指導亦愈有幫助。

此外，現代的教學，還重視輔導的工作。輔導是一種藉以幫助學生瞭解自己，並更有效地指導他們自己生活的活動。同時，輔導活動希望提供每個學生以有效教學和整個學校計劃改進的必要資料。透過輔導，學校可以幫助每個學生，使他自己形成更富生氣、更爲有用和更爲愉快的生活。所以，輔導要提供個人資料服務(individual inventory service)、職業及教育資料服務（occupational and educational information service）、諮商服務（counseling service）、安置服務（placement service）、和繼續服務（follow-up service）。（註七）這些瞭解學生和服務的提供，都是指導和輔導在教學心理化的趨勢。

6.診斷和補救　現代的教學，不僅重在當時的教和學，在評鑑和考核學習結果以後，往往還有繼續的活動，那就是診斷和補救教學。波頓（Burton）在其學習活動的指導（The Guidance of Learning

Activities）一書中說，診斷有三種：①普通診斷②分析的診斷③心理的診斷。這些診斷，便是要瞭解學生學習有無困難、瞭解困難的所在，以及瞭解造成困難的原因，然後再對症下藥，針對困難的原因和情形，作適當的補救教學，以徹底完成教學活動，達成教育目的。

以上教學目標、教材、教法、教學原則、指導輔導和診斷補救六項，都是說現代教學的心理化趨勢。

二、教學社會化　教學一方面謀個性的適應，做到人盡其材，另一方面亦要謀羣性的發展，做到才盡其用。謀個性的適應是心理化，謀羣性的發展便是社會化。今天是民主的時代，不僅政治民主，社會、經濟、生活、教學，都需要民主。民主的教學，在內容上就是要培養一個有用的、善與人處的社會人。關於教學社會化，亦可以分幾點說明如下：

1. 教學目標　由於人是社會的動物，個人無法離羣而索居，所以教學一方面瞭解個人，適應個性，同時亦要使其適應社會，造福人羣。智德體羣美，羣育居其一。羣育教學的目的，在於培養學生團體的意識、民主生活的習慣、互助合作的精神和服務人羣的理想，以便將來進入社會，做一個社會人。

2. 課程　在課程社會化方面，包括：

(1)減少社會價值較少的課程，如西洋的希臘文、拉丁文、修辭學，我國民初小學的讀經，都因爲社會價值少而減除。

(2)增加社會價值較多的課程，如現代語文、勞作、工藝等科目的增加。

(3)改變課程名稱　如民國初年的「修身」改爲現在的「公民」，公民的社會價值，顯然比修身爲大。

⑷增加課外活動　課外活動在今天教學中逐漸佔有重要地位，就是在於課外活動可以使教學社會化。

3.教材　課程有社會化的趨勢，教材亦然。過去一些根據訓練說的教材，由於社會生活應用價值不大，逐漸減少，而代之以社會價值大的教材。如數學中減少鷄兎問題和開方等教材，代替的是加强度量衡、滙兌、利息、折扣等的學習；國文中減少文言而增加語體文應用文，以便學習內容切合社會生活的需要，學生學了可以應用於實際的社會生活。

4.教法　在方法方面，則儘量利用班級教學的優點。班級教學固然有忽視個別差異的缺點，但班級教學有其優點：除了大批製造的經濟之效以外，可以有前列目標中所述的培養團體的意識、民主的習慣、互助的精神和服務的理想等。現代的教法，多利用團體活動和討論的方式，以進行學習。從團體的活動中，使學生瞭解成人社會的生活，學習如何組織團體、過團體的生活，還可以訓練辨事和領導的才能。從討論的方式中，則學到民主生活的知能，知道如何在討論中提供自己的意見，並能接納別人的意見，分享別人的經驗，並提供自己的經驗給別人分享。這一些都是社會生活中不可或缺的知識、能力、習慣、態度和理想。

利用社會資源，亦是今日教法社會化的一種。現代教學，常常調查本地方各項人力、自然、及組織之資源，加以利用，藉以增進效果。這種爲傳統教師們所不顧和不敢問津的教學新境界，是教學新趨勢之一。

三、教學科學化　教學發展到今天，已經成爲一種專業，決不是憑着一己主觀的意見、個人經驗或臆測所可勝任，亦不是徒恃模仿所能奏效。教師教學的工作，和其他社會上專業的工作一樣，有其理論的基礎、系統的手續和專門的技能，必須受有專業的訓練，才可以勝任愉快。一種事物，有系統、有條理、有步驟、有方法、就是一種科學。世界各國都普遍的提高教學人員的專業訓練，甚至分科精細，這種專業化和專科化，便是一種科學化的趨勢。關於教學科學化，可以分兩點說明之：

1. 教學具科學的基礎　教學的對象是人，人的發展不外自然的生長和後天的學習兩種方式。如果要能指導個人有最好的生長和最有效的學習，則對於研究個體生長的生物學和研究學習、行爲的心理學的原則，必須有所瞭解。所以，教學必須以生物學、心理學等科學爲其基礎。此外，學生應該學些什麼，能學什麼，需要些什麼，這種課程教材問題，要以社會學、歷史爲基礎。如何佈置適宜環境，如何診斷學生病症，又需要建築學和醫學的知識。教學必須以這些科學爲基礎，才能經濟而有效的指導學生生長和學習。教學之逐漸專業化和提高師資素質，便是要教師具有更完備的科學基礎。

2. 教學有科學的內容　教學不但有科學的基礎，而且具有科學的內容。在教學目標方面，許多學術團體和專家學者，根據科學的調查與分析，以決定各類教育和各級學校的教學目標。在課程上，有所謂科學派的課程論，亦是用科學的方法，調查社會生活的需要，以決定其價值。至於教學方法上的許多問題，像如何指導學生學習？如何加强記憶？如何增進學習遷移？如何避免遺忘？沒有不是依據科學實驗的研究而來。用以瞭解學生的各種測驗，如智力測驗、性向測驗、教育測驗等，亦都是用科學的方法，精密愼審的處理而得。現代教學，逐漸加强教具的應用，而一切視聽教具的器材和製作，又莫不是科學的成果。甚至教學上結果的評鑑和考核，亦不再像過去的教學，完全憑教師主觀的好惡和意見，而用客觀的方法和科學的工具量表，作正確有效而精密的評估。這些科學的器材、科學的工具和方法，都說明教學的內容，逐漸步上科學化的途徑。

四、教學藝術化 教學在基礎和內容上，固然逐漸步上科學化，以求經濟有效，但是在從事教學的態度和處理教學的手腕，則教學又顯示了藝術化的趨勢。

1. 熟練技術 教學上需要利用各種技術如講述、問答、觀察、語言、動作、姿態、板書、利用教具、佈置教室等的協助，使教學活動能更爲清楚，更爲生動。這些技術，如果能够加以熟練而靈活運用，達到熟能生巧，便可以使機械的技術，提高到藝術的境界。所謂運用之妙，存乎一心，達到出神入化的地步，便不再是呆板的技術，而是藝術了。無論是勞作手工或者繪畫，都有其一套規矩法則和技術，熟練這些規矩和法則，加以靈活變化，能够在循規蹈矩之中，縱橫自如；可以無意於法則，而自合於法則，這種隨心所欲的教學，就是教學的藝術境界。

2. 發揮創造 教學不僅要熟練技術，提高其境界至藝術，而且要就已知的法則，加以發揮和加以創造，才能有更好的教學。瞭解教學的原理原則和方法是一回事，如何應用這些原理原則和方法又是一回事。如果墨守成規，率由舊章，毫無創進，則最多不過是教書匠而已。前面引述過的英格曼博士講創意教學，就說：「所謂創意教學的意義，就是利用所已經知道的，加上新的見解，並運用我們自己所產生的結果。我的意思是：除非我們能運用自己的創意，與我們特有的技術、能力，則我們極易落入舊套，墨守以往所學的成規，去敎導別人。」所以，教學貴能獨運匠心，發揮自己創造的智慧和才能，因人因時，因事因地而制宜。有人說：「我們教學生，若沒有科學的根據，好比盲人騎瞎馬，實在危險；但只知科學的根據，而沒有藝術的手腕處理一切，也不能對付千態萬狀，千變萬化的學生。所以，教學法一方面要以科學做基礎，一方面不能不用藝術做方術。」（註八）這種藝術的手腕，就在於教師個人的研究創造和發揮。

3. 教學態度的藝術化　吉爾伯•哈艾特（Gilbert Highet）在「教學之藝術」的序言中說，教學是一種藝術，而不是科學。他認爲人類的行爲，固可以藉統計原理說明，人類生理構造的科學縱亦有價值，教師計劃工作亦必須秩序井然，有條不紊，處理事實亦要精確無誤，但都不足以使教學科學化。因爲，他認爲把科學的方法和目標，應用於個別的人，是種危險的嘗試，而且教學和情緒及人的價值有關，情緒不能有系統地估價和應用，人的價值亦不是科學所能領會。所以，他把教學比作繪畫或作曲，他說：「只要任敎的老師和受敎的學生同爲人類，『科學』的教學，必然是不够的。教學不像導致化學作用，而更近於繪畫，或者作曲製譜。…你必須把心腦放在這個事業中（You must throw your heart into it），而且，你要了解，教學不是僅僅使用幾個公式，就可以成功；否則，你會破壞了你的工作，誤人而又誤己。」這段話的意思，就是强調教師要以藝術的態度，來從事教學工作。

我們會欣賞藝術作品或文學作品的人，往往能從作品中欣賞和體會到作者的精神、人格、意志和品德。亦就是說，藝術家或文學家在從事他們創作的時候，必然把他們全部精神，人格和意志貫注其中，然後才能從作品中反映出這些來。這種貫注其間，就是 throw your heart into it，教學工作亦是如此。教師要像藝術家之完成其藝術作品一樣，愼重其事，專心一致，把自己貫注其間，然後才能創造出教學上的藝術品，因爲你所從事的本來就是「塑人」「樹人」的工作。我國古代有謂「從胡安定門下來者，皆醇原和易；從陸子靜門下來者，皆卓然有以自立」，這便是教師的精神人格貫注於學生的教學。我們現代的教學方式雖然不同，但教師給予學生的影響，仍然很大。一句無心的話，可能在敏感的青年人心靈上烙下終身的創傷，或者也可以使他終身受用不盡。教師亦要瞭解到，學生將來進入社會以後的行事和生活方式，其中或多或少有你的一份因素和影響在內，你就會愼審其事，運用熟練的技巧，藝術的手腕，發揮創造的才智，以藝術的態度，把自己的「心腦」(heart)貫注於教學中，完成偉大的樹人使命。哈艾特說：「你做這些事，就好像一位畫家調和彩色，在一張空白的畫布上作畫。也很像一位給病人按脈的醫生，因爲病人的脈搏恢復正常，而感到生命力的流動。」這種使生命多彩多姿，使生命力流動的教學，正是先儒所說：「爲天地立心，爲生民立命，爲往聖繼絕學，爲萬世開太平。」用這種藝術的態度，從事樹人的工作，教師才不致於覺得自己僅僅是爲職業在出賣苦力！

綜上所述，現代教學有心理化、社會化、科學化和藝術化等四種趨勢。教師如果能從這四種趨勢去瞭解、體會、研究和從事教學，庶幾能眞正使教學經濟而有效，亦才能眞正完成教學的艱巨任務！

摘要

教學是一件複雜的、有意義的、有價值的活動。就其內容說，它包括了目標、學生、教師、課程、環境和方法等因素，這些相互有關的因素，都足以影響教學的效果；就其性質說，則教學是一種參與的、動態的活動，對於師生雙方，同具極大的激勵，值得有志者的努力和嘗試。

各種科學的進步與思想的發展，使教學具有了新的趨向。這些心理化、社會化、科學化與藝術化的教學趨勢，不但指出如何學習教學，亦且提供了研究教學、從事教學與做好教學應有的途徑與方向。

附註

一、Leonard H. Clark and Irving S. Starr, Secondary School Teaching Methods, Fifth Edition, Macmillan Company, New York,1963, ch. 1.

二、蕭孝嶸著　教育心理學　第一章（正中）

三、Gilbert Highet, The Art of Teaching, Eighth Printing, Vintage Books, Inc, 1958, Ch. 5.

四、見作者現代課程觀念淺釋　臺灣省教育輔導月刊一八卷　二期

五、李祖壽　現代中學教學法之趨勢　教育文摘第九卷第五期
孫邦正　近年來教學方法的新趨勢　教育文摘第一一卷第二期
黃振球　現代小學教育重要趨勢　全前

六、見秦鳳雲譯　創意教學　護理雜誌第一二卷第三四期

七、見作者譯　中學教學法。

八、見俞子夷：教學法的科學觀和藝術觀。

研討問題

一、在教學因素中，還有那些相互的關係？試列舉說明之。

二、「教學宜以師生為活動中心」你認為對嗎？說明你的意見。

三、教學的特性，除本章所列舉者外，還有那些？

四、各舉一例說明教學科學化與藝術化。

第二章　教學的目的

教學目的是教學因素中重要的一極，在教學法的步驟中，亦是首要的第一步。因爲，教學目的是教學活動施行的方向，所要實現的理想與達成的境地。一切教學活動，如材料的選擇、方法的採用、成績的評鑑、診斷和補救教學，都要依據目的以實施。新的教學，甚至希望學生亦能了解教學目的，以期產生强烈的學習動機、安排愼密的計劃以及與教師合作完成的熱忱。可是在一般教學活動中，不但學生對教學目的懵然不知，隨着教師的教導，作着盲目勉强的學習，就是許多教師，竟亦不知教學目的之爲何物。祇是教完了教科書的材料，就認爲完成了教學的職責。有的教師知道教學目的的概念，而未能具體地列舉出來，以便據以教學。有些教師列舉了太多的教學目的，分不出輕重緩急，以致無從措手而影響教學任務的達成。一般教學效果的低下，實與教學目的之不明與處理之不善有關。

教學是教育活動之一，所以教學目的必須依據教育目的，故教學目的在距離上有遠有近，在範圍上有大有小，在內容上有抽象有具體。如國家教育宗旨、各級學校教育目標，都較爲遠大抽象，而學科教學目標與每課教學目的，則較爲切近具體。玆分述如後。

第一節　教育宗旨及教育目標

一、教育宗旨　教育宗旨是由政府以正式明令頒布之教育目的，是全國各類各級教育設施的鵠的與依歸。我國自清末實施新教育以來，教育宗旨迭有更改，現行教育宗旨則爲國民政府於民國十八年四月公布之「中華民國教育宗旨及其實施方針」，其宗旨原文爲：

「中華民國之教育，根據三民主義，以充實人民生活，扶植社會生存，發展國民生計，延續民族生命爲目的；務期民族獨立，民權普遍，民生發展，以促進世界大同。」（註一）

此項宗旨，要在使我國教育，本三民主義之精神，以陶冶良好公民，求得政治、經濟、社會及文化等之自由平等，並以促進世界大同爲教育上最高之理想。

民國三十六年元旦，中華民國憲法頒行，其中第十三章基本國策，第五節教育文化凡十條（第一五八條至一六七條）。其中第一五八條謂：

「教育文化，應發展國民之民族精神、自治精神、國民道德、健全體格、科學及生活之知能。」其中發展國民之民族精神與健全體格，在求民族之獨立；發展自治精神與國民道德，在求民權之普遍；而科學及生活之知能則在求民生之發展，可以說與教育宗旨的精神完全一致。

以上兩者，是我國教育最高的目的，無論那一級學校或那一種學科的教學，都要以此爲依歸。

二、教育目標　教育目標是依據教育宗旨及其實施方針而釐定，而且各級學校有其不同的教育目標。茲以中小學教育目標爲例，列舉如下：

中學教育目標，依中學法第一條的規定：「中學應遵照中華民國之教育宗旨及其實施方針，繼續小學之基礎訓練，以發展青年身心，培養健全國民，並爲研究高深學術，及從事各種職業之預備。」修正中學規程第二條更依此規定，分列其目標爲下列七項：

1. 鍛鍊强健體格

2. 陶融公民道德
3. 培育民族文化
4. 充實生活知能
5. 培植科學基礎
6. 養成勞動習慣
7. 啓發藝術興趣

如果用表解分析中學法所規定之中學教育目標及其內容，可得四項目標八項內容如下：

中學應：繼續小學之基礎訓練，以

- 發展青年身心
  - 身體
  - 心理
- 培育健全國民
  - 知能
  - 道德
- 並為
  - 研究高深學術
    - 工具
    - 興趣
  - 從事各種職業
    - 知能
    - 態度

  之預備

從上表中可以知道，過去我國中學教育在青年心理的發展、國民道德的培育、研究高深學術興趣之啓發與整個從事職業之預備等，都沒有切實做好。

民國五十七年一月，教育部公佈國民中學暫行課程標準，規定：「國民中學教育目標，在於繼續國民小學之基本教育，發展青年身心，陶融公民道德，灌輸民族文化，培育科學精神，實施職業陶冶，充實生活知能，以奠定其學習專業技能或繼續升學之基礎，並養成忠勇愛國之健全國民。」

可知國民中學教育目標，在透過六項教育內容，以奠立升學或就業之基礎與養成忠勇愛國之健全國民。國民中學教師便應該根據此項目標，從青年身心、公民道德、民族文化、科學精神、職業陶冶及生活知能等項着手，於各種學科及各項活動中以完成國民教育之任務。

高級中學教育目標，根據民國六十年二月教育部公佈之高級中學課程標準規定，在國民中學教育基礎之上，施以一般文化陶冶、科學教育及軍事訓練，以奠定其研究高深學術及學習專門知能之基礎，並養成文武兼備、德智兼修、效忠國家、服務社會之優秀人才。是在中學法所規定的中學教育目標之外，特別指出

高級中學在
- 奠立
  - 研究高深學術
  - 學習專門知能

  之基礎
- 養成
  - 文武兼備
  - 德智兼修
  - 效忠國家
  - 服務社會

  之優秀人才

國民學校教育目標，依國民學校法第一條之規定：「國民學校實施國民教育，應注重國民道德之培養及身心健康之訓練，並授以生活必需之基本知識技能。」國民學校課程標準中更分析其內容

國民教育
- 注重國民道德之培養
  - 發展中國民族固有的國民道德
  - 培養愛國意識和大同理想
- 注重身心健康之訓練
  - 鍛鍊强健的體格
  - 培養康樂的習性
- 授以生活必需之基本知識技能
  - 增進理解、運用書數和科學的基本知識技能
  - 訓練勞動生產和有關職業的基本知識技能

民國五十七年實施九年國民教育，國民學校改爲國民小學。根據國民小學暫行課程標準總綱規定：

「國民小學教育目標，應注重國民道德的培養，身心健康的訓練，並授以生活必需的基本知識技能，而以發展健全人格，培育健全國民爲實施中心。爲便於明瞭起見，把上述目標分析成下列各項：

1. 培養立身處世待人接物的基本品德；
2. 發展忠愛國家服務人群的精神。
3. 鍛鍊强健耐勞的體魄；
4. 培養樂觀進取的習性。
5. 增進應用書數與適應現代生活的基本知能；
6. 培養勞動生產與有關職業的基本知能與興趣。」

與原來國民學校之教育目標大致相同，在於從各種學科及活動中，指導兒童實踐生活與倫理，訓練健康身心，獲得生活必需之知識技能，以奠定九年國民教育的基礎。

綜合上述，可知我國中小學教育目標，要在謀德智體群美五育的均衡發展，一方面養成身心健康、

生活知能充實的個人，一方面培養忠愛國家、服務社會的國民。這亦說明我國中小學教育最需要注重身心的健康、生活的知能，忠愛國家的情操和服務社會的理想之建立。

其實世界各國中小學的教育目標，亦莫非如此，祇是國情不同，要求重點略異。例如美國小學教育目標，據美國聯邦教育署的說明，有下列七項：

1. 培養兒童健康的身體和健全的精神
2. 培養兒童運用學習工具的能力
3. 培養兒童解決其本身問題和社會問題的能力
4. 養成兒童利用休閒時間和創造的能力
5. 使兒童按照其本身能力而發展
6. 使兒童了解其自然環境和社會環境
7. 使兒童了解民主生活的意義。（註二）

美國小學教育特別着重民主意義的瞭解和民主生活的適應，這是因爲美國以民主理想之實現爲依歸所致。

至於中學教育目標，自一八九三年美國教育協會指定中學教育十人委員會研究中學教育目標，歷經一九一八年教育協會之中等教育改進委員會、一九三五年美國青年委員會、一九三九年教育協會的教育政策委員會、一九四二年中北部中等教育課程聯合會、一九四四年教育政策委員會以及一九四七年中學校長協會等組織之研究，擬訂了許多不同的教育目標（註三），其中以教育政策委員會先後訂立的兩種較為完善，茲列舉如下：

一九三九年教育政策委員會訂定四項目標：

1. 自我實現（self-realization）
2. 人群關係（human relationship）
3. 經濟效率（economic efficiency）
4. 公民職責（civic responsibility）

一九四四年教育政策委員會出版全美青年的教育（Education for all American Youth）一書，在該書第二二五至二二六頁中列舉青年十大需要，此十大需要亦即後來美國中學校長協會所擬訂十項中學教育目標之依據。這十大需要是：

1. 青年需要生產的知識、技能和態度，俾能參加生產工作。
2. 青年需要發展健康的身心。
3. 青年需要了解民主社會中公民的權利與義務。
4. 青年需要了解家庭對個人和社會的重要以及享受美滿家庭生活之重要條件。
5. 青年需要了解如何選購以及使用物品。
6. 青年需要了解科學的方法、科學對人生的影響，以及有關宇宙和人類的科學知識。
7. 青年需要機會以發展其欣賞文學、藝術、音樂及自然之美的能力。
8. 青年需要能善用其休閒時間，俾能從事有益於社會和個人的正當活動。

9. 青年需要發展尊重別人的態度、道德的意識、互助合作的精神以及團體生活的習慣。

10. 青年需要正確的思考、表達情意、閱讀與聽話的能力。

可知美國中學教育目標，仍然重在指導青年善過民主的生活。在民主生活中不僅了解個人與社會羣體之關係，最主要的，在於發展獨立思考和睿智的個人，所以美國教育協會的政策委員會在一九六一年出版美國教育的中心目標（The Central Purpose of American Education）一書，强調學校教育的主要任務在發展學生的思維能力。（The Purpose which runs through and strengthens all other educational Purposes—the common thread of education—is the development of the ability to think)（註四）由此，亦可以比較出中外教育目標的異同與知所改進之道。

第二節　學科教學目標

較學校教育目標切近與具體者，爲學科教學目標。每一學科，各有其不同的教學目標，透過各種學科的教學目標，才能完成各級學校的教育目標。本書爲普通教學法，且以中小學爲範圍，故將中小學各科之教學目標錄列如下：

一、國民小學各學科教學目標（註五）

㈠生活與倫理（註六）

1. 了解應對之禮、進退之方、起居規律，以奠立良好行爲的基礎。
2. 培養互助合作、負責守法、創造進取的精神，增進服務社會的能力。

3. 養成兒童道德觀念，以陶冶善良品性，發揚民族固有的美德。

(二)健康教育

1. 養成身心健康習慣與態度，使在日常生活中實踐健康行爲。
2. 瞭解人體一般構造與功能，使對身體有基本的認識與保護。
3. 指導預防疾病，使能保障個人及他人健康。
4. 訓練基本衞生技能，維護個人及他人的安全與學習意外事件的防止與處理。
5. 認識個人對家庭、學校與社會健康生活的關係。

(三)國語

1. 指導兒童由語文學習活動中，養成倫理觀念、民主風度及科學精神，激發愛國思想，並宏揚中華民族的文化。
2. 指導兒童由語文學習活動中，充實生活經驗，陶融思想情意，以培養其豐富活潑的想像能力，和有條不紊的正確思考能力。
3. 指導兒童學習正確注音符號，用以幫助說話和識字，並能達到運用純熟的程度。
4. 指導兒童學習標準國語，養成聽話及說話的能力和態度。
   (1)聽話方面：凝神靜聽，把握中心，記取要點，發問謙和有禮。
   (2)說話方面：發音正確，語調和諧，語句流利，態度自然和藹。
5. 指導兒童熟習常用國字，能夠識別字形，分辨字音，了解字義，並能熟悉國字的基本結構。
6. 指導兒童研讀國語課文，養成良好的閱讀習慣，了解文章的作法，及下列四種閱讀能力，以適應其生活上的需要：

(1)迅速瀏覽，了解大意。
(2)用心精讀，記取細節。
(3)綜覽全文，挈取綱領。
(4)深究內容，推取含義。
7. 指導兒童閱讀優良課外讀物，養成欣賞兒童文學作品的興趣和能力。
8. 指導兒童養成自發自動的寫作意願與態度，及寫作的基本能力，以期所寫作品，達到下列要求：
(1)敘述清楚，題旨明白。
(2)詞句恰當，文法正確。
(3)情意豐富，文理通順。
(4)層次分明，結構緊密。
9. 指導兒童學習寫字，養成正確的執筆運筆的方法，和良好的寫字姿勢，以及書寫正確、迅速、整潔的習慣。
10. 指導兒童養成對自己語言文字的負責態度。

㈣數學

1. 從解決有關數量問題之經驗中，訓練兒童解決家庭、學校、社會、日常生活中有關數量問題之能力。
2. 訓練兒童對日常生活中之問題，作數量方面之考慮。
3. 發展兒童對數、計算、實測之興趣與能力。
4. 培育基本數量知識。
5. 發展兒童思考及組織之能力。

6.瞭解我國發明珠算的貢獻，及學習珠算的重要。
7.指導兒童熟練珠算四則運算方法，增進正確、迅速的計算技能。

㈤低年級常識

1.指導兒童觀察日常生活有關的自然物象，啓發其探求新知學習科學的興趣。
2.指導兒童認識鄉土重要事物，增進其適應生活的知能，並培養其愛鄉的心理。
3.指導兒童參與家庭、學校、社區等實際的社會生活，體驗群己關係，並實踐我國固有的倫理道德。
4.指導兒童參與重要紀念節日活動，培育其愛國家、愛民族的心理基礎。

㈥中高年級社會

1.指導兒童從家庭及社區生活中，明瞭個人、家庭與社會的關係，以培養其適應社會、服務社會的基本態度與能力。
2.指導兒童從鄉土地理中，明瞭環境與民生的關係，以培養其熱愛鄉土、改善環境及建設國家的精神與知能。
3.指導兒童從生活的演進中，明瞭中華文化的淵源與現代生活的關係，以激發其愛護國家、團結奮鬪的精神與觀念。
4.指導兒童從倫理、民主、科學的實踐中，瞭解近代世界的大勢與現代化的意義，以激發其革新創造、自强自立的精神與信念。

㈦中高年級自然

1.啓發兒童從自然環境中發現問題，應用科學方法解決問題，並培養其科學態度及思考能力。
2.鼓勵兒童認識自然現象及科學之奧妙，以培養其研究自然的興趣。

3.培養兒童理解科學原理，並學習運用自然法則，解釋周遭事物。

4.指導兒童明瞭人生和自然界之關係，使能應用科學知能，適應日新月異的生活。

㈥低年級唱遊

1.促進兒童身心健全的生長與發展：

⑴促進身體各部均衡的生長與發展。

⑵促進各系統功能的正常發展。

⑶培養快樂活潑勇敢的精神。

⑷發展創造的能力。

2.啓發兒童愛好音樂的興趣：

⑴培養聽音發聲的能力。

⑵培養韻律感。

⑶培養唱歌表演的興趣與能力。

⑷培養使用敲擊樂器的興趣與能力。

⑸培養對音樂的欣賞能力。

3.發展兒童遊戲運動的興趣與能力：

⑴培養各種遊戲運動的興趣。

⑵培養追逐、跳躍、接擲、躲閃、攀登、均衡等能力。

⑶培養故事、簡易歌舞、戲劇等表演的興趣與能力。

(4)了解各種遊戲器械及用具的使用方法。

4.養成兒童優良的基本習慣：

(1)了解有關保健的基本常識。

(2)培養康樂與保健的習慣。

(3)培養遊戲運動時注意安全的習慣。

(4)培養優美的體態。

5.培養兒童優良的群性生活：

(1)培養同情、友愛、禮貌、尊敬他人等美德。

(2)培養公平、誠實、守時、負責、守規則等習性。

(3)培養領導的能力與服從的精神。

(4)培養忠勇愛國的精神。

(九)音樂

1.增進兒童愛好音樂、欣賞音樂、學習音樂的興趣和能力。

2.培養兒童演唱歌曲、演奏樂器的興趣和技能。

3.培養兒童創造及表現的能力。

4.輔導兒童體認民族音樂的內容（包括傳統的及創新的）。

5.啓發兒童智慧，陶冶審美情操，使生活音樂化；並發展兒童快樂、活潑、進取、合作、團結、忠勇愛國等精神。

㈩中高年級體育

1.培養兒童健全的身心，以促進其均衡發展。

2.養成兒童公正、守法、服從、負責、誠實、友愛、互助、合群等美德，以奠定團體生活之基礎。

3.指導兒童學習基本運動方法，以促進運動能力與安全知能。

4.啓發兒童愛好運動興趣，以充實康樂之生活。

㈪低年級工作

1.啓發兒童愛美樂善的情操和學習工作的興趣。

2.鼓勵兒童自我發表的勇氣，以增進其創造才能。

3.培養兒童勞動服務的習慣和互助合作的精神。

㈫中高年級美術

1.順應兒童身心發展的程序，輔導其造形活動，以滿足其慾望。

2.培養兒童審美的興趣與能力，以陶冶其情操。

3.透過造形活動，發展兒童創造性的思考和想像能力。

4.指導兒童對於我國固有藝術的體認，以激發其發揚民族文化的抱負。

㈬中高年級勞作

1.激發兒童運用藝術之造形，從事設計創作活動，使能手腦並用。

2.指導兒童明瞭生產與人生之關係，從現實事物中，認識社會經濟及文化之演進。

3.訓練兒童勞動操作，使有勤儉、整潔之習慣，及互助合作之精神。

4.培育兒童勞作興趣，發現其性向能力，以作爲擇業之初步輔導。

(十四)團體活動

1.陶冶兒童群性，培養兒童正當社交態度、服務精神及自治能力。

2.發現兒童特殊興趣及特殊才能，予以適當指導，使獲得充分發展、

3.發展兒童個性，培養其創造、進取之精神。

4.倡導正當娛樂，促使兒童活潑愉快，增進其身心健康。

5.配合各科教學，提高兒童學習興趣，充實其生活內容。

二、國民中學各學科教學目標（註七）

公民與道德

1.培育以四維八德爲中心的道德觀念，陶冶善良品性，發揚中華民族固有的美德。

2.指導實踐修己善群，持家處世，濟人利物的生活規範，以養成優良的生活習慣。

3.激發人性的自覺，培養民主的信心，增强民族意識，宏揚國家觀念及大同精神。

4.加强公民道德，實踐青年守則，以期從實際生活中養成健全國民。

5.灌輸有關個人、家庭、學校、社會、國家及世界的基本知識。

健康教育

1.保持已有的身心健康習慣，使能繼續實踐健康生活。

2.增進正確的健康態度，藉以促進健康行爲的發展。

3.提高應有的健康知識，俾有適應現代生活的能力。

4. 加强必需的衞生技能，使在日常生活中有效運用。
5. 貫徹個人在家庭學校與社會生活中對於健康應負的責任。

國文

1. 指導學生由國文學習中，繼續國民小學之教育，養成倫理觀念，民主風度及科學精神，激發愛國思想，並宏揚中華民族文化。
2. 指導學生繼續學習標準國語，培養聽話及說話之能力與態度。
3. 指導學生研讀語體文，了解本國語言文字之組織，及應用之方法；進而了解各種文體之寫作技巧，及文法之運用。
4. 指導學生精讀明易之文言文，了解並比較語體文與文言文在措辭上之差別。
5. 指導學生閱讀有益身心之課外讀物，培養其欣賞文學作品之興趣及能力。
6. 指導學生寫作體旨切合、文理通順之語體文。
7. 指導學生練習簡單明瞭之文言造句及應用文字。
8. 指導學生以正確之姿勢，執筆及運筆方法，使用毛筆書寫正楷。
9. 指導學生對自己所發表之語言文字，有負責之態度。
10 啓導學生思辨能力，並重視本國語文。

外國語（英語）

1. 養成運用現代淺近英語之基本能力，以達到能聽、能說、能讀、能寫之目的。
2. 建立進修英語之正確基礎。

3.認識英語民族之優良風俗習慣及文物。

數學

1.使學生了解數與形之性質及關係，並熟悉運算之原則與方法。
2.供給學生日常生活中數量之知識，並啓發其研究自然環境中之數量問題。
3.訓練學生關於簡單計算及基本作圖之技能，使有準確迅速及精密整潔之習慣。
4.培養學生以簡御繁，由已知推未知之能力。
5.使學生認識數學之特質，並欣賞其應用價值。

歷史

1.使學生明瞭中華民族的演進及歷代疆域的變遷。
2.使學生明瞭我國政治制度及社會生活的演進。
3.從建國悠久、文化燦爛的史實中，使學生認識民族的傳統精神，以啓發復興國家責任之自覺。
4.使學生明瞭世界主要民族演進的大要、時代的趨勢、及我國在國際上的地位與責任。

地理

1.使學生了解我國版圖之演變與地理概況。
2.說明我國資源分佈之概況，增進學生利用自然及改進自然之認識。
3.由廣土衆民的事實中，激發學生的愛國觀念，養成學習地理的能力和興趣。
4.使學生明瞭世界地理概況及我國現在之國際關係。

自然科學（生物部分）

1.培養接觸自然、觀察、採集、研究之興趣。
2.認識人類日常接觸之生物環境。
3.了解動植物之主要形態與生活現象之大略。
4.了解生物與人生之關係。

自然科學（化學部分）

1.指導學生用觀察及實驗方法，獲得與日常生活有關的基本化學知識，使其發生自動學習的興趣。
2.鼓勵學生在日常生活中發掘與化學有關的問題，並用科學方法謀求解決，以培養良好的科學態度。
3.輔導學生設計簡單化學實驗及所需簡單器材，以發揮其潛在的創造能力。
4.介紹與日常生活有關的人造化學物品，以引起學生改善環境、征服自然的願望。

自然科學（物理部分）

1.藉實驗、觀察方法、培養學生對物理科學之研究興趣。
2.啓發學生運用思考方法、自行理解各種原理，並養成正確之基本觀念。
3.使學生了解自然界發生之現象及其演進。
4.使學生了解人類利用自然及克服自然之科學知識。

體育

1.鍛鍊身心，提高活力，使機體均衡發育。
2.培養運動道德，奠定良好之國民德性。
3.養成愛好運動之習慣，建立康樂生活之基礎。

4.增進運動技能，提高安全與自衛等生活之適應能力。

音樂

1.培養學生唱歌與演奏樂器之技能及創作音樂之興趣。

2.增進學生音樂基本知識，使有讀譜能力。

3.輔導學生體認民族音樂之內容（包含傳統的及創新的）。

4.給予學生欣賞高尚音樂之機會，以激發愛好音樂之興趣，並提高其欣賞能力。

5.養成學生快樂活潑奮發進取之精神，樂群合作忠勇愛國之情操。

美術

1.順應學生身心發展，指導其各種造形活動。繼續發展其獨立思想與創造能力。

2.適合學生程度與需要，授予各種造形與設計之基本知能。

3.增進學生日常生活有關事物的「美」「實用」「經濟」三者價值的正確見解。

4.透過美的創造與鑑賞，以陶冶學生的情操。

5.激勵並指導學生認識我國藝術之優良傳統，使其有發揚光大之志趣。

工藝

1.指導學生了解工業文明，並特別注重地方工業情況之認識。

2.給予學生試探工作之機會，藉以發掘其興趣與才能。

3.培養消費者必須具備之鑑別能力與智識。

4.養成日常生活應用之技能，以適應現代家庭之需要。

5.養成手腦並用習慣，啓發職業平等觀念。

6.陶冶合作、忍耐、勤懇、服從等德性，並培養領導才能。

家事

1.培養適應家庭生活之基本知識與技能。

2.瞭解個人行爲與建設幸福家庭及良好社會之關係。

3.啓發改善家庭生活之興趣。

職業簡介

1.使學生認識農、工、商業的發展現況和趨勢，及各業對於個人社會國家的關連性。

2.使學生了解農、工、商各種職業的情形，包括工作環境、工作性質、工作報酬、職工組織及就業展望等。

3.陶冶學生對于職業的興趣並培養其職業道德及正確的觀念與服務態度。

選修科目農業組作物栽培概說

1.使學生了解作物栽培的方法。

2.啓發學生學習農業的興趣。

選修科目農業組作物栽培

1.使學生學習作物栽培之基本常識及操作方法。

2.增進學生對農業職業生活之知識及能力。

選修科目農業組農產加工

1.使學生明瞭農產加工的意義並激發學習的興趣。

2.使學生習得一般農產加工知識與技能。

選修科目農業組禽畜飼養

1.使學生了解禽畜飼養事業之重要性，以引起其學習興趣。

2.指導學生對於禽畜的鑑別，並獲得飼養管理之基本知識與技能。

選修科目工業組製圖

1.使學生獲得試探職業之經驗，以爲選擇職業的參考。

2.訓練學生基本製圖之畫法，激發其設計與創造之興趣。

選修科目工業組金工

1.試探並培養學生對金工工作之興趣。

2.啓發學生手腦並用，職業平等之觀念。

3.培養學生金工基本技能，增進其對金屬工業之認識，並瞭解金屬工業對現代社會之貢獻。

選修科目工業組電子工

1.給予學生試探工作之機會，藉資發掘其興趣與才能。

2.使學生養成手腦並用習慣，啓發職業平等觀念。

3.使學生了解無線電機之基本原理及其使用，裝置及製作方法，並實習使用、裝置製作、修理之技能。

選修科目商業組珠算

1.瞭解我國發明算盤的歷史及學習珠算的重要。

2.熟練珠算四則計算及應用計算的方法。

3. 培養正確、迅速的計算技能。

簿記

使學生明瞭簿記之重要原則，熟練記帳方法，以便將來從事記帳工作。

統計製圖

1. 使學生明瞭統計之意義及其重要。
2. 美術字體之寫法及圖用基本線條之繪法。
3. 製圖器具之使用。
4. 統計表與統計圖之繪製。

家事組膳食管理

1. 灌輸國民具有基本之營養知識。
2. 訓練食物製作技術。
3. 培養大量膳食製備供應管理之能力。
4. 加强國民膳食管理，促進國民健康。

家事組服飾縫製

1. 培養學生瞭解家庭生活上所必需的，有關服裝之知識與技能。
2. 灌輸學生有關穿着各種服飾之常識，並培養其審美觀念。
3. 啓發學生對服飾設計之創造能力及培養其研究之興趣。
4. 使學生學習各種服飾之縫製技能，使其將來有能力從事家庭副業。

家事組家庭電器

1.使學生認識電器對家庭生活之貢獻。

2.使學生了解各種電器的基本原理。

3.使學生具有使用、保管及選購電器的知能。

4.啓發學生改善家庭生活的智慧與興趣。

自然科學

1.使學生接觸大自然，了解簡易觀測自然現象的方法，認識地球運轉，四季晝夜的變化。

2.使學生了解太陽能對地球上氣候及地質變化的重要影響，認識利用各種變化規程，進而控制氣候及地質變化，以改善人類活動環境之可能。

3.使學生了解地震發生之原因，山脈形成過程及地球內部之可能情況，介紹地球歷史概略。

選修科美術

1.培養學生愛好應用美術之志趣與習慣，以適應將來從事美術設計之需要。

2.繼續一、二學年之美術之基礎訓練，使在生活上獲得充分應用之技能。

3.從美術設計之生活過程中，藉以陶冶其高尚之品德。

童子軍訓練

1.發揚民族傳統道德，根據童軍誓詞、諾言之精神，以培養學生優良品性與德行。

2.利用各種活動機會，從事手腦並用、文武合一之訓練，以發展學生作事才能；提倡日行一善，以養成其服務助人之習慣。

3.採用童軍訓練方法，推廣童軍活動，使學生能實踐童軍規律，自發自動申請爲童軍。

國民中學指導活動

1.了解學生各種能力、性向、興趣與專長，發現學生個別問題，以爲因材施教的依據。

2.促進青少年身心的正常發展，培養學生正確的生活理想與習慣。

3.協助學生認識自己適應環境，使其具有自我指導的能力。

4.培養學生優良的學習態度與習慣，依據學生個別才能，施以適當的教育，俾能人盡其才。

5.協助學生了解各項職業知識及職業發展趨勢，作適當的職業準備，使其畢業後能選擇適當職業，充分發揮個人能力，促進社會進步。

三、高級中學各學科教學目標（註八）

國文

1.提高學生閱讀、及寫作語體文之能力。

2.培養閱讀淺近古籍之興趣，及寫作明易文言文之能力。

3.輔導學生閱讀優美之課外讀物，以增進其欣賞文學作品之興趣與能力。

4.灌輸固有文化，啓迪時代思想，以培養高尚品德，加强愛國觀念，宏揚大同精神。

英文

1.練習運用切於實際生活之英語。

2.加强閱讀及寫作英文之能力，以建立學術研究之基礎。

3.啓發研習英語民族文化之興趣。

公民與道德

1.啓迪學生明確體認我國固有道德及現代社會道德，並求篤實踐履。
2.提示學生應有的修己準則，待人規範、生活修養、以及正確的人生理想。
3.增進學生認識群己的關係，並進而傳授有關社會道德、社團集會、社會制約、社會安全等方面的知能。
4.灌輸學生有關我立國的精神、國策、政制、經建等方面的知識，並由此激發其愛國的情操。
5.培育學生對於文化的基本認識，並進而闡述中華文化的成就，及中華民族對世界的理想、責任與貢獻。

三民主義

1.瞭解三民主義的基本要義及其實行方法。
2.瞭解三民主義與現代世界思潮的關係，以加深對三民主義的信仰。
3.認識三民主義與復國建國的關係，以增強反共抗俄的實踐。
4.認識三民主義與各學科的關聯，以明三民主義在課程中的重要性。

歷史

1.明瞭中華民族之演進及各宗族間之融合與相互依存之關係。
2.明瞭我國歷代政治、經濟、社會、文化等變遷的趨向，特別注重光榮偉大的史實與文化的成就，以啓示復興民族之途徑及其應有之努力。
3.明瞭世界各主要民族演進之歷史及其相互之影響。
4.明瞭世界文化之演進及現代國際大勢，確立我國對國際應有之態度與責任。

地理

1.使學生了解地理要素的性質、分佈及相互關係，以增進其適應和改造環境的知能。
2.使學生了解世界各洲的地理環境、經濟發展及政治形勢，以培養其世界眼光，進而認識我國在國際上的地位及任務。
3.使學生了解我國整個國土及各地理區的地理狀況，以激發其愛國、復國和建國精神。
4.使學生了解人類活動與地理環境的關係，以加強其對國際間相互依存的認識，進而共謀人類的幸福。

數學

（一）暫行課程標準（限六十學年度入學學生之用）

1.使學生了解「數」「空間」「函數」等基本概念，並熟悉推理的方法，及運算的原則與步驟。
2.訓練學生思考方法，培養學生分析能力，進而啓發其自動探討的興趣，以奠定其研究高深學問的基礎。
3.供給研究其他學科所必需的數學基本知識，以充實其探討自然現象與社會現象的能力。

（二）課程標準（自六十一學年度起逐年實施）

1.確立學生對「數」「空間」「函數」等基本數學概念，並使熟悉其基本性質與應用。
2.闡述思考方法，訓練學生思考能力。
3.供給研究其他學科所必需的數學基本知識，以充實其探討自然現象與社會現象的能力。

物理（社會科組）

1.培養學生嚴正之科學態度，使其了解科學方法之應用。
2.使學生略知物理學基本知識。
3.使學生認識物理學與生活之關係。

物理（自然學科組）

1.培養學生嚴愼的科學態度及熟練的科學方法，奠定其從事進一步研究科學的基礎，和處理問題之能力。
2.啓發學生從觀察、實驗、操作等各種活動中培養其鑑賞力、創造力與研究興趣。
3.使學生了解物理科學發展之過程與趨勢，並和其他科學之關係。

化學（社會科組）

1.指導學生從實驗活動了解化學基本理論，以獲得生活上必需之化學知識。
2.鼓勵學生在日常生活中發掘與化學有關之問題，並用科學方法謀求解決，使更能適應現代之生活環境。
3.介紹與工、農、礦業有關之化學物品，使學生了解化學對於國家經濟建設之重要性。

化學（自然科組）

1.從實驗活動了解化學重要理論及系統知識，以爲進一步研習之基礎。
2.從化學理論之建立過程，使學生了解科學方法之應用。
3.培養學生獲得處理化學問題之能力，以適應現代生活之需要。

生物

1.啓發學生了解生物學上科學方法的運用。
2.了解生物基本性質的一致性與類型的分歧性。
3.了解生物的構造與機能間的密切關係。
4.了解生物個體的發生過程。
5.了解生物的遺傳與演化。

6.了解生物與環境的相互關係。

7.認識生物學上以往的重要成就。

地球科學

1.認識地球在宇宙中的環境及其物質、構造、營力和歷史，以培養科學的精神，增進創造的能力。

2.了解人類生活和地球科學之間的密切關係，以啓發從事地球科學研究及工作的興趣。

體育

1.鍛鍊身體，提高活力，使體格充分發育。

2.從運動競賽中，培養公民道德及團體合作之精神。

3.養成愛好運動之習慣，培養健全之身心，建立康樂生活之基礎。

4.訓練運動技能，增進體能使用效率及安全自衞等生活之適應能力。

音樂

1.增進學生唱歌及演奏樂器之技能。

2.增進學生音樂知識，以提高其欣賞能力。

3.供給學生欣賞高尚音樂之機會，以養成愛好音樂之習慣。

4.輔導學生了解我國民族音樂之內容。

5.陶融忠勇愛國之高尚情操，仁愛和平之優美德性。

美術

1.灌輸美術理論，加深美與人生社會相互關係之理解。

2.訓練繪畫和切合生活需要各種作圖之能力，並求其精進。
3.從美術之表現與鑑賞中，增進美化生活之能力。
4.理解我國美術傳統之精神，激起發揚光大我國固有文化之創造慾與責任感。
5.瞭解中外美術史蹟，加强國際文化交流之認識。

工藝

1.培養工業基本操作技能，介紹工業基本知識，以為將來研習有關各種學科之基礎。
2.激發設計與創作之興趣，鼓勵研究與發明之精神。
3.增進業餘工作與趣與副業之技能。
4.培養良好之工作習慣與工作態度。

家事

1.繼續國民中學家事教育的實施，授予學生以較完備較熟練的家庭生活知能。
2.配合國家經建發展，培養學生從事家政工作與改進社區的興趣。
3.加强家庭倫理教育，加深學生對「家為國本」的認識。
4.激發學生研習家政學術或從事社會工作的志趣並奠定其深造的基礎。

軍訓

1.陶冶學生高尚品格，充實服務知能，加强國家觀念。
2.鍛鍊學生健全體魄，養成良好生活習慣。
3.灌輸現代軍事常識，培養文武合一術德兼備的優秀人才。

選修科目

生物

1.承接第一部目標作更深的了解。
2.建立銜接大學生物學課程的基礎。
3.進一步了解生物學的性質與研究門徑。
4.了解人類在自然界的地位與處境。

美術

1.加强學生各種造形活動，以激發其表現與創造之興趣。
2.提高學生純粹美術的技術，以適應其升學準備之需要。
3.灌輸學生工商美術的基本知能，以充實其職業陶冶之素養。

工藝（電子工）

1.培養學生電子工基本技能，增進其對電子工業之認識，並瞭解電子工業對現代社會之貢獻。
2.使學生明瞭各種無線電電子通訊設備之工作原理及電晶體的原理應用，以激發學生學習之興趣。
3.培養良好之工作習慣與工作態度。

家事（服飾縫製）

1.配合學生的程度與需要，繼續授予服飾縫製的知識、技能。
2.啓發學生的創造力與鑑賞力，以陶冶其對服飾的審美觀念。
3.使學生加深了解服飾的重要性，以為持家及謀職的基礎。

教師教學時，要依據自己所教學科的教學目標，實施教學，然後才能實現各級學校的教育目標。

第三節　每課教學目的

每一學科的教學目標，在時間上可能需要一學期或一學年的教學才能達成，所以，教學目的中最具體和最切近的目的，當爲每課之教學目的。教師在每一次教學時，都有一些教學目的需要達成，而且這些目的，都必須非常具體，易於實施，然後才能由近而遠，逐層而上，以期實現各種教學和教育目標。這些具體的教學目的，可以歸納成下列數點：

一、健康的維護　健康乃一切幸福的淵源，所以教師教學，首在維護學生身心的健康。身體方面的健康，如教室環境、教室衞生、座次編排、光線空氣等，教師都要隨時注意，至於過重的課業負擔，不適當的懲罰，更要隨時警惕，是否有違健康維護的目的。心理方面的健康，則尤爲重要。教室的氣氛，教師的態度、同學間的相處，都影響學生的心理發展與人格之形成，故教師在每次上課時，要培養良好的氣氛，俾使學生在愉快中學習。總之，健康的維護，不僅在消極方面治患於已然，尤應積極的防患於未然。

二、知識的增進　知識之學習，已經成爲今日一般教學之主要目的。事實上，知識確實有其價值，尤其是科學時代，知識是我們適應生活的工具，知識能指導我們行爲的方向，甚至使我們預測將來的結果，且能明辨是非善惡，知所判斷抉擇。西哲蘇格拉底說：「知識卽道德」，培根（Francis Bacon）謂：「知識卽權力」，以及我國大學言修身齊家治國平天下之推本於格物致知，青年守則中有學問爲濟世之本，是重視知識，無間東西，自古皆然。

教學本來是使無知變成有知，或者指導學生知所未知的活動，但知識之增進，必須注意幾點：

1. 知識傳授是教學目的之一部分，並非教學目的的全部分。主知主義教育，往往使學校成為知識的販賣所，這是不對的。

2. 知識的內容，應該是眞知灼見，有助於圓滿生活之適應，而非陳腐不切實用的死知識，否則，教學不是教學「生」，而是教學「死」。

3. 知識的學習，貴能理解與應用，徒事知識的記誦，則雖增進，亦不過是造就兩脚的書櫥而已。

三、思想的啓發　比知識增進尤爲重要的，是學生思想的啓發。知識和經驗是一堆材料，運用這些材料，使之發揮作用的是思想。人類一切適應、創造、發明，都是來自思想。思想包括思考、想像、推理、判斷、分析、綜合、比較等能力。教師教學，貴在指導學生學習到這些工具和方法，並且訓練與發展之，使學生能利用這些工具和方法，以自求知識，自謀解決問題，由了解環境，適應環境而利用環境、改造環境。所以，教師在每課教學中，要佈置情境，提出問題，以啓發學生的思想，使之活學知識，活用知識。

四、習慣的養成　刺激與反應之間的關聯，因爲經常練習或應用，而形成機械自然的聯結，便是習慣。人類的生活和行爲，很多受着習慣的影響與支配，甚至而不自覺。食衣住行育樂，隨時隨地都是習慣的表現，所以行爲主義心理學家要說人格亦是習慣的總和。習慣有簡單的，也有複雜的，有好的，也有壞的，教師教學，需要指導學生養成優良的習慣，革除不好的習慣。使學生在語言、生活、禮貌、衞生、運動、學習、守時、負責等方面，都有良好的習慣，在學校是個活活潑潑的好學生，在社會是個堂堂正正的中國人。

五、技能的訓練　技能是由知識進而發爲具體動作的表現，例如懂得作文的方法是知，能够提筆寫成一篇條理淸晰的論說文，或淸新動人的抒情文，便是技能；又如懂得運動的重要、方法和規則是知，能够實際運動、參加比賽，或則健身，或則贏取勝利，便是技能，所以技能是實際的行動。技能在生活中佔着非常重要的地位，諺云：「積財千萬，不如薄技在身。」在今日工商業發達的社會生活中，尤其顯得這句話的正確和重要。技能的功用，不僅在幫助我們生活，而且還可以充實生活，使我們的生活過得多彩多姿，富有意義。一個人獲得適於現代生活的技能愈多，其生活必然愈加豐富而有趣。否則，「百無一用是書生」，除了「唸書」之外，一無所長，生活必然是空乏枯燥無比。

人類生活的技能無數，書法、作文、歌詠、繪畫、計算、速記、打字、運動、烹飪、縫級、工藝、園藝、設計、製作，無一不是既能有助於生活，又能怡養性情，充實生活情趣。教師教學時，要一改過去雕蟲小技的錯誤觀念，而注意學生有用技能的訓練與培養。

六、德性的培養　論語上說：「弟子入則孝，出則弟，謹而信，泛愛衆，而親仁，行有餘力，則以學文。」是先求德性，而後文章知識。古今中外，無有不重視道德的教學。我們的立身處世，言行態度，都以德性爲準則，甚至前述的知識思想、習慣技能等教學目的，亦是以德性爲根本，而決定其作用之大小與價值之高下。道德範圍最廣，而且是整體的，極高明而又極中庸，踐行於一切生活之中。教師要在日常教學和生活中，教訓合一，指導其行爲，培養其品性，使成爲心性純良，道德高尙，自尊自重，自愛自律的健全國民。

七、理想的涵泳　人類是理性的動物，除了不像一般動物之僅藉本能以適應生活，須恃理性以指導行爲外，還要不囿於實際，而有超越實際的理想，以爲生活的方向與努力之鵠的。歷史上的大事業家、大發明家與大學問家，莫不是以理想爲前驅，終身朝此理想，努力不懈。一個人缺乏理想，如同行屍走肉，沒有朝氣，沒有動力，一切教學目的，均將因之而失效，所以，理想的建立與涵泳，最爲重要。尤其是青少年的中學生，最是理想建立的好時期。教師要配合其身心發展的階段，使其體認個人與社會、國家、民族、文化之關係與責任，由淺而深，由近而遠，由具體而抽象，所謂「親親而仁民，仁民而愛物」，以涵泳其理想。

八、欣賞的發展　閒暇的享受，情趣的陶冶，是教學中另一重要的目的。人類的生活，有理智的、意志的生活，亦有情感的生活，甚至情感的生活遠較理智的生活爲多爲重。心理學家霍爾（G. Stanley Hall）曾說：「我們的理智，不過是情感海洋中之一粒微塵。」（Our intellect is a mere speck afloat on a sea of felling）（註九）美國中學校長聯合會在一九四七年所擬的十大教育需要中的第七八兩項謂：

青年們需要機會發展其欣賞文學、音樂、藝術及自然之美的能力。

青年們需要能够善用休閒，以期從事於有益社會與個人之正當活動。

李氏（F. H. Lee）在其所著中學教學之原則與實施（Principles and Practice of Teaching in Secondary Schools）一書中，引述了上列的十大教育需要後，歸納中學教學重要的目的有二，其中第一點便是發展個人心智的、道德的、情感的以及身體的能力，以期經由其了解有價值的、個人的目的，而享受一種充實的人生。

蔣總統在民生主義育樂兩篇補述中，指出敎育的任務在充實學生生活的內容，而七項生活中便有利用閒暇的方法—保健、審美，使生活成爲快樂的生活。

可是，一般敎學最爲忽視感情的陶冶，以至學生缺乏高尙的興趣，性情往往暴燥乖戾，而不知和平愉快之爲何物，更不知生命的意義與價值何在。所以，敎師要指導學生對文學、美術、工藝的鑑賞，以豐富其情感生活，了解人生，欣賞生命，進而完成圓滿的人生。

綜上所述，可知敎師每次上課，均須注意學生的健康、知識、思想、習慣、技能、德性、理想、欣賞等之增進與培養。這些目的，可能因學科性質之不同，而有多少，但每一學科均有機會指導學生學習以達成之。其中有些是直接顯見者，易於達成，有些則是無形的敎誨，有賴敎師的身敎。

敎師由每課敎學目的的完成，遂能逐步實現學科目標、學校目標與敎育宗旨。

摘　要

敎學目的是一切敎學設施的依據，師生雙方都需要了解敎學的目的，才能使敎學眞正地有效。

敎學目的分爲敎育宗旨、各級學校敎育目標、學科敎學目標與每課敎學目的等，其範圍與內容逐次而下，由大而小，由抽象而具體，其間關係，脈絡相承，至爲密切。敎師最要認淸目標，登高自卑，行遠自邇，完成敎育的神聖使命。

附註

一、八項實施方針因在教育概論中有詳細討論，故從略。
二、引見孫邦正著普通教學法第三九—四〇頁。
三、見 Herbert J. Klausmeir, Teaching in the Secondary School, Harper & Row, New York, 1958. Ch. 1.
四、The Central Purpose of American Education, Washington, D. C.: National Education Association, 1961 P. 12.
五、根據教育部五十七年一月公佈之國民小學暫行課程標準。
六、原名公民與道德嗣奉 蔣總統指示改稱生活與倫理。
七、根據教育部五十七年一月公佈之國民中學暫行課程標準。
八、根據教育部六十年二月公佈之高級中學課程標準。
九、見 Houghton Miffin Co. Boston, 1952.

研討問題

一、教學目的與教育目的有何關係？
二、比較每課教學目的與自己所習學科目標，並說明如何由每課目的以實現學科目標。
三、比較國民中學教育目標與中學教育目標之異同。
四、有些教師教學時忽略教學目的，試分析其原因及可能產生之影響。

第二篇　教學原理與原則

教學之精微複雜，可以從教學的因素及教學的趨勢兩節中得知。教育有對象、有內容、有目標、有方法、有環境。這些因素分別有不同的科學研究，教學之所謂根據原理原則，便是應用這些不同科學的研究，以刺激、指導、鼓勵學生的自動學習。本篇特分別從心理、社會及哲學三者，論列教學的理論基礎，最後再闡明教學的原則。

第三章　教學之心理的基礎

心理學是研究行爲的科學，教學是指導學生學習的活動，其間關係至爲密切。尤其是教育心理學，在應用心理學方面的基本知識與技術，以解決教學上、訓導上有關的實際問題，藉以幫助教育目標的順利達成，更與教育有直接關係。玆從學習、動機、個別差異等說明教學的心理學基礎。

第一節　學　習

一、**學習的本質**　個人的發展，來自於生長和學習。生長是自然的成熟，學習是後天的行爲。教育固然要了解個體生長的程序以便合適地提供幫助，使之有最充分的生長，更需要指導以最合適的學習，使個體具有最健全的發展。教育心理學上解釋學習之意義，認爲學習是個人依一定的活動、訓練、觀察

等經驗，而獲得行爲永續而進步的變化之活動和過程。（註一）

如果是學生的學習，則是學生經由教師的指導，依一定的經驗，而獲得行爲永續進步的變化之活動。由此，可以得知學習本質有下列幾點：

1.學習是一種行爲　學習不是自然的歷程，而是經由刺激與反應的關係，依一定的經驗而產生的行爲。

2.學習是積極的行爲　學習是學習者集中注意於刺激和反應的行爲，消極的接受或無意識的反應，都不能構成學習。所以，學習必須是積極的反應。

3.學習是指導的行爲　學習不但是行爲，而且是產生行爲的行爲，產生一種永續而進步的變化之行爲，所以學習必須指導。這種指導，包括目標的建立和確認、內容的選擇、組織的計劃和活動進行的有效方法，有指導，才能使行爲「永續」和「進步的」變化。

4.學習是社會的行爲　學習需要指導，是在「教」和「學」交互作用中進行的行爲，按教學的因素說，包括目標、學生、教師、課程、環境和方法，學習實非單純個人的行爲，而是一種社會的行爲。就學習的歷程言，個人的學習，不但受教師的指導，亦且受周圍環境的影響，群體的行爲足以刺激和加强學習的效果。再從學習的結果言，學習可以獲得知識、技能、習慣、態度、理想等，這些學習結果，都發生作用，影響及於個人以外的周圍事物。

5.學習是複雜的行爲　把教學的因素用一個公式來表示學習，可以得：

學習＝f（P.T.G.E.C.M.）

其中f表函數、P代表學生、T代表教師、G代表目標、E代表環境、C代表課程、M代表方法。學生的學習，可以因爲其中任何一個元素的變動而產生變異。學生不同，其他完全相同，並不會獲得相同的學習；一切相同，方法有別，學習便亦差異。此所以學習是一複雜的行爲，雖有原理原則，亦祇是一般的參考，指導學習，需要依據科學的法則，更需要具有藝術的手腕，才能完成此一複雜的、指導的、社會的行爲。

二、學習的種類　學習的分類，多以學習的材料爲根據，各家分類，多寡不一，但就學習性質以言，則不外知動的學習、知覺的學習、概念的學習、思想的學習和情緒的學習五種。其中知動的學習，多屬習慣技能的養成；知覺的學習，是對外界事物的認識與了解；觀念的學習，在獲得類化的能力；思想的學習，在培養推理或創造的能力；情緒的學習，在陶冶正確的人生態度、高尚的人格和豐富的情趣。不過，這些學習之間，並非獨立，而是相互關聯的。玆分述之：

㈠知動的學習：

1. 知動學習的意義　知動的學習，是知覺或情境引起動作反應的學習，一方面是刺激經由感官影響個體，一方面是個體對各種刺激所作的動作反應。凡學校中注重手、臂、聲帶及其肌肉的技能之活動，都是知動的學習。

2. 知動學習的程度　弗雷孟（Freeman F. N.）曾描述三種不同程度的知動學習（註二）：第一種是使已能控制的動作，與知覺因素發生聯繫，如學習迷津和卡片分類；第二種是組織多種新的動作以適應刺激，如書寫、溜冰、騎車、發音等學習；第三種是動作組織更爲複雜，並且所須適應之刺激較有組織，如打字、彈琴之學習，與前兩者的差別，不在性質，而在程度。

3.知動學習的過程　知動學習是知覺或情境引起動作反應的學習，而且其目的在使動作反應熟練，所以其過程應爲：

①認識和接受一種刺激——榜樣或模式，作爲學習的目標。在此，教師的說明和學生的理解，非常重要，可以提高情境的可識性。

②模仿模式或榜樣。

③批評和矯正模仿。這兩步在使學生習得正確的反應，使知覺和動作的協調組織，獲得更嚴密的聯繫和適應。

④繼續練習，以達反應純熟。在此，興趣的維持和注意的練習，最爲重要。

㈡知覺的學習：

1.知覺學習的意義　知覺是對外界事物的認識與了解，所以知覺的學習，是獲得知識和適應環境的學習，亦卽經由個體感官與外界事物的接觸，而獲得具有完全意義的認識經驗。因此，知覺常受個體過去的經驗、當時的全體情境，如外緣（context）、態度、需要與價值等的影響。

2.知覺學習的過程　人類知覺的發展，從關係言，是由自我中心而到情境認識；從對象言，則是由混合現象而到分析識別，復由分析識別而到全體綜合，再由全體綜合而到特殊對象，所以，知覺學習的發展，亦是由輪廓而至細目，復由細目而至概念，再由概念而至特殊對象。

知覺學習的過程，可以分爲下列步驟：（註三）

①印象　由視覺、聽覺、觸覺等不同的感覺，以攝取外界事物的印象，形成經驗。

②聯想　許多感覺經驗接連發生，彼此形成綜合、混淆或聯合，稱爲聯想。

③保持　一切最初的印象聯結或聯想，可以保持相當時期，遇有適當的刺激，仍然可以喚起，是爲保持。

④認識　一組綜合性的經驗，因爲特別刺激之再現，而喚起於意識，便構成認識作用，可以正確理解或領悟刺激的性質。

⑤統覺　學習者獲得許多特別的概念或認識特別的刺激，便能利用此等舊經驗以解釋和認識新刺激，賦予新意義，是爲統覺。

㈢概念的學習：

1.概念學習的意義　以知覺經驗爲基礎，經過分析、比較、綜合等思考作用，將認識事物概括出共同觀念的學習，叫做概念的學習。概念的學習，雖以知覺經驗爲基礎，但不受時間空間的限制，可以遠超於知覺經驗以外，所以，可以擴大反應之範圍，不必在時空的實際情境中發生，而增加反應之成功性和普遍性。學校中一切定義、公式、原理及抽象觀念等，都是概念的學習。

2.概念學習的過程　人類概念的發展，與年齡及經驗有關，兒童概念的發展，是由活物觀(Animism)而到模擬化，由模擬化而抽象化。至於概念的學習，主要在於回憶和思考，所以其過程爲：

①回憶　概念學習以知覺學習爲基礎，所以和知覺學習相同，經由語言文字符號以學習事物經驗，並回憶之。這種回憶，可以充實學生的經驗，是概念學習的重要基礎。

②反省　遇到新情境，即運用反省思考，比較新舊情境，以發現各因子的關係，清晰的辨認。

③分化　從許多事物經驗中，思考分析其性質，比較其異同，是爲分化作用。

④概括　從分化的過程中，再分別歸納出各種事物經驗之相同特質，成爲普遍之概念，是爲概括作用（Generalization）。

3.概念學習的指導　概念是學習中的重要內容，所以，有一些要點，值得指導概念學習時的注意：

①學習概念，在使學生藉以理解並解決其生活，概念並非是學習的目的。

②概念只是代表重要的事實和經驗，而非事實與經驗的本身，所以學習概念不能專重背誦記憶，而忽略理解。

③充實經驗，可以有助於概念的理解和學習。

④隨時指導學生自行分化與整合，避免直接注入概念。

⑤給學生以各種應用的機會，以考查是否眞正明瞭所習概念。

(四)思想的學習：

1.思想學習的意義　思想的學習較概念的學習更進一步，不但要學習知識和概念，而且要運用知識和概念，所以，思想的學習，是運用知覺和概念，以解決問題和想像創造的學習。

人類生活和情境中，經常發生問題，教育主要即在增進個人適應生活的經驗，所以思想學習中的解決問題的學習，便是藉以前各種學習，運用思考推理等能力，解決所遭遇的困難與問題，使生活得以順利進行。以往各種學習的價値，亦賴思想的學習以發揮。此外，人類的思考推理，不僅限於處理直接的問題，隨境作轉，消極應付，還能積極想像，未雨綢繆，獨出心裁，這便是創造的思想。人類之所以有發明，有進步，端賴創造的思想。所以，教學要特別重視思想學習的指導。

2. 思想學習的過程：

解決問題的思想學習過程，亦卽杜威所分析的步驟：

①困難或問題的發現。

②確定問題的所在與性質。

③提出可能的假設。

④選擇合理的假設。

⑤證明或實驗。

在以上步驟的學習中，分析和綜合並進，歸納和演繹互用，試誤和領悟的學習亦都會發生。創造思考的過程則爲：

①準備　有某種創造問題的意念，並搜集、組織有關資料，確定問題，以形成想像的概念。

②醞釀　亦稱潛伏階段，是一種製作和研究意圖的待機狀態。

③領悟　醞釀至某一時期，突然靈感來臨，豁然領悟，獲得新的觀念和發現。

④修正　修正領悟所得的發現，以期完善無缺。

⑤發表　一切創造的思考，如果未能發表，祇是想像階段，必須以語言文字等方式表達出來，以供參考或證實，才能達到創造的實效。

3.思想學習的指導　個人的思想，常受知識經驗、知慧以及思考方法的影響，所以指導思想的學習時，應注意：（註四）

①指導學生從實際經驗中構成正確概念。

②教學時宜多用問題教學法，指導學生研究問題，解決問題，不宜祇注意事實的記誦。在公民、歷史、地理、理化、博物等科，尤應多用問題教學法。

③教師在教學時，應多提供有價值的研究問題，指導學生去研究解答，不必限於講解課文。

④教師要指導學生從實際生活中，去找尋問題，然後去討論研究。

⑤教師要指導學生思考的方法，例如怎樣分析問題，怎樣搜集資料，怎樣提出假設，怎樣推論，怎樣證驗。唯教師應從旁指導，讓學生自己去做，而不要越俎代庖。

⑥教師要養成學生觀察正確、分析精密、求證細心、態度客觀的科學精神。

㈤情意的學習：

1.情意學習的意義　情意的學習是個人情緒、意志、與趣的發展和適應之學習，亦是健全人格的學習。學生的愛惡好憎、道德價值、情緒控制以及欣賞享受等情操的教育，都是情意學習的內容。

2.情意學習的方式　情意的學習，多係制約的過程，至爲複雜，例如情緒受個人健康、生活標準、和節制有關，意志則受勇氣、節制和恒心有關，而且多屬附隨的學習。兩者內容，都包括觀念、感情和行爲等三方面，所以，在學習過程中，理智的了解與認識雖然重要，而主要的還是「感情」的「反應」，情意學習的主要方式有：

①暗示　教師在教育情境中，尤其在偶然活動中，用一種語句或姿勢，引起學生某種反應。由於接受暗示者並無充分動機，所以容易使之失去自己的意志而發生效力，可以矯正行爲的傾向，支配人格的發展。

②模仿　人在團體生活中，常有模仿他人行爲的傾向。教師可以以身作則，以爲學生模仿的榜樣；亦可以利用往聖先賢、民族英雄的豐功偉業，使學生法古今完人。

③涵泳　佈置合適的情境、培養優良的風氣，使學生在耳濡目染、體驗領會中陶冶情意。

④欣賞　欣賞是種重要的情意學習方式，一切眞善美聖的學習，多先由欣賞開始，由愛好憎惡而養成情操。

⑤踐履　情意學習不但在陶冶和欣賞，而且貴能實踐履行，發爲具體的表現和行爲，才是人格教育眞正的完成。

以上各種學習，只是爲說明方便而分類，事實上是彼此相互有關，俗語說：「牽一髮而動全身」，有某一種學習的時候，必然會同時發生其他的學習，因爲人是身心一元的，對刺激所作的反應或行爲亦是整體的。這些學習不但相互有關，其過程亦直接與教學過程有關。3—1便是心智的學習過程和其教學過程之關係圖（註五），彼此由下而上，逐層遞進，此可以明「教」由「學」出，有如何的學習，才產生如何的教學。

教學過程

(D) 指導新的思想　學生研究問題或表達新的觀念，教師提供其衡量的標準。

↑

(C) 應用　學生在教師指導之下實行或練習。

教師指導學生練習記憶符號的資料。

↑

(B) 討論——→教師與學生回憶事物，解釋說明與過去經驗相連繫，並組織成觀念。

使學生接觸良好的視聽教具

↑

或者

↑

(A) 顯示——→使學生與實際事物直接接觸

其教學過程

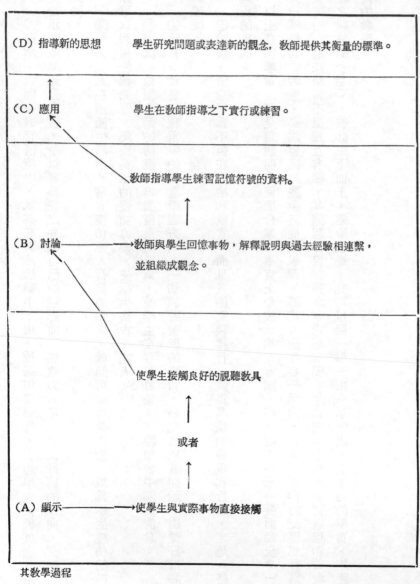

學習過程

演繹

第四階段

3. 評鑑與解決問題——試驗與發展假設
2. 綜合——產生新的聯合
1. 分析——分析整體成元素

(D) 分析與創造

歸納

第三階段

(C) 實行 (觀念——應用階層)
(技能——實用階層)

記憶符號 (符號及內容之深思遠慮)

歸納

第二階段

4. 抽象——抽出事物之特徵。
3. 概括——使和其他事物發生結構相似的關係。
2. 統合——使和其他事物發生功能上的關係。
1. 辨識——清晰地辨認

以術語構成清晰有組織的觀念
回憶＋複習＋精思

(B) 想像 (思考階層)

(A1) 眞實的外界的事物

第一階段

景象 ——→ 眼
(並非文字或符號)
聲音 ——→ 耳
(並非語言)
氣味 ——→ 鼻
滋味 ——→ 舌
溫度
壓力 } 外表感受體
結構等

A 3—3 許多主觀的錯誤形成的潛意識概念

A 3—2 當感官按受事物而將刺激印在神經和腦海

A 3—1 日常生活中注意到眞正的事物

(A2) 刺激 (物質的印象) (A3) 知覺 (有意義的感官印象)

(A) 感覺 (感官階層)

3—1 心智的學習過程與

第二節　動機與興趣

一、動機

1. 動機的意義　心理學家對動機的解釋不一，不過都同意它是人類活動的一種驅力，這種驅力，促使吾人對於某種刺激發生某種反應。動機亦是一種內在的需要，這種內在需要，常呈現一種緊張狀態，驅使吾人向環境中有關的刺激或目標，發生有效的活動，直到需要滿足，緊張狀態消失後，活動始行停止。

由於動機之複雜和難以解說，所以有一些與動機有關的名詞可以並列比較，並藉此瞭解動機的意義：

①動機與目的：動機是最初引起活動的刺激，而目的則是對於一種滿足動機的方法之符號的想像。僅有動機而無計劃，則活動沒有效果，僅有計劃而無動機，則計劃不能實現，所以，目的是動機與計劃的聯絡。由此亦可知動機是實現目的的動力。

②動機與意志：意志是克服困難以達目標的能量，因此，意志可以說是動機的一方面的表現。此所以意志堅强和動機有力，是相互影響的。

③動機與刺激：動機亦可以說是一種刺激，不過短促的刺激稱爲刺激，它可以用簡單的方法，使之消滅；持久的刺激卽稱動機。它需要一連串的活動，始得滿足，動機是一種決定方向的刺激，它可以決定以後的活動之普遍性質及其方向。

2.動機的功用　從動機的意義，可知動機是引起行爲、決定方向和達成目的的動力。人類各種非常的大冒險、大發明、大犧牲，乃至殺身成仁、舍生取義一類可歌可泣的豐功偉業，莫不受某些動機的繼續不斷地激勵以抵成。至動機在教育上的功用則爲：

①引起學習　動機是行爲的原動力，教學上有了動機，便會刺激學生反應，引起學生學習的活動。

②決定方向　引起學習的動機，可使學生決定學習的方向，並針對方向，擬定計劃，以期達成目的，滿足此一內在需要。不致學生缺乏方向，作茫無目的的學習。

③完成學習　動機可以發爲一種能量，表現堅强的意志，克服一切困難，努力完成學習活動。所以動機亦是促使學習完成的動力。

3.動機的種類　心理學上對動機的種類，亦是見解不一，常見的分類有三種：

①一般分類：

(1)內在的動機—是學生內在感覺的需要。例如學生對學習目的的理解，了解教材的價值，都足以產生內在的動機，而熱心學習。

(2)外鑠的動機—是指驅使個人從事活動的外力，如獎懲、競爭、比賽等。

②按性質分：

(1)生理需要的動機—如饑餓、口喝、氣悶、疲勞、性慾等。這類動機雖屬生理狀態或化學變化所致，但仍受學習之影響。

(2)意外的動機——如逃避、爭鬪等動機。

(3)有目的的動機——又分探索的動機、操縱的動機、社會的動機、自尊的動機等。

③按動機的產生分：教育心理學家賀林渥斯按動機產生的來源，分成：

(1)由機體需要而生的動機——如饑、渴、疲勞、痛、癢等。

(2)由自我被人侵犯而生的動機——如自我被人忽視、威脅危害自我之自由與權利等。

(3)根據社會基礎的動機——例如好群、競爭等。

(4)由思想與同情而生的動機——由想像、記憶、預期作用所產生之動機。

以上三種分類的動機，有的是重複的，三類中同時具有，亦有各類所獨具的；有的與教育有直接關係，有的祇是間接關係；瞭解人類動機的種類，則有助於教學的應用。

二、興趣

1. 興趣的本質　克伯屈說：「興趣之意，在吾人作一事時，全神貫注，專心致志，勇往直前，不遑他顧」。可知興趣是一種心理或情緒狀態，這種心理情緒狀態，使吾人具有興奮的感情，以集中的意識，從事並完成某種事物或目的之活動。甚至可以簡單的歸納說：「見物而有所感，謂之『興』，心嚮往之且景行之，謂之『趣』」。(註六) 亦無不可。

吳偉士（Woodworth）對興趣的原理主張，重要者有四：(註七)

①興趣為天賦能力之感情的一方面，故有能力即有興趣。如有打獵之能力，即有打獵之興趣。

②戰勝困難而成功的動作，其興趣非常濃厚。如兒童於解決一極難之算題，苟能潛心研究，則解

決後所得之興趣，特別濃厚。

③對於一物之興趣，乃就一物之本身而發生，並無何種最後之目的參與其間。如兒童愛遊戲的興趣，其聳動（drive）即在動作之本身。

④興趣不獨在成功時發生，即在動作過程中亦能發生。如兒童之栽花，栽成時固有興趣，即當其掘土澆水時，亦有興趣也。

從以上所述，可以知道：

①興趣與知能有關　學生具有某種能力，便易發生某種興趣，缺乏能力，便不易發生興趣。推而論之，沒有某方面的知識，亦無由產生興趣。例如不懂音樂的人，便不會對音樂發生興趣。

②興趣由激勵而生　興趣不但由知能而生，而且是由知能的激勵而來，一種事物和活動，對於個人的知能具有刺激性和考驗性，經過一番努力而完成的興趣，別是一番滋味。

③對事物和活動本身的興趣，比事物和活動以外的興趣爲高。

④成功產生興趣，預期成功產生興趣，邁向成功的途程中亦會產生興趣。

⑤興趣可以自發，亦可以培養。自發的興趣是自然的直接的，數量少而效率大；培養的興趣是後發的，間接的、數量多而效率較小。

2. 興趣的重要

①興趣是行爲的動力　動機是行爲的動力，興趣亦是行爲的動力，在某種意義上說，興趣就是動機。學習有强烈的興趣，可以產生勇往直前的學習力量。所以蓋滋（Gates）說：「若以興趣爲激發及

維持活動與學習的工具，則有沒有什麼其他的因素能與之比擬……往往有人說，如能喚起學生對付作業的興趣，則引起動機的問題便解決了，而有效的學習也成立了。」（註八）

②興趣提高學習效率　濃厚的興趣在心理上是種情緒狀態，心嚮往之，景行行之，以完成學習。在生理上亦能發生極大變化，有助於效率的提高。由實驗室化驗足球員的血液，發現其於運動興奮以後，血液內增加了多量的糖素；腎臟腺內分泌了腺液，放出了肝臟儲液，這與獲取勝利之精力充實，大有關係。又興趣發生後，可促進甲狀腺的分泌，因而增加腦力，而促進新陳代謝。這都是提高效率的佐證。

③興趣可以集中注意　興趣是種專心致志，不違他顧的情緒，專心致志不違他顧，便是注意的表現。一個人對某件事物發生興趣，便會留心此一事物或與此事物相關的因素，而留心就是注意。學生對學習有興趣，便會集中注意於學習，而不違他顧其他事物。

④興趣是努力的保證　杜威說：「興趣與努力，皆應付困難之健全活動中所同具：自對於目的之情緒的熱忱言之，謂之興趣；自困難當前自我之堅忍前進言之，謂之努力。興趣與努力，爲同一進行活動之二面。」（註九）雖然興趣與努力，並非必然是同一活動之二方面，或者必然是相輔而行，但興趣確是努力的保證，有强烈的興趣，可以促使個人克服困難，努力不懈。發憤忘食，樂以忘憂，便是努力和興趣關係的說明。

3. 興趣的發展

①發展的階段　一個人的興趣，因年齡的不同，而有不同的發展。按發展的階段分，有下列的

現象：

(1)幼兒興趣，多附寄於感覺運動的嘗試，如舞蹈、唱歌、遊戲、奔跑、塗鴉等。這時爲動作而動作，多屬直接興趣。

(2)生固定牙齒時，興趣常表現在練習感覺遊戲之滿足上，在想像力和創造力的愛好及不停的發問上。

(3)六歲以後，興趣不專在動作本身，而在動作之有良好成效。這時分清目的和方法，各種競爭、讚賞、懲罰及其他榮譽事物，均可產生興趣，是爲間接興趣。

(4)十三歲以後，冒險、遷徙、浪漫的興趣逐漸濃厚；好奇、想像的興趣，逐漸趨向生活的一端；理想的目的，漸漸樹立；精神的自我，逐漸在人群中實現。

②發展的原則

(1)發展興趣有賴新舊經驗的聯繫　興趣與知能有關，所以發展興趣，要注意類化原則，使新舊經驗取得聯繫。

(2)發展興趣有賴適當複雜的刺激　刺激太簡單，不能引起興趣，過於複雜，亦不易引起興趣，必須適當的複雜，恰合學習者的能力，才能激起學習興趣。

(3)發展興趣須提供引起希望的刺激　新奇複雜的刺激，固可引起興趣，如果是能引起希望的刺激，則更能激起無窮的興趣。這種希望，可以是預料未來，亦可以獲致某種結果。

(4)發展興趣要擴張和培養　發展興趣，一方面要擴展經驗，以增加其興趣，亦即由直接興趣以產生間接興趣；一方面要培養興趣，使間接興趣能變化成爲自然的直接興趣。

(5)目的與價值可以提高興趣的發展　瞭解活動的目的，可以激發興趣，使活動或事物本身具有目的和價值，遠比活動和事物之僅爲工具手段的興趣爲高。目的和價值有遠近之分，年齡小的學習者不易理解遠的目的，所以要使目的價值發生直接關係。年長學生則可導之以理想與想像，以瞭解達到遠的目的和價值。

(6)成功與滿足有助於興趣的發展　通常，失敗與痛苦有害於興趣的發展，一種事物或活動，能產生成功和愉快，則有助於興趣的培養與建立，這亦是效果律的應用。

第三節　個別差異

一、個別差異的成因　人心不同，各如其面，這是個別差異的事實。如何形成差異的事實，歷來研究、認爲是遺傳和環境兩大因素所形成。若詳加分析，人類學習上個別差異的因素，可以有遺傳、環境、內分泌與訓練等，玆分述如下：

1.遺傳　個人的身體形態和結構，以至心理方面的潛能和特質，有許多來自遺傳的影響。這種遺傳，包括一般人類的遺傳和個別家庭的遺傳。前者如感覺器官之敏銳，使能精密觀察和辨別；大腦特別發達，而能記憶思考與想像；動作器官靈巧，尤其雙手之使用與製造工具；發音器官複雜而能創造語言。來自個別家庭的，則有膚色、身材、毛髮、血型、智慧、潛能等。這些來自遺傳的因素，提供了教育和發展的基礎。

2. 環境　環境有廣義和狹義之分，廣義的環境不但除遺傳以外，甚至亦包括了個人出生以前的因素，至少亦把教育訓練等力量包括其間；狹義的環境，則僅指個人所生存的自然環境和社會環境。即使是狹義的氣候，地區、文物、習俗等環境，亦影響個人的發展，而形成差異。來自遺傳的各種可以發展的基礎和原質，必須有良好的環境，纔能有發展的機會，正如優良的種子之需要合適的土壤、陽光、肥料和水，才能繁榮滋長。

3. 內分泌　人類內分泌可以影響到個人的智力、氣質、情緒和人格。例如甲狀腺所分泌的甲狀腺液，主要功用在助長新陳代謝。若分泌適度，則精神飽滿；分泌不足，幼時身體發育便將停止，通常亦會行動遲緩、智力低下，遲鈍懶惰；反之，分泌過多，則興奮好動，易失眠，多幻覺。此外，副甲狀腺、腦下腺、腎上腺等，都與個人的行動和肌肉、思想與智力有關，而形成個別差異，影響學習與發展。

4. 訓練　訓練與教育是另一種造成差異的因素，一切遺傳、環境、內分泌相類似者，可因特殊的訓練和教育，產生截然不同的個人。所以，教育工作便在利用遺傳的素質和設備良好的環境，使優良的素質獲得充分發展的機會，低劣不利的傾向，改導和抑阻其表現。

二、個別差異的現象

1. 個別差異的種類　人類與教學有關的個別差異有：

①年齡差異　每一個生長階段不同，所表現的與需要的就有不同，這是個人縱的差異，亦是受教育最重要的差異根據。

②性別差異　兩性在生理、運動量、興趣等方面，常有很大的差異。

③智力差異　這是最受注意的一種個別差異，一般的分班，都依智力差異的標準。

④性格差異　個人除智力外，各人的興趣、情緒和社會行為等性格方面，亦表現了差異的現象。

⑤需要差異　各人需要，可能是個人自己的需要，亦可能是家庭的需要，形成了需要的差異。

⑥經驗差異　各人因為生長的環境，所受的教育以及興趣所在等不同，形成經驗上的差異。

⑦才能差異　個人可因各種關係，在特殊才能方面顯得與衆不同，是為才能的差異。

2.教師的差異　通常，討論個別差異，總是着眼於學生，了解到學生具有許多差異，需要適當的適應；其實，教師是人，教師亦有差異，教師的才能、興趣和性格等，都有不同，即使是同一學科的教師，有的對某一部分教材特別感興趣，而有深湛的研究，有的則可能短於此而長於彼；有的教師擅於大班講演，有的僅適宜指導研究。諸如此類，不一而足。所以，教學上除了適應學生的差異外，亦宜注意到教師差異的事實，而予以適應，師生双方都能做到「因材施教。」

三、個別差異的性質　雖然，教師與學生都具有個別差異，尤其是學生的個別差異，但有關於個別差異的性質，仍有下列各點值得參考的：

1.個別差異是事實，有些甚至是無法改變的，所以教育上必須承認此一事實，並順應此種差異以施教。

2.個別差異是複雜的、交互影響的，例如生理的成長和智力或心理能力，具有密切的關係。

3.個別差異在同一差異中只是數量的差異，而非性質的差異，但差異的數量範圍可以很大。

4.未經選擇的同一差異，常呈常態分配現象，兩極所佔人數最少，平均的人數最多。

5.瞭解差異的方法，並非絕對可靠，觀察如此，測驗亦然，所以，不能遽然根據一次或少數的方法，以預料其將來或成敗。

6.個人雖有縱的差異，但仍有其個人本身的統一性，而且縱的變異是漸變而非突變。各種分段分期或分類，都是假定的。

7.個人與個人之間橫的差異，亦有其統一性，亦即人性，心理學既求其異，亦表其同。

8.個別差異是「分」，社會適應是「合」，「分」不是最高的教育目的，所以社會學求其同，求其合。個別差異在於個性適應，社會化是群性陶冶，兩者並行而不悖，且相輔而相成。

摘要

教育主要在於指導學生學習，所以，需要了解學習。本章簡述了學習的本質，是一種複雜的、指導的、社會行為。共分知動的、知覺的、概念的、思想的和情意的五種學習，以為以後討論教學方法的張本。教學過程和教學的結果，亦非常重要，只是限於篇幅，不能一一敘述。在教育的過程中，無論教學開始或教學中間，都需要動機與興趣，兩者在意義和功用上有其相似之處，教學貴能引起動機和發展興趣，所以列舉了動機的種類和發展興趣的一些原則。

個別差異是教育心理基礎中重要的事實，造成差異的主要因素，是遺傳、環境、內分泌和訓練；由這些因素，形成了年齡、性別、智力、性格、需要、經驗和才能等的差異。教學上的「因材施教」除了指學生的個別差異外，還應該包括教師在內，因為教師亦有許多差異。至於差異的性質，則更值得從事教育工作者的注意，依此而指導學習，才不會誇大差異，亦不致迷失指導的方向，而失之於一隅之偏。

附註

一、陳瑞龍著　學習心理學　第一章第一頁　高長印書局
二、引見蕭孝嶸著　教育心理學　第十八章第二八三—二八四頁　正中書局
三、引見林仲達編著　教育心理學講義　第六章　師大
四、引見孫邦正編著　教育心理學　第十章第一七三頁　教育部中教司
五、Asanel D. Woadruff. Basic Concepts of Teaching, Chandler publishing Company, San Francisco, 1961 P. 92.
六、見羅廷光著　教育通論　第九章第一四五頁　中華
七、見羅廷光著　引教育入門　同（六）第一六三頁
八、引見宋桂煌譯　教育心理學　第十四章第四三一頁　商務。
九、引見孟憲承等譯　克伯屈教育方法原論　第十章第一八頁

研究問題

一、說明學習是有目的的行爲。
二、本章所列五種學習間有何關係？試說明之。
三、說明動機在教學上的功用。
四、興趣和那些因素有關、相互影響着教學？
五、個別差異在教學上有何重要？
六、何謂「心理學既求其異，亦求其同？」試舉例說明之。

第四章　教學之社會的基礎

討論教學的理論基礎，往往使人想到心理的基礎，而忽略社會的基礎。固然教學是師生間發生的行爲與感情的交流，有待心理學的原理原則之依據，但教學的空間因素，實亦不容吾人忽視。教學不能脫離環境而進行，首先，教學的目的決定於環境，教學在幫助個人適應社會與生活，而每一個社會，均有其不同的環境與要求，這些不同的要求便決定了教學的目的；不僅如此，這些不同的要求，亦決定了教學的內容——課程與教材。至於教學的方法，則隨着社會的發展，一切技術、觀念、甚至型態，都在改變。本章將從社會與教學、民主、社會資源等分別說明之。

第一節　社會與教學

社會學家和教育社會學家，都重視教育的社會基礎。教學是教育活動的方法之一，自不能脫離社會的因素。關於社會與教學的關係，可以從下列數點獲得瞭解。

一、教學環境　教育上無論個人主義或者社會主義，都承認個人爲滿足需要，不得不與他人發生交涉，不得不與文物制度發生接觸，接受社會的規範，始而應付社會的要求或刺激，繼而控制或影響社會的發展。教學在幫助個人滿足需要，所以說教學在社會中進行，社會是教學的環境，固然可以；說教學爲了社會和環境，亦未嘗不可。這正是社會學家涂爾幹把教育當作是社會藉以不絕地更新它自己的生存之方法，而認爲教育之目的，在於使青年人社會化。

由於教學在社會中進行，社會是教學的環境，又可以推論得到：

1.以適應社會爲方向　教學既在社會中進行，則教學的方向，宜在幫助學生適應所生存的社會。社會發展到現在，已經成爲先我們個人而存在的組織與生活，我們必須學習適應這種組織和生活，才能繼續生存和生活。社會心理學家認爲，個人對於社會環境調適的基本目的有三：一爲維持人格的完整，二爲滿足人生的需要，三爲平衡人我的關係。(註一)人從社會的觀點言，人具有自我感、名譽心及好勝心等人性，以期維持人格的完整。人生亦有各種需要和願望，如物質的需要、知能的需要、社會的需要、與精神的需要；好新的願望、安全的願望、感應的願望、與稱譽的願望，所以發生種種活動，以期獲得滿足。人生在社會中共同生活，必須發生相互的接觸，因而引起衝突、競爭、侵害、抵抗、壓制、反動、欺詐、委屈等現象，才又產生種種活動，以期平衡這些人我關係。所以，歸納起來說，教學既要幫助學生適應生物的需要，更要使之適應社會的、心理的、與精神的需要。

2.以文物制度爲內容　個人在社會中的行爲；除了受個人需要願望的推動與人格特質的限制外，多爲當時社會情境所制約，而所謂社會情境，則包括心理和文化兩方面。心理方面屬於人的主觀的態度意見之類，文化方面是屬於客觀的文物制度之類。其實，人的主觀態度與意見等，仍多來自客觀的文化，所以，個人在社會中的行爲，可以說多爲當時文物制度所制約；教育既在社會環境中進行，且以適應社會爲其發展的方向，自然需要以社會中的文物制度爲內容，使個人學習社會中的文化，一方面使個人得以生存和適應，一方面使文化得以保存和傳遞。

作爲文物制度的文化，具有超時間的時間性和超空間的空間性。所謂超時間和超空間，是因爲文化可以傳遞和傳播，不限於某一特定的時間和空間。但文化無論怎樣傳遞和傳播，總具有其特殊的空間性和時間性，所以，文化有其超時間的時間性和超空間的空間性。教學旣以文物制度爲其內容，便要體認此項文化的特性，旣要選擇世界性和永恒性的教材，更要選取各自特殊社會中的文物制度，以爲現實需要的適應。

3.以促使進步爲理想　教學不僅在幫助個人適應需要，使之順應以及傳遞和傳播社會文化，使之保存，而且要指導個人改造社會、適應個人的需要，擴張文化和更新文化，使文化有增加和進步的發展，亦即以促使社會進步爲理想。社會之發展和變動是必然的，但社會能朝着好的方向發展，並非必然，一定要有一種有意的力量，加以指導和促進，教育是促進社會進步、指導社會發展的有力因素之一，所以，教學的終極理想，在於指導和促進社會之進步。至於究竟以何種社會爲進步的社會，固然是社會哲學的問題，但以促進社會進步爲理想，則是社會學上不變的原則。由是，教學的目的，教學的取材與教學的方法，均將以此理想爲依歸。

二、教學動力

1.社會變動　社會之與教學，不僅是靜態的，而且是動態的。社會不但提供了教學的環境、內容和理想，亦且提供了動力。社會本身是一有機的組織，日在變動和發展，這種發展與變動，便是教學的一種動力。涂爾幹曾說：「教育僅是社會之影像與反映。教育模擬社會，以簡縮之形式再生社會。教育不創造社會——唯有社會自身改造，教育方有改造之可能。」（註二）這句話反面的意思，固然是說教育必待社會變動，才能顯出教育的力量；但正面的意思，亦可以說社會的變動便是教育和教學的一種動力。

2.心理與文化　社會變動，固然提供教學以動力；即使社會環境，無論是心理的社會環境或文化的社會環境，亦同樣是教學的動力，原因是社會環境提供了人與人相互接觸交往的機會和相互影響的力量。心理的社會環境如社會的態度、意見與成見、輿論、謠言、群衆行爲以及競爭等；文化的社會環境，如風俗與時尚、道德、法律與宗教等；俱皆經由暗示或者宣傳、教育等影響個人的行爲。教學便是利用這些心理的、文化的宣傳、暗示等制約的力量，指導與發展個人行爲，形成個人人格。

即以學習而言，社會的時尚與風氣，可以決定學習的方向與內容，亦可以促進或阻抑學習；學校的環境、設備、校風、教室的整潔、衞生，與師生之情感，莫非是一種力量，影響着教學與學習。個人的說話，個人的愛好與態度，均模仿自父母兄長；師長同學的勤學，是個人勤學的基礎；個人愛國的傾向，得自家長、師長、同學的愛國行爲。諸如此類，可見社會環境是教學重要之動力。此所以教學之佈置環境、運用暗示模仿、競爭好勝、獎勵懲罰、潛移默化，俱在應用社會之動力。

三、教學革命　近來，教學上有所謂「教學革命」(Teaching Revolution)，包括了教學的觀念、教學的型態和教學的實施等巨大的改變。這種教學革命，來自於社會。英人李啓蒙（W. kenneth Richmond）著教學革命(The Teaching Revolution)（註三），認爲科學技術的動力以及人類欲望的膨脹、知識的膨脹、受教育人數的激增所造成的教育膨脹，與社會階級的影響，形成了教育革命。

關於科學技術的進步，影響而成爲教學技術器材的，最顯著的便是教學機（Teaching machines）語言作業室（Language-Laboratories）以及通路電視網（Closed-Circuit television networks）等。這些科學技術的發明與應用，使敎學的內容、方式與方法，產生了極大的改變，不但敎學不再必需敎師直接的指導，甚至可以見不到敎師，成了沒有敎師的敎學。

敎育的膨脹，來自經濟的投資觀念，亦來自人類的需要與知識的膨脹。敎育的經費，來自社會。而敎育與經濟的關係，隨着社會生活的變遷而改變：原始的敎育，在生活中進行，主要就是與經濟生活配合；隨着社會階級、經濟地位之形成，敎育成了有錢有閒階級的點綴與享受，一般人認爲受敎育是種消費；工商業發達，人民生活需要接受敎育，敎育開始普及，再度與經濟配合，成爲生活之必需；時至今日，則更認爲敎育是一種最有利潤的投資，希望從敎育獲得更高的經濟效果和價值，所以，敎育和經濟的發展是：合一↓消費↓必需↓投資。

敎育變成了投資事業，社會對敎育不再是量力而爲，已經是盡力而爲了。敎育就要提供最爲有效的敎學，才不致浪費社會經濟的支援與投資。知識的急速發展，從蒸汽而電化，由原子而太空，形成了知識的膨脹。從前的學校敎育，尤其是大學，代表着人類知識的寶庫；十年二十年，或者至少可以用年做單位，知識的正確性和有效性不會變動，因之傳播和傳授知識的方式與方法是一套。現在，一切都改變了，知識不一定掌握在學校，知識不能以年爲單位，甚至不能以月爲單位，是如此的快和如此的多，敎育與敎學不得不引起革命。

社會的文化與心理在改變，人類的願望亦隨之改變，大家都需要和希望接受敎育。下列三圖，表示無分中外，受敎育人數之有增無已。

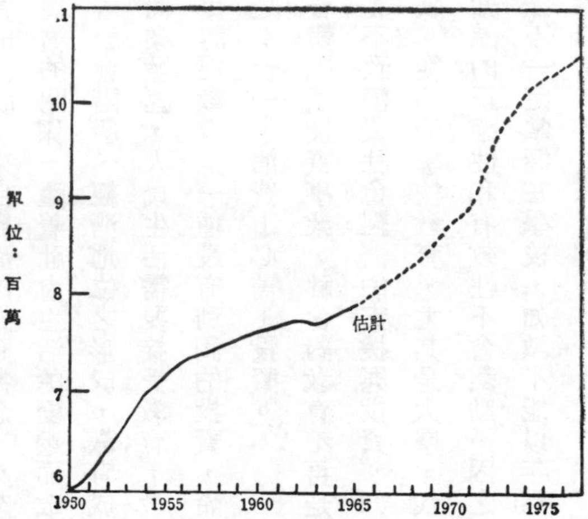

4-1 英國就學人數的增加 （註四）

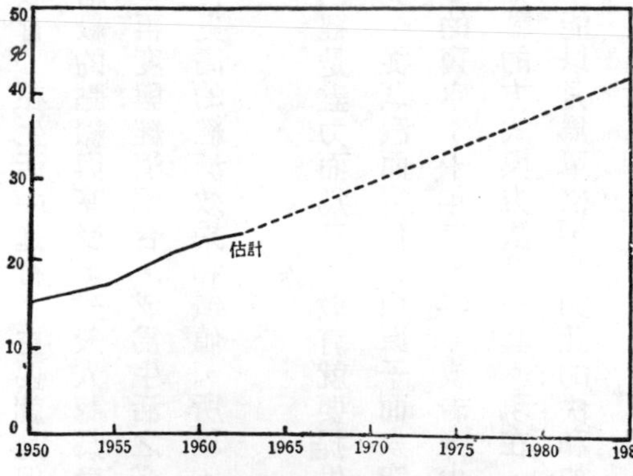

4-2 英國十六歲以上在學學生百分率 （註五）

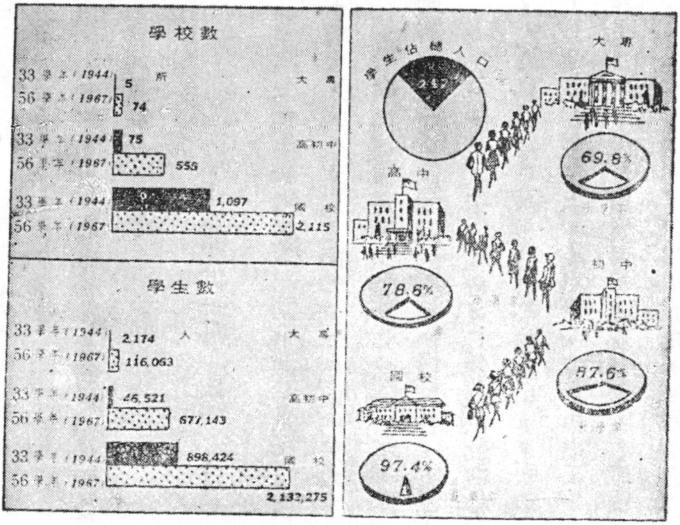

實施九年國民教育

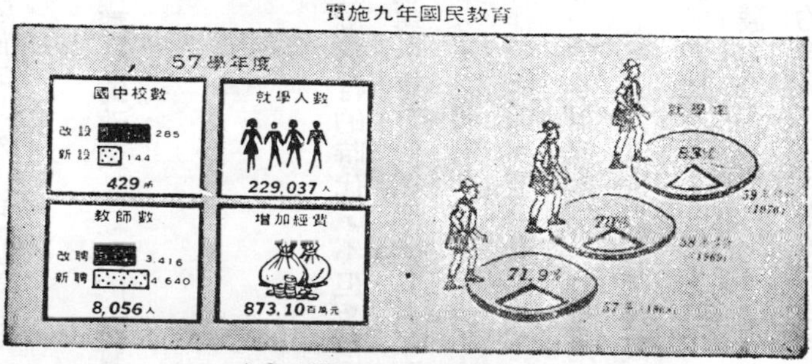

4–3 臺灣省教育概況（註六）

一、學校數：　大專學校光復前最高（民國33年）爲5所，其中大學1所，專科學校4所；56學年度增至74所，其中大學8所，獨立學院11所，專科學校55所。

中等學校光復前最高爲75所，其中中學45所，師範學校3所，職業學校27所；56學年度增至555所，其中中學424所，師範6所，職業學校125所。

國民學校光復前最高爲1,097所，56學年度增至2,115所。

二、學生數：　大專學校學生數光復前最高（民國33年）爲2,174人，56學年度增至116,063人，其中大學20,035人，獨立學院38,941人，專科57,087人。

中等學校學生數光復前最高爲46,521人，其中中學29,005人，師範2,888人，職業學校14,628人；56學年度增至677,143人，其中中學556,367人，師範1,430人，職業學校119,346人。

國民學校學生數光復前最高爲898,424人，56學年度增至2,133,275人。

全省學生共有2,926,481人，佔總人口24.2%（不包括幼稚園、補校等學生99,330人）

三、就學率及升學率：　依照憲法規定，6歲到12歲的兒童，稱爲學齡兒童，應入國民學校接受六年的「基本教育」。56學年度就學率已由（33年）71.3%提高到97.4%。國校畢業，升學率爲57.6%，初中畢業升學率爲78.6%，高中畢業升學率爲69.8%。

四、國民教育延長：　爲了提高國民教育水準，適應國家建設需要，將六年「基本教育」延長爲九年，前六年爲國民小學，後三年爲國民中學，已於57年9月起，全省普遍實施。現有國民中學429所。學生229,037人，其就學率達71.9%，較56學年度增加14.3%。預計58學年度就學率將增到78%，59學年度增至83%。

此外，許多觀念，亦隨着變遷，例如近來對於掃除文盲，便有所謂職工分類的識字教育（Functional Literacy），除了使文盲達成讀寫算的基本能力以外，還需要給予一種職工的基本知能，以配合經濟、社會急劇發展的需要。（註七）

由此，可知教育革命，來自人類的需要、觀念的改變、經費的投資與知識的膨脹，而這一切都是社會的發展。

第二節　民　主

一、民主的涵義　二十世紀是民主主義思潮盛行的時代，不但政治上要求民主，一切經濟、社會、教育，無不表現民主的特色。杜威的民本主義與教育，便在闡述其民主主義的教育思想。杜威認爲民主的社會，應當具備兩個條件：第一、社會中各分子之間有共同的目的，能充分分享共同的利益；第二、團體與團體之間，有圓滿自由的交往，互助合作的關係。推論其意，可知民主至少包含下列三種涵義：

1.自由　民主的社會，必然提供社會中每一分子以充分的、合理的自由。每個人有身體行動的自由，更有精神意志、言論思想的自由。所以政治上有了自由，才能選賢與能，排除專制與獨裁；教育上有了自由，在制度上才能提供一條自由之路，使能者進焉，不能者止焉；在內容上不以成訓傳統爲依歸；在方法上才能自由思考，獨立判斷，啓發創新發明的知慧。

2.平等　平等來自於自由，表示尊重個人的尊嚴，任何人均有其地位與價值，不論其年齡大小、種族膚色、宗教信仰或貧賤富貴。因此，前節所謂社會階級，在民主平等之下，便應蕩然無存。民主的社會是一種分工合作的社會，分工就需要不同的工作，則每一工作有其貢獻，無所謂地位之高下；合作需要互助，處於平等地位的互助。所以，社會中各式人等，均應同具有發展的機會，聰明才智高的人有機會發展，他們可以創新；智慧才能普通者，有機會發展，他們可以傳遞和保存社會遺產，構成健全社會；即使愚笨低能者，亦應該有機會受教育和發展，他們才得以自存。任何缺乏發展機會的教育，便是不公平，反民主，這是個別適應教學之由來。既然社會是合作的，則必需使每個個體學習平等的互助，這又是教學上陶冶群性、社會化之所要求。

3.分享經驗　社會上既有的經驗與共同利益，能爲每個分子充分的、自由的、平等的分享，這是民主的一種涵義；民主的另一涵義，是提供各人自己的經驗爲別人分享，這才能達到個體與個體、團體與團體之間，圓滿自由的交往和互助合作的關係。祇是接受，不肯提供；祇是享受，不肯服務，自不能維持圓滿合作的關係。個人提供出經驗，是一種服務理想的培養，亦是民主教育的最高理想。此教學目的、教學材料與方法之所以由個體充分發展，而進爲團體群性之社會化。

二、民主的方法

1.社會化的教學方法　人雖然生而平等，但並不能生而善過自由的民主生活，需要後天的學習；尤其是分享經驗和服務理想，更需要逐漸培養，所以各種團體活動、討論、班級教學等社會化教學法，均爲達成民主的教學方法，使每個人在接受教育時候，便學習民主的方式，具有民主生活的習慣、知能和理想，以便進入社會，眞正能過民主的生活。

2.合作的教學型態　在互助合作的社會，反映在教學上的，不止是教學的內容，要學生了解合作的重要，並學習如何互助；在教學型態上同樣受到影響，而有新的發展。整個的社會，是由各行各業，向着共同的目標，合作努力，促進社會進步和繁榮。小而至於醫師專業，亦是有主治醫師、內科、外科、耳鼻喉科、婦產科、小兒科、檢驗師、護士、藥劑師等人員，大家分工合作，以克盡其責。所以，教學亦一改單獨一位教師的獨力教學，而由許多不同的教學人員，在有組織的教學團之下，共同計劃，以實施教學，這便是協同教學的新發展。

第三節　社會資源

從社會的觀點論教育，教育是社會藉以不絕地更新它自己生存的方法，所以，學校必須和社會打成一片，教育必須與生活結合爲一，然後教育才能充實內容，切合需要。教育上的運用社會資源，便因此應運而生，使教學的範圍擴大，方法改進，成爲教學的另一社會基礎。

一、社會資源的意義與種類

1. **社會資源的意義**　社會資源亦稱社區資源，係指學校所在地區所有的一切自然環境與社會環境所具的內容，可以用來充實教學內容，或增進教學效能者均是。社會是教學的環境，亦是教學的目的與方向，教導學生學習，爲的是使學生進入社會，能更容易適應生活，實在沒有理由要關起校門教學，更不必捨棄大好的現實場地與情境，而作孤立貧乏的教學。今日教學，便要充分利用這些取之不盡用之不竭的豐富資源。

2. **社會資源的種類**　社會資源之能應用於教學的，可以分爲四類：

(1)自然資源　自然資源包括當地自然環境與自然現象，諸如山川、地質、森林、氣候、土壤等物質環境；名勝古蹟、交通分佈與礦藏農產等。

(2)組織資源　組織資源則指當地各種社會組織與團體機構，以至由此而生的各種生活習俗與內容。

(3)人力資源　人力資源包括當地的所有人民。

(4)技術資源　技術資源則指各種科學工具與發明。

這些資源，由於性質不同，應用於教學的方式亦不相同，可以從下圖得知：（註八）

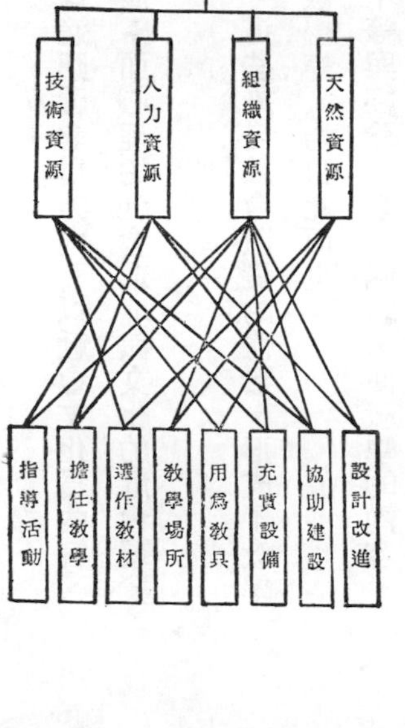

二、社會資源的應用

1.應用的價值　應用社會資源於教學，可以具有下列各項價值：（註九）

(1)研究本地社會生活，可以使學生眞正瞭解社會的組織及其活動。

(2)學校課程若與本地社會活動相聯繫，可以使學生瞭解當前的社會問題。

(3)利用本地社會中的事物和問題，作爲學習的材料，可以引起學生的學習興趣，使學習工作成爲有意義、有目的之活動。

(4)指導學生研究社會情形，可以訓練學生研究社會的科學方法。

(5)指導學生研究本地社會，可以養成學生對於社會的責任感。

(6)指導學生研究本地社會，可以使學生把學得的知能，應用於實際情境，因而學校的課程更爲生動而充實。

(7)指導學生研究本地社會，可以達成一項教育目標：卽指導學生參加社會生活。

(8)指導學生研究本地社會，可以養成學生改進社會生活的願望，和改進社會生活的能力。

(9)指導學生研究本地社會，可以使學生與社會相聯繫，因而學校教育可以有效地促進人類福利。

(10)指導學生研究本地社會，可以養成學生互助合作的精神，因而使人類生活更爲美滿。

2.應用的方法　社會資源是教學的無盡寶藏，從調查和瞭解資源開始，以建立完善的資源資料；然後配合各學科的需要，指導學生旅行、參觀、調查、訪問、實習、或邀請人士來校指導活動與學習。這些，正是各項社會化教學法與利用教具之張本，亦是協同教學法之利用人力資源所由來。

摘　要

從社會與教學的關係言，社會是教學的環境，所以教學是以適應社會爲方向、以社會文化爲內容、且以促使社會進步爲理想。其次，由於社會變動，促使教學發展；而心理的社會環境與文化的社會環境，均爲教學提供動力，所以，社會亦是教學的動力。

經濟的投資觀念、知識的膨脹、人類受教育的期望之提高，這些來自社會演變的情形，形成了教學上觀念的、型態的與實施的革命，協同教學、編序教學、視聽教學等，均由此而生。

民主和社會資源，是教學的不同基礎。民主具有之自由、平等與經驗分享等涵義，使教學的內容、方法，兼顧到個別適應與群性陶冶。社會資源則爲教學提供無盡的寶藏，充分的運用自然資源、組織資源、人力資源和技術資源，可使教學內容充實生動，眞正達成適應社會、改進社會的教學目的。

中外教學，有其相同之處，亦有其不同的差異。相同來自心理學，亦有來自社會學；差異則多由於中外社會的不同。空間不一，國情有異，需要與設施自有差別。研究教育要審情度勢，研究教學，亦要擇善而行，此所以教學的社會基礎，較心理基礎之重要，有過之而無不及，不容我們忽視者也。

附註

一、孫本文著　社會心理學　第四九六頁　商務

二、引見吳俊升著　教育論叢　第二五六頁

三、W. Kenneth Richmond, The Teaching Revolution. Methuen & Co Ltd. London, 1967

四、同三 P.18

五、同三 P.21

六、引見新生報民國五十八年青年節特刊

七、劉先雲等參加亞洲掃盲會議的經過　社會教育年刊　第一一一頁　中國社會教育社第二十屆年會特輯

八、引見孫邦正編著　如何利用地方資源　第七頁　師大教育系社會中心小叢書　第二集

九、引見孫邦正著　普通教學法　第四五八頁　正中

研究問題

一、教學中那些是社會提供的基礎？

二、教學與社會宜具那些關係？

三、分析教學革命的因素，並說明教學應處之道。

四、來自社會的教學動力有那些？

五、你所教的學科中，有那些社會資源可資運用？如何運用？。

第五章　教學之哲學的基礎

哲學是研究知與行的問題，尤其是二者價值的批評，更是哲學專有的對象和功能，所以，一切學科，最後都會歸納到哲學的基礎，教育如此，教學亦然。教學中有目的、有材料、有方法，這些都來自哲學的主張，不同的社會哲學或人生哲學，便產生不同的教育目的。各種教材的比較價值，亦全憑據以批評人生價值的最高理想以決定。至於教學方法，則多依賴心靈論和知識論，例如哲學上主張感覺主義，則教法重直觀教學和感覺訓練；理性主義者則重論理的程序和形式的訓練；而實用主義則重知行合一的教學。(註一)本章除以心靈論和知識論兩節分別說明學習的主體和學習材料之外，再從進步主義和精粹主義的爭論，予教學問題以綜合的簡述。

第一節　心靈論

教學是指導學生學習的活動，要指導學生學習，必須先對學習的主體——心——有所了解。心理學是對心研究的科學，不過，追溯到「心的性質」的時候，便進入了哲學的範圍。許多心理學上對「心」的學說，其源還是出自哲學。

一、形式訓練　形式訓練來自哲學上的心靈實體說，心靈實體說把心靈看作是一種實體，是一種異於物質的實體。物質是吾人的身體，心靈則是異於身體的實體，亦就是靈魂。物質的身體是實體的存在，心靈的靈魂亦是實體的存在，兩者可以互不相依。這種把心靈看作實體的觀念，便是官能心理學的基礎。官能心理學認爲心靈這個實體，因其作用的不同，而具有記憶、想像、判斷、理解等能力。教學便是對這些心能加以訓練，而不在乎灌輸多少知識，因爲心能如果因訓練而發展了，任何知識都可以隨時吸取，這便是教學上的形式訓練說。

二、觀念聯合　這是心理狀態學說的看法。心理狀態說否認心靈是一種實體，除了吾人的感覺經驗以外，再也沒有別的實物之存在。所以，所謂心靈，只是存在於前後相續如潮流的種種心理狀態之中。這種把心靈看作心理狀態的學說，便是觀念聯合論。觀念聯合論認爲心靈在初生時是空無所有，只是接納外界的一切印象的容受器。我們接納了許多外界的感覺經驗，始構成觀念，心靈就是由許多觀念聯合而成。因此，外界事物不再像心靈實體說這樣的沒有價值和不受重視，變成了建設心靈的原料。而且，這些材料的排列和提示方法的步驟，影響到觀念的聯合，所以亦顯得非常的重要，這便是海爾巴脫階段教學法的由來。

三、交替反射　唯物心靈學說不但否認靈魂，亦且否認意識，認爲一切心理的程序，都是物質的功能，除了物質以外，別無他物。他們以客觀的心理事實爲研究對象，拋棄心理事實的主觀方面。同時，認爲心靈只是神經系統的生理的作用，別無神秘成分，而用交替反射和交替反應解釋一切心理作用，教學便是交替反射建設的工作，安排某種刺激，以期引起某種反應，行爲主義學派便重視學習的生理條件，和習慣的培養，不認爲人有洞察底蘊燭照萬物的眞知灼見或智慧，心理活動只是個體對環境的適應活動而已。

四、自主的適應　試驗主義學者一方面從生物學觀點出發，把意識看作適應環境的工具，一方面亦承認思想的特殊性，並非完全是機械的反射作用。杜威把人的經驗看作生物應付環境的行動。因為人的環境過於複雜，應付環境便不能全靠生物的自然感受和施為，還要進一步瞭解施受的關係，並據以控制這種施受的作用。心靈便是在這種生物演進的歷程中，主動適應環境而生的有目的的、智慧的行為。因此，試驗主義學者强調教學既不是訓練心能，亦不是獲取知識，更不是感應結的形成，而是陶冶思想、啓發智慧。教學上的問題教學法、設計教學法，便是安排一種情境，使學生在其中感到問題的需要，而自行思考，利用經驗，瞭解情境行以求知，以期解決問題，獲得經驗。

第二節　知識論

教學上除了學習的個體以外，還有學習的對象或內容，那便是外界的事物知識。知識怎麼產生的？人類是如何獲得知識的？是靠感覺獲得？還是靠理性獲得？或者是兩者的合作？又人類獲得了知識做什麼？這些問題，哲學上有不同的看法和解釋。對教學都有密切的關係。

一、理性的活動　哲學上有一派學說，認為一切確定的知識，來自不可否認的，先驗的，顯然的原則，感官僅能供給人類以一種混雜的和臨時的見解，這便是理性主義。理性主義以眞正的知識，唯有賴抽象的、概念的思想而得，這些抽象的，概念的思想，有一定的範疇，這些範疇，便構成理性，而理性是與生俱來的。孟子所謂：「仁義禮智，非由外鑠我也，我固有之也。」便是理性主義的看法。

眞正的知識，既然來自理性，則求知的方法，在於促進理性的活動。教學的方法，自然重視理性的訓練。蘇格拉底的助產法、柏拉圖的辯證法、笛卡耳和康德的注重訓練理性，都是講求形式訓練，而不重視灌輸知識。至於材料的價值，因爲實際生活的經驗，不能供給眞正正確的知識而沒有地位，一切與理性有關的知識才最重要。

二、感覺的經驗　和理性主義相反的是經驗主義。經驗主義否認人有自明之理，而把心靈看作是一張白紙或一塊平板，空無所有，惟賴後天的經驗以充實其內容。知識便是感覺印象的聯合。在教材的價值上，一反理性主義的看法，認爲一切與個人在自然界及社會中實際經驗有關的教材，才是最有價值的教材。

在教學方法上，認爲感官是知識的唯一門戶，所以提倡感官與實際事物的接觸。感官訓練，感覺經驗和直觀教學的方法，因此而產生。

三、行動中求知　試驗主義學者從生物的觀點出發，認爲認識作用不是爲求知而求知，知識乃行動的工具。人類在其與環境的施受之間，主動地習得經驗，獲得知識。這種習得經驗和知識，既不是被動的對外界事物感受，亦不是靜坐冥思之可獲得，而是在實際的行動中，爲適應環境和改造環境而經驗以知。所以認識作用中，既有個別的感覺與事實，亦有普遍的理性觀念，合個別的感覺和普遍的觀念，而成智慧的、自主的、實用的、行動的經驗。

知識有所謂親知和聞知，聞知就是除了對客觀事物，藉個人參加的活動體驗出來的知識以外，間接得來的知識。這種知識，雖然是社會經驗和文化遺產，非常可貴，但必須是可以滿足人們當時當地需要，而能改變其應付實際情境或解決問題的方法，才能成爲眞正的經驗，亦即聞知只有在解決問題時，經過應用，才可成爲親知。所以，在行動中求得知識，知識亦賴行動以完成，這便是知行合一的教學法。

有名的「從做上學」和設計教學法，都是從這種知識論中產生的。

四、社會中經驗　試驗主義者從生物的觀點，調和理性主義和經驗的衝突，社會學家則從社會的觀點，調和理性和經驗的矛盾，涂爾幹認為知識來自於社會的生活和經驗，個人投生社會時，社會中便已具有了許多的知識和經驗，這些便是範疇和理性。社會便以這些先驗的範疇和理性當作實質，以傳輸給個人，而且亦以這些來陶冶個人的智慧。涂爾幹的知識論不僅在調和理性與經驗的矛盾，主要的還在強調知識的社會性，以別於一般的知識之生物性。知識的生物性重在個人的發展，而知識的社會性則重在群體的發展。社會中經驗影響於教學的，便是社會化教學法。

第三節　進步主義與精粹主義

哲學中討論教育的問題很多，教育哲學的派別更多，對每一個教育問題的解釋和看法亦各不相同，但亦有人把這許多的學派歸納成進步主義和精粹主義兩派，（註二）而後對照比較，藉以窺知教學上的一些理論和實施之所由來。

進步主義（Progressivism）一辭和進步教育同樣難有一確定的詮釋，只要不拘成見，否認權威，不願為教條所綑墨，相信自由、民主、理性與進步的人，都算是進步主義者。抱着進步態度的人努力的教育，便是進步教育。教育上的兒童中心、活動主義、杜威學派等都屬之。他們對傳統教育不滿，而對未來教育憧憬。

精粹主義（Essentialism）則堅持文化價值的經常性與客觀性，從事維護歷代相傳的文化遺產，使之在學校課程中有其確定不移的地位。他們一面諍言批判進步主義教育對傳統教育之矯枉過正，一面積極從事揚棄新舊文化，發現其終古常新不偏不易之道理。理想主義、實在論和觀念論者，都可以爲此一類。

進步主義和精粹主義有許多論爭，玆以變局與定局、分科課程與活動教學兩項簡述之。

一、變局與定局　進步主義認爲宇宙是一個變局，宇宙間一切人生、社會、世界，沒有一成不變的事物。既然世界是一個逝者如斯，不分晝夜，變動不居的世界，則教育必須亦是變動的、應變的、向前的、進步的、推陳出新的，一切墨守成規遺訓的教育，都在反對之列。因爲世界難以逆料，人生禍福無門，成訓遺規，自不能對個人有所幫助，只有憑個人的智慧，運用環境與經驗，以作適當的適應。歸納他們對教育目的和教育作用的看法是：（註三）

1. 教育之性質爲改變或促進改變。
2. 教育不能有高高在上的預懸目的。
3. 教育在民主社會的特性爲：①反抗權威，②虛心寬容，③社會參與，④共同合作。
4. 教育之目的在造就具有社會良知而特立獨行之個人。
5. 教育注意於統整的人格培養與解決問題的能力——智慧。
6. 教育在促進個人生長之外，兼負改革社會之責。

精粹主義則認爲我們所處的宇宙是一個定局，雖然有變動，但這種變動只是一種變相，而非本相，變是用，不變是體；而且就是變，亦是變得有始有終，萬變不離其宗，譬如河流，流水在變，但河床夾兩岸，容其變而本身不變。教育所依據者，應該是以不易之本相爲主，變相是其次。一切科學和哲學，根本精神在窮理，執簡而能馭繁，知理卽可明變。以此而言人生，則重個人之自知之明，以求對環境之安身立命。因爲任何社會，在悠長的歷史演進中，必有若干人，足爲百世之師，亦必有大量經驗，可爲後世法，這些天經地義，歷久常新的道統，皆所以維繫人心，如果道統一失，人人以自我爲權衡，社會便不得安定，自亦無由進步。所以現代教育與哲學一書歸納精粹主義的看法是：

1.教育應着重不變之本和不易之道。

2.教育應該有一目的，可以使學生知道盲從的危險，却不可輕率鼓勵其對客觀自明的眞理，作徒然的懷疑和反抗。

3.民主社會所要求敎育的是訓練公民，奉公守法、服從道統，遵奉科學。

4.教育最高目的爲求人生穩定、普遍眞理，以達到人同此心，心同此理。

5.教育的作用對個人言，在本普遍（Universal），共同與文化之精粹（Essential），對每一個人作通才的教育。

6.教育對社會言，在傳遞文化，保持道統，以安定社會。

二、分科課程與活動教學　由於對世界、人生和社會之基本的觀點不同，對教學的內容和方法亦就產生不同的看法。在課程和材料來說，進步主義既認爲人生際遇，變化萬端，個人唯有賴知識和經驗以度過此生命之驚濤駭浪，知識和經驗之價值，不必求證於過去的客觀事實，應當求證於當時生活的需要和能否獲得滿意的結果。所以課程和教材，是隨時地因人而變的。不過由人、地、時所構成的生活情境是整體的，具有統整性的，所以選擇材料，卽不宜沿襲傳統，亦不應作邏輯的分門別類。在敎育卽生活的原則之下，要以有意義的經驗代替無意義的死材料；以生活問題代替抽象問題；以此時此地的材料代替普遍的材料。

精粹主義者力斥這種統整課程之非是，認爲這是滿足學生的一時需要，而犧牲了一生受用的文化精粹；爲了一種不切實際之自由，犧牲了人生不可或缺之規範訓練；爲了現在，犧牲了未來；爲了一時之感興，犧牲了堅貞不拔之努力意志；爲了淺薄的兒童中心觀念，犧牲了最寶貴的兒童期所特具的可塑性與倚賴性；爲了提倡學習者之自動學習，犧牲了敎師艱辛得來的寶貴經驗指導；爲了信仰活動主義，犧牲了任何知識所不可或缺的層次體系與組織。以致知識經驗，變得零星散漫，不成體系。所以，他們提出課程的原則：要有助於社會之親和團結者，具有永久價值，可資學生一生受用者；歷代流傳下來，對人生問題尙具磨而不滅的參考價值者，經過專家權威或前人之切磋琢磨，認爲必須學習以求身心知能之成熟者；系統嚴明和層次井然者。一言以蔽之，是一種分科課程。學習這種文化精粹的分科課程，主要在使個人能承先以啓後，繼往而開來。

至於敎學方法，則由進步主義的理論和課程推論而出來的，必然是設計敎學和活動敎學。使學習成爲學習者生活需要的經驗，讓學生從參與、設計、合作中旣知且行，學做並重，同時，藉以培養學生具有智慧、德性和群性的品格。由於學習就是學習者生活所需要的經驗，便不會有缺乏生氣和注入敎學的發生，學生可以本着自己的興趣和需要來設計，並進行學習，學習成了自發的活動，亦就無需外加的壓力了。這樣，不但是敎師的敎育思想、敎育方法改變了，連敎師的面孔也得改變。敎師不再是敎室中的獨裁者，像貓對老鼠一般，而是從旁指引、協助和指導學生的學習了。

精粹主義者則認爲設計教學和活動教學所引起的知識學習或技能訓練，往往是中途插入，却又半途而廢，學生對於學習的材料和活動，只是爲一時的需要，臨事周章，結果可能知其一，不知其二；見其末，未見其本；或者知其然，不知其所以然。而且這種教學常常顛倒時間的先後和抹煞空間的客觀性，對事物的本相和歷史的因素不能了解。再則，經驗不可分的整體學習，是講來容易做來難，反而使經驗和知識變得零亂沒有頭緒。所以，他們提倡按部就班的教學，無論是學而知之，行而知之或聞而知之，都是一樣的知，不必一定要由做而學，行以求知。只要通過成人或教師之選擇，認爲有益於學習者的身心，不必問其是否有用，學習是否有趣，都需要學，而且還要嚴格的督促，篤實的教學，所謂：「師尊而後道尊，道尊而後民知敬學。」否則，放任兒童爲所欲爲，徒然荒廢大好光陰，使文明人的幼稚期益加延長，而造成文化與社會的浪費。

摘要

心理學和社會學指出教學應該怎麼做，哲學則說明爲什麼要這樣做的主張。既然是主張，便有仁者見仁，智者見智的不同。對於學習的主體——心的看法，便有心靈實體說，心理狀態說和唯物的心靈論與試驗的心靈論之分，心靈實體說視心靈爲一獨立存在的實體，如果予以訓練，便能發揮積極作用，這便是形式訓練說。心理狀態說認爲心靈是由許多心理觀念所形成，所以發爲形成說，選擇、組織合適的教材，以形成吾人的心靈。唯物的心靈論建立基礎在物質之上，認一切心理活動均爲交替反射和反應的作用，教學即在安排情境，建立交替反應。試驗主義則圖綜合各說，以心靈是適應環境的智慧行爲，所以教學在陶冶思想與啓發智慧。

教學上另一問題知識論，理性主義認爲人由先驗的理性以認知，所以教學重視理性的訓練，排斥實事實物；感覺主義則認爲人由經驗以認知，而重視感官的訓練。試驗主義者從生物學的觀點，用行以求知闡明知識的獲得，社會學家以社會中經驗的主張，而强調知識的社會性。

教學哲學上有把教育哲學分成進步主義和精粹主義兩大派別，前者就歷程宇宙出發，認爲宇宙是一大變局，根據此一變易觀念，而有人生試驗的看法，然後再引發出一個自由、平等、生長的社會，產生經驗改造智慧創造的要求，再由此要求，推論到課程的統整，並提出了活動課程和設計教學。後者精粹主義則認定宇宙是永恆不變或客觀絕對的，所以人生與宇宙運動的法則亦確定不移，教育即在傳授眞理，教人遵奉規律，接受既成的知識經驗，以期一生受用。兩者都言之成理，持之有故。

本章僅在簡略介紹教學的哲學基礎，未作任何意見的評論，事實上，只要是提出來的主張，就有正反得失的意見，讀者可以就各哲學和教育哲學的書籍中，自行參考探討。

附註

一、見吳俊升著　教育哲學大綱　第二八頁　商務

二、阮雁鳴著　現代教育與哲學　香港文教圖書社出版

三、同（二）第一六七頁

研討問題

一、就研讀所得，闡述心靈論各說的己見。
二、試述「行以求知」說的得失。
三、宇宙的「變」與「常」如何影響教學。

第六章　教學原則及其應用

教學除了原理以外，還有一些原則，足資遵循。這些原則，都來自原理，不過比原理更爲簡明易行。教師可以依照這些原則以教學，則教學自皆規矩中節，合乎原理；教師要參觀或批評他人的教學，亦可以教學原則爲標準，衡量得失，大凡合乎原則多的便是好的教學，否則便是違否原理或屬拙劣的教學；此外，教師教學不但要能熟悉各種教學方法、靈活運用各種教學方法，貴能實驗創造新的方法，則教學原則亦是實驗創造新的教學方法之依據。所以，教師需要瞭解教學原則，而且，更要能應用這些原則，做到這些原則的要求；否則，知而不能行，仍然不能提高教學的效率，達成教學的目的和完成教師的任務。本章將討論一些常用的教學原則，先解釋原則的意義，次及理論的依據，最後則說明如何做到這些原則的應用。

第一節　準備原則

一、意義　凡事豫則立，不豫則廢。要想教學成功，必須有充分良好的準備。教學上的準備，包括了教師的準備和學生的準備：

1. 教師的準備　教師在教學前，需要瞭解教學目標、瞭解學生、選擇教材、佈置環境、編製教案、準備教具，這些工作，都是教師的準備。教師準備愈充分，教學便愈容易成功。

2. 學生的準備　學生的準備包括學生能力、成熟、過去訓練和心理等的準備。學生身心發展，有其一定的程序，能跑以前，必須先會走路，蹣跚學步的孩子不能學習芭蕾舞，這是能力和成熟的準備。學習亦是發展的，學生必須具有學習的基本知識、能力和經驗，才能作進一步的學習，數學上學了加減法，才能學乘除法，這是能力和訓練的準備。由於我們現行的教育制度比較固定，入學、升級、升學，都有一定的規定，一切成熟、能力和過去訓練的準備，教師在瞭解學生的時候就已經獲知，假定都已經具備，所以，現在的準備原則，通常都專指學生心理的準備而言。這種心理的準備，就是學習的傾向和趣力，亦就是動機，引起動機，在教學上便是刺激學生學習。

二、理論　桑代克的準備律告訴我們，當有機體不準備對某種刺激產生反應而强令反應時，會感到煩惱，反之，當他準備活動而不讓活動，亦會感到煩惱。此外，心理學上亦指出，缺乏某種學習願望或激勵感的人不能學習。這種激勵可以是懼怕、需要、天賦的驅力、好奇、神秘、挑戰、價值、個人的情感或其他刺激的力量。一定要具有力量，而且愈是從自己本身發出力量的人，將愈會自願的學習。(註一)

學記上說：「當其可之謂時」，「時過然後學，則勤苦而難成。」其中的「時」便具有準備的意義。當其身心成熟、經驗具備、具有學習興趣與需要之時，便是指導學習最好的時機，教師要能善於把握時機。不過，教師教學，不僅在靜待時機、把握時機，還要積極的創造時機，這便是要引起學生心理的準備——動機。

三、應用　教學上如何做到準備原則，除了教師事先的準備以外，就是引起學生當時心理的準備和學習中的需要。這種方法很多，但沒有一種方法，可以一定行之有效，要在視所教學科、學生與當時情境，因人因時因地而制宜。一般常爲教師所用的方法有：

1.預習功課　教師指定作業或要學生預習功課，可以使學生事先對學習有所準備。

2.講述故事　講述與教材有關的故事，以引導學生的心向於學習的內容，是教師常用引起動機的方法之一，尤其年齡小的學生，應用最爲合適。

3.利用教具　利用各種教具，如實物、電影、幻燈、模型等，都可以引起强烈的動機。做實驗最容易引起小學生學習自然的興趣和動機，看一段影片，可以引起中學生討論的動機。

4.教師發問　教師可以提出有系統的問題，把學生的心境引導到教學的目的。

5.應用懸疑　與發問相類似的，教師利用學生的好奇心，以引起學生急欲知道及學習的傾向。電視上商業廣告插播在影片的高潮處，小說的「且聽下回分解」，都是運用懸疑手法，使人欲罷不能。

6.即景生情　利用環境中或社會上具有的和發生的事物情境，最易引起動機，而且亦最白然。

7.具有價值　使學習的內容對學生具有價值，學生必然願意去學習。學習的價值有即刻的價值和遲延的價值、內在的價值和外在的價值之分（註二），愈是即刻的價值和內在的價值，學生愈易產生學習的需要。

8.明瞭目的　學生瞭解學習的意義和目的，都會努力的去學習。學生不一定瞭解教師所瞭解的意義，但對於他具有意義的事物，則學習得最快和最久。（註三）

9.理想態度　教師自己的熱忱，有時可以感染學生，使其難以抗拒，而努力學習。此外，教師還可以利用學生的理想和態度，如合作、整潔、勤勉、公平、禮貌、誠實等，使學生願意和完成活動。

10公佈成績　使學生知道自己學習的進度和情形，亦可以激勵學生的學習和好勝心，產生繼續學習的要求。

第二節　類化原則

一、意義　上一節提到的「學習是發展的」一句話，同樣適合於這裡，那就是說，新的學習是由舊學習逐漸發展而來的。這種根據舊經驗以接受新事物的作用，就叫類化（Apperception）。一個不知道如何解簡單方程式的學生，就不容易學習二次方程式。其實，學習循着舊學習以到新學習的次序之類化，仍舊是準備原則中過去訓練、經驗和能力準備的一部分。

二、理論　德國教育學者海爾巴脫（J. F. Herbart, 1776-1844）認爲，要使學生明瞭新教材，必須使新教材建立在舊有的經驗基礎之上，纔能增加學生的了解和接受程度。他在所倡的四段教學法中（註四），第一段「明瞭」便是使學生回憶有關的舊經驗，作爲學習新教材的基礎；第二段「聯絡」就是提示新教材，使新舊經驗相互聯絡，以便學習。

學記上說：「不陵節而施之謂孫」，「雜施而不孫，則壞亂而不修」，孔子說：「溫故知新」，孟子說：「學不躐等」，都在說明教學要循着學生能力、經驗的發展程序。因爲人類的經驗是逐漸發展的，經驗的範圍亦是逐漸擴張的，所以，教材教法的選取和採用，必須根據類化原則，才能收易解易習、事半功倍之效。

三、應用　教學上做到類化原則，可分教材教法兩方面：

1. 教材方面：

(1)教材的選擇，要根據學生已有的經驗、能力和程度，使教材不致和學生距離過遠，而生茫然之感。

(2)教材的組織，要由心理的組織而到論理的組織。

(3)教材的排列，要由已知到未知，由具體到抽象，由簡單而複雜，由近而遠，由易而難。

2. 教法方面：

(1)回憶經驗　溫故而知新，教師在開始教學時，先引導學生的思路，回憶有關的舊經驗。使學生回憶經驗的方法有二：

A複述——教師用簡單的語句，複述前課或舊經驗，如：「我們上一課講到…」或「我們以前學過…」等，以引起學生的回憶。

B發問——教師可用一組問題發問，要學生從回答問題中回憶經驗。

(2)利用經驗　教師在說明和解釋新教材時，要儘量利用學生已有的經驗，務使學生容易了解和容易接受。

(3)提供經驗　如果學生眞正缺乏經驗，教師就要設法用教具、參觀、旅行等方法，提供必要的經驗，以爲學習新教材的類化基礎。其中圖片、標本、幻燈、電影，尤其方便有效，而且還可以增加學習的興趣。

第三節　自動原則

一、意義　教學就是教師指導學生自動學習的活動。所謂自動，包括了「自發」和「活動」的兩種含義。自發是指學習要積極自主，由學習者自發自動，而非出於消極被動；活動則是學習者的反應，這種反應和活動，不僅是外表肢體的活動，亦包括內在理智、情緒和意志的反應。學習既要是積極自發的，更要在活動反應中學習，要學生自己看、自己做、自己聽、自己讀、自己想、自己欣賞、自己體驗，教師既不能以教代學，學習亦不可直在書本文字上兜圈子。所以，自動要「自」和「動」。

二、理論　心理學上指出，學習是學習者對情境作自動積極的反應。如果學生沒有反應，固然缺乏效果；反應而不積極，則效果仍然甚微。所以，心理學的教學指引有：（註五）

人從自己的活動中學習和領悟，而且，可以說活動愈多，學習愈多。（A person learns by his own activity. He learns what he does; he gains insight as he learns to organize what he does within certain limits, the more extensive a learner's activity the greater will be his learning.）

參與可以加强學習，這種參與包括從計劃開始，到評鑑成果。（Participation enhances learning. Participation is essential to any complex learning. Complete participation is important-from planning to checking the results.）

直接的經驗構成更持久和更完整的學習，因爲間接從讀和聽得來的知識，與來自親身經驗的領悟不同。(Firsthand experience makes for lasting and more complete learning. There is a difference between reading and hearing about something secondhand and the kind of knowledge and insight that come from firsthand experience.）

教育家福祿培爾（F. Froebel）認爲，人的思想和行動不能分開，發展兒童最好的方法，是在實際生活中的行動和直觀，所以提出「自發活動」的方法，使兒童從實際活動中發展其人格。杜威（John Dewey）創導「從做上學」（Learning by doing），孔子說：「不憤不啓，不悱不發，舉一隅不以三隅反，則不復也。」孟子說：「君子深造之以道，欲其自得之也。」都在說明教學自動的理論和重要。

三、應用　1.由做而學　雖然學習可以由聞而知之，由見而知之，亦可以由行而知之，但行而知之是最實際有效。事實上，「聞」「見」「行」，都是「做」，都是活動。指導學生從活動上學習，是直接的學習，易於獲得實際有意義的經驗，所以容易自動地學習。

2.鼓勵嘗試　自古成功在嘗試，「做」可能會錯誤或失敗，但「不做」絕不會成功，所以，要鼓勵學生嘗試，「做」比「不做」好，「答錯」比「不回答」好。

3.佈置環境　如果想要一個人學習一件事物，則使這件事物成爲他環境中的一部分，這樣，他可以看到它，和它生活在一起，並且受到它的影響。（註六）環境可以刺激學生的學習，所以，佈置學習的環境，使學生自然、自動的學習。

4.培養氣氛　環境是物質的，氣氛則是精神的，大家在努力的學習，積極的活動，個人亦就可以受此氣氛的影響，而自動學習。

5.手腦並用　「學而不思則罔，思而不學則殆。」學思並重，是活動反應之一，此外，學習還包括內部情緒的反應和外表肢體的反應。所以，學習要口到、眼到、手到、耳到、心到，簡稱便是「手腦並用」。

6.滿足需要　一切學習，能够適當地滿足學生的各種需要，自然能使學習者自動積極的去學習。桑代克的效果律，最足以說明這一點。

7.具有價值　學習對學生具有價值，亦能使學生自動樂意的學習。英文和打字常爲許多學生喜歡和自動學習，便是因爲英文和打字有許多實用的價值。

8强烈動機　學生具有强烈動機，不論是什麼樣的動機，亦會自發自動的努力不懈。

9增加應用　增加學生應用其所學的機會，亦可以使之證驗其學習的價值或發現困難，而自動學習。

10.增加活動　無論在課前、課後或課程進行中，儘量增加學生活動的機會，如預習、問答、作業、觀察、練習、欣賞、發表、師生計劃、共同評鑑等，亦卽使學生參與活動，是最好的做到自動之方法。

第四節　興趣原則

一、意義　敎學上的興趣，是指從事學習的一種情緒狀態，亦卽「全神貫注，專心致志，一心向着目的」的熱情。學生能够全神貫注於學習活動，則必然興趣盎然，樂在其中；能够一心向着目的，則必然殫精竭力，克服一切困難，努力以赴，以期達成目的。前者是注意，後者是努力。所以，由於興趣，可以集中學生的注意，亦才能保證學習的努力。

不過，興趣不等於娛樂。使學生學習有興趣，並不需要放縱學生或阿諛學生，而致造成「糖衣敎育」或「軟弱教育」。哥爾文（S.S.Colvin）說：「近年來教育上興趣論的注重，把教學法革命了。許多方面，它的利益固然很大，但隨着而生的誤解與流弊，也確不小。…須知眞的興趣，並不和嚴正的工作相背馳，也不和爲制勝困難獲得結果而使出的努力相抵觸。遇必要時，作業上含有勞苦的機械的部分，教師應毫不躊躇地要求兒童注意。」興趣與努力實相輔而行。杜威說：「興趣與努力，皆應付困難之健全活動中所同具：自對於目的之情緒的熱忱言之，謂之興趣；自困難當前自我之堅忍前進言之，謂之努力。興趣與努力，爲同一進行的活動（on-going activity）之二方面耳。」（註七）所以，教師引起學生興趣時，要非常愼重。

二、理論　語云：「知之者不如好之者，好之者不如樂之者。」「好」和「樂」都是一種具有興趣的情緒狀態，要想學習經濟和有效，興趣的誘發最爲重要。根據科學的研究，興趣可以使人的生理上發生極大的變化。當興趣發生後，可以促進甲狀腺的分泌，因而增加腦力，促進新陳代謝；亦可以使血液內增加多量的醣素，和促進腎臟腺分泌。這些都說明何以具有興趣的人能夠廢寢忘食，精神振奮的原因。興趣是生長的指標（Interest is an indicator of growth），教學而未能呈現興趣，就表示教學未能成功。

克伯屈（William H. Kilpatrick）認爲興趣具有兩種涵義：第一、興趣乃表示在一個指定的方向中，具有一種永恆的心向與準備的可能性。第二、興趣是由於努力工作而獲得的，一經獲得，即如心向準備或目的一樣的有助於學習。所以，他主張一方面要在學習者的本身去尋求興趣，藉以尊重學習者的人格，一方面尚須利用學習歷程中的生物動力（Biological dynamic）（註八）。這就是所謂直接興趣和間接興趣之分。由學習者本身尋求的是直接興趣，後者則是間接興趣。教學既要設法擴大學生興趣的範圍，由直接興趣產生出無數的間接興趣，亦要設法培養間接興趣，使之成爲自然的直接興趣。興趣亦是發展的，各年齡的人有各不相同的興趣，大致興趣的發展，是由動作的本身而動作的成效，逐漸趨向於生活的理想與目的。教學上引起興趣，便要配合這種興趣發展的階段。

三、應用　教學上做到興趣原則的要求，可分：

1. 教材方面：

(1) 教材合適　教材程度的深淺、份量的多少和內容的性質，都要能適合學生的能力、需要和時間，既不失之平淡，亦不失之艱困。

(2) 作業激勵　作業富有激勵性，足以刺激學生的學習興趣，而不視爲一種負擔累贅或苦工。

(3) 增進知識　知識生興味，知識增加則興趣亦增加，懂得愈多，愈有興趣學習，尤其是新知識的增進，對學生最具誘惑力。

(4) 富有意義　教學內容充實，對學生具有意義，學生自能聚精會神，專心學習。

2. 教法方面：

(1) 利用教具　教具不但提供經驗，使學習容易具體，而且可以提高學生興趣。

(2) 變化教法　使用各種教學的方法和巧妙的教學技術，可以使學生覺得學習新鮮愉快，富有刺激。

(3) 多舉實例　實例比理論具體確實，容易使人接受。講述時還要能善加描繪，以引人入勝。

(4) 滿意愉快　使學生從成功中獲得滿足和愉快，如成績的進步、作品的發表、鼓勵讚許，都能使學生產生濃厚的興趣。

(5)集中注意　使學生的注意力集中於某些事物的學習上，亦能逐漸培養出興趣。

(6)懸的努力　使學生瞭解學習的目的和方向，培養其意志，努力以赴，在努力的過程中亦會發現興趣。

(7)從做上學　多讓學生活動，從做上學習，是最好的提高興趣方法。作業室的學習比講述式的教學爲有趣，前者往往不知下課之將至，後者常常盼望鐘聲之快響，便是因爲作業室中的學習，是學生從活動中學習的。

3. 教師方面：

(1)學識淵博　教師學識淵博，而且準備充分，則旁徵博引，可以引人入勝。

(2)態度可親　教師態度，和藹可親，使人如坐春風，興趣盎然。如果過於嚴肅冷漠，不能與學生洽然無間，則緊張怨憤之情，足以降低學習的興趣。

(3)熱忱動人　教師精神煥發，興緻蓬勃，亦可以以自己的熱忱和興趣，感染學生，發生興趣。

第五節　個別適應原則

一、意義　每個人身心和發展狀況不同，就構成了個別差異。這種個別差異，包括了智力、體格、性格、興趣、才能等。教育上爲使每個人的這些差異獲得最適當和最充分的發展，便是個別適應。

個別適應在古代的教學中做得很好，因爲古代的私塾或書院，都是以每個學生作爲施教的單位，教材的性質和程度的高下、進度的快慢，都能適合每個人的需要和能力。這種適應，不獨中國如是，歐洲各國亦然。到了近代，因爲普及教育而採行班級制度，個別教學亦就改成了團體教學。班級制的團體教學，是以一群學生爲對象，勢難顧及個別的適應。尤其是受教育的年限逐漸延長，中學免試入學，差異的距離愈益顯著，適應的問題亦就愈益嚴重。

二、理論　心理和測驗的發展，指出個人的智力、才能、性向等，都有差異，所謂「人心不同，各如其面。」「中人以上可以語上，中人以下不可以語上。」「因材施敎」都是說明個別差異之需要適應。

從個人的觀點說，每個人都具有個人的尊嚴，都有平等發展的機會，則普通智力的人有機會發展，智力優異和遲鈍的人亦應該具同等發展的機會；此外，普通才能和特殊才能以至一切禀賦，都該有均等的機會，否則，便失去了公平、自由的意義，亦就違反了民主的眞諦。

同時，民主的社會，最需要獨立自主、睿智抉擇的個人，而分工精細的社會，則需要各種才能分工合作，以促進社會的發展。所以，教育不僅在「因材施敎」，而且要「人盡其才」。「因材施敎」在使每個人獲得適性的教育，「人盡其才」則更使每個人獲得充分的發展。從自然的現象、個人的價值和民主的意義，都足以說明教學之需要適應個別差異。

三、應用　教學上要做到適應個別差異，在於：

1. 學制上　設立特殊的學制，如天才班、遲鈍班、彈性升留級制、不分級制或道爾頓制、文納特卡制等。

2. 行政上　在學校行政上要：

(1) 瞭解學生　指導每個教師，利用各種工具、方法和技術，瞭解學生差異，以爲適應的依據。

(2)分班分組　分班分組是爲適應差異而設，除了運動方面的學習，需要按身材高矮分班外，其餘學習可以按智力、學習能力、或學科性質、特殊興趣和需要等，分班分組教學。

(3)限制人數　減少每班學生人數，以不超過四十人爲限，使教師易於適應差異。

3.**課程上**　設立各種選習科目，以應學生特殊興趣、才能的需要。

4.**教材上**　教材和作業的份量、程度以及性質，都可以作適當的選取調整，以適應學生各方面的差異。

5.**方法上**

(1)速度合適　教師教學的速度及講解內容，其快慢詳簡，須因人而異。

(2)個別指導　除一般學生外，指導差的學生以幫助其學習，指導好的學生以助長其發展，前者在救失，後者在長善。

(3)發展才能　學生有特殊才能者，教師能够指導當然最好，至少不要以自己主觀的偏見，影響特殊才能的發展，而且教師要能發掘學生的興趣和才能以發展之。

(4)自我比較　學生的成績，要以自己作爲比較的標準，使每個人都有自求進步，獲得成功的機會。

6.**訓育上**　教師負有指導學生的行爲和陶冶品德的責任，教師在訓育方面，要瞭解學生性格的差異，「因勢利導」，給每個學生以最有利的輔導。

第六節　社會化原則

一、意義　社會化又名共同參與，是應用共同參與的方法，培養學生成爲「社會人」。因爲教育的目的，一方面在發展個人的差異，使人盡其才，一方面在陶冶各人的群性，做到材盡其用。事實上，使個人的才能獲得充分發展，並非是最高的教育目標，發展了個人的才能，還要使之發揮出來，這種發揮，便是過社會的生活，將才能貢獻於社會。尤其是民主的社會，教育要使學生能够善過民主的生活，達到自我實現和服務人群的理想。所以，教學必須社會化。

二、理論　社會學和心理學都指出，個人的社會行爲和人格，是在群體的生活中形成的，學習的效率，亦因爲群體的刺激而加强，學記所謂：「獨學而無友，則孤陋而寡聞」即是。

人是社會的動物，個人無法脫離社會。自降生而生長，無時無刻不在社會中生活，受社會環境的影響，所以，教育首需幫助個人學習適應社會。這種教人適應社會，只是社會化的一部分，此外，還要教人利用社會和改進社會。利用社會和促進社會進步，在個人說是自我實現，在社會說，就是社會的理想化。使每個受過教育，具有客觀精神的個體，貢獻其價值於社會，則是社會化的另一部分。

三、應用

1. 課程上　儘量減少社會價值小的課程，而增加社會價值大的課程。
2. 教材上　減少社會生活應用少的教材，增加社會生活應用多的教材。
3. 目標上　一面發展學生個性，同時亦要發展其羣性，以培養學生團體的意識和生活習慣。

4.增加課外活動　課外活動對社會化的價值最大，可以達到社會化的目標，而且可以使學校教育和社會生活相近似，可以幫助學生學習適應社會生活，訓練辦事才能。

5.利用社會資源　社會上有自然資源、組織資源、人力資源和技術資源，教學上充分利用社會資源，可使學生瞭解社會、學習參與社會生活。

6.利用團體活動　多用團體活動的方法進行教學，不但可以提高學習興趣，而且可以培養學生互助合作的精神和服務人羣的理想。

7.創導自治　使學生學習自治，從自治活動中培養民主生活的習慣和知能。

8.利用公約　平時多利用團體公約以規範大家的行爲，可以培養學生遵守公約的生活習慣。

第七節　熟練原則

一、意義　教學上的熟練，在要求學習的結果達到眞正而徹底的學習，既非一知半解，亦非囫圇吞棗，無論是知識、技能或者習慣態度，都要學得徹底純熟。

孟子所謂「居之安，資之深，取之左右逢其源」，便是說明熟練的功用，在於植基深厚，印象深刻，時間可以保持長久，應用可以靈活方便，不致發生疑問。

美國教育家莫禮生（H. L. Morrison）反對六十分主義，認爲學習只有已學習和未學習之分，不應有程度好壞之分，而提倡熟練公式：

教學前測驗→教學→測驗教學結果→修正教學方法→再教學→再測驗教學結果…直到學習純熟爲

止（註九）。

亦是重視學習結果的熟練。

二、理論　學習的功用在於應用，如果學習不够熟練，則應用必然發生困難和問題，所以，學習的結果，必須要求熟練。熟練與記憶和練習的關係，最爲密切。桑代克的練習律指出，在一般情形之下，練習次數愈多，學習結果將愈熟練。同時，記憶、遺忘和學習遷移的學說告訴我們，學習愈徹底和純熟，愈能保持記憶、減少遺忘，並增進學習遷移的可能，「熟能生巧」便是說明這點。

三　應用

1.耐心教學　教師教學，要有耐心，務使學生眞正瞭解和學會，而且是自己學會的，不要以教代學。

2.不趕進度　進度是教學的計劃，能按進度教學最好，但不要爲趕進度而影響效率，變成削足適履。

3.系統複習　教學每至一個段落或單元時，要幫助學生複習，使獲系統的概念而熟悉整個的學習內容。

4.經常練習　應用桑代克的練習律，經常使學生練習，可以使其熟練所習，所謂「拳不離手，曲不離口」便是。

5.增加應用　平時造成一種環境，使學生有應用所學的機會，在應用中一方面加深其了解，一方面習練所學，自然就能熟練。

6.組織材料　學習本是有效組織化的歷程，完形學派特別着重經驗的組織，以便理解與領悟。教材愈有組織，愈具意義，就愈便於學習和記憶。理智的學習，常常優於一時的强記。

7.指導方法　教師指導方法，可以幫助學生作有效的學習而熟練。這種方法，可以是邏輯的理智的學習方法，使學習的意義明確；亦可以是教師自己的經驗的方法，例如學生分不清「爪」和「瓜」，教師可以告訴學生瓜有子，以後學生再寫瓜字，就不會發生要不要「點」的疑問。

8.嘗試回憶　無論是文字材料的學習或動作技能的練習，嘗試回憶都能促使學習者易於純熟。

9.過度學習　學習超過僅能回憶程度而繼續所作的學習，便是過度學習。過度學習，可以加强記憶和純熟的程度。

10提高標準　教師平常不要以六十分及格爲滿足，可以向學生要求較高的標準，以督促學生的學習，亦可以增加學習的熟練。

第八節　同時學習原則

一、意義　在一個學習活動中，同時可以學到許多事物和內容，如知識、技能、態度、理想、觀念、興趣、情感等，就叫同時學習。韓愈說：「師者，所以傳道、授業、解惑者也。」便是指出教學不僅是知識傳授和解釋疑難，應當注意整個的學習活動。

同時學習原則，是美國教育家克伯屈（William H. Kilpatrick）所創導。克氏分學習爲三種：

1.主學習（Primary Learning）　主學習係教學時直接所要達成的目的，可能是知識，亦可能是技能，或者是態度理想，因科目性質而定。

2. 副學習（Associate Learning）　副學習是與主學習有關的思想和觀念，多屬於知識的學習。

3. 附學習（Concomitant Learning）　附學習亦稱輔學習，是指學習時所養成的態度、理想、情感、興趣而言。由於教學的目的在於發展學生健全的人格，而態度理想情感興趣等，正是構成健全人格的主要因素，所以，附學習才是最重要的學習。尤其是一般教師祇重知識或技能的傳授，忽略人格教育和情感陶冶，所以克伯屈特別强調附學習的重要。

二、理論　在若干重要的經驗中，人類機體的行為，是一種有組織的全體（Organized whole）；每當行為發生時，思想、感覺、內分泌、心臟與神經，全都活動不已。（註一〇）這亦就是學習者是身心一元的說明。學習是學習者身心整體對於情境所作的反應，並非僅是外表肢體的反應，或者內部理智的學習。同時，生活情境是完整的，學習的目的和內容，亦是完整經驗的學習，而不是片斷零碎的知識或技能之獲得，所以，教學應該是整體的反應和完整的獲得。

主知主義的教育把知識傳授看作學校教育的主要任務，甚至唯一目的，是不正確的。因為教育除了注重知識以外，還必須有更多的與更高的部分。二十世紀中，世界各國的許多教育改革運動，有一共同目的，便是要在追求知識方面的「眞」的價值以外，還要另求其他的價值如「善」和「美」的價值。（註一一）「善」和「美」便是附學習的內容。

三、應用　同時學習既分三種內容，教學上做到同時學習自亦分成三方面。不過，主學習是教學所要直接達成的目的，整個教學法都在使教師如何做到主學習的教學，所以，這裡只說明如何做到其他兩種學習的方法：

1. 副學習

(1)準備充分　教師對主學習有關的教材，要充分準備，才能旁徵博引。

(2)擴展經驗　教師教學，不局限於課本範圍，可以擴展學生經驗，以學習有關的思想和觀念。不過，副學習要和主學習成適當比例，以免本末倒置。

(3)補充教材　教科書限於範圍，可能過於簡略，教師可以選取合適的教材補充之。

(4)處理問題　學生提出與功課有關的問題時候，教師要適當的處理，給予滿意的解答。

2. 附學習

(1)指導欣賞　教師要隨時在教學中指導學生對於眞、善、美的欣賞，以建立其遠大的理想、合適的態度、豐富的情感和高尙的興趣。

(2)批判價值　教師對是非、善惡、美醜的價值，加以批判，以培養學生評價的能力。

(3)提供標準　對於年級較高的學生，教師可以提供價值的標準，使其運用這些標準，以評價人物事情，並建立自己的理想和態度。

(4)身體力行　附學習貴在踐履實行，所以要指導學生從實際的生活情境中，切實的身體力行，以收實效。

(5)教訓合一　教師除了教課之外，還要負行爲指導的責任，實施教訓合一，才能有助於附學習的教學。

(6)注重身教　附學習最難的是不能由言教以收效，主要是教師注重身教，以自己的言行，隨時影響學生，使之從模仿中潛移默化。

摘要

教學原則是教師施教、批判各種教學之優劣以及創造實驗新教學方法的依據，所以，教師需要了解教學的原則。一般常用的原則有準備原則、類化原則、自動原則、興趣原則、個別適應原則、社會化原則、熟練原則及同時學習原則等，除各原則的意義及理論外，每一原則均有實際應用的方法，教師宜於熟悉這些方法，並能靈活運用，使教學皆能縱橫自如，而又規矩中節。

附註

一、方炳林譯：優良教學的指引　臺灣教育輔導月刊第十六卷第十二期

二、方炳林譯　中學教學法　第二章第三三—三五頁　師大出版組

三、Paul R. Mort, William S. Vincent, Modern Educational Practice. New York McGraw-Hill Book Company Inc 1950 P38.

四、四段教學法的步驟為1.明瞭2.聯絡3.系統4.方法，後經戒勒來因等之改進，成為今日通行之五段教學法：1.預備2.提示3.比較4.總括5.應用，詳細內容，可參考孫邦正著普通教學法第一〇一—一〇四頁

五、同三 pp. 402 -403

六、同五。

七、引見羅廷光著　教學通論　第九章第一四六頁　中華

八、引見雷國鼎編譯　克伯屈著教育學原理　第六章第四七頁　中華文化事業出版社

九、引見孫邦正著　普通教學法　第三章第七二頁　正中
一〇、同八　第三章第二四頁
一一、引見田培林　論人格教育和文化教育　臺灣教育輔導月刊第二卷第三期

研討問題

一、前述引起動機所列都屬原則性的提示，試各舉一實例說明之。
二、試舉例說明違反類化原則的教學。
三、你教學時可以使學生做些什麼活動。
四、個別適應和社會化的關係如何？說明之。
五、教學上符合興趣和違反興趣的實例很多，試各舉一例。
六、如何補救教學上的六十分主義之流弊。
七、以自己所教學科說明同時學習的三種內容。

第三篇　教學方法

教學方法，因教學目標不同，而有各種不同的方法；亦可以因學習的分類，而有各種教學方法的分類。通常，教學上採用的方法，不外思考教學法、練習教學法、欣賞教學法與發表教學法等四種：思考教學法，在指導知覺的學習、概念的學習與思想的學習，以期達成增進知識，啓發思想的目的；練習教學法則在指導知動的學習、知覺與概念的學習，以期養成純熟的習慣、技能與心理聯念；欣賞的學習則在指導情意的學習，以達成培養態度、理想、情感與興趣之目的；發表教學法則使以上各種學習和目的切實表達，以收眞正教學之實效。本篇將分章叙述之。

第七章　思考教學法

思考教學法，是上述四種教學法中，包括內容最爲豐富的教學法，許多知名的教學方法，都是屬於思考教學法，這亦足以說明學校教育中之注重知識之增進和思想的啓發。

有些教學法書籍中，列舉了許多思考教學法，本書除了把講述法、問答法和觀察法分別列入教學技術部分介紹以外，對於傳統的教學法如道爾頓制、文納特卡制教學法，由於應用較少而從略，只簡略說明啓發式教學法、設計教學法、單元教學法、自學輔導法、社會化教學法、編序教學法及協同教學法等於後。

第一節　啓發式教學法

啓發式的教學法，是針對注入式的名詞而來。注入式是由教師傳授，學生被動的接受，缺乏思考和活動的機會；啓發式則是教師指導學生，運用自己的思想以學習，教師有活動，學生亦有活動，論語上有「不憤不啓，不悱不發，舉一隅不以三隅反，則不復也。」這便是孔子教學的注重啓發。不過，因爲我國一向缺乏系統的研究，未能整理成爲有條理的方法，所以，現在討論啓發法，多以五段教學法和問題教學法爲代表，玆分別說明之：

一、五段教學法

1.歷史　五段教學法是由德國教育家海爾巴特創導的四段教學法演變而來。海氏分教學目的爲遠近二種，遠的目的，在發展個人的道德；近的目的，在發展個人多方面的興趣。所謂多方面的興趣，包括了：經驗的興趣、思辨的興趣、審美的興趣、同情的興趣、社會的興趣與宗教的興趣等六種。這些興趣，須由豐富的知識或觀念產生，所以教學要使學生見聞事物，獲得觀念。海氏根據其類化原理，把學習分成「專心」和「致思」二種活動，前者在集中注意、仔細觀察事物，以期獲得明瞭的觀念；後者在深思熟慮，分析比較新舊觀念，以綜合成爲系統。「專心」與「致思」又分別有「靜止」與「活動」二態，靜止的專心稱爲「明瞭」，活動的專心稱爲「聯合」；靜止的致思稱爲「系統」，活動的致思稱爲「方法」，這四個階段便構成了四段教學法。

四段教學法在當時並未受人注意，後來萊比錫大學教授戚勒（T.Ziller）深感四段教學法之具有價值，加以推頌，並將「明瞭」一步，分爲「分析」與「綜合」二步，與其他三步形成五段。戚勒弟子來因（W.Rein）再把五段名稱修改，遂成爲著名的五段教學法。

2.步驟　現行五段教學法的步驟是預備、提示、比較、總括和應用，玆說明如下：

(1)預備　使學生回憶過去有關的經驗，以爲學習新教材的準備；同時說明新課的目的，使學生知道所要學習的方向，亦就是教學上的引起動機和決定目的。

(2)提示　由教師將所要學習的教材提示給學生，使學生知道學習的內容。

(3)比較　用問答討論的方法，把提示的教材分析，然後與舊經驗相比較。

(4)總括　由比較分析所得的異同，綜括得出一個結論或者原理原則。

(5)應用　學生應用所習的原理原則或結論於實際的習題或問題，以證明其是否正確，並可熟練這些結論和原理原則。

3.批評　任何教學法，均有其特具的精神所在，亦有其適用的範圍。批評其得失，在了解其優劣利弊，取長捨短，而知所運用與改進。

(1)優點：

①便於編製教案　五段教學法的步驟清晰，方便教師編製教案與實施教學。

②改進教學方式　五段教學法是十九世紀中葉開始盛行，對於當時純粹由教師講述的教學法，有極大的改進。除了教師講述以外，還要用討論問答的方法，指導學生，由思考以學習。

③適宜複雜原則　五段教學法前四步是歸納的過程，第五步是演繹過程，一種複雜的原理原則

，經過歸納與演繹的過程，易使學生了解，而且時間亦較經濟。

④訓練學生思考　學生在五段教學法中可以學習到推理、判斷、分析、綜合的思考能力，有助於系統思想的習慣之養成。

(2)缺點：

①以教師為中心　五段教學法仍然以教師為中心，諸凡準備教材、提示問題、比較綜合等，都是教師的活動。以今日教學觀點來看，學生的活動還是不够，所以教師採用此教學法時，宜增加學生的活動。

②適用範圍有限　五段教學法適用於複雜的原理原則之教學，淺易的教材，並不適用，否則反而浪費時間。

③以教材為中心　此法仍然以教材和教科書為學習的中心，未能指導學生學習生活的問題。

由此，可知教師在採用五段教學法時，要針對合適的題材，增加學生活動的機會，而且不必拘泥於五個步驟，可以靈活運用，以達到啓發學生思想與自動學習為目的。

二、問題教學法

1.意義　問題教學法，是應用有系統的步驟，指導學生解決問題，以增進學生的知識，啓發學生的思想。這是企圖改進以書本教材為學習中心的教學法，所以並不是把課本的內容改成問題的問答法，而是以生活情境中的問題為中心，教師指導學生應用科學的方法以解決問題的教學法。

2.步驟　問題教學法的步驟，通常是根據杜威的思考過程而來。杜威分析人類思考的過程為：

發現困難或問題→確定問題之性質→提出可能的假設→選擇合理的假設→證驗而成立結論。

問題教學法便根據這五個步驟，指導學生學習。不過其中又分演繹和歸納兩種方法，教學時可以同時使用兩種方法，亦可以僅用一種方法。

(1)演繹法：

①提出問題　教師可以在實際生活中佈置困難的情境，或配合教育目標與學生程度能力和需要。提出疑難的問題，以激發學生學習的興趣，引起學生懷疑、困惑和探索研究的動機。

②分析問題　教師指導學生確定問題的所在和問題的性質，並能分析問題，可以把一個大問題，分析成許多小的問題，以便於研究和解決。

③提出假設　問題經過確定和分析以後，便可以指導學生根據他們的經驗和知識，提出可能解決的方法。由於每次問題，都能切合學生的程度和能力，所以不一定都能憑已知經驗以解決，就需要指導學生參考書報資料，以尋求可能的解答。在提出假設時，要養成學生仔細認眞的態度，可以讓學生以「爲什麼」來詢問自己提出每一假設的理由。

④選擇假設　教師指導學生，分析批判所提出的假設，以考察假設之正確性和有效性，然後選擇合適的假設。

⑤證驗假設　應用此一假設於實際的問題，看看是否能夠解決，如果不能解決，表示此一假設錯誤或不合適，就要從第三步重新做起。有的假設可以獲得證驗，便可成立結論；有的假設，不能獲得

證實，便不能成立結論，只能算是一種意見。

(2)歸納法

①提出問題

②分析問題　以上二步和演繹法完全相同。

③搜集資料　演繹法是分析問題之後，便提出假設，歸納法則根據分析之問題，以搜集有關的資料。教師要指導學生如何搜集，如從圖書館、書籍、參觀、訪問、或者問卷、實驗等搜集之。

④整理資料　指導學生將資料加以分類、組織、整理、分析，以便研究。

⑤綜括結論　教師指導學生就整理分析的資料中，歸納得出結論，以為解決這個問題的答案，或是原理原則。

3. 原則

(1)問題教學法的目的，在指導學生運用思想，以解決問題，不在課文的記誦。

(2)史地、公民等社會學科，理化、生物、健康教育等自然學科，均適合採用。

(3)無論是演繹或者歸納，其步驟的界限無須呆板嚴守，可以相互合併，靈活運用。

(4)演繹法和歸納法二者亦相互有關，可以相輔為用。

第二節　設計教學法

一、意義　「設計」一詞，最初由哥倫比亞大學勞作科主任李查玆（C. R. Richards）所提出。李氏認爲勞作教學的目的不僅在訓練學生用手去做，還應該訓練學生用腦去想，所以勞作課就不能由教師把要做的工作，統統規定好了，發給學生，學生只是依樣畫葫蘆地拼湊而成；應該由學生自己計劃並實行。這種由學生計劃，自己實行的過程，就是設計。

應用這種設計觀念於教學上，首先從勞作科開始，逐漸推廣到農業和家事的教學，最後更應用於中小學各種學科。因此，許多學者提出了不同的解釋。美國教學專家波新（N. L. Bossing）綜合各家意見，說：「設計是一種問題性質的、有意義的、實際活動的單元，它是在自然狀態之下，利用實際的物質材料，由學生自己計劃、自己實行、以求完成的單元工作。」（註一）

二、種類

1. 依學生人數分：

(1) 個別的設計　個別的設計，是各人進行自己的設計，設計的工作可以各人相同，亦可以各人不同。

(2) 團體的設計　團體的設計，是全班或分組從事一種設計。

2. 依學科範圍分：

(1) 單科設計　是以一個學科爲範圍的設計，不涉及其他學科。

(2) 合科設計　聯合有關的幾種科目，進行學習的設計。

(3) 大單元設計　大單元設計打破學科界限，以一實際問題爲中心，在進行設計學習中，同時學習各科的教材。

3.以教材性質分：

(1)建造設計　建造設計是最基本的設計，可以由此設計獲得具體的成果。

(2)思考設計　思考設計在於運用思考，以解決問題，有類於問題教學法。不過前者要用具體材料，並求得結果；後者僅在利用思考，以解決問題。

(3)欣賞設計　欣賞設計在使學生從欣賞中，獲得娛樂和滿足的欣賞。

(4)練習設計　練習設計在養成某種習慣和技能。

三、步驟

1.決定目的　在原則上，設計目的的決定，是學生的事。學生才最知道自己的興趣和需要，但學生不一定了解學習的目標、教育的價值、甚至自己的能力，所以教師要設備一種情境，使學生感覺某種需要，而自行提出設計的工作。在決定目的的時候，教師還要技巧地，使設計活動既能符合上述的學習目標、教育價值以及學生興趣、能力與需要，又要能適合學校的場地和設備，並能在適當的時間內得以完成；同時還要使學生感覺，是自己提出來的目的，不是教師所規定的。

2.擬訂計劃　擬訂計劃，亦是學生自己的工作。教師要指導學生對整個設計工作，擬具一詳細完整的計劃，以便根據計劃，進行學習。諸如進行的步驟、材料的搜集、工作的分配、時間的預計等，都要詳加擬訂。

3.實施工作　學生按照所訂計劃，切實進行活動，這是最有興趣的一步。不過，教師仍需要隨時指導和鼓勵他們，切實有效的完成工作。

4.批評結果　工作完成了，教師指導學生批評設計的成果。這種批評，是要學生自己批評，教師只是提供批評的標準，以及必要時候的指導。如此，可以養成學生評價的能力，還可以收得鑑賞的效果。批評結果，雖然亦有成績考查的作用，但比一般成績考查爲積極，因爲從批評結果中，不但知道設計成果的好壞，更可以檢討出設計活動中各項優劣得失與困難，作爲改進下一次設計的參考。有時候，還可以在批評中間引起下一次設計的動機，便可接着產生另一次設計的活動。

四、批評

1.優點　設計教學法的優點，亦可以說是它的特點，在於：

(1)具有興趣　由於目的是學生自己決定的，符合自己的需要，而且經由自己計劃以完成，故學習興趣較一般教學法爲高。

(2)具體實際　設計教學是在實際情境中進行學習，所以學習的事物非常具體，不是從文字上學習的。

(3)手腦並用　設計教學既要學生自己動手去做，更要學生自行計劃、思考、批評，所以是手腦並用，可以啓發學生的思想。

(4)自動學習　設計教學從開始決定目的，到最後批評結果，都是學生自己的工作，完全符合自動原則。

(5)經驗完整　設計教學是從一件工作的開始到工作的完成，學生都親自經歷處理，學得的是完整的經驗，而非片斷的知識。

(6)解決問題　設計教學亦可養成學生解決實際問題的能力，且能培養各種優良的德性和精神，最爲進步主義教育所欣賞和採用。

2. 缺點：

(1)缺乏系統　設計教學的目的之決定，多由學生提出，以致學習題材缺乏系統；而學習所得的內容，亦偏重在經驗的完整，以至忽略知識的系統性。

(2)缺乏練習　有些必須的知識和技能的學習，要經常不斷的練習，但設計教學法缺乏練習的機會。

(3)設備不易　設計教學須用各種器材與設備，不是一般學校所能具備和供應。

(4)師資難得　設計教學要有能幹的教師，才能指導得當、學習成功，否則得不償失，浪費了時間和物力，學生可能會一無所獲。

(5)應用限制　設計教學既不能獲得系統和知識的學習，自不適合於高年級以及一般知識學科的教學，但低年級的學生往往缺乏計劃的能力和價值的觀念。所以，比較適宜於美術、工藝、家事等技能科之應用。

第三節　單元教學法

一、單元的意義與種類：

1. 單元的意義　單元是指以一個生活上重要的問題爲中心的，完整而有目的的學習活動。在此活動中，能增進學生的知識與技能，培養其態度與理想，改變其行爲，以獲得適應生活環境的經驗與能力。

2. 單元的種類　單元的種類，依其範圍，可分爲學科單元、合科單元、聯合單元與大單元設計活動；依單元內容，可分爲教材單元與經驗單元兩種；依擬具單元的人員，又可分資料單元、教學單元與學習單元。(註二)不過，通常分類，都是指依範圍分的四種而言。

二、單元教學的特質：

1. 是完整的活動　單元教學中，學習活動是完整的，每一單元，都有確定的目標與活動，學生在學習中，可以獲得完整的生活經驗，而非零碎的知識。

2. 依據學生需要　教師在設計一個單元教學活動時，必須了解學生們個人的身體、智慧、能力和情操，以及他所屬社會環境的需要，而使設計的內容，能充分地適應其需求，因而，能引起學生學習的與趣，使有良好的學習效果。

3. 學習有始有終　有確定學習範圍的教材，有開始有結束的地方，才能成爲單元中心，所以單元教學活動是一有始有終的學習。

4. 需要較長時間　單元教學較一般教學需要較長的時間，以從事設計、討論、實施和檢討，才能完成一個完整的單元學習。有時候，可以從數小時而至一天數天，甚至數星期不等。

5. 增進生活能力　單元教學是教學生由有意義、有目的的學習活動，研究或從事某一問題或活動，在生活中，學生不但增加了基本能力的訓練，而且增加了適應生活的各種能力。

6. 訓練手腦並用　單元教學是將教材與活動組成完整的單位，學生在學習活動中，一面須用腦思考，一面要用手作，可以訓練手腦並用的習慣。

7.連繫各科教材　爲了使學習更有效果，單元教學可以包括或連絡各科的資料，使各科的教學密切連繫，使學生獲得完整的經驗。

8.適應個別差異　在單元教學中，不同能力的兒童，可以分工合作，去做適合於自己能力的學習活動，故可適應學生的個別差異。

9.師生共同計劃　單元教學過程中，每一部份活動的安排，可以由教師與學生共同設計，並不是教師單方面的教學活動。

10發展社會行爲　學生在單元教學中，有共同學習、共同討論、搜集資料和研究欣賞的機會，可以促進社會行爲的發展，有助於社會化原則的達成。

三、單元教學之步驟　單元教學有分莫禮生單元教學法和一般的單元教學法兩種，玆分別說明其步驟如下：

1.莫禮生單元教學法　莫禮生根據其熟練公式，將教學過程分爲下列五個步驟，其教學過程，是一種歸納的思考過程：

(1)試探　第一步是舉行預測驗，先考查學生對所要學習的單元，已經知道多少，以作爲教學時選擇教材及擬用何種教學方法之依據，同時，教師運用各種教學技術，以引起學習的動機。

(2)提示　提示教材，是要學生知道此單元學習的是什麼，目的是什麼，以爲其學習之準備。但提示不必過於詳細，只是大綱的提示。提示以後，並鼓勵學生發問。

(3)自學　這一步驟是學生在教師指導下，自行研究，教師從旁作個別的指導。

(4)組織　學生將所學的組成一個系統，列成大綱或者求得一個結論。

(5)複講　最後要學生把自學的結果，以口頭或文字報告出來，使學生思想有條理，印象更深刻，以期獲得眞正而澈底的學習。

2.一般單元教學法　一般單元教學法的教學過程，可分爲下列三個步驟：

(1)準備活動　根據準備原則，在教學開始，喚起學生學習的動機和興趣。教師宜由舊經驗開始，在進行教學之前，教師指導學生閱讀有關資料或搜集有關的實物，務使其獲得必要的知識或經驗，而幫助教學進行順利，提高教學的效率。

(2)發展活動　這是教學過程中的主要活動，這時候，學生正式進行學習，其中包括若干小型的學習活動，通常採用的有觀察、實驗、討論、製作、參觀等，視學生的程度、學校設備、學科及單元性質而定。

(3)綜合活動　這是單元的結束活動，通常包括了組織、整理、欣賞、應用、發表、評鑑、展覽、以及下一活動動機的引起，這些活動視情況而定，有在課內舉行的，也有在課外舉行。

第四節　自學輔導法

一、意義　自學輔導（Supervised Study）是學生在教師指導之下，進行自學的方法。這種方法，可以在正課進行，亦可以在自修室或自修時間採用。

從學習的原理上說，無論是教師的指導或團體的討論，沒有人能代替學生學習，因爲學習是學生根據自己的經驗，對外來的刺激和情境所作的反應，所以學習的主要責任還在學生自己。再者，個人的學習速度的快慢和內容的深淺，總是有些差異，教育上亦應該提供一種給學生自由學習和自我適應的機會，自學輔導便是最好的機會。

圖書館研究（library study）和家庭自修（home study），雖亦是學生自學的機會，但因爲缺乏教師的指導，只能算是一種獨立研究（Individualized instructional procedures），只有在教師指導之下所從事的學習，如自修（individual study）以及作業室的學習（libratoray study）才是自學輔導。

二、目的

自學輔導法的目的，在於：

1. 養成自學能力　自我學習的能力，在今日教育中是一項重要的目標，學生具備了自學的能力，才能進行自我教育，而對他一生都有助益。

2. 適應個別差異　自學輔導法本來是適應個別差異的一種教學法，利用自學的機會，使學生能自由的學習，不受他人的牽涉和影響；亦給教師以滿足學生不同需要，以及作個別指導的好機會。

3. 有效達成目標　自學輔導能幫助學生，經濟而有效地完成學習活動，以達成教學目標。不若單純的自修，缺乏指導而效果低劣。教師在自學輔導教學中，指導學生做筆記、作有效的閱讀、養成良好的學習習慣，並提供充分的圖書設備，這些都有助於學生的學習和目標的達成。

4. 啓發研究興趣　學生在自學輔導時，可以自由的學習，運用教師提供的資料和指導的方法，作深入的研究，則可啓發研究的興趣。

由於以上這些目的和優點，自學輔導正逐漸地爲中小學的各科教學所普遍採用。

三、步驟　實施自學輔導法，可以分爲準備活動、發展活動和綜合活動三個過程，每一過程又有詳細的活動，茲分述之：

1.準備活動

(1)佈置教室　自學輔導適宜在作業室或自修室舉行，因爲分科作業室或自修室中，可以陳列和佈置適當的圖書、儀器、設備、視聽教具等，以備學生自學之用。桌椅的排列，亦要改變形式，以便於同學之間共同研究和討論。如果是普通教室，至少亦要提供必要的工具書、參考書或器材。

(2)引起動機　任何學習均須引起動機，自學輔導有了强烈動機，才能全心全力的進行自學。通常，自學輔導法比較易於引起動機，只要學生有過愉快的自學經驗。

2.發展活動

(1)提示作業　自學輔導雖亦有自由學習的方式，但這只限於自修時間，正式採用自學輔導法，則多有一定的學習範圍，教師按照提示作業的手續，提示學生自學的內容。

(2)指導方法　學生自學，方法非常重要，所以教師要切實指導學習的方法，以便學生自學。

(3)進行學習　學生根據提示的內容和方法，進行學習，教師需要巡視行間，作必要的指導和鼓勵，以解決困難，完成學習。

3.綜合活動　在綜合活動中教師可以作總結、考查成績、診斷與補救教學，或引起下一學習活動的動機。

四、原則　實施自學輔導，下列一些原則和要點（註三）值得注意：

1.自學輔導的目的在幫助學生有效地達成教育目的。
2.教師要指導學生建立良好的學習習慣和自學技能。
3.自學輔導要能提供適應個別差異的機會。
4.自學輔導要使學生明瞭目的，具有興趣。
5.閱讀的技能，對各類學習都很重要。
6.教師要充分提供資料，以利自學。
7.自學輔導應配合其他方法使用。
8.合適的物質環境與精神氣氛，有助於自學。
9.不要以代替學生學習的方式幫助他們。
10自學時間不宜過長或過短。
11避免顯出對學生們進行的學習，厭煩無趣。
12避免化費太多的時間於指導聰明的或愚笨的學生身上。

第五節　社會化教學法

一、意義　社會化教學法又名團體教學法，是利用團體活動或討論方式，指導學生學習的方法，例如組織鄰里、議會、各種社團，或舉行討論、辯論、戲劇、演奏、參觀、調查、訪問等。

教學原則中有個別適應原則和社會化原則，自學輔導法在求個別的適應，但自學輔導祇是讓學生學習知識，發展個人才能，所以又有社會化教學法，以發展學生的群性。今日教學，既是班級型態的教學，教學方法自應充分利用班級團體的方式，以進行學習。

二、目的 社會化教學法的目的，在於：

1. 學習民主生活 民主是一種生活的方式，要使學生將來能過民主社會的生活，必須先從學校學習。社會化教學法利用團體的活動，或討論方式，使學生及早熟悉民主的生活，具有民主生活的習慣、能力和精神。

2. 培養團體意識 經由班級和團體的活動，才能使學生了解團體的意識與團體的重要，進而愛護團體，服從團體，善過團體的生活。

3. 改變學習態度 一般的學習，都是學生向教師負責，學習是消極的應付，社會化教學法是學生向團體負責，如果分組討論，自已沒有充分準備，不是怕教師責罵，而是對不起整個的討論和同學。所以，可以改變學生學習的態度。

4 增強學習效率 在團體中學習，有互相觀摩、砥礪、競爭和促進的刺激力，既可以相互討論研究，更可以相互勉勵影響，足以增強學習效率。而且，爲了要獲得羣體的讚許和認可，彼此要學習適應，同時亦養成了合適的社會行爲和促進了健全人格的發展。

5. 使教育社會化 爲了避免教育脫離社會，孤立於生活之外，竭力要求教育社會化。社會化教學法要利用社會資源，使學生接觸社會，了解社會，一方面充實了學校教育內容，一方面溝通了學校與社會，使學生有能力、有志趣於改進社會，而眞正達成教育社會化的理想。

三、方式　實施社會化教學法的方式很多，例如以上列舉的組織各種社團，成人社會的組織和舉辦各種活動，但正式的社會化教學法，不外是分組活動、討論以及扮演等。分組活動是因爲某一目的而組成的團體，例如公民科的選舉，便可依照成人選舉活動，組成不同團體和組織，透過眞正的選舉以學習；又如演出戲劇，亦是組成不同小組，分別負責戲劇之表演。

討論方式則是選擇一定題目，亦可以分組進行研究和討論，一方面學得如何搜集資料、整理資料，一方面學習如何發表和接受、以及如何會議，是種多方面性質的學習方式。

扮演是向來採用頗多的一種方式，它不像戲劇之需要正式劇本、舞台以及長期的排演，祇是根據某一學習題材，臨時由學生們稍加練習，即以戲劇的方式，在教室中將學習內容扮演出來。例如健康教育或護理科之扮演各種急救，語文學科之會話或獨幕劇等。經由扮演，可以加深同學印象，並加强學習效果和興趣。

四、步驟　雖然社會化教學法方式不一，但其教學步驟相同，可以分爲：

1. 提示作業　由教師或學生提出所要學習的目的和活動項目。
2. 組織團體　無論何種方式，都可以就學習內容之需要，組成合適的團體，以便分工合作，進行學習。
3. 分組研究　教師就組成的團體，討論的內容或扮演的題材，分別指導學生，進行準備與研究。

4.進行活動　如果是團體方式的，則按準備計劃，實際進行活動；如是討論式的，則開始討論，主席主持，由各組分別報告；如果是扮演，則進行表演。

5.評鑑結果　學習活動完成以後，教師要指導學生對於整個活動的結果，進行批評、檢討、整理、以及教師自行補充、考查等評鑑活動，以求實效。

五、原則　實施社會化教學法，下列一些原則值得教師注意的：

1.題材合適　所選題材要有教育價值，符合教育目標，且爲學生能力所及者。

2.組織簡單　無論何種方式，組織宜簡單，以免浪費無謂的時間於形式的組織上。

3.切實指導　教師的指導非常重要，諸如組織團體、工作分配，討論的分析問題、發言的態度與要領；扮演的表情和動作等，均須教師指導，才能合適、有效而生動。

4.避免壟斷　常常有學生喜歡壟斷活動的機會和發言的權利，教師要竭力使學生避免之。

5.把握時間　社會化教學法往往易於浪費時間，教師要指導學生，切實把握時間，在一定期限內完成某一項學習。

6.整理系統　學生從社會化教學法所學的教材，病在不易深入、缺乏系統，教師要作必要的補充和整理，使能在培養才能和發展興趣之外，兼及內容的系統和深度，不致流於膚淺。

第六節　編序教學

隨着時代的進步與科學的發明，教學上的觀念和型態，亦日在改變和發展，其目的與方向，則在協助教師與學生更容易達成教學目的，以提高教學效率。編序教學和協同教學，便是如此發展的兩種教學方式。卡拉漢（Sterling G. Callahan）便在所著的成功的中學教學一書中，把這二種列爲教學的新發展（Recent Developments in Teaching）部分。不過，嚴格地說，這兩種只能算是教學方式和型態的改變，並非是教學方法。本節將先介紹編序教學。

一、意義　編序教學（Programed Instruction）是將教材按照程序，編成細目(frames or small steps）以便學生自學的學習方式。在學習之前，就先要把教材分析、編成一連串的細目，然後由學生自學，從前一細目引導後一細目，循序漸進，學生並能在學習過程中立刻核對其結果，以增强學習效果，進而學會全部的教材。利用教學機的學習，便是編序教學的一種。

編序教學專家史肯納（B. F. Skinner）認爲編序教學的特質有（註四）：

1. 教材組成一系列程序，以便促進合適的學習。
2. 學生對呈現的教材，要自動地反應。
3. 學生能卽刻獲得其回答是否正確的反應。
4. 學生經由細目以學會教材。
5. 教材的組織，提供一種正確反應的優勢（a preponderance of correct responses）。
6. 學生按自己瞭解的程度和學習速度，向學習目標邁進。

由此可知，編序教學是一種自學輔導的方式，不過它是事先需要教師的編序，而非學習進行時的輔導。

二、原理

1.教材細目　教材細目，可以說是編序教學最顯著的特點。把教材分析成許多細目，比較籠統的教材爲易學，這是非常明顯的事實；而且還把這些細目，按其邏輯程序，作嚴密組織，足以循序誘導學生繼續完成學習，深符類化學說之要求；而且有助於辨別能力和綜合能力的培養。

2.積極反應　積極反應，亦卽「由做而學」、「自動原則」的根據。編序教學的材料不能由教師講解中學會，或者聽取旁人討論而學得，必須學生自己切實閱讀、塡寫、核對、進行而學會，這是徹底的、眞正的積極反應。此外，許多學者都不贊成編序教材的錯誤比率超過百分之十，這亦是指供學習者以積極反應的機會，正確答案等於是獲得獎賞，這就是前述編序教學特質中所謂提供正確反應的優勢。這些正確和積極反應，足以提高學習興趣，與下一原理亦具密切的關係。

3.立卽核對　編序教學爲方便學生自學，提供了正確的答案，學生可以立卽核對其學習結果，了解學習成績。這種效果，不但引起積極反應，而且深符「準備」與「動機」的原理，有繼續再學和努力完成的願望和需求。

4.適應差異　適應差異，在編序教學中最顯著的是速度差異之適應。多數教學，如講演、討論或者視聽教學，均迫使每一學生在同一速度下學習，必然形成「太快」或「嫌慢」的現象。編序教學在速度上，則眞正做到適應差異的原理，學生可以自由地變易其學習速度，以符合其自己的能力，甚至適合自己的興趣和需要。

此外，亦有能力程度的適應。編序教材的編訂，有所謂直線式（liner programming）和分支式

(Branching)二種方式，其中分支式提供了複習、跳過、和補救等機會，以適應學生的差異。

5.學者驗證　通常的教學，缺乏正確的記錄，以供教師改進教材的內容；編序教學則可根據學生學習的記錄，以修正教材細目。例如某一細目有多數學生答錯，就表示教材提示或編輯需要修正，而這種修正，是眞正經由學習者自己的試驗和實際的反應而改進的，是驗證的，而非猜測估計的。

三、類型　編序教學與一般教學主要的不同，在於教材的編序，所以編序教學的類型因教材而異；此外，呈現編序教材的方式，亦有差異，玆分述之：

1.以編序教材分　編序教材以要求學回答的方式不同而分：

(1)組合答案式（Constructed response type of program）這種方式的編序教材，是要學生寫出自己的答案，是着重學生回憶教材的能力，可以說比較難一點。其特徵是：

①採用小的單元或題目，平均每題可能只有兩句。

②要學生回答，學生的答案亦只寫很少字，這些答案均在每個題目之後。

③教材採用細小緊湊的步驟呈現。

④一般採用直線式排列。

(2)選擇答案式（Multiple-choice type of program）這是在題目下面提供許多答案，要學生在答案中選擇來回答，着重的是學生的再認，比較容易。這種方式的題目比較長，可能由一段文字所構成，所以可以解釋某一答案何以是對的或錯的理由；此外，它是採用分支式排列教材的。

以上所謂直線式和分支式，是教材排列的二種方法。直線式是把教材按一定的簡單的次序排列，學生從第一題做到最後一題，直線進行。另外一種分支式，教材的排列不祇一個次序或路線，學生由其自己所作的答案，以決定學習的次序。亦即一個問題的正確答案，可以引起一條路線，在這一條路線上，可以跳過幾個問題；另外不正確的答案，產生不同的路線，需要回答每一個問題。這些分支式，提供複習、跳過和補救的學習機會，只有選擇答案式才可採用。

2. 以呈現方式分　編序教學亦可因呈現教材的方式不同而分成：

(1) 書本式　書本式又分教科書式和卡片式。通常，教科書式是採用組合式進行，卡片式教材細目則並不按序排列，而是隨意編製，答案不在同一頁，須由提供的選擇答案後面所指示的頁次上找尋，然後再由答案後面的數字逐次進行學習（見所列編序教材示例）

(2) 教學機　教學機常常和編序教學相聯，可見二者關係之密切。教學機的構造和型式很多，一般的教學機，無論是組合答案式或選擇答案式，如果學生答案錯誤，則教材多停留不動，新教材或題目必須待答案正確始再呈現。玆附四種教學機型式以爲參考：（註五）

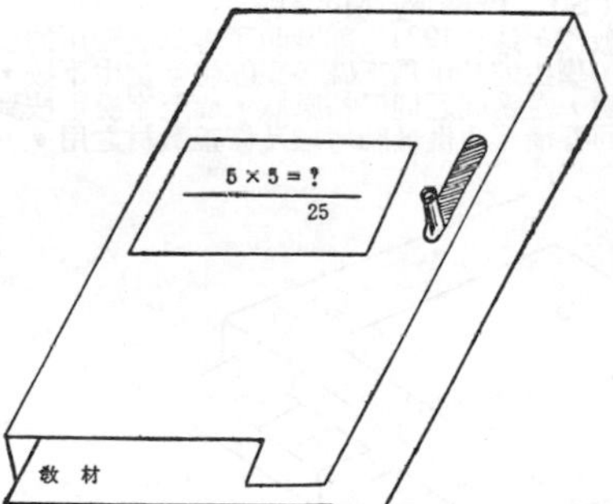

3-1 保特型教學機（Dauglas Porter Model）

保特氏爲美國哈佛大學教授。其教學機爲將問題置於機器中，以填空式讓學生回答，回答以後，將右邊的機關向上推送，正確答案即在問題下面出現，學生即知所答的答案是否正確。

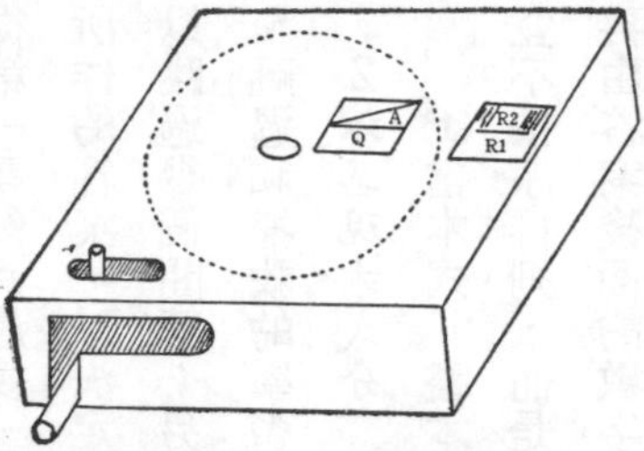

3-2 史肯納型教學機(E. F. Skinner Model)

史肯納（B. F. Skinner）爲美國哈佛大學教授。其所設計教學機爲一圓盤，將問題擺在該盤上置入機器裏靠右邊，Q地方爲學生所要回答的問題，右邊 R_1 爲學生寫答案地方，答案寫完後，將前面機關向上搬動，A處出現正確答案，學生所寫答案同時移至 R_2 處，爲一玻璃片遮蓋。如此，該生可以比較A（正確答案）和 R_2（自己答案）而無法塗改自己的答案。不管正誤，將機關向右轉動，機器記錄該生答案次數，同時減少此一問題出現次數，當機關退回原處時，下一問題立即出現於Q處，如此直至所有問題應回答次數答完爲止。

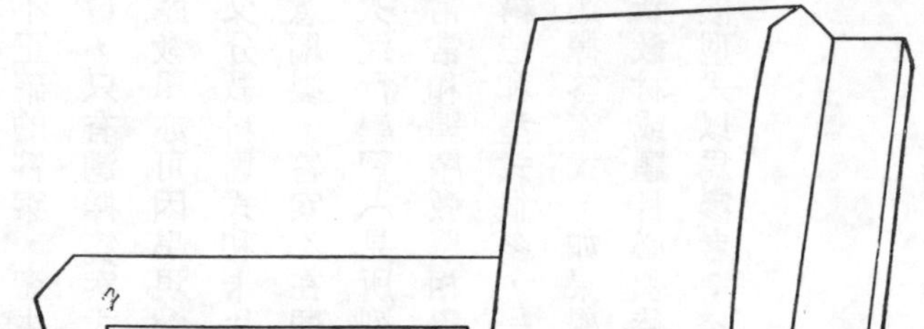

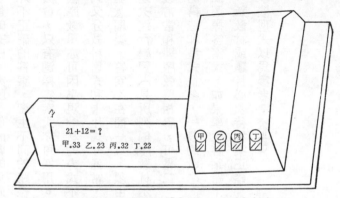

3-3 普列西型教學機（S.L. Pressey Model）

普列西爲美國鄂亥鄂州大學的退休教授，遠在1924年即發明了專爲測驗用的機器。圖左邊有狹長窗戶，右有四個字鍵，學生若認甲爲正確答案即將字鍵甲下按，右邊問題隨即變爲另一問題。若按錯字鍵，左邊問題則保持原狀，直至字鍵甲按到後，始行改換。同時機器右邊計錄該生回答情形，供教師考績及修正教材之用。

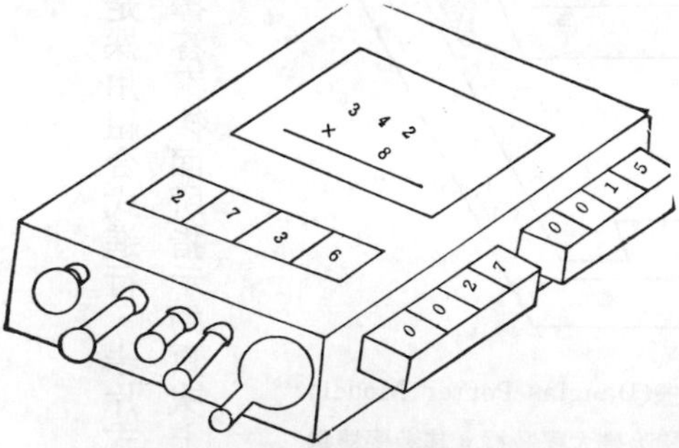

3-4 滋曼型教學機（Zeaman Model）

滋曼爲美國康乃廸克大學教授，其所設計之機器專供教小學算術。機器上有一算術問題，學生抽動前面四個小棍找出正確答案，然後將前轉盤向右一轉，如答案對時，上面問題立即變換爲另一問題，答案不對，則原問題不動，學生重新抽動小棍直至找出正確答案爲止，機器右邊計錄該生答案正誤次數。

四、教材細目示例（註六）

(一)編序教學原理教材細目

1.學習要有興趣，但是許多教材，在學習的當初，往往使學習者發生許多錯誤。事實上，大部份的人是（喜歡、不喜歡）發生錯誤的。

不喜歡

2.學習者在學習中常常發生許多錯誤，便會不喜歡學習該科目，所以對發生＿＿的教材，要加以修改。

錯誤

3.從前許多教育家或心理學家，認爲一般人學習發生錯誤才有進步，這叫做「嘗試＿＿」的學習原理。

錯誤

4.最近的學習心理學，對「嘗試錯誤」的學習原理，具有很大的懷疑。如果將教材加以詳細的分析與排列，使其編序化（Programed），學習者便會減少錯誤而學會其教材。現在，你所閱讀的教材細目、（1～4）就是以分析方法加以＿＿的教材。

編序化

5.編序學習的基本構想，是使學習者循着教材細目（Small Step）的進程（Course），而做最有效，最滿意的繼續學習活動。這樣循着教材細目，逐步進行學習，便（不會、會）發生錯誤。

不會

6.因此，編序學習的教材細目，編得很詳細，使學習容易瞭解，即使學習者對該學科雖然生疏，也可以透過＿＿而繼續進行學習。

如果，該教材細目，編得很詳盡，學習者便可發生（很多、很少）的錯誤。

教材細目

很少

7.編序學習和傳統的教學法不同，而具有很多特點。你到現在已經學習了其中的一項原理。這個原理就是使學習者循着＿＿＿逐步學習的意思。

教材細目（Small Step）

8.編序學習的特點，是應用心理學上所實驗的學習原理。你已經學習了這個基本的一項原理。這個原理我們把它叫做＿＿＿的原理。

教材細目

9.編序學習的這種基本原理，是由（心理學，占星學）的實驗而發現。其中第一項原理，就是教材細目的原理。

心理學

10編序學習的第一項原理是＿＿＿的原理。

教材細目

11編序學習的第一項原理是什麽？是＿＿＿。

教材細目的原理

12由心理學實驗的結果，發現另一個原理，就是在學習過程中，如果表現積極的反應，其效果更加良好。切實解答代數的學習者，閱讀作法的說明，或解答例題，在學後的測驗，其成績（更好、更差）。

更好

13「從做中學習」的學習原則，不外是使人「表現積極的反應」而學習的意思。你已經知道計劃學習的第一個原理，那就是積極＿＿的原理。

反應

14編序學習的原理現在已經學了二個。
①教材細目的原理。
②積極＿＿的原理。

反應

15編序學習的原理有
①＿＿＿＿的原理。
②＿＿＿＿的原理。

①教材細目　②積極反應

如果答錯了，把正確的答案塡寫在下面
①　　　　②

16編序學習的原理你已經知道兩項；
①　　　　②

①教材細目的原理　②積極反應的原理
（如果答錯了把正確答案塡寫在下面）
①　　　　②

17從心理學實驗而發現編序學習的第三項原理，是使學習者立即核對學習結果時，其效果最良好。通常的學後測驗，其

結果至少要等兩個星期以後，才能使學習者知道其成績的，其學習效果是（一樣、不一樣）

---

18 編序學習的第三項原理，就是使學習者立即核對自己的答案，其效果才能更好。這叫做立即核對的原理。

現在你所做的這種編序學習的教材，可以使你立即核對答案。

所以這種教材，便是（應用、沒有應用）______的原理。

不一樣

---

19 使學習者能夠立即核對答案，便是______原理的應用。

應用　立即核對

---

20 編序學習的三項原理。

①______的原理。

②積極______的原理。

③立即______的原理。

立即核對

---

①教材細目　②反應　③核對

（如果答錯了把正確的答案塡寫在下面：）

①

②

③

---

21 現在你已經知道編序學習的三項原理。

①______的原理。

②______的原理。

③＿＿＿＿的原理。

①教材細目　②積極反應　③立即核對

（如果答錯了，把正確的答案填寫在下面）

①　　　　②

③

---

22 例如計算的教材，要使學習者能夠逐項演算，而分析教材時，必須應用＿＿＿＿的原理。

教材細目

---

23 使學習者切實把答案填寫出來，便是應用＿＿＿＿的原理。

積極反應

---

24 使學習者立即核對自己的答案是否正確，這樣排列教材時，便是應用＿＿＿＿的原理。

立即核對

---

25 有的學習者，其學習速度比別人快，也有的比別人慢。如果使學習者學習的速度（Pace）過快或過慢，他便（不能、能）按照自己的速度進行學習。

不能

---

26 實施編序學習時，可以使每個學習者，依照自己的速度去學習教材。這叫做個別速度的原理。本編序學習的教材，可以按照你的速度去學習，所以（應用、沒有應用）個別速度的原理。

應用

27 依照各個學習者的速度去學習的編序學習原理，叫做＿＿＿＿的原理。

個別速度

28 能够依照學習者自己的速度（好像家庭教師的指導一樣）去學習，這是＿＿＿＿原理的應用。

個別速度

29 現在你已經把有編序學習的五項原理學習了四項。把它復習一下：

①＿＿＿＿的原理。（由淺入深的教材系統）
②＿＿＿＿的原理。（學習者要切實反應）
③＿＿＿＿的原理。（立即知道正誤而學習）
④＿＿＿＿的原理。（學習依照自己的速度而進行學習）

①教材細目
②積極反應
③立即核對
④個別速度

（如果答錯了把正確的答案填寫在下面）

①
②
③
④

30 編序學習可以使學習者完全自己獲得經驗。如果學習者在各教材細目寫下答案。（能、不能）明確地發現其錯誤的地方。

能

31 如果某位學習者，學習一百個教材細目，並且每個細目都加以解答，其中有四個是錯誤的。由這個紀錄，你（能、不能）發現其錯誤的地方。

能够

32 編序學習的教材可以修正成為更完善的。假定有三十七個的細目十個人有答錯。這就是（應該、不應該）修正的一項（Frame）教材細目。

應該

33 學習者對編序學習的教材細目太難，不明確或不能實復習，則會答錯。由此你便知道在容易發生錯誤一個教材細目裡（能、不能）發現應該補充怎樣的手續。

能

34 可以使各個學生所學習的情形切實記錄起來，所以要能够以學習者的實際反應為基礎而加以修正。如果由於某一部份教材的提示方法不清楚、不詳細，便在編序學習中（會、不會）顯示出來。

會

35 使學生根據學習的結果而修正編序學習的教材，這叫做學習者驗證的原理。現在你所學習的教材，是以這種原理為基礎，所以也是應用＿＿＿＿的原理。

學習者驗證

36 根據學習者的學習記錄而修正計劃學習的教材就是編製此種教材的第五項原理，也就是＿＿＿＿。

學習者驗證的原理

37你到現在已經學習有關編製編序學習教材的五項重要原理，不妨復習一下。

①（逐步容易進行學習）＿＿＿的原理。

②（學習者要記錄積極的反應）＿＿＿的原理。

③（很快知道解答是否正確）＿＿＿的原理。

④（依學習者自己的速度去學習）＿＿＿的原理。

⑤（根據學習者所做的結果來修正教材細目）＿＿＿的原理。

①教材細目

②積極反應

③立卽核對。

④個別速度。

⑤學習者驗證。

（如果答錯了，把正確的答案寫在下面）

①

②

③

④

⑤

38試試看，不用啓示也會把這五項原理列舉出來嗎？

①

②

③

④

⑤

①教材細目的原理。

②積極反應的原理。
③立即核對的原理。
④個別速度的原理。
⑤學習者驗證的原理。

（如果答錯了，把正確的答案填寫在下面）

①
②
③
④
⑤

39 某位學習者因爲遇到最初的課題，其教材細目太難，所以厭惡學習代數。這種情形究竟未能注意編製編序學習教材的那一項原理呢？

教材細目的原理

40 某位學習者參加考試，教師因爲工作繁忙，經過一個星期以後，才評定成績並把卷子發還給全班的學生，這時學生已經不感到興趣，也不願意再查看答案。這種情形，究竟未能注意編製編序學習教材的那一項原理呢？

立即核對的原理

41 使學習者把每個教材細目的答案，都塡寫下去，這就是考慮到編製編序學習教材的那一項原理呢？

積極反應的原理

42 編序學習的教材編製者，發現最初編製的細目教材，有50%的學習者發生錯誤，他立即加以修改，結果修改後的教材細目，則只有4%的學習者發生錯誤。這是應用編製編序學習的教材的那一項原理？

學習者驗證的原理

43 智慧較高的學習者，因爲對教材已經瞭解，所以不願意再學習同樣的教材，其結果往往會作白日夢或和教師發生衝突的現象。這是未考慮編製編序學習教材的那一項原理呢？

……個別速度的原理

44 某位學習者由於以前的經驗，而自認不會學習代數。不過他現在想在試用代數的編序學習的教材，再試試看。其結果非常驚人，他不但把前面的七十五個細目很快地做完，並且毫不感到困難。這是應用編製編序學習教材的那一項原理呢？

……教材細目的原理

45 教師常爲學生不能學完規定的教材而感到煩惱。學生則對教師的講解不清楚而埋怨，這樣一來，教師既沒有特別的紀錄，所以要改進教材內容或提示教材的方法，是相當的困難。這是究竟未能考慮編製編序學習教材的那一項原理呢？

……學習者驗證的原理

46 某位學習者學習化學方程式。他自以爲「瞭解」，他却寫不出該化學方程式，參加測驗的結果，其成績非常低劣。這是究竟未能考慮編製編序學習教材的那一項原理呢？

……積極反應的原理

47 某位學習者應用編序學習教材學習物理學，他對所有的答案雖然沒有把握，但解答之後，却能核對正確的答案。這是能注意編製編序學習教材的那一項原理？

……立即核對的原理

48 某位非常細心的學習者，想到用編序學習方法學習電子工學。結果他比全班的其他同學多費兩倍的時間。可是最後測驗的成績，也是最優異。這是能注意編製編序學習教材的那一項原理？

個別速度的原理

49 要記憶編序學習教材的五項原理，並不困難。你不妨想到實施編序學習的情形，便更有效。起初你要閱讀「編序學習的教材細目」這種教材是使你很容易解答而詳加編寫的。所以應用＿＿＿的原理。

教材細目

50 閱讀→填寫

先**閱讀**教材細目而後**填寫**答案。

填寫的活動就是積極的反應，所以你已經應用＿＿＿的原理。

積極反應

51 **閱讀**→**填寫**→**核對**

①閱讀教材細目

②填寫解答。

其次，立即核對你的答案。這樣可以知道你的解答是否正確，所以你已經應用了＿＿＿的原理。

立即核對

52 **閱讀→填寫→核對→進行學習**。

當你閱讀教材細目，填寫答案，然後核對之後，依照你的速度進行下去。因爲可依照你自己的速度去學習，所以你已經應用了＿＿＿的原理。

個別進度

53 要記憶編序學習的最初四項原理，不妨想起利用編序學習教材進行學習的情形。

閱讀→**填寫**→**核對**→**進行**

①閱讀就是閱讀特別編製的教材細目，因此編製編序學習教材的第一原理是＿＿＿＿的原理。

教材細目

54　閱讀→[填寫]→核對→進行

②填寫：就是填寫對各教材細目的反應。因此你便想起＿＿＿＿的原理。

積極反應

55　閱讀→填寫→[核對]→進行

③核對就是要對核每個正確的答案，這樣你也可以想起＿＿＿＿的原理。

立即核對

56　閱讀→填寫→核對→[進行]

④進行：就是依照自己的速度通過各個細目，因此你也可以想起＿＿＿＿的原理。

個別速度

57　閱讀→填寫→核對→進行

利用編序學習教材時，要注意其順序。這樣可以幫助你想起編製編序學習教材的最初四項原理。不妨復習一下；

①＿＿＿＿的原理。
②＿＿＿＿的原理。
③＿＿＿＿的原理。
④＿＿＿＿的原理。

①教材細目
②積極反應

（如果答錯了，把正確的答案抄寫在下面）

①

②

③

④

③立即核對
④個別速度

---

58 要記憶編序學習的最重要的第五項原理，不妨想起「**記錄**」兩個字。學習者所留下的詳細記錄是修正編序學習教材的基礎這便可想起＿＿＿＿的原理。

學習者驗證

---

59 **閱讀→填寫→核對→進行→記錄**。

把這五項要點確實記住，便可很簡單地記憶編序學習的五項重要特點。

①＿＿＿＿的原理。

②＿＿＿＿的原理。

③＿＿＿＿的原理。

④＿＿＿＿的原理。

⑤＿＿＿＿的原理。

（如果答錯了，把正確的答案抄寫在下面）

①教材細目
②積極反應
③立即核對
④個別速度
⑤學習者驗證

①②③④⑤

60 你現在已經學會了編序學習的基本原理。你所學習的編序學習教材是根據這些原理而編製的。從心理學的實驗而發展的這些原理，對數學、自然科學、語學、文學等題目，也應用它來獲得更多的學習成功。

進到下一個細目

61 許多人認爲這種原理的應用將會導致教育技術上的大改革。前面已經提過，編序學習最重要的特點，就是學習者可以把自己的學習經驗留個記錄。那麽再根據其記錄來修改編序學習教材，以便編製更完善，更有效的教材細目。

進到下一個細目

62 此外關於編序學習，還有更重要的問題，就是編序學習中學習者所留下的記錄，將供給改進教學的寶貴資料，尤其新的觀察工具逐漸被發明，對教學研究科學化，必定有莫大的貢獻。

進到下一個細目

63 由於望遠鏡的發明而促進天文學的發達，由於顯微鏡的發明，而促進生物學與醫學的發達，這是值得注意的事實。編序學習所提供的寶貴記錄資料對最複雜的科學現象，即「人類的學習」的研究上，將成爲如望遠鏡或顯微鏡同等功效的工具，眞是值得欣慶。

㈡小學國語科編序教學教材細目

國校國語課本第八冊第廿四課「鴻雁傳書」

	(1)鴻雁（ㄏㄨㄥˊ 一ㄢˋ）	
①	 上圖是「雁」，好像我們家裡飼養的①雞，②鵝一樣。	②
②	「鴻」字，有的辭典在「鳥」部，有的是在「水」部，請你翻開字典找找看，在這裡的意思是①水鳥名，比雁大；②大的意思。	①
③	「鴻」是大的水鳥，「雁」是小的水鳥，這二字合在一起就是水鳥的意思。這二字在本課課文裡是說：①漢天子射到水鳥，②射到鴻和雁兩種水鳥。	①
	(2)强悍（ㄑㄧㄤˊ ㄏㄢˋ）	
①	「强」的意思是：①很有力量②很健康。	①
②	「悍」是在辭典的「小」部，請你翻開看，上面寫着：①男的意思，和：②兇暴一樣，你想那一個適合本文的意思。	②
③	「强」是有力的意思，「悍」是兇暴的意思，這二字合併在一起是—①有力而兇暴；②勇敢又有力，那個好。	①

④ 在本課是說强悍：①匈奴；②共匪。 ①

(3)侵犯（ㄑㄧㄣ ㄈㄢˋ）

① 「犯」字要找「犭」旁，請找找看，上面寫的意思有二：①犯法②侵。在本課應該是用那一種解釋。 ②

② 「侵」字請查辭典的人旁，上面寫着：①搶取；②秘密用兵攻打。你想那一個適合？ ②

③ 「侵犯」是成語，所以辭典的舉例，其意思是說：「爲自己的利益，奪取別人的權利」，這樣解釋你想：①適合本課；②不適合本課。 ②

④ 「侵犯」合起來說是①秘密攻打占據，還是②爲自己利益奪取別人的權利。那個適合本課。 ①

(4)邊疆（ㄅㄧㄢ ㄐㄧㄤ）

① 「邊」是離開中心，所以是：①旁邊 還是；②邊緣那一個意思通順？ ②

② 「疆」有：①打仗的意思，和；②邊界的意思，你想那個對？ ②

③ 「邊疆」就是說①國土的邊緣；②在旁邊打仗，那個對？ ①

④ 和上面一詞一併合起來「侵犯邊疆」就是說：①用兵攻打占據國土的邊緣；②只在邊界打仗。 ①

(5)說服（ㄕㄨㄟˋ ㄈㄨˊ）

① 「服」的意思，你想①聽話和②衣服那一個對？ ①

② 「說」在這裡讀「ㄕㄨㄟˋ」，是用話勸人的意思，「說服」二字合併起來就是：①用話勸他從服；②演講聽話，那個意思對？ ①

③ 漢天子派蘇武去說服匈奴，不用武力去攻打，是因為：①愛好和平；②怕匈奴。 ①

④ 你的朋友想做錯事時，你應該：①打他；②說服他。 ②

(6)歸順（ㄍㄨㄟ ㄕㄨㄣˋ）

① ①回來；②依附（靠人家）都說「歸」，在本課那個適合。 ②

② 「順」就是聽話服從，和「歸」合併在一起的解釋是：①服從漢天子的話；②回到漢朝來。 ①

③ 古時候，我國鄰近小國都：①歸順；②投降我國。 ①

(7)逼迫（ㄅㄧ ㄆㄛˋ）

① 「逼」字有：①近；和②壓兩個意思，在本句那個適合？ ②

② 「迫」字也有近和壓兩個意思，在本句那個適當。 ②

③ 「逼迫」兩個字，合併在一起可解釋：①壓力；②強迫，那個適當。 ②

④ 他：①逼迫；②壓迫我做不正當的事。 ①

(8)囚（ㄑㄧㄡˊ）

① 「囚」字是一個「人」字四邊用牆壁圍起來，辭典裡要找：①人部；②囗部。 ②

② 所以它的意思是：①拘禁；②包圍起來。 ①

	(9)地窖（ㄉㄧˋ ㄐㄧㄠˋ）	
①	「地」有：①土地；②地下兩種意思，本句那個好。	②
②	「窖」字在字辭典裡要看：①「穴」部；②「宀」部。	①
③	「窖」字上頭有「穴」字，所以他的意思就是：①洞穴；②告人。	①
④	「地窖」是：①土地陷凹的地方；②地下的洞穴。	②
	(10)忍受（ㄖㄣˇ ㄕㄡˋ）	
①	「忍」字下面有心字，所以說精神方面的意思是：①忍耐；②認眞。	①
②	「受」字的意思是：①給；②接，那個對？	②
③	「忍受」是：①什麼困苦的事都忍耐鼎受；②什麼困苦的事都認眞接受的意思。	①
④	我能忍受一切的：①快樂；②痛苦。	②

㈢卡片式（4×6吋）

P. 4—A

你的答案：3.96 是一整數。

不是的，3.96是一小數.96意爲$\frac{96}{100}$，整數沒有小數部份的，27是一整數，$\frac{27}{8}$非爲整數。

現在翻回P. 10—A再解答之。

P. 6—A

你的答案：$\frac{1}{3}$是一整數。

你將它弄反了，整數是沒有分數部份的，例如，27是一整數；$\frac{27}{8}$不是整數。

現在再翻回 P. 10A求答。

P. 8—A

你的答案：37是一整數，

你是對的。37是一整數，其他的選擇題都是分數或小數所以不是整數，假如n是一整數奇數，(n^2-1) 可用8除。例如，假如$n=3, (n^2-1)=(3\times3)-1=9-1=8$,顯然可用8除。假如$n=7, (n^2-1)=(7\times7)-1=49-1=48$顯然可用8除，我們可否說$n=6$時，$(n^2-1)$ 可用8除呢。

是	P. 11—A
不是	P. 13—A

P. 5—A

當我們說24被6除，自然我們意指24被6除盡，沒有餘數。同理我們應說29不能被8除，因爲8除29尙有餘數5。

問題：我們能用4除11嗎？

是	P. 7—A
否	P.10—A

P. 7—A

你的答案：11可以用4除。

我們所用除法表示沒有餘數，4除11尙餘有3，即是說11是4的兩倍尙餘有3，所以我們不能說11可用4除，現再翻回P. 5—A並再解決問題。

P. 9—A

你的答案：假如m是任一整數奇數，或偶數，整數$n=2m+1$ 必是奇數。

你是對的，2m 始終是偶數，故 $2m+1$ 必爲奇數，假如n是奇數 n^2-1 可被8除，可化爲 $(2m+1)^2-1$可被8除，無論m爲奇數或偶數，以下問題何者爲對的？

$(2m+1)^2-1=4m^2+4m+1$	P. 12—A
$(2m+1)^2-1=4m^2+4m$	P. 15—A
我不知道如何將$(2m+1)$平方	P. 4—B

P.10—A

你的答案：11不可以用4除。

你是對的。11是4的兩倍餘3，因為有餘數故我們不能說11可用4除。

我們證明中要强調某種數目是整數，換言之，不是分數，以下各數何者為整數？

3.96　P.4—A　37　P.8—A

$\frac{1}{3}$　P.6—A

P.12—A

你的答案：$(2m+1)^2-1=(4m^2+4m+1)-1$　你將$(2m+1)$平方非常正確，但你忘了減1

$$(2m+1)^2-1=(4m^2+4m+1)-1$$
$$=4m^2+4m+1-1$$

現在整理上式然後翻回 P.9—A 並選擇正確答案。

P.11—A

你的答案：n^2-1 可用8除，假如 $n=6$ 你錯了，我們的定理是僅關係奇數整數（1,3,5,7,9,……… 等）偶數整數（2,4,6,8,10……等）不是我們所要證明的定理。

現在翻回 P.8—A 並選擇正確答案。

P.13—A

你的答案：不是，我們定理並非說假如 $n=6$ 時，(n^2-1)可被8除。

你是對的定理說假如n是奇數時 n^2-1始可被8除，並未說假如n是奇數6時。

我們定理的證明在於n是一奇數，所以我們首先說明n是奇數的事實，假如m是任一整數，偶數或奇數，下式n必是奇數。

$n=2m+1$　P. 9—A

$n=2m$　P.14—A

$n=m+1$　P.16—A

四英文文法（註七）

1. What devices does English use to avoid repeating sentence elements?
   1. Omission of the repeated words (See 10)
   2. Use of short substitute words. (See 23)

3. Use of auxiliary verbs as special substitute words. (See 14)

2. Which of the following are special substitute words?

1. count nouns
2. pronouns
3. characteristic verbs
4. echo verbs
5. noun determiners (See 13)

3. So substitutes for "Harry is going to get married." This so is often used at the beginning of a sentence (as in the example) and in direct object position after verbs like tell. Example: I told you so.
After certain other verbs the pronoun that or it would be used. Example: Nobody mentioned it. (Go on to 20)

4. Which of the following words can be used as sentence connectors?

1. temptation, foot, Florida
2. however, as a result, besides
3. frightful, easy-going, selective
4. the, some, many
5. of, with, by (See 8)

5. The asterisks stand for words that do not need to be repeated. What are the words not repeated in each of these sentence?

1. John can swim well and Bill can** too.
2. I got up,* got dressed, and ate breakfast.
3. Where does Harry live?** on Sixteenth Street.

4. He wants to come early and*** leave early.

5. First he said "yes," then** "no." (See 16)

6. Fill in the blanks with a word that substitutes for the italicized verb phrase and predicates.

1. The seniors used to have dances at that hotel and the juniors ______, too.
2. Bob isn't tried of playing yet but this partner ______.
3. I want to go to the beach this weakend, ______ you?
4. They should have been more careful with their books. As a matter of fact, so______ I.

(Go on to 22)

7. What are the possible echo forms for these sentence?

1. Ruth doesn't want to go shopping, but Betty does **want** to go shopping.
2. Bob likes blonde girls, and I like dark-haired girls.
3. I thought he already knew that my brother had been made chairman, so I didn't tell him that my brother had been made chairman. (See 11)

8. The second group can be used as sentence connectors. They serve to connect sentences into an interesting and logical sequence. (Go on to 19)

9. (1) him (2) some (3) it (4) one (Go on to 6)

10. Correct. English sometimes avoids repetition by omitting the identical words in coordinate constructions. Example: I need some money, and (I need) some advice. (I need is omitted the second time.) (See 23; then go on to 5)

11. (1) but Betty does.
but Betty does **want** to.
but Betty does **want** to go.

(2) and I like dark-haired ones.

(3) and so I didn't tell him.

and so I didn't tell him that. (Go on to 18)

12. There are several degrees to which sentences can be echoed-from an echo verb substituting for the entire predicate, to only part of the predicate being substituted for. What are all of the possible echo forms of the italicized clause?: "Ruth doesn't want to buy new shoes tomorrow, but Betty does want to buy new shoes tomorrow. (See 17)

13. Pronouns are special words that substitute for nouns and noun phrases. Echo verbs are special words that substitute for a verb phrase or an entire predicate. Some noun determiners can be used as substitute words, but that is not their only function. (Go on to 21)

14. Often auxiliary verbs can stand for an entire predicate. We call them echo verbs when they function this way. This is one of the most frequent devices for avoiding unnecessary repetition. (Go back to 1)

15. (1) so (2) so (3) it (4) so (5) it (6) that (Go on to 4)

16. (1) swim well (2) I...I (3) He lives (4) he wants to (5) he said (Go on to 2)

17. Possible echo forms.
   1. but Betty does.
   2. but Betty does want to.
   3. but Betty does want to buy some.
   4. but Betty does want to buy new ones.
   5. but Betty does want to buy some then.
   6. but Betty does want to buy new ones then. (Go on to 7)

18. What does the substitute word so substitute for in this example?

Do you know that Harry is going to get married?
Yes, so I heard. (See 3)

19. Choose the most appropriate sentence connector to put in the blanks.
   1. I left my umbrella at work. _______, I went back for it. (As a result, Therefore,)
   2. My cold is too bad for me to go to the game. _______ I can watch it on TV. (Anyway, Furthermore,)
   3. I wasted my time last night. _______ I'll have to study this morning. (Then, Now,)
   4. Norway has a beautiful coastline. _______ it has spectacular mountains. (In addition, Then, However,) (See 24)

20. Use the substitute word so in the sentences wherever possible. Otherwise, use it or that.
   1. Will it rain today? Yes, I think_______.
   2. There will be a physics test tomorrow. Oh, who said_______?
   3. Who wrote the formula on the blackboard? Peggy wrote_______.
   4. Jack won a scholarship to a university. I know; he told me _______ yesterday.
   5. We're going to have a picnic. Bonnie suggested_______.
   6. Warren has the measles. Yes, _______ is what I heard, too. (See 15)

21. Fill in the blanks with a word that substitutes for the italicized noun expressions.
   1. Paul is an old friend of mine. I met _______ in college.
   2. Would you like some tea? yes, I would like_______, thank you.
   3. Is your tea strong enough? Yes, _______ is.
   4. You have a pretty good pen but mine is a better_______. (See 9)

22. (1) did (2) is (3) Do(4) should (Go on to 12)

23. Yes, repetition is avoided sometimes by using special short substitute words.
Example: Mr. Hansen left on the 12:30 train. He was on his way to visit a sick relative. (He replaces Mr. Hansen.) (See also 10; then go on to 5)

24. (1) therefore (2) anyway (3) now (4) in addition

第七節　協同教學

協同教學亦是一種較新的教學實驗，如果說編序教學是重在教材編序的改進，則協同教學重在教學型態的改變，而且其改變的範圍相當廣泛，可以說是代表一種綜合發展的趨勢。

一、意義　協同教學（Team Teaching）是由許多不同的教學人員組成教學團（Teaching Team），共同計劃，合作進行教學的方法。所謂不同的教學人員，是包括資深教師、教師、實習教師、視聽教育人員、圖書館人員以及助手等人員。這種由不同的教學人員，共同合作地完成教學活動，有類於籃球比賽之需要整個球隊的隊職員通力合作，才能爭取勝利；更像是醫藥上心臟移殖手術之需要許多醫療人員之合作和努力。

二、特點　協同教學法和一般教學法比較，有下列數類特點：

1. 適應師生差異　通常討論適應個別差異，多指適應學生的個別差異，協同教學法提供不同的學習方式，即在適應學生的差異；但教師像學生一樣，其生理、心理及行爲特性，亦各不相同。有的教師可能擅長講演，而適宜於擔任大班教學；有的教師則對個別學生發生興趣，具有指導個別研究的才能；同是英文教師，有喜歡文學欣賞，有長於講授文法；協同教學即在兼顧教師的差異，而予以適應的機會。

2. 由統整而分化　從學習的過程言，學習是由統整而到分化，先有概念的認識，然後再有精細的研究。協同教學便是先從大班教學，學習概念，再有小組討論，研討其詳，最後則個人作深入的研究，完全符合學習過程的理論。

3.變化學習方式　學生是經由各種方式和途徑以學習的，有的學習來自眼看、耳聽，有的學習來自口說，手做或心想；有的可以共同接受，有的需要討論或交換意見，亦有的需要自動研究。協同教學提供不同的學習方式，有大班教學、有小組討論、更有獨立研究，使學生在變化的學習方式中完成學習。

4.改進教學型態　在協同教學中、教師的組織、學校的建築和班級的型態，都有重大的改變：

(1)教師的組織　在教師組織方面，先說組織人員，除了通常的教師以外，協同教學要運用社會資源人士、增加教學助手與書記，就不是傳統的「教職員」甚至僅僅「教員」而已。其次，說到組織，一般只有學校行政的組織，而學校行政組織如教務訓導等各處與各組，對教學並無多大關係，協同教學則由資深教師負責領導教學團，使教師亦有資深、普通、實習、助手等組織體系，以改進教學。

(2)學校的建築　學校建築，在於適應教育計劃，協同教學是一種彈性的教學計劃，所以，一樣大小的教室概念，必須改變，而使學校的建築，具有高度的彈性，以便隨時靈活運用，適應需要。圖7-5（註八）7-6（註九）是二種學校建築圖：

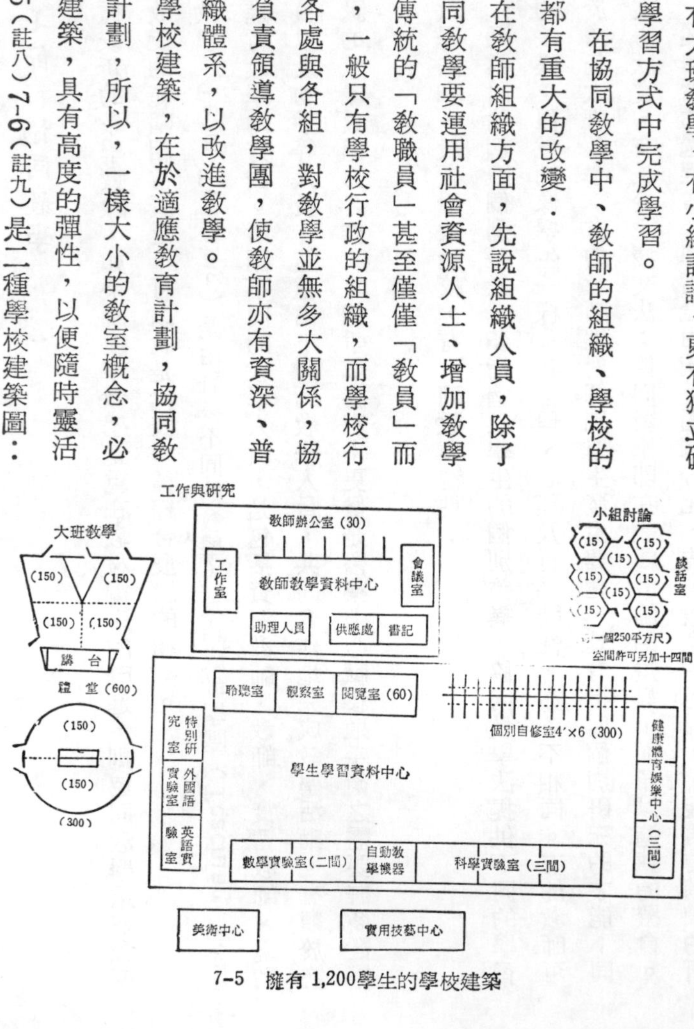

7-5　擁有1,200學生的學校建築

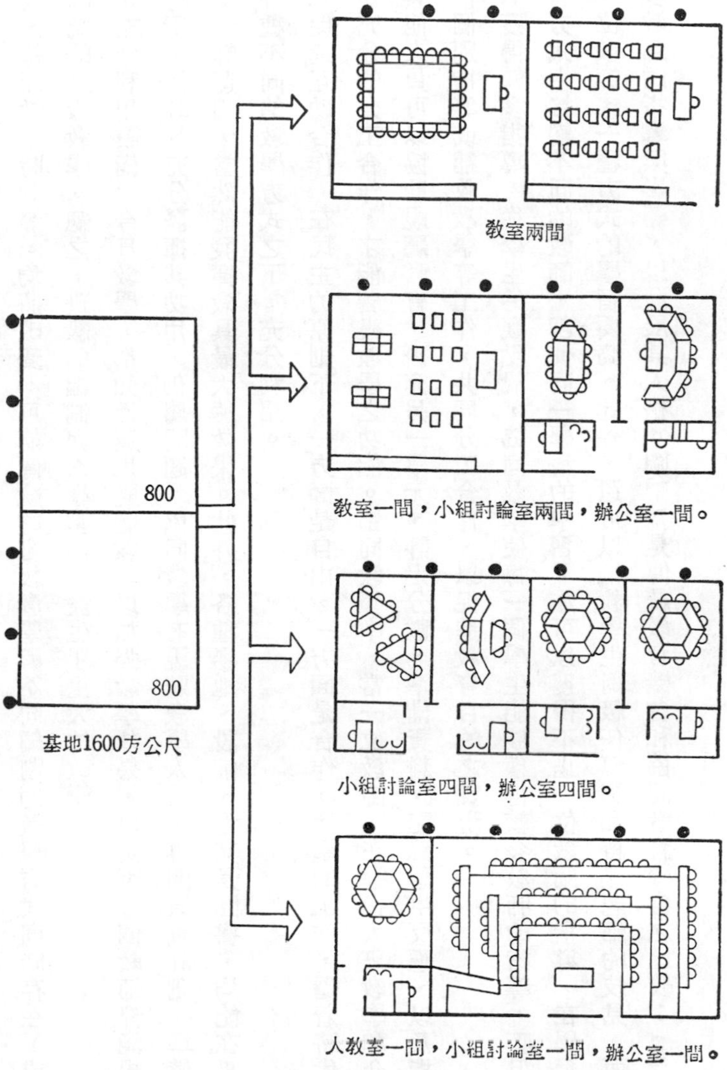

7-6　美國 Gold Spring Harbor中學多種用途的學校建築

(3)班級的編制　協同教學的班級，除了有一般的編制以外，還有聯合的班級和縮小的班級，因之，功課表、每節教學時間等，均將改變。可能傳統的班級教學與不同編制的教學方式同時存在，或者根本停止傳統的班級教學。總之，班級的編制與教學型態，發生了重大的改變。

5.充分利用設備　今日教學，都知道運用視聽教具以加强教學效果，但是否每個教師都能規劃、準備和應用，使教具充分發揮其功用，仍屬問題。協同教學有視聽教學人員，專門負責計劃、準備和操作，毋須教師運用，當然能發揮教具最大的效果。此外，各種場地、設備、尤其是圖書，均能在專人的指導和各種不同的教學方式之下，充分利用。

6.促進互助合作　在民主的原則下，一方面是自由，一方面是合作。教學的工作，隨着時代進步，亦需要充分的分工合作，才能善盡教學之功能。協同教學中，當一位教師正在進行大班教學和介紹概念時，其他人員可以協助視聽教育、研究另一單元、評定分數、準備資料、記錄學生反應、以及指導討論，施行個別指導或補救教學等工作，共同分工合作，以促進教育目的之實現。

7.獲得較多指導　從學生的觀點說，協同教學使每一個學生能夠獲得較多教師的指導，不但在不同的學習方式中接觸不同的教師，即使同一學科的學習，亦可以獲得不止一位教師的指導，在學習效果上，比一位教師、一種方式的學習要高。此外，還可以補救學生對級任導師和科任老師的歧見，而同時接受許多教師的指導與影響，以發展其人格。圖7-7是傳統教育機會和協同教育機會之比較：(註一〇)

8.兼顧個性與群性　從前的個別教學，能够適應學生個別差異，但忽略了群性的陶冶，今日的班級教學，適應社會化原則，却又忽視了個別的差異，協同教學配合學習的需要，作大班級、班級、小組與個別的學習活動，不拘泥於個別和班級學習活動的型式，而能兼收個性發展與群性陶冶之長。

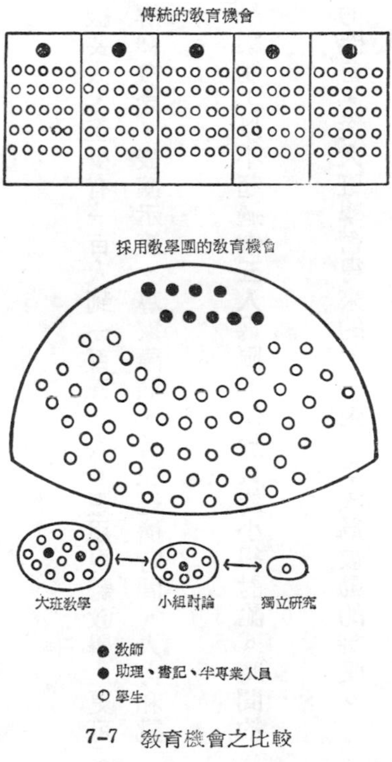

7-7　教育機會之比較

綜上所述，可知協同教學可以提高教學效率，因爲教師都能發揮所長，而且在相互研究計劃之下，教材可以避免重覆，教法得以相互改進；學生的學習興趣，亦因學習方式的改變而提高。

三、方式　協同教學仍然是在實驗的階段，並沒有確定的方式足資代表。可以分教與學兩方面說：

1. 教的方式：

(1)教階制度　教階制度，是在教階上層有一位領導教師，負責領導一般教師和兼任教師、助理人員等共同計劃、研究和教學，旨在改進學校的督導工作。

(2)聯絡教學　同一科目的幾位教師、配合視聽人員、圖書舘人員、助手等，組成一個教學團，共同教學。他們可以分別教普通的班次，亦可以由一位教大班，其他作個別指導。這種方式，旨在發揮教師的專長。

(3)互助小組　互助小組可以說是交換教學，除了同一學科之互助交換，屬於聯絡教學的型式外，包班制的小學教師，常常採用「我教你的音樂，你教我的美術」方式，亦是互助小組的一種。

(4)循環教學　循環教學亦是聯絡教學的一種，是一位教師在自己專長部分，準備一個可以教七、八週的單元教材，就由他循環教五組中的每一組，如此，旣可以省却準備其他教材的時間，又可以使他有機會改進每次的教學。

(5)增聘人員　許多協同教學除了增聘人員，如作業批改人員、實驗室助手、視聽教育人員，以協助外，還增聘社會資源人士，參加部分時間專業性或非專業性的教學工作，藉以減輕教師負擔，或充實師資陣容，加强教育效果。

2. 學的方式

(1)大班學習　這種大班，比一般的班級要大，至少有一百人到一百五十人，應用視聽教學，更可擴大到三百人以上。適宜於提示單元工作、解釋概念、表演示範、專家講演，旨在經濟時間、人力和設備。通常，大班學習佔全部時間的百分之四十。

(2)小組討論　另一種方式則在縮小班級編制，以不超過十五人爲限，便於實施小組討論。時間約佔百分之二十。其目的在於：

①給予學生以思考理解與探討應用的機會，從大班學習得來的，不至完全成爲被動的接受。

②供給教師充分機會，去瞭解學生的學習。

③供給學習民主生活的知能與習慣之機會。

3.獨立研究　爲適應學生差異、作不同深度、廣度和速度的學習，將有百分之四十的時間從事獨立研究。各項工作，如閱讀、觀察、聆聽、寫作、實驗、製作和研究，學校供應不同的場地和設備，以培養學生自我學習的能力與獨立創造的精神。

四、困難　儘管協同教學有不同的方式，而且具備前述的諸多特點，但眞正實施時候，仍然有許多的困難，例如：

1.教師方面　教師們習慣了「獨立作戰」，各人有自己的一套方式，進行教學，很少教師願意把自己的計劃提出來供大家參考，甚至接受批評。儘管這是爲了改進教學，但教師們還是不願衷誠地合作，至少還是不習慣。

2.課程方面　協同教學適用於很多科目，但亦有一些課程將受到限制，諸如着重「調查」「活動」等方法的科目，就不是小組討論或獨立研究所能完成。

3.設備方面　學校的設備和建築，將是今日實施協同教學的最大困難之一，一般學校既缺乏大得足夠大班教學的教室、充分的個別研究場所或小組討論的房間，又缺乏活動性的設計，使場地可以隨意變換以適應需要。許多學習的設備，亦非普通學校所能具備。

4.行政方面　學校行政方面，似乎亦不是很容易接受這種新的觀念和經常的變易；所謂經常的變易，包括了人事的組織、彈性的課程、以至不固定的教學方式與上課時間。行政上，通常都喜歡在安定中求進步，不願有經常太多的革新之變動。

5.學生方面　雖然協同教學提供了不同的學習方式，足以啓發學習興趣，培養各種能力，但並非是每個學生都能從不同的教學類型中，獲致最大的益效。尤其是能力差的學生，大班教學不如一般的教學方式之能有即時反應的機會，而且適應變異性的學習，可能亦有困難。至於團體的融和力，亦將因而削弱，因爲大班教學的班次太大，而小組討論往往又不足以發展團體的融和力，亦未始不是一種缺點。

雖然，協同教學有以上一些困難和缺點，它却代表一種正確的教學發展的方向和趨勢。學校行政、建築設備以及教師，都應該本實驗研究的精神，接受新的觀念，朝着改進的方向以發展。

摘　要

增進知識與啓發思想的思考教學法很多，本章介紹了啓發式教學法、設計教學法、單元教學法、自學輔導法、社會化教學法、編序教學法與協同教學法等七種。其中以五段教學法與問題教學法代表啓發法，前者以書本知識的學習爲主，亦是代表早期的教學法，使教學步上系統化的途徑，從純粹教師的教而注意到學生的學；後者則以生活問題的解決爲主，歸納法和演繹法對學生的學習與思考，均有助益。

設計教學與單元教學，均重學習經驗與內容的完整，尤其設計教學，更重學生的自動與思考，其精神堪爲各種知識思考教學之採用。

自學輔導與社會化教學法，則爲配合個別適應與社會化二原則的兩種教學法，一種是學生在教師指導之下，進行自學，以適應差異；一種是經由班級團體以學習；同爲根據民主的原理，透過不同的方法，而殊途同歸，相輔相成。

編序教學與協同教學是代表兩種教學法的新發展。編序教學從教材細目的編制，以教科書方式或教學機，由學生自學；協同教學則組合教學人員，變化教學方式，以期改變教學型態、發展教師所長；均在改進教學，提高效率。二者發展的方向和趨勢，是正確的，值得教師們嘗試，即使實施上有何困難，亦有待我們的努力和改進。

各種方法，雖具不同的步驟，但步驟只是闡述的方便，眞正實施時可以靈活運用和變化。不僅是思考教學法如此，就是一堂課的教學中，還要參雜其他練習、欣賞、發表等教學方法，配合運用，以收完整學習之效。

附註

一、引見孫邦正著　普通教學法　第一四七頁　正中

二、瞿述祖　童慶懋編著　單元教學法之理論與實際　第二章第十二頁　國立教育資料館叢書

三、Sterling G.Callahan, Successful Teaching in Secondary Schools. Scott, Foresman and Company. 1956.PP.246-249

四、同三P.427.

五、引見教育文摘　第十卷第一期。

六、（一）（二）（三）同（5）

七、A Practical English Grammar programmed Workbook, Lesson 20 The Macmillan company, New York. 1968

八、引見鐵鴻業編譯　改革中學指引　國立教育資料館叢書第二六頁

九、引見教育文摘　第十卷第三期

一〇、同七第一七頁

研討問題

一、比較問題教學法與五段教學法、設計教學法之不同。

二、對所述各種設計教學，各舉一例說明之。

三、列舉單元教學適用的範圍。

四、自學輔導法與社會化教學法各有何利弊？

五、比較說明本章所述「編序教學原理」與所附「編序教學原理教材細目」之教材與教法。

六、協同教學的困難應如何克服？

第八章　練習教學法

第一節　練習教學法的意義與目的

一、練習教學法的意義　練習教學法是以反覆操作和學習，使某些動作、技能和教材，達到純熟和正確反應的教學方法。在學習的種類中，有知動和知覺兩類學習，前者如聲帶及四肢肌肉運動的技能學習，後者係對外界事物的認識與了解，亦即知識的學習，都需要運用模仿、練習、以及印象、保持，再認等作用以學習。這些作用，都是以練習的教學方法實施完成的。知動學習是知覺和情境所引起的動作反應，一方面是刺激透過感官影響個體，一方面是個體對各種刺激所作的動作反應。知覺學習則是個體感官與外界事物接觸，而獲得完全意義的認識經驗。由於二者都和感官、認識、知覺有關，所以練習教學法並不僅是盲目的、機械的反覆操作，還需要理智的理解、認識和注意，始能完成學習。

二、練習教學法的目的

1.養成機械的習慣　人類生活中有許多的動作習慣，如衞生習慣、禮貌習慣、運動習慣等，經由感官肌肉經常活動和反應，可以形成機械的作用，無須受意識的支配。與人見面時，或者點頭，或者行禮，或者握手；進房間隨手關門；便後洗手；都是行之自然的動作和習慣，幾乎每一種學科，都有些習慣需要養成。機械的習慣，一經養成，便省時省力，對生活至爲重要，只是習焉而不察。

2.養成熟練的技能　技能之需要熟練，盡人皆知。語文科中的閱讀，寫作，說話；數理科的演算、實驗；工藝科的設計製作；體能科的運動技巧；以至日常生活中應用的各種技能，都要以練習教學法反覆練習，達成純熟的地步，以便應用自如，有助於生活的需要。

3.養成正確的心理聯念　一些重要的教材和經驗，經過知覺的學習，成爲知識，由於日常生活中需要經常應用，例如語文科的字彙詞彙、優良的文章，數理科的公式法則，社會科的重要事實等，需要記憶，亦要用練習教學法，使學生勤加熟練，以形成心理聯念。

第二節　練習教學法的步驟

一、引起興趣　任何學習，在學習之前，都需要引起學習的動機和興趣，而練習教學法尤其需要。因爲從教練習教學法的過程說，它是一種繼續反覆操作練習的活動。一種活動和工作，經反覆操作練習，必然機械呆板，失之枯燥乏味，所以需要先行引起强烈的興趣動機，以期貫徹練習的成功。此外，從學習的理論說，動機和興趣是促進學習的原動力，而且在養成心理聯念，記憶的學習中，無論是記識、保持、回憶或再認，都與動機有關係，所以，練習教學特別需要引起興趣。

練習教學法之引起興趣，不限於練習之前，在練習過程中間，亦需要引起其興趣或維持其興趣，以加强練習之效果。

引起動機和興趣的方法，在第六章教學原則中已分別說明，教師可就所教的學科，採取適當的方法以引起之。

二、教師示範　練習教學，無論是習慣、技能、動作或知識，教師要先作正確示範，或提出良好的榜樣，作為學生練習的依據。例如，教學生英語，教師要範讀；教音樂，教師要範唱，以便學生學習讀和學習唱。

教師示範的方法，因學科的性質而定，通常有：

1. 實物示範　如美術課的靜物，勞作科的樣品。

2. 範本示範　學習書法時的字帖，繪畫時的畫帖。

3. 教具示範　除實物範本以外，還可以應用其他教具示範，如發音與音樂之用錄音機留聲機、動作之用幻燈片電影片，習慣姿態或知識之用圖表示範。

4. 動作示範　多數練習教學，係由教師用動作示範，如音樂、體育、書法、美術、數學、理化等之範唱、表演、執筆、繪圖、計算和實驗等，教師先做給學生看，動作的過程或演算操作的步驟程序。

以上各種示範的方法，教師在示範時，都要同時作必要的說明，一方面使學生明辨正誤，不致錯失；一方面使示範清晰，易於學習。

三、學生模仿　教師示範以後，便由學生模仿。教師示範時候，配合說明，使學生注意正確的動作和重要的過程，學生模仿時候，亦要使學生注意正確的動作和重要的過程。尤其是難學易錯的部份，須要指導學生特別留意。

四、批評矯正　在指導學生模仿的同時，教師便可隨時矯正其錯誤，並注意觀察學生的模仿，以便模仿告一段落或結束時，得以分析和批評改進。通常模仿時候的批評和矯正是個別性的，模仿完成後的批評是團體全班性的。教師可就觀察所得，分析學生模仿的成績，指出模仿過程中的錯失或結果的不正確，如果是實物、範本或教具的示範，可以把模仿的成績和模本相比較，如果是動作示範，可以再行示範一次，以資比較。

模仿、批評和矯正，在求學生學得正確的反應，所以教師要有耐心，要求的標準要嚴格，但要求的態度勿苛責，最好能予適當的鼓勵，諄諄善誘，不但不會令學生失望、灰心或緊張，而且使學生願意努力求效，模仿再模仿，反覆模仿，以達成正確的要求。

五、反覆練習　練習教學經過示範、模仿、批評、矯正和再模仿的過程，習得了正確的反應，必須繼之以反覆的練習，才能使習慣機械、技能熟練，聯念牢固，而達到純熟的程度。

在反覆練習以前的各項步驟，教師需要悉心指導，以期獲得正確的反應，在學生反覆練習時，仍然需要教師的切實指導，因爲，在模仿時習得的反應並未固定，隨時會有再錯失的可能，而且練習時候的方法非常重要，方法錯誤，足以影響練習的效率，所以教師要隨時指導。指導他們作集中注意的練習，指導他們方法，作有效的練習。

此外，教師在反覆練習的過程中，還要鼓勵學生，鼓勵他們完成此一練習，這亦是引起興趣一步中所說的維持練習的興趣。教師可以改變練習的方式、利用競賽的方法以及使學生知道自己進步的情形，以激發其求進步的決心等，以維持其興趣，達到練習教學的目的。

六、考查成績　練習教學法和其他教學法相同，最後一個步驟是考查練習教學的成果。當學生練習純熟，或者是練習一段時期之後，需要舉行考查。考查一方面可以評鑑學生的學習，以確定目標之是否達成，一方面教師可以作爲決定次一步驟的依據，同時，學生亦可以明瞭自己的學習結果而更加努力。

考查練習的結果，除知識的教材可以用一般測驗方式考查外，習慣的考查須用觀察考評，技能的學習，則用學生作品和表演的考評考查之，而且考查時宜用客觀的工具如量表或等級表等，以增加考查的客觀性。

第三節　練習教學的原則

關於練習教學的方法，心理學家曾經作過許多的實驗，提出許多的學說。此外，亦有一些一般性的原則，都可供教師指導的練習時的參考。玆分述之：

一、心理學上的原則

1.分佈練習優於集中練習　背誦一篇文章或練習一種技能，有人把時間集中在一次學習，希望一氣呵成，這是集中練習；有人把時間分配在幾次或幾天內學習，以期分段完成，是爲分佈練習。根據心理學家試驗的結果，證明通常分佈練習優於集中練習。因爲：⑴分佈練習在休息中能使疲勞消失，精神恢復。⑵分佈練習中記憶痕跡容易保存。⑶分佈練習有復習的機會。⑷分佈練習的情境較有變化。⑸每次練習時間較短，注意力容易集中。

至於每次練習的時間長度及分佈的廣度，則仍與學習者的年齡、興趣及學科的性質、教材的長短等有關。通常，年級高的學生練習可較長，年級低者宜較短；機械記憶的練習和技能的練習，須比知識學科的練習稍短；而以三十分鐘爲合宜時間的分配，則早期的練習時間稍靠近，以後則可逐漸將時間隔開。

2.全部練習優於分段練習　全部練習是把全部教材，從頭至尾作整體的反覆學習，以至純熟爲止。

分段練習則是將學習材料適當地分成幾個段落，分別學習，然後再把各段落連接起來，練習到純熟為止。這兩種方法本來互有優劣，須依學生的智力、年齡、練習材料的難易、長短和性質而定，大凡教材自成整體，具有論理的連續性，而且長短適中，宜於全部練習，尤其是年齡大、年級高的學生。因為全部練習法可以對全部材料有所了解，各段落之間容易取得聯繫，並能掌握整體，便於記憶熟練，還可以減除分段練習之後的再行將各段聯絡的時間與手續。不過，如果教材間的組織並不嚴密，或智力較差，年齡較低的學生，則仍宜分段練習。甚至同一練習，亦可以兩法同時採用，先用分段練習，再行全部練習。

3.嘗試回憶優於純讀法　嘗試回憶法是將學習的材料練習數遍後，即行嘗試回憶，如遇困難，再行誦讀練習，然後再加以回憶，直到能把全部材料記住。純讀法則是將全部材料從頭至尾，反覆閱讀，直至純熟為止。兩者比較，則前者優於後者。因為：

(1)嘗試回憶能使學習者知道學習結果和進步的情形，而激起更進一步的努力與興趣。

(2)嘗試回憶可以使學習者知道所學的材料中，那些比較生疏、比較難學，以及比較容易發生錯誤，而能特別加以注意。這種有選擇性的學習，較籠統的學習為有效。

(3)通常，要造成何種反應，學習時就當練習該項反應。既然目的在使學習者能夠回憶，自應該多予練習回憶，嘗試回憶法正是供給練習回憶的機會。

4.過度學習　學習材料要記憶久遠，印象深刻，需要過度學習（Over learning），亦即學習須超過僅能回憶的程度。例如讀十遍能背誦一課書，在十遍之後繼續多讀五遍或十遍，這便是過度學習。過度學習，可以有助於記憶。不過，所增加的記憶，並不隨過度學習的程度相對增加，所以，適度的過度學習最好。

二、一般原則

1. 材料要選擇　練習教學法的目的在養成機械的習慣，純熟的技能和正確的心理聯念，所以有其適用的範圍。凡不屬於上述三種目的的教材，便不宜用以練習，例如自然學科的教材，重要學生的理解，公民科的教材，重在公民道德的實踐，就不應當要學生死記教材。甚至同一學科，亦可因爲目的不同而分別選擇合適的教材以練習，例如數學中常用的計算宜多練習，而開方繁分之理解，便重於練習。

2. 材料宜組織　練習教材不但要選擇，而且亦加組織。愈是有組織和有意義的教材，愈易學習，愈易理解領悟和記憶。所以，練習的材料，宜按其難易程序，由易而難排列，並與先後教材取得聯繫，由舊經驗以學習新事物，以幫助學生之熟練。

3. 注重正確迅速　練習教學固然講求熟練和速度，但在練習之前，首須要求正確，例如英語的發音、運動的技巧、打字的技能，開始時不能正確，欲速則不達，一但練習熟練，成爲固定的反應，改正將比開始學習爲更難。

4. 避免無謂手續　指導學生練習，要針對練習的目的，作即時有效的練習，避免一些與練習無關的工作和手續，浪費學生的時間精力和興趣。如果英文課要學生練習標點符號，則練習的一段材料最好是事先印好，不要令學生抄寫；地理科要學生列舉重要都市的位置或交通分佈狀況，最好先把省區或國界的地圖印好；至於數學的應用題，自更不宜要學生抄到練習簿上去。這一點和教材宜加選擇有關。

5. 避免盲目練習　指導學生練習時，宜使學生了解練習材料的意義或活動的步驟，能作理智的學習，而避免盲目的練習。學生對材料的意義理解，並能洞悉其間的關係和關鍵，將有助於記憶和熟練，所以，教師的講解和說明非常重要。

6.經常複習應用　過度學習是使印象深刻，以期時間保持長久，但練習時候的過度學習，還不如練習以後的經常複習爲有效。俗語說：「拳不離手，曲不離口」，便是技能的練習需要經常複習，不可一日或離，亦就是「學而時習之」的意思。如果學會的習慣、技能和知識，能够經常應用在生活中，則更可以熟能生巧，提高練習的效果。反之，經久不用，即使是自己的方言，亦可以遺忘，或者說來不够方便自如。經常複習和應用，便是心理學上的應用律和失用律的應用。

7.佈置練習情境　情境影響學習的效果。練習時最好能使情境眞實，或佈置情境，使與生活中的環境相似，不但學習時有興趣，而且增加應用的效果。例如英語教學，練習英語會話，最好是師生或同學間就日常生活中相互答問；球類運動則在比賽中練習攻防技術的運動規則；練習講演，則宜在有聽衆的情境中舉行；所以，教師要選擇、安排或佈置練習的情境。

8.適應個別差異　學生的智質、能力、興趣等均有不同，教師在指導練習時候，要能注意儘量使練習個別化。諸如練習開始時的示範說明，模仿時的批評矯正，練習材料的多寡難易，力求適應學生，務使每個學生獲得最合適的練習。所以，除了軍事的練習或類似的團體操練以外，團體的練習要謹愼使用。很少有一個練習，能對班上數十位學生都有價值和都很重要，而且亦都能同時達到相同熟練的程度。

9.變化練習方法　變化練習方法，是維持練習興趣的最好方法。一種練習方法，經常使用，就會變成單調乏味，令人厭倦。教師必須要有數種練習的方法或方式，輪流使用，隨時變換，甚至一節課的時間內所作的練習活動，亦可以相機變化。通常，以限時的、遊戲的、測驗的、比賽的方法，最富刺激性，學生往往樂此不倦。

10教師指導方法　教師在練習開始時要指導，使學生學會正確的反應和教材，在學生練習的過程中，教師仍然需要指導，尤其是練習方法的指導，無論是邏輯的或者教師自己經驗的方法，都可以指導學生，例如一些人名、地名、年代、數學公式等沒有意義的材料，教師可以設法賦予意義，或使與有意義的事物相關連，以幫助其練習的純熟或易於記憶。

摘　要

練習教學法，是以反覆學習和操作，達成機械的習慣、純熟的技能，與正確心理聯念等目的的教學法。從引起練習興趣、教師示範、學生模仿、批評矯正、反覆練習以至考查成績，其間步驟的劃分，在實際教學時候，並沒有如此的清楚分明，貴在教師靈活運用。練習教學雖然是反覆的操作和學習，却不是盲目的機械的練習，所以有一些心理學的原則和一般原則，值得教師指導時候的注意和參考。同時，練習教學法亦需要配合其他的教學法，一起施教，才能收練習教學之效。

研討問題

一、反覆模仿和反覆練習有何不同？
二、你所教的學科中，有那些需用練習教學法的地方？
三、你的經驗中有那些方法可使無意義的材料成爲有意義？舉例說明之。
四、你指導學生練習時，有那些方式可資變化？

第九章　欣賞教學法

第一節　欣賞的本質與種類

一、欣賞的本質　欣賞是一種心理的、情緒的反應，多屬於感情方面；與知識思想之屬於理智者不同。本書第三章第一節分學習爲五種，其中情意的學習，便是欣賞的學習。雖然今日學校教育是以知識傳授爲主，但整個的人生，並非全屬理智的生活，反而是「感情如汪洋大海，理智不過是大海中的一粒微塵。」而且，理智的功效和價值，往往決定於個人的理想、態度、品德和情趣。同時學習原則中曾謂，附學習是構成健全人格的主要因素，欣賞的學習便是附學習。

學校教育之所以忽視欣賞教學，是有原因的：

第一，受情感心理學的影響。教學的原理原則，甚多來自心理學。一般心理學所研究的，多屬知識思想或習慣技能的學習，對情感部分，則類皆略而不詳，以致情感方面的教學學說和方法，甚少依據。

第二，欣賞教學，較爲抽象，缺乏一定的方法或公式，學生難於學習，教師更難指導，不若知識技能教學之方便，而且是身教重於言教，教師因此捨難就易，而忽視欣賞教學。

第三，欣賞教學難於收效。欣賞教學之難於教學，還不祇是缺乏一定的方法，主要還是難於收效。多數欣賞教學來自暗示模仿和潛移默化，但暗示之生效，在於模仿者能够接受暗示，並且是心悅誠服的接受，這有賴於教師的感召力量。教師的感召，來自成功的教學或高尚的品德，而這些非一般教師輕易可得。

第四，欣賞教學的內容複雜，包括範圍廣泛，教師旣難指導周全，而掛一漏萬，亦且缺乏標準，不免仁智之見。

第五，欣賞教學的效果不易考查。欣賞教學的效果，是理想的建立或情趣的陶冶，由於測量的工具有問題，評鑑的標準更困難，所以大家都因陋就簡，馬虎過去。

第六，觀念的錯誤。家長、學生和教師，都受升學主義的影響，以欣賞無助於升學，而不重視欣賞的學習，有一些學科的主學習便是欣賞，亦因爲教師的認識不正確，而疏忽於此，更有人誤以品德的陶冶屬訓導工作，與自己教學無關，而忘記了附學習的指導；這些都是觀念錯誤所造成。

欣賞教學何以如此複雜難教？只因情感的心理因素複雜，例如對一件事物的欣賞，必須先要有了解，有統覺；有了解才能領會其意義，有統覺才能喚起舊經驗，作爲欣賞的基礎；有了了解與統覺，還要能想像，有情緒；因爲有想像，才能身歷其境，有情緒才能激動深摯感情；最後，欣賞還要有價值標準，才能以此評衡事物，建立自己的理想或陶融自己的心靈，以充實生命，享受人生。欣賞包括了知情意的結合，是眞善美聖的綜合，臻於化境，此欣賞之所以不易！

二、欣賞的種類　人類的生活是多方面的，因此欣賞亦是多方面的。歸納人類的生活，可得人與物、人與人、人與道的三種生活，人與物的生活，就是人與自然的生活；人與人的生活，是社會的生活；人與道，則是超物質超人際的精神生活，講求生活的目的和生命的意義。人在這三種生活中，分別具有不同的欣賞，玆分述之：

1.自然的欣賞　自然供給人類以生命的資源和生活的環境，但多習焉而不察。學校的教育，多教人以知識的學習，其實這僅是認識自然，此外，自然界點綴得優雅美麗，表現得莊嚴雄偉，或則光輝燦爛，或則娓娓動聽，或則四時運行，有條不紊，或則萬象新機，生生不息，教學時都可以指導學生欣賞，培養其愛欣賞的興趣和好研究的能力，既求其眞，更愛其美。

2.人生的欣賞　人生的欣賞，兼具社會生活的欣賞和精神生活的欣賞。前者如對人生事功的欣賞，古今名人的嘉言懿行之敬佩，而引起內部模仿作用；後者則對人生眞諦之參悟，了解生活之目的和生命之意義，進而欣賞人生，享受人生。社會生活的欣賞多屬道德、事功的欣賞，精神生活的欣賞，則爲理想價值的欣賞，由於對人生的欣賞，而能建立起個人的態度和理想。

3.藝術的欣賞　無論是人與物的自然生活、人與人的社會生活，以及人與道的精神生活，都具有藝術的生活和欣賞。文學、音樂、美術、雕刻、建築、舞蹈、戲劇、自然的景色、人際的相處、宗教的聖靈等，皆具有調和、對稱、律動、寧靜等美的素質，如能指導欣賞，則可產生移情作用，使人開拓胸懷，怡然自得，逍遙於美化之中。

以上三種欣賞，就其內容說，實包括眞、善、美、聖等四種欣賞，可以從圖9-1欣賞種類圖中得知：

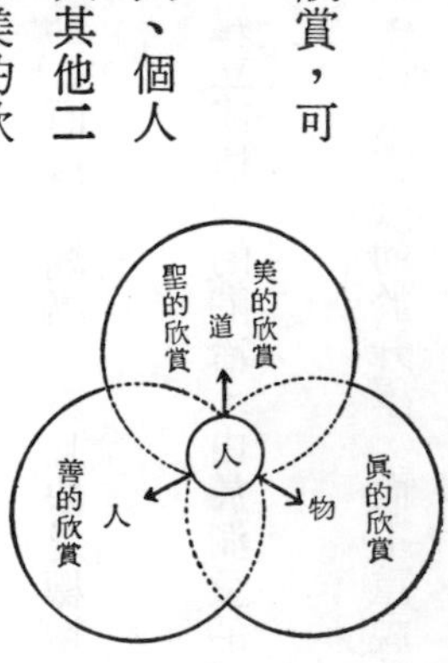

9-1 欣賞的種類

圖中小圈代表個人，分別有三個圓圈代表個人與物、個人與人、個人與道的關係，而圓亦兼涵時空的因素，有橫亦有縱。每一大圓又與其他二圓有虛線相重覆的部分，表示人與物以眞的欣賞爲主，但亦具善和美的欣賞；人與人以善的欣賞爲主，亦具其聖的欣賞；人與道，則眞、善、美、聖欣賞皆具。人的生活如此，學校的各科教學亦是如此，某些學科內，眞的欣賞較多，某些學科以善的欣賞較多，但各種欣賞均或多或少的存在於每種學科之內，要在教師善於運用機會，指導欣賞。

第二節　欣賞教學的目的

一、養成休閒習慣　人類由於科學的發達，休閒生活的時間愈來愈多，所以，如何利用閒暇時間，滿足趣味生活的教育，就愈益重要。欣賞教學的目的之一，便是指導學生欣賞，養成正當休閒習慣，發展欣賞的知能，以便在日常生活中，能够閱讀雅典的文學，聆聽名家的音樂，觀賞高尚的美術，並領略自然的和人生的美，使生活得到無限的樂趣。

二、發展審美知能　人類都有愛美的天性。欣賞教學便在發展學生愛美的天性，一方面提供審美的知識基礎，一方面培養審美的能力，我們不能希望每個學生都成爲音樂家、藝術家或文學家，但對於自然的美或創作的美，要有欣賞的興趣，而且能够欣賞，以涵泳生活的情趣。

三、培養良好態度　個人的立身、處世以及學習的態度，例如從善如流，嫉惡如仇，潔身自愛，互助合作，勤奮努力，認眞仔細等良好態度，都可以從平常的教學中，使學生由欣賞而愛好，進而養成不能自已的情操，以爲發展健全人格的基礎。

四、學習評估價值　欣賞教學和練習教學或知識學習活動之不同，在於指導學生認識價值、評估價值，然後在價值的辨別中，知所抉擇，建立標準。在某種情形之下，欣賞可以說是價值的評估。

(Appreciation may be thought of as "the evaluation of the values")(註一)

五、確立遠大理想 欣賞教學還可以根據價值，指導學生建立遠大的理想，對人生具有正確的認識，然後以理想指導其行爲，指引人生的方向。當遇到困難的情境，或者欲望衝突的時候，可以根據理想以抉擇行爲。遇到失敗或挫折，可以藉理想以重鼓勇氣，堅定意志而不灰心，徹底實踐理想和抱負。了解個人的地位與價值，能爲羣體而貢獻自己的服務。

六陶冶學生性情 欣賞教學主要的目的，在於陶冶學生性情，變化學生氣質。在各種學科的學習中，使學生學習控制自己的情緒，不但自己身心健康，生活愉快，亦且超脫私利，使其他的人愉快幸福，化頹唐爲振奮，化暴戾爲祥和。由學生的豐富情趣，進而改善社會的風氣習俗。

七、啓發研究興趣 欣賞教學除了情感的陶冶、意志的鍛練和品德的砥礪外，還指導學生作理智的欣賞，從眞理知識，發明發現的欣賞，進而發展爲深思研究的習慣、追求眞理的精神和濃厚求知的興趣。自然科學的精密學理或巧奪天工的發明創造，哲學上的深邃思想和邏輯論證，一皆來自研究的興趣和對眞理的無限欣賞。

第三節 欣賞教學的步驟

雖然欣賞教學因種類之不同，且屬偶遇的附學習，不易有一定之方法，但其步驟與過程，仍可歸納爲下列幾點：

一、引起興趣 欣賞的活動，多係情感的反應，所以，實施欣賞教學時候，必先引起學生欣賞的動機或興趣，使學生產生欣賞的需要，具有欣賞的準備，或者願意欣賞的心情和心向，然後才能欣賞，引起共鳴。如果缺乏動機或興趣，則最好的作品或題材，學生亦是對之無動於衷，無由發生欣賞的活動。這種欣賞動機和興趣的引起，要非常自然，不可稍涉免强，以免影響欣賞教學的效果。

二、講解說明　欣賞的基礎，建立在了解。不懂詩文，不能欣賞詩文；不諳音樂，不會欣賞音樂。要欣賞文學作品、美術作品或音樂戲劇，則對於作品的背景、內容的涵義、人物與情節，甚至作者的身世和意境，作一必要的說明，使學生有所了解，具有欣賞的基本知識和經驗，才能够欣賞。

三、指導欣賞　當學生有了欣賞的興趣和欣賞必要的知識基礎之後，便可指導學生欣賞，就作品的特色、意義、技巧等，作有效的指導，以幫助學生的欣賞。這種指導欣賞，非常重要，可以增進欣賞的效率，使學習者知所欣賞。例如電視節目中常有中華古物國寶之介紹，便是透過介紹的指導，使觀賞者更能欣賞。至於欣賞的方法，則因學科和材料不同，方法亦自有異，通常有下列數種：

1. 觀察　觀察是一種基本的方法，透過視覺器官，對欣賞的事物作直接的感受，而引起情感的反應。如參觀展覽、與自然接觸、觀察萬象、觀賞表演，對於眞和美的欣賞，非常合適有效。

2. 聆聽　聆聽和觀察同爲基本的欣賞方法，是由聽覺器官以引起的欣賞。音樂戲劇廣播等之欣賞，多由聆聽。

3. 模仿　模仿由暗示而來。教師可以用聲調的高低緩急、面部的表情神態或者動作和姿勢，給予學生以暗示，在暗示中欣賞；亦可以藉暗示激起學生欣賞的意念或興趣，起而模仿學習。或者是模仿試作，聞歌而哼，手舞足蹈，在模仿中欣賞，並可涵養其美感。

4.聯想　有些事物和景象，不能親身經歷，則可利用聯想，以發展欣賞。例如佈置環境，使學生日夕接觸，產生聯想；或者引發學生想像，使雖不能至，却能心嚮往之，神遊其間，或則設身處地，景行行之。

5.比較　用比較的方法，可以助長學生的欣賞：例如比較自己的作品和別人的作品，過去的和現在的比較，一個人的和另一人的比較，古今中外，眞善美聖，皆可以從比較中欣賞，並可建立起自己的標準和價值。

6.體會　綜合以上各種方法，經由觀察聆聽、聯想比較，然後自我體會涵泳，自能有所領悟或心得，產生欣賞的感受，陶醉其間與樂在其中，便多由體會以得，所謂心領神會便是。

四、踐履實行　欣賞教學最高的效果，在能切實踐行，所以在指導欣賞以後，再能指導學生實行。例如由眞理的欣賞，可以發爲追求眞理與切實研究；道德的欣賞，則敦品勵行，規矩中節或實現理想；文學藝術的欣賞，則模仿創作，以寫意抒情。不過，在指導篤實踐履的時候，要由淺而深，由粗而精，重在實行的興趣，而勿重踐履的技巧或成果，以免要求過高，反而影響欣賞的興趣，甚至使學生視爲畏途。

第四節　欣賞教學的原則

一、教材合適　任何學習，必須教材合適，欣賞教學亦然。所謂教材合適，一方面是教材要適宜於欣賞，才能指導學生欣賞，一方面是要合乎學生的程度、能力和經驗，以及適合欣賞的情境。教材過深或過淺，固然不易令學生欣賞，距離經驗太遠，亦無由欣賞；教材之合於時令和環境，則可增加學生欣賞的興趣和增强欣賞的效果。

二、提供知識 這就是教學步驟中的講解說明。知識愈豐富，了解愈多，就會愈有興趣，亦就愈會欣賞。興趣是培養而成，知識可逐漸增加，所以指導欣賞時，要儘量提供必要的知識和經驗，以激發學生欣賞的興趣。

三、避免分析 雖然欣賞之前，需要提供知識和經驗，但在欣賞的過程中，則宜避免理智的分析，因爲理智的分析或批評，足以妨害感情的作用，使欣賞的情緒反應，破壞無遺。柯芬（Coffin J.H.）曾說：「價值之欣賞，不祇是理智的活動；欣賞的主要特徵，乃感情之激動，而非認識的問題。」（註二）記得有一位國文教師教「阿里山五奇」，講到「柳暗花明」一句時候，他不設法引起學生想像柳暗花明的景色，反而說：「我到過阿里山許多次，沒有發現一棵柳樹。所以，這句話不通！」該是多麼拙劣的欣賞教學！

四、補充想像 聯想本來是欣賞的一種方法，學生想像力愈豐富，必然愈會欣賞，而且許多欣賞的題材，均非學生所能親身經歷，更需要教師補充和增進其想像力。讀到「可憐無定河邊骨，猶是深閨夢裡人。」的時候，要用適當的言辭形容征人之暴屍荒郊，並描述獨守空閨的佳人，輾轉難眠，恍若舊時相見，醒來只是熱淚一片的日夕相思情景，以加强學生對征戰的想像和欣賞。

五、以身作則 教師自己能够欣賞，然後才能指導學生欣賞。如果教師「錯把月亮當燒餅」，則一切月色、月夜的景色，都將無從欣賞。所以，「我們不能教別人欣賞自己所不能欣賞的東西。」

（We cannot teach others to enjoy that which we do not fully enjoy.）（註三）實爲一句名言。此外，在各種欣賞教學中，教師自己能身體力行，篤實踐履，學生自亦接受暗示，相繼模仿，而收潛移默化之效。

六、引起共鳴　欣賞多係情緒反應，所以指導學生欣賞，要激發學生強烈的情緒反應，以引起心靈的共鳴。「身在畫中」，「物我同化」，是心靈上起了共鳴；善善惡惡，同仇敵愾，是情緒激昂所致。欣賞最忌平鋪直叙，平淡無奇，而要用言辭、動作、聲調，表情等激起學生的情感，使之不能自已，才能收效。

七、利用教具　教具可以加强教學效果，應用色彩和音響，更可以加强欣賞的效果。歷史、地理、音樂、美術以及語文學科等，都可以利用幻燈、圖片、電影、錄音、廣播、電視等教具教學，加深學習和欣賞的印象，使當時的情緒激動，而且歷久不忘。

八、配合活動　欣賞教學要應用各種教學方法，配合其他活動，以收欣賞實效。教師可以用講解說明、問答討論、觀摩摹臨、發表創作等方法，指導學生欣賞；還要配合其他學科與各種課外活動，或展覽表演，例如美術科之配合郊遊、野宴、成績展覽，以及與文學工藝科之聯絡教學；公民科之配合自治活動，德目訓練，使學生有表現實踐的機會。

九、指導實踐　欣賞教學最高目的，在能切實踐行，使學生的情感，意志和理智，透過各種行爲以表現之。例如有感於郊外景色的優美，就可以用圖畫、攝影、詩歌或者文字等不同的方式，表達出自己的情感。歷史之見賢思齊、地理之愛護鄉土與錦繡河山、工藝之創作等，都是欣賞之實踐。

十、發展興趣　欣賞教學雖然重在實踐創作，但學生因爲能力和技術的限制，不一定有良好的成果，所以不能苛求其結果。事實上，啓發學生欣賞的興趣，對學生欣賞的學習尤爲重要。有了欣賞的興趣，再配合知能的發展，自能水到渠成，由欣賞而研究、而創作，使生活格外滋潤而有意義，生命愈加充實而且光輝。

摘要

欣賞教學是一種情意的學習，由於缺乏一定的方法，和難於施教，不易考查，往往爲家庭、學校、教師與學生等共同忽視。其實，欣賞是非常重要的學習，由欣賞纔能培養健全的人格，達成全人的教育。

欣賞因爲個人與物、與人、與道的三種不同生活，而分自然的欣賞、人生的欣賞和藝術的欣賞。三種欣賞中，又共同包括眞、善、美、聖的四種內容。學校中每一學科，均或多或少具有這些欣賞，有待教師善於運用機會以指導之。

欣賞教學的目的在：養成休閒習慣，發展審美知能、培養良好態度、學習評詁價值、確立遠大理想、陶冶學生性情與啓發研究興趣。指導學生欣賞時，要引起動機、講解說明、指導方法、並踐履實行；更要注意一些重要原則，以收欣賞的實效。

附註

一、引見 Nelson L. Bossing, Teaching in secondary Schools. Houghton Mifflin Company, 1952. P. 215.

二、同一

三、引見羅廷光著　教學通論　第十三章　第二二四頁　中華

研討問題

一、欣賞的心理基礎是什麽？

二、就各種欣賞的方法，各舉一個實例。

三、你教的學科中有那些欣賞教學的機會？

四、欣賞教學宜以啓發興趣爲重？抑或創作踐履爲重？爲什麽？

第十章　發表教學法

第一節　發表的意義與重要

一、發表的意義　本篇以上各章，所述知識思考、習慣技能、態度理想以及情感興趣等學習，嚴格說來，都不是最終的目的，眞正的教學，是要指導學生，經由語言、文字、製作、表演等不同途徑，以表達自己的知識、思想、技能和情意。這種應用不同方式以表達思想、智慧和情意的活動，就是發表；指導發表的學習，便是發表教學法。

發表要有內容，要有技巧。所謂內容，一方面是發表的成果要言之有物，或者持之有故，使內容充實；一方面還要使內容有創作和新見，不落舊套。要使內容充實，必須使學生知識豐富，經驗充實；要有創作新見，則須發表智慧，以期思想敏睿，見解高超。至於有了豐富的經驗知識，以及具有睿智卓見，還要能夠條理清晰，顯明動人的表達出來，則有待靈活的技巧。以上的知識、經驗、創造的智慧和手法技巧，都非生而具有，而有賴後天的學習、訓練和發表，這些便是學校中的發表教學。

二、發表的重要　教學之所以注重發表，是因爲發表在我們社會生活中佔有重要的地位，分析發表的重要，可得下列數端：

1. 溝通意見　人不能離群索居，必須營羣體的生活。羣體的生活，彼此接觸交往，需要交換和溝通思想。古代的人用手勢，用聲音或符號，現代的人用語言，用文字；無論用何種方法或方式，要能淸晰的、簡要的表達，使對方能夠眞正的懂得，不致發生誤會，而且經濟有效，以達成目的。

2.增進了解　今日世界，文明進步，人類的思想行動，愈益複雜，而交通發達，人際接觸頻繁，必須相互增進了解，建立情誼，才能彼此互助合作，享受圓滿協調的社會生活。如果由於表達的不適當，諒解變成誤解，猜疑糾紛，因之而起，群體的生活與個人的生活，均將受到損害。一個笑話，形容不會說話的主人，因爲說了：「該來的不來」和「不該走的倒走了」兩句話，而得罪了所有的朋友，便是表達不善的例子。

3.滿足需要　人有血有肉，有思想，有感情和意志，這些都需要適當的表達。文以載道，詩以傳情，音樂是無言的心聲，圖畫是無聲的文字，我們可以用各種不同的方式，表達自己的情意，即使不能影響於當時，或者傳之於後世，亦可以使自己所知所感，獲得發抒，滿足人類心理的需要。

4.知行合一　發表教學可使學生能想亦能做，能說亦能行，以達到手腦並用、知行合一的教學目的。如果知而不能行，則知識的價值無由外現；假如不善表達，亦可以影響知識的應用。

5.熟練所習　學生學習以後，加以發表，可以使所習的內容獲得應用的機會，而達到證驗和熟練的要求。如果在學習時學得不够徹底，當發表應用所習時，便會發生疑問，就可以徹底和眞正了解所學的事物；一經應用和發表以後，則所有事物的印象更加深刻純熟。例如發表一篇文章或者講演，用到某一句成語，其中一個字或整個的意思不能確定，一定要事先查明了才敢於應用發表，所以發表有助於學習，並提高教學效率。

6.清晰思想　發表不但熟練所習，而且可以整理思想，使之淸楚明晰，具有條理。當一些思想和觀念存留在腦中，沒有發表的時候，是混亂的，沒有系統的，一旦發表出來，則可促使層次井然，有條不紊。有人敘述自己不善發表的痛苦說：「……假如不會說話的弊病，僅止於不能透切地表達出意思，倒也罷了。……無如心中不會說話，也就是不太會思想，不太會得到完整的意思。思想的進行，到了『差不多』，『大致如是』的地步，就停止了，不再向前去求一個淸楚明晝。不把意思弄得淸楚明晝，所以說出來，總感不痛快；索性不高興多說，不高興多說，所以不一定把意思弄得淸楚明晝……循環相生，互爲因果。」（註一）這便說明發表可使思想淸晰。

7. 陶冶情趣　欣賞教學達到最高的要求，便是發表，將自己的情意，透過不同方式表達出來，可以陶冶個人的情趣，使生活充實，生活優美。

8. 促進創造　人類的發表，可能先是來自模仿和學習，但經過一段時間的模仿和學習的發表後，就可以脫去模仿的窠臼，進入自由發揮和創新的階段。雖然，並非所有發表，都能創新，但一切的創造和發明，必然建立基礎在發表之上。所以，發表可以促進創造。

9. 更新文化　既然創造和發明，是建立於發表，則人類的文化，亦皆來自於發表。事實上，人類所有的文物制度、文明文化，莫不是前代先人發表的成果所累積而成。後代的子孫，承受了這些發表的遺產，繼續發揮創造的智慧，作不斷的發表，使文化得以繼續增加，內容日益更新，世界亦就因此日益進步。

10 有助生活　發表不但對日常交往、知識的生活、休閒的生活等有幫助，而且對經濟生活大有裨益。學校中培養發表的興趣和學習發表的技能，等於是奠定學習專業技能的基礎，進入社會，便可以應用發表的學習於實際生活。所以，發表對整個生活，都有助益。

綜上所述，可知何以教學宜以發表教學爲最高的目的，而一切知識思考、練習、欣賞等教學法，只是達成發表教學的手段而已。

第二節　發表教學的種類

一、語言的發表　語言是人類最基本和應用最廣的一種發表，個人隨時隨地需要應用語言，表達自己的思想，建立自己的主張，溝通彼此的意見，甚至說服他人以獲得支持或同情。應用語言發表，有下列幾種好處：

1.方便　語言是天賦的能力，只要發音器官正常，發展到適當階段，具有生活經驗，便可以很方便的應用語言表達，而無需任何工具器材的設備。科學發達了，語言還可以不受空間的限制，相互傳聲通話。

2.迅速　語言發表，比任何其他方式爲迅速，可以當時就獲得反應或結果。

3.眞切　語言表達，可使內容直接眞切，不像其他方法之需要猜測或體會。

4.有效　語言發表，還可以配合聲調和表情，以加强發表的力量和效率，使接受的人，容易感受影響。

不過，語言的發表，亦有其缺點，如果不善說話或缺乏說話技巧的人，常常因爲語言是當面直接的表達，中間沒有任何緩衝或轉寰的機會，或者語焉不詳，而致引起誤會或因而僨事。這就是語言發表之所以需要教學和指導練習的道理。尤其是今日民主的社會，講演、討論、辯論的機會增多，語言發表益見重要。

二、文字的發表　文字的發表和語言的發表，幾乎同樣的普遍和重要，除了具有方便、迅速的效果之外，文字發表還可以把自己的思想，意念和情感，記述下來給別地方的人或後來人瞭解、領略和欣賞。我們今日之能夠了解古人的事物和思想，主要來自古人的文字記述。文字是保存歷史和傳遞文化的主要工具。至於日常生活中的書信、報章雜誌，莫不是經由文字的表達方式，而和我們發生密切的關係。所以，學校中除了語言的教學以外，都以文字教學爲主，甚至文字的教學還超過語言的訓練。

三、圖畫的發表　藉圖畫以表達個人的思想和意念，是另一種的發表。在本質上說，圖畫是語言，亦是文字。就幼年兒童說，圖畫就是語言，他們往往用圖畫把自己所想到的事物畫出來，以表達其心意。成人的圖畫，則更是一畫當萬言，所謂「詩中有畫，畫中有詩」，圖畫實在是一種表達情意的藝術。它和語言文字不同的地方，在於圖畫更能表達實際，而且發表時運用色彩，自由繪製，興趣較高，不必像語言文字之需要記憶。指導得當，可以發揮學生的創造能力。

四、藝能的發表　藝能的發表又是另一種發表的方法，是人類利用另一特具天賦的發表。人類一種天賦是語言的能力，另一種天賦便是雙手的運用。圖畫是利用雙手的發表，工藝亦是運用雙手的發表，可以說，人類的一切創造和發明，來自雙手，所以，我國國際青年商會的宗旨是：「青年雙手，人類希望」。工藝的製作，一方面可以發表學生的創造能力，一方面還可以養成學生生產的技能。

此外，還有書法、體育運動和技巧等，亦是藝能的發表，使美和力獲得適當的表達。

五、**音樂戲劇的發表**　音樂、舞蹈、戲劇等，都是發表情感的好方法。音樂經由各種和諧的聲音，表達出激昂慷慨或悲壯雄偉的樂曲，使人聞之振奮；或者是如怨如慕，如泣如訴，使人心蕩神回。舞蹈則是配合音樂、韻律和運動，是力和美又一種的表現；戲劇則更是綜合的藝術。學生在學習和發表的過程中，具有最高的興趣，無論是表演者和欣賞者，都可以在這種學習活動中獲得增進知能、陶冶情趣的機會，更可以藉此體驗社會和人生，收到副學習和附學習的效果。

第三節　發表教學的步驟

發表教學由於種類的不同，其教學過程與步驟亦自不一，各分科教材教法當有詳細的研究，就普通教學法而論，則可歸納發表教學的步驟為四：

一、**引起動機**　在發表之前，先要使學生有強烈發表的需要和願望，才能樂於發表，學生最怕做作文，原因就是他們沒有意見需要發表，免强他們做，只好無病呻吟。作者現在就讀四年級的女孩，平常最不願寫日記，可是今年新生報兒童節徵文比賽，規定三月二十二日截止，她在二十一日晚上才心血來潮要投稿參加比賽，時間已經十點鐘了，告訴她太晚了，不要參加了，她的哥哥還在一旁洩氣：「反正參加了亦不會中！」但是她堅持要寫。於是寫草稿，再替她修改一下，再用稿紙謄清，已經夜裡十一點鐘了，第二天還要帶到學校去請級任導師蓋章，幸好星期六下午不上課，中午放學自己投郵，興緻勃勃，一點不以為苦。後來，居然入選為佳作，兒童節高高興興的趕去新生報大樓領獎去。可見一定要學生有發表的願望和動機，才能有效的完成發表活動。

二、搜集資料　發表需要有內容，學生發表得才有意思，而且亦是養成學生認眞的態度，不致隨便發表，敷衍了事。教師要指導學生搜集合適的材料，或者選擇合適的題材，務使發表的內容，充實生動。例如講演或者作文，要使文章和講稿的內容充實；音樂演奏和戲劇表演，要選擇合適樂曲和劇本；繪畫製作，要選取良好題材。但搜集或選取資料，只是構成發表的素材，而不是生吞活剝或者臨摹抄襲，一成不變的使用這些資料，反而阻碍了學生的發表和創作。

三、指導發表　發表因種類不同，指導方法亦不同，例如講演的發表、文章的發表、圖畫的發表和歌唱或演劇，各不相同，但發表的技巧和方法，必須經由教師的指導，才能有效的發表。教師指導的時候，要有耐心，要能適應差異，不可以教代學；學生學習的時候，要勤加練習，而且要運用匠心，不墨守成規，才能有新穎優美的發表成果。

四、評鑑結果　發表以後，教師還要指導學生，共同批評和鑑賞發表的結果。這種批評鑑賞，教師要提供批評的標準，使學生知道如何去評鑑，同時標準不能太過，以致沒有學生能够達到標準，因失敗而失望，不再願意練習發表，便抹煞了學生學習和發表的興趣。批評和鑑賞發表的結果，一方面在求得改進，以期有更好的創作，一方面可以收欣賞教學的效果。

第四節　發表教學的原則

一、充實經驗　無論何種發表，必須先有內容，所以要充實學生經驗，使他們有話可說，有文可作，有圖可畫。經驗愈充實，發表的內容愈豐富，發表亦愈容易，不至空洞無物。

二、增加知識　增加學生各方面的知識，有助於發表。例如語文的發表，增加字彙、詞彙、文法、修辭、以及文章結構等，學生自能方便地說出清晰動聽的言詞，作出流暢優美的文章；了解圖畫的排列、配合、比例，烘托和取景；音樂的線譜，拍子和强弱，以及工藝的各種工具使用，便容易增進興趣，學習音樂美術工藝而發表之。

三、選擇題材　要學生發表的題材，能合適學生的程度和能力，要和學生的經驗及生活有關係，使之能够發表，還要符合學生興趣，使之喜歡發表。

四、供應情境　發表要有具體眞實的情境，例如說話要有對象，講演要有聽衆，練習寫信要有通訊的對象，應用文的遺失啓事或開會通知，就要揭示出來，以加强發表的眞實感和發表的興趣。如果是在實際生活中學習，爲應付實際情境需要而發表，則更爲有效。

五、按照程序　任何學習，均有一定程序，指導學生發表，亦宜按照發表程序，順次教學。例如語言的發表，是先學聽，後學說；文字的學習，則是先「用耳聽」，其次「用口說」，再次「用眼看」，最後「用手寫」，所謂作文從說話和閱讀入手，說話到相當程度，閱讀多了，再引渡到作文上面；圖畫則先綜合，後分析，先全體，後部分。而且各種年齡和年級學習發表的活動不同，如文字的發表，自小學以至高中，則分別有造句、聽寫、仿作、日記、遊記等記叙文、以及議論文、讀書劄記等，宜於按部就班，循序漸進，不可躐等。

六、多加練習　無論音樂、圖畫、工藝或語言文字，像技能的學習一樣，要多加練習。練習一方面在使熟能生巧，改進發表的技巧，一方面在練習中可以改進錯失，使發表正確而生動，同時，練習可以增加信心。所以發表教學要學生多聽、多讀、多說、多寫、多做、多畫、多唱、多演、多發表，不但不要阻止，而且要多鼓勵，在多方反應活動中以求改進，習慣成自然，日進於精巧，待需要發表時，便能表達自如。偉大的文學家、音樂家、藝術家和演說家，莫不是勤苦練習以成的。

七、聯絡教學　某一種發表活動，宜與其他各科或活動，取得聯絡，例如各種集會、級會、討論、問答，可以指導語言的發表；紀念節日或課外社團活動之練習演唱演奏；壁報、郊遊及各種課外活動，可以練習圖畫發表。這樣聯絡教學，可使發表不落於呆板，適應實際需要，而且學習的是完整的經驗。

八、妥立標準　教師對學生要求的標準，要事先確立，使學生能有所遵循。教師所確立的標準，要以學生的能力和程度爲依據，不可以教師自己的標準來衡量；而且標準還要因人而異，不能大家一律，因爲學生有能力上的差異，不可强迫所有學生達到同一標準，卽使是同一學生，亦是逐漸由粗而精，由拙而巧，所以開始不宜過於苛求。

九、創作重於模擬　學生的發表，需要指導，但不可强使其模仿或擬似，致令學生思想和情感有所拘泥與限制，宜於鼓勵其創造和發揮，聽其自由計劃，自由發表，教師做的只是改正錯誤，啓發誘導或適當建議，不必企圖干涉或影響，致妨害其自由創造。

十、興趣重於成果　由於學生尙在學習的階段，其經驗能力均有限度，無法强求其發表的成果，發表教學重要的是培養學生發表和創作的興趣，所以，興趣重於成果，有了興趣，才能有優良的成果；一旦强求成果，至減殺了興趣，再亦不願發表，是得不償失，有違發表教學的本旨。

摘要

發表教學是一切教學的最終目的。由知識思考教學得來的知識思想、練習教學得來的習慣技能、欣賞教學培養以成的態度、理想、情感與興趣，都要透過發表教學，才能適當的表達出來。人類之溝通意見、增進了解、滿足心理的和生活的需要，學習上的知行合一、熟練所習，以至思想之清晰、情趣之陶冶，均有賴於發表，此外，發表亦是人類創造的基礎和文化的來源。雖然，發表如此重要，且是人類本性，要想發表得有內容有技巧，仍然需要學習和指導。

由於發表教學分成語言的、文字的、圖畫的、藝術的、音樂戲劇的各種發表，其方法自亦各不相同，除按照引起動機、搜集資料、指導發表與評鑑結果的步驟指導以外，尙須注意下列一些原則：

1. 充實經驗
2. 增加知識
3. 選擇題材
4. 供應情境
5. 按照程序
6. 多加練習
7. 聯絡教學
8. 妥立標準

9. 創作重於模擬

10 興趣重於成果

附　註

一、葉紹鈞著　說話訓練　教育雜誌　第十六卷第六號

研討問題

一、何以現代生活中發表至爲重要？

二、如何指導學生語言的發表？

三、如何指導學生作文？

四、學生自由發表有何價值？

五、如何指導學生表演戲劇？

第四篇　教學技術

教師在教學過程中，除了依據教學的原理原則和運用各種教學方法外，主要是教學技術的使用。教學技術精湛，教學效果必然良好，否則，儘管教學符合了原理原則，方法亦非常正確，但效果常爲拙劣的技術而破壞無遺。可知教學技術，足以影響教學的成敗與學生學習興趣的高下。

從教學活動開始以前，到教學的完成，都有不同的教學技術。本篇擬就瞭解學生、準備教材、計劃教學、講述、問答、運用教具、指導作業、教室管理、診斷與補救教學等教學技術，加以說明。

第十一章　瞭解學生

教師在教學活動中，除了應該瞭解教學目標以外，同時就應該認識和瞭解學生。瞭解教學目標，在於確認教學工作的方向，藉以對準目的施教，而瞭解學生則在認識我們教學的對象，以便因材施教，收到最好的教學效果。固然，瞭解學生要看所用的教學制度，以及所用的教學方法是班級教學、講演法、實驗法還是導師制而定。一般認爲，只有實施導師制（Tutorial system）時，教師才有了解每一位個別學生的眞正需要。其實，實施任何教學制度和方法，教師都需要瞭解學生的。

第一節　瞭解學生的需要

教師之需要瞭解學生，正同醫生之需要瞭解其病人一樣，甚至更甚於醫生之需要瞭解病人，因爲：

一、**選擇教材教法的需要**　學生是人，人與人之間，就很少有完全相同的。用相同的教材，相同的教法，教不同的個人而希望有相同的效果，自然是不可能。心理學指出人有個別差異，學生除了在智力、年齡、性別、興趣、需要上有不同以外，他們的家庭背景、生活經驗、教育程度等等，都有差異，教師必須對這些差異加以瞭解，然後才能選擇合適的教材，採用合適的教法，對他們作最適當的指導和教育，以期因材施教，而能人盡其才。

二、**青少年特殊的需要**　學生不但是人，而且是少年和青年。青少年之爲青少年，就是和成年人不一樣，其不相像的程度，簡直使我們無法了解他們。有人認爲必須先把學生們想作類似什麼動物，然後才能了解他們的特殊方式和情緒範型。哈艾特（Gilbert Highet）曾說：

我常常想，一個兒童在最初十五年裡所經歷的，仍不過是一串獸類的生存。例如九歲和十歲的男孩們，看起來眞像一群狗。你不妨站一邊考察一下，看他們如何狂吠亂叫，無目的地跳跳蹦蹦，一會跑這，一會跑那，永遠顯得精力充沛，無止無休，你踢我一脚，我打你一拳……十四五歲的女孩子們像馬，强壯而又神經質，不是忽然生病，就是無端害怕，連自己也莫明其妙。如果做父母的管得緊，一刻都不放鬆，她們也可能異常用功；但是她們的最大快樂，乃是一事不想，像一匹馬那樣揚着鬃鬣，放蹄騰躍。犬和馬全是友善可愛的動物，也可以養得馴服，然而，如果你將他們當作常人來看待，你就錯了。把狗當作馬，或把馬當作狗，也是一種錯誤。

所以，如果你的確對教學發生了興趣，千萬不要期待青年人像你自己，或是像你所認識的任何人。試着去了解他們的特殊思想方式，和情緒的範型，就好像你去學習了解你的馬和你的狗——或其他任何動物——一樣。這樣一來，你就會發覺，你認爲無法解釋的事，原來並不難了解，而許多原來認爲不可饒恕的事，也不難忘却了。（註一）

哈艾特的說法，並無絲毫輕視學生之意，只是說明教師該用學習了解狗和馬一樣，才能了解學生，原因是青少年不同於成人。

青少年究竟有些什麼特殊需要，根據他們發展的特徵，可以歸納爲：1.需要成人的認知和尊重；2.需要有所統屬；3.需要有關性的知識和指導；4.需要事實證明，以增强自信；5.需要脫出權威的控制，有適當機會表現獨立的思考和意見；6.需要適當的建議和輔導，以解決所遭遇的困難問題；7.需要建立正確的人生哲學以爲生活的指引。（註二）由此可知，青少年的學生，需要教師的認識和了解。

三、行爲指導的需要　青少年在發展上，是一錯綜複雜的時期，常常爲許多衝突和猶豫的事物所苦惱着。一個時候他們可能爲爭取完全的獨立而奮鬪掙扎，但下一個時候又覺得自己幼稚軟弱，而需要安全和保護。許多個人的、社會的、教育的、職業的問題，使他們徬徨失措，莫知所從。他們需要瞭解和同情，教師正是最好的瞭解、同情和指導者。對他們瞭解，才能獲得他們的信賴，然後給予他們生活行爲上以指導，協助他們渡過生命中的暴風雨階段，這亦是減少青少年問題的最好方法。

四、診斷補救的需要　教學上不一定一次就能竟功，許多學生的學習發生困難，遭遇到失敗，而困難和失敗的原因不一，教師必須瞭解學生，才能診斷這些學習失敗的原因。學習上有了失敗，爲了要達成教學目標，需要施行補救教學，補救教學亦因失敗和困難的原因與情形之不同而異，所謂對症下藥，亦需要瞭解學生。

五、建立感情的需要　教學本來是師生感情交流的作用與人格感化的活動，而人格感化與情感交流的基礎，則在瞭解。缺乏瞭解，就像中間存在着一層隔閡與距離，其關係是淡漠的，教師再怎樣的認眞和熱忱，學生可以無動於衷，或者至少對敎師的敎導和訓誨會打上折扣。敎師如果瞭解學生，建立感情，愛之護之，動之以情，曉之以義，學生自然會尊之敬之，翕然景從，而收敎學最高的效果。

第二節　瞭解學生的方法

瞭解學生，首先必須認識學生，記住學生的名字和模樣。這一點，由於敎學制度和方式的不同，現代敎師不如從前敎師做得好，而現代則小學敎師比中學敎師做得好，中學敎師又比大學敎師做得好。很多敎師覺得認識學生這件事很困難，甚至有人誇耀自己不認識學生，認爲自己已經够忙了，那有許多精神和時間來記住學生名字。試想，當敎師在班上指導學生學習或糾正學生錯誤的時候，是如何的認眞和熱誠，但是第二天在路上，却對他們視若無睹，因爲敎師根本不認識他們，學生心中是怎樣的想法，對敎師的看法如何？對敎師的敎導和訓誨又是如何？所以，敎師必須認識學生，努力背熟他們的名字，記住他們的模樣。

敎師除了應用瞭解學生的方法之外，可以由點名、問答等方法，分期分排或分行逐漸認識學生。利用座次表是認識學生的好方法，第十八章敎室管理中列有兩種特殊的座次表，可供參考。

敎師瞭解學生，不祗是記住學生名字和模樣，主要要瞭解他們的特質。瞭解的方式與方法很多，其中比較有效且易於實行的有：

一、**觀察**　觀察是獲得瞭解最好的方法之一，因爲透過觀察，可以獲得學生學習和行爲方面的許多寶貴資料。玆分觀察的內容及注意事項說明之：

1. 觀察的內容：觀察因情況的不同，所觀察的內容亦不相同，通常分觀察爲：(1)教室中的觀察；(2)學生社團中的觀察；(3)家庭中的觀察；(4)個別談話時的觀察；(5)測驗時的觀察等五種情況，教師除了家庭訪問時可以在家庭中觀察外，以其餘四種情況的觀察較多。教師爲要瞭解學生，所需要觀察的內容可有下列各項：

(1)觀察學生對團體的關係——包括：他是否被團體中其他人所接納或拒絕？在工作或遊戲中能否與人合作？影響別人的力量如何？對家庭的態度如何？

(2)觀察學生的工作習慣——觀察他易受何種刺激而心緒紊亂？有何種證據顯示他的學習能力？

(3)觀察學生的特殊能力、興趣、及校外活動——觀察他到何處去？常作些什麼？願意與誰在一起？

(4)觀察學生的健康習慣及日常工作——觀察他有無病態？有無營養不良現象？有無身體上的缺陷？

(5)觀察學生對困難、失敗、及批判的反應——觀察他是否能坦誠的接受建議以求改進？對自己的失敗或同學的成功有何反應？

(6)觀察學生的責任觀念——觀察他能否充分負起自己應負的責任？

(7)觀察學生的創造力與領導力——觀察他是否有創見？他對同學有何種影響力？領導團體的能力如何？(註三)

由此可知，學生的各種習慣、能力、興趣、活動、以及在團體中的適應情形與人格品質等，都可以由觀察而得到有價值的資料。

2.觀察應注意事項：觀察可以分「無紀錄的觀察」和「有紀錄的觀察」兩種方式，在觀察時，一般應該注意的事項包括：

(1)力求客觀。
(2)勿早下判斷。
(3)注意被觀察者各種表現的細節。
(4)注意被觀察者表現的因果及類型。
(5)注意常常發現的相似行動。
(6)注意偶發的表現及因果。
(7)注意在每一動作發現時全部的反應——如表情、言語、姿態及伴隨的動作。
(8)注意觀察時被觀察者存在的情境——包括人、物及事件發生的順序。
(9)顧及觀察時被觀察者先在的因素及心理狀況。
(10)顧及觀察後一段時間內所發生於被觀察者的事件。（註四）

至教師觀察所應注意的事項，除了上述十項外，還應注意：

(1)教師與學生的情感。
(2)教師與學生家長的關係及對學生家庭的了解。
(3)如果學生的兄弟姊妹也曾為此教師的學生，則教師對他們的印象及情感。

(4)敎師在敎室內所觀察到的事實，如有判斷，應列舉判斷的根據。

(5)敎師所得到的其他學生的報告。（註五）

(6)觀察要自然，避免爲學生發覺成爲被觀察者。

二、接觸 敎師經常和學生們接觸，上課時指導他們學習，參加他們討論，下課後不妨和他們玩一會兒，不時給他們安排一些集會，或參與他們的活動和遊戲。聽他們談話，會了解他們的喜愛和憎惡，做人處事的態度和方式。但切忌躱在門外偷聽或者接觸得形式顯著。

三、談話 要瞭解學生的困難和需要，可以和他們個別的談話。這種談話，可以從某一功課或健康問題而到學習困難、問題適應或生活目的的討論，所以，擧行談話的理由很多，諸如基於訓育事件、幫助他們計劃學習活動、解決作業困難、診斷其困難、討論學習上的、職業的與人生的許多問題。談話可以說是敎師工作箱（Teacher's workchest）中最重要的工具之一。

不過，敎師和學生談話是件費時的事。一個敎師敎三個班級，每班五十人，同一百五十人個別談話，確屬是個問題。所幸，情形並不如想像的困難。因爲許多簡短的談話，多半是自然形成的，只要敎師願意，總有很多談話的機會。例如上課以前、放學以後、敎學中間、休息時間、指導自習時間、實驗室時期，以及其他同學在個別的或團體中學習的時間等。談話應儘量在平時或不拘形式中進行，態度要自然和藹與關懷，能够儘量讓學生多談話，如果發生了問題或事情以後，或者正式的談話，甚至嚴肅的考問，都不易獲得要領。

四：訪問 訪問是對學生的一種間接瞭解，又可分：

1. 訪問學生的家庭 從家庭訪問中，可以瞭解學生的家庭情形，家庭的期望和需要，以及學習的環境，更可以從家長那裡獲得許多不易多得的寶貴資料，而對學生作探本尋源的認識。

2. 訪問學生的友伴 從學生友伴的訪問中，可以瞭解學生的生活習慣與言行態度，以及他在同儕中的地位與接受程度，可以比教師自己觀察或家庭訪問所獲的資料爲客觀，或者至少是另外一方面瞭解的資料。

3. 訪問其他教師 教師還可以請其他教師提供資料，例如他的導師，過去教過他的教師、訓導人員或輔導人員等，教師訪問他們，和他們談論學生的事情，亦可以知道學生的學習和行爲的資料。

五、蒐集資料 從學生的各種資料蒐集和研判中，可以瞭解學生。這些資料，有的是學生自書的，像自傳、日記、週記、日誌行事表等，有的是學校的記錄，如學籍卡、健康紀錄、成績紀錄等，亦有其他人對學生觀察後所作的紀錄資料，如軼事紀錄、評定量表，亦有綜合性的資料如累積紀錄。其中除日記、週記、學籍卡、健康紀錄及成績紀錄等較爲普通外，其餘均分別說明，以便教師相機採用。

㈠自傳（Autobiography） 自傳是學生所寫的自己的歷史，從自傳，教師可以了解學生的家史、生活、學習、經驗、興趣及重要的人格特質等有價值的資料。新生入學，是學生寫自傳最合適的機會。因爲自傳最方便，應用亦較廣，故特爲分自傳的價值、種類、內容、限制及處理等說明之。

1. 自傳的價值 自傳主要的價值，在幫助教師瞭解學生，教師不但可以了解學生的背景、興趣、人格傾向、特殊需要，更可以瞭解學生的智慧、學業成就、寫作能力、抱負志趣與情緒或其他方面的困擾；自傳亦可以節省許多教師瞭解學生的時間。此外，自傳對學生亦有幫助其自我分析與自我瞭解的價值。

2.自傳的種類：自傳的型式有兩種：

(1)問卷式自傳　應用問卷的方式，要學生逐項塡答，是一種有限制性和指導性的自傳，比較適合於寫作能力薄弱的國民小學和國民中學的學生。

(2)自由書寫式　這種方式的自傳，是由學生自由撰寫，不過爲求確定範圍，亦常附列寫作大綱，以爲參考，學生仍可自由組織，自由發揮，較少限制與指導，適宜於高中及大專學生之用。

3.自傳的內容　自傳究竟應包括那些項目，並無一定的規定，大致包括：

家庭狀況

父母——姓名、年齡、職業、收入、在家停留時間

人口——兄弟姐妹、自己出身別

住址——現在、過去及其概況

同居——親屬及關係

關係——父母的情感、父母對子女的管敎、兄弟姐妹之相處、與家人戚友鄰居之情感

個人小史

童年生活——出生地與時間、友伴、特殊經驗或事項

求學經過——進過的學校、學習的好惡、敬愛的師友、參加的活動

個人品質

健康——狀況、重大疾病、身體缺陷（視力聽力等）

性格——怕羞、好客、友善、疏懶等

愛憎——休閒的、工作的、人物的、經驗

未來計劃

升學

職業

婚姻

人生

其他

以上所列，只是一些可能的項目，端視學生的年齡及需要自傳的目的，而作增減。

4.自傳的限制　自傳雖然包括內容至廣，但由於是學生對自己所作的記述與判斷，而且要爲其他人員閱覽，所以不免有許多的缺點，據研究的歸納，自傳缺點有：

(1)個人只對事實做流水賬式的記載，避免進一步的觀察與批評，這種自傳不易供給了解個性的材料。

(2)個人對自己不能忘懷，從主觀立場着眼，對事實加以曲解，對自我儘量辯護，使閱讀者不禁同情而失去了解實際的可能性。

(3)有人自怨自艾，使自傳事實的叙述少而懺悔的成份多，難於判斷這些對自己的不滿是否必要。

(4)有人自吹自擂，儘量煊染，或爲一時的誇大，或所述爲期望中的自己，不易對學生眞實的個人有所了解。

(5)寫自傳時先存了一個讀者在心目中，使自傳不是對自己省察的紀錄，而是爲讀者所寫的作品，以致影響其忠實與可靠性。

(6)可能有意隱瞞眞實的自己，而把一些與自己不盡相合或無關緊要的材料列入，以混淆視聽。

(7)學生被壓抑的部分未出現於意識範圍，因而無法列入自傳之中，影響對他個性的了解。（註六）

由於以上這些缺點，教師由自傳以瞭解學生、便有許多的限制，使用時要適當的處理判斷，而有所取捨。

5.自傳的處理　從開始要學生書寫自傳、學生如何寫作到教師使用自傳，都有一些要點需要注意，這些要點包括：

(1)教師們要合作，無須使學生在同一時期內寫一份以上的自傳，最好由導師指導學生寫自傳。

(2)學生必須先對自傳有心理的準備，亦卽瞭解自傳的價值與寫自傳的方法。

(3)自傳必須保密，使學生了解，自傳除非得到學生本人的允許，將不會使他人看到。

(4)要想獲得可靠的自傳，首先應該與學生建立一項自由容許、而且互相尊重與信賴的關係。換言之，除非學生感到可以自由表示其誠懇、公正與反省，其自傳將毫無價值。

(5)對自傳的解釋，教師必須用其他資料（如測驗、觀察、談話等所得者）相互參照。

(6)教師要合作取用自傳，不可使自傳停滯在某一教師的檔案或抽屜中，而要用的人永遠得不到。

（註七）

(二)日誌行事表（Daily schedules）　日誌行事表是學生將一天內的行動，自行記載，送給教師，教師可以藉此了解學生的生活或問題，而且瞭解的範圍很廣，所有學習、社交、興趣、娛樂、健康、態度、家庭等各方面的生活資料，都可以由此獲得。

日誌行事表的格式，除學生姓名、班級及填表日期外，主要是：

時間	活動內容	所需時間（分鐘）
六、〇〇	×××××	××

為使學生正確的記載，要使學生對此感到興趣，瞭解其意義與價值，而能隨時及每節下課時立刻用簡明文字記載，接連一週或數天即可。教師應用時，仍須參考其他日記或觀察等資料，以判斷學生記載的正確程度。

(三)軼事記錄（Anecdotal record）　軼事記錄不是學生主觀的記載，而是由觀察者所作的客觀記載，將學生的行為，簡明扼要地予以描述，以便教師或專業人員作判斷研究解說，而後供瞭解之用。良好的軼事記錄，必須符合客觀、正確、公平的要求。從軼事記錄中，亦可以了解學生的各種生活以及造成各種行為的原因，與日誌行事表有異曲同功之妙，可以相輔應用。

(四)評定量表（Rating Scales）　評定量表亦是觀察紀錄的一種，它不但要描述觀察的行為，還要依據量表上的等級，加以評價。這種量表，因爲內容的不同，可分爲敍述的、數字的、等級的、圖解的等型式。這些量表，對所要評定的行爲或品質，必須有淸楚的描述，而且這些品質必須是易於觀察的，觀察時一定要指出其實質內容與程度。敎師經由評定量表，亦可以瞭解學生。

㈤累積紀錄（Cumulative Record）累積紀錄是學生各項資料的綜合紀錄，其內容包括學生在校的各種紀錄，如個人資料、家庭狀況、健康、學業、操行、測驗結果、勤惰、課外活動、軼事紀錄、自傳節要、特長嗜好，以至離校後的升學或就業情形。其記載是長期的、持續的登錄，所以是最完全的資料，亦稱爲永久紀錄（Permanent Record）。它不但可供敎師瞭解學生之用，學生家長、輔導人員以及服務機關，均可應用。

六、測驗與問卷　測驗和問卷亦是了解學生的一種資料，因爲方式不同，所以另立一項說明。測驗和問卷，除了一般專家編訂和坊間出售的智力測驗、敎育測驗、性向測驗、職業測驗、診斷測驗之外，敎師自己亦可以根據需要，個別的或和其他敎師合作編製測驗和問卷，以了解學生。例如社會出線圖（Sociogram）、社會距離表（Social-distance Scale）、猜人測驗（Guess Who Test）等，敎師都可以自行編製，用來了解學生在班級中相處的關係和學生的自然團體等。玆分別舉例說明如下：

㈠社會曲線圖　社會曲線圖是敎室內的一種社會表現紀錄，乃根據班級中學生相互選擇的同伴爲準，而用線聯結，以表示學生間的相互關係。所用的問題，亦非常簡單，如問：

你喜歡和那兩位同學共同口頭報告一個題目？

如果我們要變更座次，你喜歡坐在誰的旁邊？

郊遊時你喜歡和誰在一起同行？

你不喜歡和誰在一起工作？、

把每個學生的選擇排列起來，用一種標幟和有箭頭的直線將選擇的關係表示出來，如果男女生合班的，則可用兩種標幟分別表示男女，把被選最多的最孚衆望的學生放在中間，比較不得人心的學生放外面，最不受歡迎的放在邊緣。箭頭表示選擇的方向，雙箭頭表示相互的選擇，不喜歡的可以用虛線或顏色線表示之。圖 11-1 是一個八年級數學課的社會曲線圖實例：（註八）

㈡社會距離表　社會距離表亦是一種非常簡單的方法，只要每個學生在下列問題的表上，表示他自己對每一其他學生的意見：

	A	B	C	D	E	F
1. 我喜歡他爲我最好朋友之一	——	——	——	——	——	——
2. 我喜歡他成爲一個朋友，並和他工作，但不是一位最好的朋友	——	——	——	——	——	——
3. 和他工作無所謂，但不想和他成爲朋友	——	——	——	——	——	——
4. 我不大喜歡他，只要可以，就不和他一起工作	——	——	——	——	——	——
5. 我不想同他做任何事情	——	——	——	——	——	——

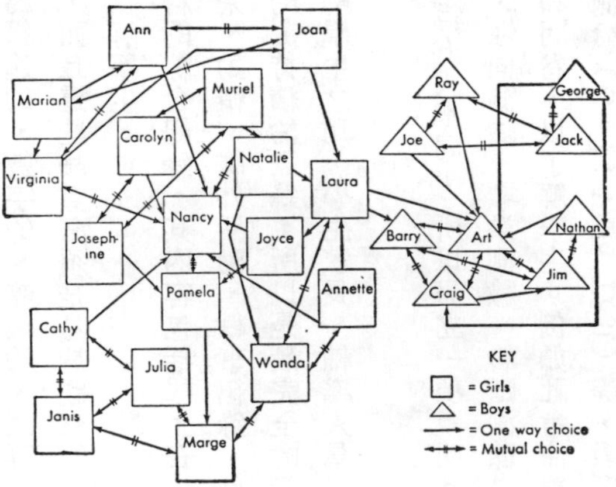

11-1.　社會曲線圖

教師從這種社會距離表中，很清楚地可以了解每個學生在班上的關係和被接受程度，而可以合適地指導他們學習或分配工作。

㈢猜人測驗　猜人測驗是教師將需要了解的事項作成一些簡要的描述，要學生推測班上誰的表現或情形和這些描述最適合，就把他們的姓名，填寫在有關描述的後面，教師可以由此了解學生各種特質，所以，有人亦稱它為推測測驗。例如要學生填寫：

誰最用功？			
誰最愛出風頭？			
誰最愛生氣？			
誰常丟東西？			
誰常杞人憂天？			

程法泌教授曾編製幾種猜人測驗，茲引錄其樣例四種如下，以為參考：（註九）

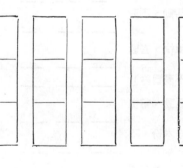

猜人測驗一

目標：活動性、健壯性、衝動性、支配性、穩定性、社會性、深思性等

內容：

知人測驗

姓名＿＿＿ 性別＿＿ 班級＿＿ 座號＿＿

下面有七對性質不同的形容詞，每一形容詞後面括弧內的詞語是用來解釋或補充這些形容詞的含義的。當你看到每一個形容詞時，請你仔細想一想，在你的同班同學中，那些人的日常行爲表現，最和這個形容詞的含義接近，就把他們的姓名塡在這個形容詞後面的横線上。順着塡下去，每個形容詞後面，塡寫三個人，不要空下不塡。只有眞實的回答，才能幫助你認淸別人和自己。

活動（做事及動作都比較快、常忙個不停）＿＿ ＿＿ ＿＿
悠閒（做事及動作都緩慢、態度安閒）＿＿ ＿＿ ＿＿

健壯（喜歡體育及戶外活動、常被人稱爲有男子氣慨）＿＿ ＿＿ ＿＿
文弱（遇事猶豫不前、不喜戶外活動、不愛競爭）＿＿ ＿＿ ＿＿

衝動（樂觀、無所謂、决定事情很快、喜歡冒險）＿＿ ＿＿ ＿＿
沉靜（悲觀、凡事三思而後行、不愛冒險）＿＿ ＿＿ ＿＿

支配（喜歡當家談話、組織社交活動、常提新計劃）＿＿ ＿＿ ＿＿
溫順（不愛當家講話、性順從、守本份、不善計劃）＿＿ ＿＿ ＿＿

穩定（經常是愉快穩靜、工作時不因外務煩擾而分心）＿＿ ＿＿ ＿＿
善變（情緒不穩定、工作與興趣均不易持久）＿＿ ＿＿ ＿＿

友善（善於結交朋友、具有同情合作及善與人處的特性）＿＿ ＿＿ ＿＿
孤獨（羞怯、不喜參加社交活動、不易與人合作）＿＿ ＿＿ ＿＿

深思（愛深思、好反省、喜獨自工作、願做理論性和精細的工作）＿＿ ＿＿ ＿＿
輕率（凡事不愛深思、只願瞭解梗概、不求深入、不受約束）＿＿ ＿＿ ＿＿

猜人測驗二

評量目標：家庭適應、健康適應、社會適應、情緒適應。

量表內容：

知　人　測　驗

姓名＿＿＿＿ 性別—— 班級＿＿＿ 座號＿＿＿

下面有四對性質不同的形容詞句；仔細想一想，在你的同班同學中，那些人適合於這些詞句。把最適合的人的姓名寫在①格橫線上，其次的寫在②格，再其次的寫在③格。把所有空格都塡滿。只有眞實的回答才能幫助你認淸別人與自己。

a．家庭生活很愉快，與家裡的人相處得很好。

①＿＿＿＿　②＿＿＿＿　③＿＿＿＿

常與家裡的人爭吵，不喜歡家庭。

①＿＿＿＿　②＿＿＿＿　③＿＿＿＿

b．身體很健康，很少生病。

①＿＿＿＿　②＿＿＿＿　③＿＿＿＿

體弱多病，常常沒有精神。

①＿＿＿＿　②＿＿＿＿　③＿＿＿＿

c．喜歡參加各種社交活動、喜歡與人接觸。

①＿＿＿＿　②＿＿＿＿　③＿＿＿＿

沉默寡言，常孤獨害羞。

①＿＿＿＿　②＿＿＿＿　③＿＿＿＿

d．遇事沉着鎭靜，不致緊張。

①＿＿＿＿　②＿＿＿＿　③＿＿＿＿

容易緊張，容易害怕，常慌慌張張。

①＿＿＿＿　②＿＿＿＿　③＿＿＿＿

猜人測驗三

評量目標：學習習慣和態度。

量表內容：

知　人　測　驗

姓名＿＿＿＿　性別＿＿　班級＿＿　座號＿＿

下面有四對性質不同的形容詞句，請你仔細地想一想，在你的同班同學中，那些人的習慣和態度最和這些詞句相適合。請你把最適合的人的姓名寫在(1)格橫線旁邊，其次的寫在(2)格，再其次的寫在(3)格，所有的空格都要塡滿。

A. 刻苦用功，喜歡讀書。

(1)＿＿＿＿＿　(2)＿＿＿＿＿　(3)＿＿＿＿＿

懶惰貪玩，不喜讀書。

(1)＿＿＿＿＿　(2)＿＿＿＿＿　(3)＿＿＿＿＿

B. 按時做作業，繳作業。

(1)＿＿＿＿＿　(2)＿＿＿＿＿　(3)＿＿＿＿＿

作業常常遲交或根本不做作業。

(1)＿＿＿＿＿　(2)＿＿＿＿＿　(3)＿＿＿＿＿

C. 功課稍有落後，即刻迎頭趕上。

(1)＿＿＿＿＿　(2)＿＿＿＿＿　(3)＿＿＿＿＿

成績不好，自己還滿不在乎。

(1)＿＿＿＿＿　(2)＿＿＿＿＿　(3)＿＿＿＿＿

C. 一有不懂的課業或問題，就向老師請敎。

(1)＿＿＿＿＿　(2)＿＿＿＿＿　(3)＿＿＿＿＿

從來沒有向老師請敎過課業問題。

(1)＿＿＿＿＿　(2)＿＿＿＿＿　(3)＿＿＿＿＿

猜人測驗四

評量目標：初中學生的領導行爲。

量表內容：

知　人　測　驗

姓名________　性別____　班級——　座號____

本測驗的目的，在考查你有無知人之明，也就是考查你對於本班同學所作的各種評判，和一般人所作的評判，是不是相符。

下面有許多問題，每個問題提到一種條件，請你先想一想在全班同學中那三個人具備這種條件？然後把他們的姓名，寫在這個問題後面的空格裡。最適合的人選，塡在第一格，其次的塡在第二格，再次的塡在第三格，每一格都要塡寫，不可空一格。在適當的時候也可以塡自己的姓名，不必有所顧忌。

注意：所塡寫的姓名以本班爲限，不要把別的班上的同學塡了進去，字要寫得清楚，不可潦草！

1. 誰是本班最理想的班長？

(1)________　(2)________　(3)________

2. 誰最會主持班會？

(1)________　(2)________　(3)________

3. 誰最善於採納別人的意見？

(1)________　(2)________　(3)________

4. 誰的品學兼優，最受同學的尊敬？

(1)________　(2)________　(3)________

5. 誰最喜歡幫助別人，並且替大家謀福利？

(1)________　(2)________　(3)________

6. 有了問題的時候，誰最會想主意來解決問題？

(1)________　(2)________　(3)________

7. 同學們有了爭執的時候，誰最會排難解紛？

(1)________　(2)________　(3)________

8. 與外人辦交涉的時候，誰最能順利地達成任務？

(1)________　(2)________　(3)________

摘要

無論教學在發展學生才能或增進學生之經驗，要在幫助他們在學習生長的過程中，有最好的發展和適應，爲欲達成此目的，瞭解學生實爲其着手之起始。必須對學生有深刻的瞭解，才能有最合適有效的教學。

有關瞭解學生的討論，可以歸成三個問題：

一、教師該知道學生些什麼？

二、從那裡找到這些資料？

三、找到以後，將如何應用這些資料？

第一個問題的答案，可以在自傳的內容獲得回答。第二個問題亦即瞭解學生的方法，可以由紀錄、直接的接觸和間接的接觸以獲得資料。資料找到以後，教師可以：

1. 能更正確地判斷學生希望什麼，而形成下列功能：

(1) 選擇合適的課程和教材，以刺激並鼓勵學生。

(2) 在還沒有因學生的不適應而引起訓導問題前，把學生轉移到合適於他的程度、能力之班級或課程中。

2. 爲學生安排一合適的座次和學習團體，以便增進其最大的社會、身體與智力之適應和進步。

3. 更有效地鼓勵和應用領導的特質，以

(1) 加强個別的發展。

(2) 獲致更大的教學興趣和合作。

4. 由健康困難引起的問題，請教合適的專家。

5. 預防許多訓導的問題，並明智地處理那些發生了的問題。

6. 經由重視其努力與成就，鼓勵學生應用其特殊才能。

7. 更有效的協助指導學生的學習。

8. 幫助學生適應其家庭與團體的生活。

9. 有重大心理或行爲問題時，請教並獲得輔導人員之協助。

10 引起學生的嗜好與從事活動及研究的興趣。

附註

一、嚴景珊等譯　教學之藝術　第三十五頁

二、賈馥茗　青年心理衛生的探討　臺灣教育輔導月刊　第十六卷第十二期

三、宗亮東　張慶凱編著　教育輔導　第七章　第一八九—一九〇頁　正中

四、賈馥茗著　兒童發展與輔導　第三章　第一一二—一一三頁　臺灣書店

五、同註四　一一三—一一四頁

六、同註四　第一〇九頁

七、同註三　第一八三—一八四頁

方炳林譯　中學教學法第一章　第七—八頁　師大

八、Leonard H. Clark: Irving S. Starr, Secondary School Teaching Methods, The Macmillan Company, New York, 1963. P.125

九、引見程法泌　人格評量的新技術—猜人測驗　現代教育論叢　臺灣開明書店　第三五七—三六〇頁

研討問題

一、瞭解學生在教學中有何重要？

二、當你和學生談話時，你預備談些什麼？

三、你認爲應用猜人測驗有何限制？

四、除本章所述瞭解學生的方法以外，還有何種其他方法？

第十二章　準備教材

教材是教學時所用的材料，是人類藉以適應生活的行爲方法，也是人類經驗的精華。其內容包括知識、技能、習慣、態度、理想、興趣、情操、乃至欣賞力等等，其資料則包括教科書、講義、補充教材、參考書、工具書、圖表、標本、模型、實物、幻燈片、電影片、錄音帶等等。

學習教材，在供給學生以適應生活的行爲方法，增進其適應生活的能力和經驗，促進其自我實現，並能幫助社會的進步和文化的更新。了解了教材的意義和功用，就知道指導學生學習教材，並非在要學生記誦教材。教師需要熟悉教材，還要指導學生學習合適的教材。學校裡有各種教科書，但教科書並不一定都是合適的教材，所以準備教材，是教師教學技術之一。本章將從教材的選擇和組織、教科書的選擇和使用、以及教材的補充三方面說明。

第一節　教材的選擇與組織

一、教材的選擇　學校已經採用了教科書，教師是否還要選擇教材？我們只要從補充教材的觀點來看，就可以了解教師之必須選擇教材。事實上，教材的內容和資源如此廣博，絕非一本教科書所能包括無遺的。一般選擇教材的標準，可分爲下列幾項：

1. 教育目標　教育目標包括各級學校的教育目標、各科教學目標，乃至每課目標。教材是實現這些目標的工具，若與教育目標不一致，這些目標就形同具文，而且永無實現的可能，所以選擇教材、必須根據教育目標。

2.社會需要　教材能切合社會的需要，學生學習以後，才能用以適應社會生活，才能應用於社會，亦才不會有學非所用，用非所學的現象。所以社會化的教材，是應選給學生學習的。

社會是動態的，有其特殊的環境和需要，所以選擇教材時，要注意時間性及空間性的教材。因而，凡是最新的材料，合乎現代社會生活需要的教材，以及適合當地需要的教材，都應該選給學生學習。

3.身心發展　學習者的生理、心理的發展情形，是最須注意的，因爲直接接受教材的是學生。尤其是生長中的學生，他的能力、興趣、程度、智力、體力、需要、成熟狀況都要注意。教材若能與之配合，學生才能學習，才能有效率的學習，教師也能順利地進行教學。

4.活的經驗　前面曾說過：教材不限於知識，也不限於書本。學生的學習活動，並不只是上課和讀書。杜威倡導教育即生活的學說，正說明了教育應從實際的生活經驗中，去獲得活的知識。現代的教育，極爲注重這一事實，以活動經驗代替死的知識材料。

5.重要精華　教材是人類適應生活的行爲方法，也是人類經驗的精華，但這些經驗浩如煙海，實無法全部授之於學生，所以就應選擇其中最重要的、最有價值的精華來教學。所謂最重要的精華，是指：(1)學科中最基本的教材。(2)代表民族文化的傳統。(3)是生活上必須的、常用的。

以上選擇教材原則，正和史密斯（B. Othanel Smith）等所提出的系統知識，歷久尚存、效用、與趣與社會發展等教材選擇五原則（註一）不謀而合。

二、教材的組織

當教材選定好之後，下一步工作就要組織教材，組織教材通常有二種方式：

1.論理式　論理式的組織法，是以成人的立場爲立場，教師的觀點爲觀點，注重學識系統，由簡而繁，由易而難，由古而今，或由今而古，不顧學生的需要，不與其他科目教材混在一起，而自成一系統，都是論理式組織的特徵。這種組織方式，其優點是能使學生獲得系統知識，並訓練其整理知識的方法。其缺點是以成人爲中心，以教材爲中心，而忽視學生的能力、興趣及需要，不便於小學低、中年級學習，高中以上，因知識漸漸豐富，自宜採用這種方式組織教材。

2.心理式　心理式的組織法與論理式恰恰相反，是以兒童爲本位，以學生的觀點爲觀點，根據學生的經驗、能力、興趣和需要來組織教材，而不必顧及教材本身系統的完整。這種方式組織的教材，學生學起來必然容易，而且有興趣。其優點是教材能切合學生能力、興趣與需要。其缺點是不能予學生以系統的知識。

論理式與心理式的組織法各有利弊，在組織教材時，應按學生年齡的大小和年級的高低，由心理的組織法爲開始，而漸漸進入論理式的組織法。

第二節　教科書的選擇和使用

一、教科書的重要：西洋有句話說：「教科書雖非唯一的教材，却是其主要者。」(The textbook should not be "King" over all other sources, but should be "brother" to all of them.)（註一）無論如何，教科書是學校中重要教材的一種，而且是運用方便的一種教材，其重要可從下列幾點說明：

1.容易實現國家的教育目標　因爲教科書的編輯，一定是根據本國的教育宗旨及各級各科教育目標而編的，所以敎科書的內容必定與敎育目標配合，當然容易實現國家的敎育目標。

2.比較清楚、有趣而有系統　敎科書所介紹的敎材，是精選過的，是以一種有系統的方式來介紹，容易了解，而且解說清楚而生動，容易引起閱讀興趣。

3.節省敎師編輯敎材的時間　敎師的工作繁重，若要敎師編輯敎材，不但費時費力，而且不一定正確有效，可能還影響敎學工作。敎科書是現成的敎材，有了敎科書，可以節省敎師的精力和時間，以從事更有效的敎學。敎科書對缺乏經驗的新敎師，幫助尤大。

4.能够促進學生學業的成績　敎科書隨着印刷術的進步，印刷精美，易引起閱讀的動機。其內容也日益充實，除了系統知識的介紹外，還有許多挿圖、表解、練習題等等，有助於學生自學並啓發思考，使學生能够學習較好的敎材，提高學習的成績。

5.容易齊一各地的敎學水準　有了敎科書，縱使幅緣廣大，各地的學科程度也不致相差很大，因爲敎科書能使各校敎材不致過份分岐，容易齊一敎學內容和敎學水準。

6.能使師生和家長有安全感　敎師若沒有敎科書，必然花費太多時間於選材和組織敎材，甚至無法進行敎學。學生若沒有敎科書，頓感學習困難，準備考試沒有依據和信心。家長更覺得沒有敎科書，就沒有依據，懷疑敎師的敎學，學生的成績是否合理？是否不公平？有了敎科書，這些問題就沒有了，因爲敎科書給予了安全感。

二、敎科書的缺點　敎科書雖然有其重要地位和功用，但仍不免有若干缺點，使若干人採取懷疑和敵視的態度，而反對使用敎科書。一般認爲使用敎科書的缺點是：

1. 在份量上，教科書因限於篇幅，往往不能切實地討論每一個問題，在實質上，也無法充分地討論，所以是否完整，是否易於理解，是一個問題。

2. 教科書的內容固定，往往不能適合時代的需要和地方的特殊需要。

3. 教科書不能適應學生的個別差異，因爲不同的學生，學習相同的教科書，自不能適應個別差異。

4. 使用教科書，往往會使學生注重死的知識，背誦記憶，而不知靈活運用於實際的生活中，以致使學習發生了偏差。

5. 教科書往往限制了教師的教學，無法施展教師的才華，而使教學陷於呆板和固定。許多偷懶的教師，則往往一頁頁地教「書」，而不再充實其教學內容。

教科書雖有其缺點，但這些缺點是可以改進和補救的。

三、教科書的選擇 教師要如何去選擇教科書呢？選擇的標準，不外教科書的內容和形式兩方面，茲分述之：

1. 內容方面：在內容上應注意下列各項：

(1) 題材：題材要新穎而正確，思想純正，理論精闢，內容要生動有趣，切合學生的一般程度，而且是重要實用的。

(2) 編排：編排要有系統，有條理，層次井然，使學生容易學習，把握要點，並能獲得清晰概念。

(3) 文辭：文字和辭句要清楚流暢，易讀易解，達到簡、明、淺、易的要求。

(4) 篇幅：篇幅要長短適度，不宜過多或過少。

(5)學習指導 包括註釋、圖表、學習方法、各種作業、練習題及參考書目等，以幫助學生有效的練習和思考，並能輔助學生自學。

2.形式方面：在形式上應注意下列各項：

(1)字體大小合宜，行列長短適度，以便閱讀；行列間隔適合，以便筆記注釋。

(2)紙張潔白而不反光，以免損害目力。

(3)紙質良好，以便學生書寫而不致化水印漬。

(4)印刷精良清晰，容易引起閱讀興趣。

(5)裝釘堅固，以期耐用；大小合適，便於携帶和閱讀。

此外，出版時間和作者，亦是值得考慮的因素。教科書出版時間過久，必然缺乏最新的教材，而無法適應時代的需要。所以，在選擇教科書時，要注意出版年月及審定年月，特別是審定年月及再版的時間，原則上時間愈近愈好，其內容當愈較實用、新穎。其次是作者或編者、編著者，必須學問廣博，態度謹嚴，地位要超然，才能編著出不偏不倚、內容翔實的書籍。不過，有時候亦有浪得虛名的人或抄抄剪剪而成的書籍。至少，在選擇教科書或參考書時，不宜過份注重作者的社會地位或特殊身份，而以所著內容爲準。

四、教科書的使用 教科書選擇好之後，在使用教科書進行教學活動時，還要有正確的態度和方法，才能收到良好的效果。否則，不是教科書成了唯一的知識來源，就是教材成了死的知識而不會應用；不是視爲聖經，而不知補充新教材，就是呆板的依次教學，使教學變得呆板而乏味。所以，使用教科書時，要活用，不要讓教科書束縛了教學，而爲教科書所奴役。教師使用教科書的態度應爲：

1.靈活運用　不同的科目，有不同的教學法，也有不同的教科書使用法，要以學科的性質而定。應該精讀的教科書，就要讓學生熟讀記憶，花較多的時間來學習。若是解決問題的教科書，就應讓學生學以致用，佈置各種情境，使其不斷的練習應用。在使用中，教師可運用不同的教學法，引導學生思想，親身體察，並自己綜合整理以求得一個結論。或是要學生預習教科書中的教材，再進行教學，必能收到更好的效果。不一定呆板地照本宣課，學生逐字閱讀。教科書只是教師教學的工具，必須靈活運用，斟酌取捨，才能發揮教科書的最大功能。

2.變更次序　教學是一種藝術，應該千變萬化，生動有趣。所以，教學時，不必完全依照教科書所排定的次序，而一成不變，教師可以隨機制宜，根據實際的需要，或是配合節令、時事，變更教學內容的次序，或是獨具匠心地重新安排整個教科書中某一單元的前後順序。要之，在使用教科書進行教學活動時，務使之臻於化境，而不是死板板地「教書」。

3.混合採用　教科書中，每本都有其特別好的部份，也有簡略不全的部份。教師可以同時採用幾本教科書，混合運用，摘其精華，教學當更能發揮教科書的功能。

4.酌量補充　當教師發現教科書有不合適的情形，不但要斟酌取捨，而且要酌情予以補充。

第三節　教材的補充

一、補充教材的需要　教材的種類很多，在使用時，不可能全部都加以使用，因爲教學的時間有限，所以必須選擇一些最適合的敎材來進行敎學，敎師就有責任從多方面，適時加以補充。是以，補充敎材在現代的敎學中，是必須而且非常受重視的。補充敎材的價值，不外下列幾點：

1.補充敎科書之不足　敎科書受篇幅限制，不能羅列所有敎材，或者對某一問題的敎材，不够完整，就必須補充敎材，以補敎科書之不足。

2.擴展學生的經驗範圍　敎材不限於文字知識或敎科書的內容，活的經驗，尤其有益於敎材功用的達成，敎師平時將生活經驗補充給學生學習，有助於學生擴展經驗的範圍，使學生不致學習死的敎材。

3.適合時空特殊的需要　時代日益進步，社會變化神速，各種學問日新一日，隨時在發明創造、改變進步之中，固定的敎科書不易趕上時代的需要。有些學校所在地，因區域不同，需要亦會不一，敎科書不易適應，所以要隨時補充新的材料，以適合時空特殊的需要。

4.適合學生的個別差異　敎師所敎的學生，有個別差異，學生有特殊的需要時，敎師宜補充敎材，以適應學生的需要，使學生能學、要學、喜歡學。

5.培養學生自學的能力　有些補充敎材，敎師僅提供資料範圍和來源，而由學生自行補充學習，所以補充敎材可以培養學生組織和整理知識等自學的能力。

6.啓發學生研究的興趣　每種學科的學習，除知識技能之外，還有興趣的啓發和培養，適當的補充敎材，可以激發學生自動學習和繼續研究的興趣。

二、補充敎材的選擇　敎材的補充既是必須而重要的敎學活動之一，敎師自應義不容辭的勇於嘗試，但是能作爲補充敎材的資料太多了，應如何加以選擇呢？除了前面曾提到的敎材的選擇標準外，還應注意下列各項，以作爲選擇的依據：

1.課程標準　教育部公佈的各級學校課程標準，其中對於教材內容有所規定，是作爲選擇補充教材的重要明文依據。

2.學生需要　這是說教師心目中學生的需要，教師應了解學生的個別差異，社會背景，當地特殊環境，甚至男女學生的不同需要，以作爲選材的參考。

3.時令節日　爲了配合當地的氣候、節令，可以適當地採取教材補充，以充實學生的生活經驗。

4.教科書　許多現成的其他教科書，亦可作爲補充教材，教師可以依實際的需要，選擇其中一部份來教學，以補充現行採用之教科書的不足。

5.教學時數　爲了配合學校學習的進度，不能加太多的補充教材，所以在學期開始，或學期進行當中，要注意教學總時數及教學進度的配合，不要只顧補充教材，而忽視了正課的教授，根據教學總時數，而合適地安排補充教材。

6.教師見解　教師有其獨特的見解和觀點，以及特殊經驗。可以根據個人經驗與意見，選取教材補充。

7.他人建議　教師亦可隨時徵求旁人的意見，或是接受各方面的建議，如政府當局，學者專家，或是學生家長，甚至學生自己，酌情補充必要的教材。

8.避免重覆　在選擇補充教材時，教師要注意力求避免各科重覆，因爲重覆的教材，不能引起學生的興趣，並失去補充的意義，徒然浪費時間而已。

三、補充教材的方法　如何去補充教材，方法很多，隨材料的多寡和性質而定，常用的方法有下列五種：

1.口述　口述是最方便也是較不費時的方法，教師在講述中，可以適當的補充教材，但口述容易遺忘，必要時可以要求學生筆記，以增强效果。

2.板書　當補充教材不易口述，或不易清楚時，便可以寫在黑板上，以板書代替口述，如果教材較多，則宜先寫在小黑板或圖表紙上，以免長篇抄寫，浪費教學時間。

3.印發講義　印成講義發給學生，已是很普遍採用的方式，利用學校現成的設備和機器，提供學生最好的服務，當補充教材太長或口述不易清楚明白時，最好採用這種方法。

4.指定作業　教師可利用指定作業，來達成副學習或輔學習，教師指定作業，讓學生自己去尋找材料，進行研究，不但達成了教材的補充，而且讓學生有自學的機會。

5.參考書籍　教師可以指定一些有關的課外讀物，讓學生自己去閱讀、組織、整理重要的補充教材，不但增廣知識，加深程度，而且啓發其研究的興趣。

摘　要

教材的範圍很廣，隨時考慮系統知識、歷久尚存、實際效用、適合興趣和社會發展等觀點，而依據教育目標、社會需要、學生身心發展、活的經驗和重要的精華等標準以選擇之。

教材選擇好以後，需要加以組織，通常有論理式及心理式兩種組織方法，均各有優劣，宜由心理的組織法爲開始，而漸入論理的組織法。同時還須依照排列的原則，由易而難，由淺而深，由具體而抽象的順序排列，以便於學生學習。

教科書在教學中佔有重要的地位，因其容易實現國家的教育目標，不但節省教師編輯教材的時間，而且比較清楚、有趣而具系統，可以促進學生學業的成績，齊一各地的教學水準，還能使師生、家長和教育當局有安全感，雖然有許多人因其缺乏時、空性的教材及無法適應個別差異的缺點，而採懷疑的態度，但教科書仍不失爲很方便的教材之一。

經由形式、內容及出版時間等標準，選擇了教科書，教師仍要審愼合適地使用教科書，教師應靈活地運用，不受教科書的束縛，必要時得變更次序，或同時混合採用幾本教科書，務使教科書能實現教材的目的。因爲「良好的教科書可以成爲有用的僕人，但不可過份使用僕人。」(Good textbooks can be valuable servants, but no servant should be overworked.)（3）

教材的補充在現代教學中日趨重要，因其能補充教科書之不足，得以擴展學生的經驗範圍，得以隨時補充適合時空需要及適合學生個別差異的教材，並足以培養學生自學能力與啓發研究的興趣。教師可以根據選擇教材的標準和課程標準、學生需要、時令節日、其他教科書、教學總時數、個人見解、他人建議與避免重覆等原則，選擇補充教材，而以口述、板書、印發講義、指定作業及參考書籍等方法補充之。

教師準備了合適的教材，算是完成了準備工作的一部分。具有了優良的教學內容，再配合其他技術和方法，指導學生正確地學習教材，才能保證教學的成功。

附註

一、見雷國鼎、方炳林等編著　教育概論　第一五七—一六一頁　國民中學教師職前訓練班

二、見Ward G. Reeder, A First Course in Education,The Macmillan Company, New York. 1958.P.420

三、同註二

研討問題

一、試述教材的意義及價值。

二、教師何以需要選擇教材？

三、找一本你所要教的教科書，任選一課爲教材，說明你要補充些什麼補充教材？

四、說明前題中爲什麼要選這些補充教材。

五、如何補救教科書的一些缺點？

第十三章　教學計劃

教學是有目的、有步驟的工作，這些目的和步驟，都需要早在教學之前，即行安排和計劃，然後才能按部就班，有備無患，如期完成教學活動，有效達成教學目的。這種教學上的計劃，有長程和短程之分。長程的教學計劃，包括整個一學期的計劃，通常名爲教學進度。短程的教學計劃，有以一個學習單元爲範圍，有以一天或一個課文爲範圍，我們都稱之爲教案。教學進度固然影響一學期教學的實施，教案則更直接影響每課教學的成敗，所以，教師在每學期開始的時候，就要謹愼地擬訂教學進度，在每一天更要悉心編製第二天教案。

教學不但是教師教的工作，亦是學生學的工作，所以，教學計劃需要包括學生的參與，這種學生參與計劃，就是師生計劃。本章將分別討論教學進度、教案與師生計劃。

第一節　教學進度

一、教學進度的意義與功用

1. 意義　教學進度是以週爲範圍的一學期之教學計劃。教師在學期開始時，將本學期的教材。按實際的週數和情況，作妥善的分配排列，以便如期的實施教學，這種教學計劃就是教學進度，編製好了的教學進度，我們稱之爲教學進度表。

2. 功用　教師所以要擬訂教學進度，是因爲：

(1)了解全局　教學上有種「見木不見林」的缺點，便是教師未能了解整體的關係。就自己所教的學科來說，則僅知教授每一課文或每一單元，而不知它們間的關係並取得合適的聯繫，如此自然足以影響教學目的的實現。如能在開始教學前，就對一個學期全部教材作通盤的計劃，卽能了解全局，而避免這種缺點。

(2)把握時間　開學時候能作周詳計劃，分配時間，就不會發生浪費時間或時間苦短的現象。否則，在學期之初，教學務求其詳，到學期之末，不得不加速進行，致使學生囫圇吞棗，一知半解。如能依據進度教學，便能充分把握時間，不急不徐，常態進行，而無過又不及之弊。

(3)安排恰當　有些教材，具有時令特性，教師事先計劃，便能配合時令節日，作先後次序之調整。作業和測驗的次數與性質，亦可作周密的配當，使教學具有最完善的藍圖。

(4)檢查的依據　任何活動，需要隨時檢查其進程。教學進度便是檢查教學進程的依據，教師根據事先的計劃，以檢討自己教學的快慢，改進教學。

二、教學進度的擬訂和應用

1. 擬訂　教學進度的擬訂，可分理論和實際兩種。理論的擬訂，是指不用固定的教科書，教材是由教師自行選擇組織者；實際的擬訂是我國現行的中小學，每科都有固定的教科書，教師無須自選教材。前者擬訂較難，後者比較簡易。玆分述之：

第一，瞭解本學科的教學目標　如果教師要自行選取教材，必先了解本學科的教學目標，以爲選擇教材之依據。

第二，擬定教材綱要　依據教學目標、課程標準中的教材大綱、以及一般教科書的內容，擬定教材綱要。

第三，排列學習單元　將擬定之教材綱要，組成學習單元，並依據難易程序，配合時令節日排列之。

第四，編定進度表　最後，根據教務處提供之行事曆，按實際教學時數，將排就之單元分配各週之預定進度內，並配合進度，擬訂作業名稱，即成爲教學進度表。

以上是理論的擬訂步驟，事實上，現在中小學任何一種學科，都有一本教科書，教師僅需計算實際教材的份量，按單元或章節課文之數量，酌情平均分配於各週即可。所謂酌情，便是斟酌各次月考和放假的情形，以決定減少教材的份量。

一般常用的教學進度表格式如左：

教學進度表

____年度____學期____年級____學科每週____小時

第__週 __月__日至__月__日	預定進度	實際進度	練習作業	教具準備	備註

教師

2.應用　通常教學進度表是由教師塡寫兩份，一份交教務處，以備檢查教學進度及命題考查之用，一份由教師自存。教師在應用自存的教學進度表時，要注意：

(1)隨時檢查　教師擬訂教學進度，就是作爲自己教學參考之依據，如果爲應付公事，擬訂之後便將自己一份束之高閣或竟擲諸紙簍，則完全失去計劃的本意，所以要隨時檢查自己的進度。

(2)切實塡寫　教學進度表中有實際進度一欄，是預備教師教學之後塡寫的，教師在每週結束時，便要切實塡寫，以便核對。教師亦可訓練學生，由值日生或自治幹部負責塡寫。

(3)力求配合　教師檢查預定進度和實際進度，發現有不符現象時，應檢討不符的原因，是快了還是慢了？爲什麼會快或慢？多數是只會落後，不會超前。檢討了造成落後的原因，立刻設法改進和補救。雖然教學不一定能實際進度和預定進度完全一致，但亦應力求配合。

第二節　教　案

一、教案的意義　教案是教學的具體方案，其範圍以一個單元或一個課文爲內容，時間不限一節課，不過通常是以一節課爲單位。教師在教學之前，將教學時師生的活動、教學目的、教學方法及教學器材等詳細的計劃，以便施教。這種詳細的計劃稱爲每日功課的計劃（Daily Lesson Plan），簡稱教案（Lesson Plan）。

二、教案的功用　教師事先擬訂詳細具體的教學計劃，可有下列各種功用：

1.可使每次功課具有明確的教學目的。

2.可使前後教材取得連繫，以完整的實現學科目標。
3.可選取合適的教材，尤其補充教材之選取，以適應特殊的需要。
4.可準備充份的教學器材，以加强教學效果。
5.可採用適當的教學方法。
6.可安排合適的教學活動，使教學生動有趣。
7.可增加教師的信心，以免臨時慌張。
8.可分配合適的時間，使各種教學活動得以順利進行。
9.可事先擬定合適的作業，易於達成作業的功能。
10可記載必要事項，以減少疏漏和遺忘。

三、教案的內容 從教案的功用，大致可以了解教案所具的內容是些什麼。不過，因爲教案編製的詳簡不同，教案內容的多少亦不相同，端在教師的經驗和需要而定。通常，教案至少要包括：（註一）

1.教學目的
2.教材大綱
3.教學器材
4.教學方法
5.教學過程
6.時間支配

7. 指定作業
8. 評鑑考查
9. 新舊連繫
10 備註心得

茲列舉幾種教案格式以爲參考，由此可以了解教案的內容：

教學目的：知識、觀念、技能、習慣或感情

教學內容	教學方法	教學器材	時間
列舉重要教材足以達成上列教學目的（這些目的須與單元目標相連繫）	計劃一些步驟、方法、問題等，使學生得以學會這些內容，達成目的	呈現教材的必須器材如地圖、書籍、紙張、教具、實驗器材等	每一步驟所需時間之大約估計

作業：作業須清晰、明確、激勵，並能適應學生能力與評

鑑差異：檢討教學得失

13-1 教案格式之一

教案編製人＿＿＿＿＿＿＿＿　日　期＿＿＿＿＿＿

知識觀念的目的：

其他目的：

準備與開始：

作業：

教什麼	如何教	時間	器材

評鑑：

13-2　教案格式之二

班級＿＿＿＿＿＿＿＿＿＿ 單元＿＿＿＿＿＿＿

方法：

討論＿＿＿＿ 說明＿＿＿＿ 表演＿＿＿＿ 練習＿＿＿＿ 講演＿＿＿＿

觀察＿＿＿＿ 其他＿＿＿＿

學習種類：知識＿＿＿＿ 技能＿＿＿＿ 記憶＿＿＿＿ 欣賞＿＿＿＿

功課目的：＿＿＿＿＿＿＿＿＿＿＿＿＿＿＿＿＿＿＿＿

教師活動	學生活動	時間	器材

作業：＿＿＿＿＿＿＿＿＿＿＿＿＿＿＿＿＿＿＿＿

評鑑：教師的教　　　　學生的學習

13-3　教案格式之三（註二）

教案表

學院　　　學系（科）　　　年級學生　　　　　中華民國　年　月　日編

校名		年級	年級	班	科目		人數	男 女	時間	分鐘
原任教師		教材來源					教學用具			
教材內容										
教學目標										
教學方法										
教學過程	教師活動						學生活動			分鐘
教學心得										
備註										

註：一、教師活動一欄依照實習需要可塡下列事項①引起動機②討論③整理④指導⑤訂正⑥補充教材⑦指定作業⑧其他。

二、學生活動一欄依照實際需要可塡下列事項①概覽課本②簡述大意③解答問題④整理筆記⑤其他。

13-4　國立臺灣師範大學學生試教教案表

四、教案的編製

1. 編製步驟

(1)確立目的　編製教案，首須確立教學目的，這些目的要和整個單元相配合，同時，要非常具體的把這些目的列舉出來。

(2)了解情境　了解教學的對象——他們的程度、經驗、能力和學習習慣，了解教學場地和設備，以便針對實際情況，作合適計劃。

(3)選編教材　依據目標、學生與教科書，選擇合適的教材並組織之，使成最有條理，最易學習。

(4)決定方法　依據目標、學生及教材之性質，採用適當的教學方法。

(5)準備教具　教學時所需用的器材，在決定方法之後，即須配合教學場地，作充分周密的計劃。

(6)計劃過程　教學過程是教案的中心，教師必須悉心計劃安排。各種學科與各年級的教學過程都不一致，但均包括教師活動、學生活動與教學器材、時間支配等四項，而進行步驟則分準備活動、發展活動與綜合活動等三種。

(7)整理繕寫　多數教學計劃草案，一經編妥，需要按一定格式整理繕寫，以便應用，新教師尤其需要一份清晰的教案。

2. 注意要點

教師編製教案時，宜注意下列數點：

(1)詳簡得宜　教案的詳簡，因人而異。教師教學經驗豐富，可以稍為簡略，列舉重要項目即可，新教師則宜於詳細，以便教學。但簡略不能僅列標題，這樣等於沒有計劃；詳細亦不能瑣碎到寫上每一句話，以致對教學無所助益。

(2)綱舉目張　無論教案之詳簡，必須以要點條列式編製，使教案綱舉目張，便於教學時參考之用。最不合適的教案，是文章式的教案，一份長篇大論的教案，只能算是絕佳文章，而無助於教學之進行。

(3)了解原理　教師編製教案，應了解教學的原理原則，了解學習心理，並應用這些原理，才能擬訂良好的教學計劃，指導學生的學習。

(4)熟悉方法　教師要熟悉各種教學方法，才能靈活計劃運用，並能支配得當，變化自如。

(5)想像情境　教師編製教案時，要能儘量想像教學的情境，以期減少可能發生的困難，並使實際教學與計劃儘可能的符合。

(6)聯絡教學　教案是一個單元或一個課文的計劃，所以要儘量與先後教材，其他學科取得聯繫，俾學生獲得完整經驗的學習。

(7)增加活動　編製教案，要特別注意自動原則的應用，亦即增加學生活動的機會，使教學眞正成爲師生共同的活動。

(8)準備充分　無論教師教學經驗如何，教案中的準備愈充分愈好，其中如所舉的例證、所討論的問題，要考查的題目，都要事先擬妥，以免臨時苦索不得，影響效果。

(9)避免雷同　編製教案，可以參考別人的教案或自己過去的經驗，但旣不能抄襲他人教案，亦不可每次教案，千篇一律。要知每個人的經驗和能力不一，教學對象和情境互異，別人成功的教案，不一定適合自己。即使自己的教案，亦要設法使有變化，然後全班學生才有一種期待的心情和無窮的學習興趣。

⑽一頁爲宜　如果沒有特殊的原因或理由，最好使教案繕寫在一張教案紙上，這樣，携帶方便，不致散失，應用時亦不會有翻閱難找之弊。

五、教案的運用

運用教案，亦有一些要點值得注意：

1.熟悉教案　教師愈熟悉教學計劃，則教學得心應手，愈容易成功，所以，編製教案以後，就要記熟教案。所謂熟記，不僅是背熟，而且要吸收和消化，使文字的教案，能够變成自己思想的一部分，而用口語表達出來。

2.偶而一瞥　如果教學中突然遺忘內容時，亦只能技巧地很快一瞥，不可注視教案或時時翻閱教案，否則分散了學生的注意，更影響學生對教師的敬仰和信心。

3.靈活運用　教案是教師教學時的參考和依據，但教案只能作爲指南，不可當作拐杖，離開教案，教師便不良於行，無法教學。尤其教學活動，常常變動不居，許多偶發事項，會超出原來的計劃，教師必須隨機應變，靈活運用，務使教學生動活潑，以免受教案之拘泥。所以，教師要成爲教案的主人，能將教案運用自如。

4.切實檢討　教學後宜立刻檢討自己教學的得失，將自己的心得、別人的建議，切實塡寫在教學心得或備註評鑑一欄，以爲改進教學與編製教案的參考。

茲列擧兩份教案的實例，以爲研究參考之用：

國立臺灣師範大學教案

教育學院教育學系　四年級學生　陳東陞　　　中華民國五十六年九月二十七日編

校名	國立師大	年級	教四	科目	教學原理	人數	55人	時間	50分鐘
原任教師	方炳林老師	教材來源	自編	教學用具	綱要、圖表				
教材內容	(1)教學計劃的重要(2)教案的意義與功用(3)教案的編製(4)使用教案的要點								
教學目標	使同學瞭解教案的意義、功用、編製的方法及使用的要點								
教學方法	講述法、討論法								

	教師活動	學生活動	時間分配
教學過程	一、準備活動 1 課前活動 (1)請同學搜集教案並研讀 (2)請同學閱讀　孫邦正先生著：普通教學法　第十章 方炳林先生譯：中學教學法　第四章 (3)如有可能，請同學到某校參觀一次教學 2 動機目的 由課前活動心得報告引起，進而研討本單元，同學們已閱讀有關資料，現在讓我們來研討教案的問題。	參閱教案 參閱有關書籍	3′
	二、發展活動 1. 提出問題： (1)什麽叫教案？ (2)教案的功用如何？ (3)如何編製教案？ (4)教案舉例 (5)使用教案的要點如何？	提問題	2′
	2. 講解討論： (1)教案的意義：教師指導學生從事學習的活動，是為教學。教學需要計劃正如作戰然。教師在教學之前，須先研究教材，瞭解學生情況，計劃教學活動，以達成教育目標。 什麽叫做教案？簡單地說：就是教學的方案，詳細地說：「對於一個單元或一課的教學活動，計劃一下，把教師和學生在上課時間內所從事的學習活動，所用的教學方法和所希望達成的目的，詳細計劃一下，以便實施教學。這種以一個單元或一課為範圍的教學計劃，叫做教案（Lesson Plan）。」（註一）	靜聽	3′
	註一：見孫邦正先生著　普通教學法P.353 (2)教案的功用：編製教案，是教學的準備工作。教案的功用為： ①可使教師預先研究教材，加以適當的選擇、組織與補充。 ②可使教師選用最適當的教學方法與教學過程，以達成教學目的。 ③可使教師準備適當的教具與問題，使教學活動生動有趣。 ④可使教學時間分配適當，不致浪費。 ⑤可使教師充分準備，增加教師自信心，不致臨時慌張。 語云：「凡事豫則立，不豫則廢」教學亦然。有了充分的準備，然後指導學生學習，必能收到成效。教案乃教學活動的計劃，教師於正式教學時有所依據，不致臨時慌張失措。	討論	5′

	教師活動	學生活動	時間分配
教學過程	(3)編製教案的方法： 如何編製教案，有幾個要點： ①確立教學目的：教學須先確立教學目的，以作爲選擇教材教法之依據，教學的結果，應能實現教學目的，否則教學便成爲無意義的活動。 ②選編教材並決定教學方法：依照教學目的，選擇教材並加組織使成爲有系統的材料。教材可以教科書中的單元爲中心，再加入補充材料，成爲一個單元（unit）教材選編以後，視其性質，決定適當的教學方法，如技能的利用練習教學法是。 ③安排教學過程：教學過程，就是教學活動進行的歷程，各科及各年級的教學過程，並非完全一致，如算術科的思考教學過程爲： 引起動機，提出問題，討論算法，試算，檢討練習等；又自然科爲： 動機目的，觀察實驗、討論、整理補充、評鑑等。吾人安排教學過程，要生動活潑，使學生具有活動。 ④分配時間：每一單元或每一課上課時間要適當分配，以爲教學時之依據 ⑤整理繕寫：教案草案已經編妥，最後便要整理繕寫。教案大多有一定的格式，依此格式繕印應用。	靜聽	10′
	吾人編製教案時應注意下列各點：（先討論，後歸納） ①要編寫整個單元：一個單元可能分幾節上完，有人便只寫其中一節，算是了事。應編寫全單元爲宜。 ②要詳盡：新進教師或實習教師編製教案時宜力求詳細，稱爲詳案，以後如有多年經驗，可寫簡案。 ③要儘量與有關學科聯絡教學。 ④要先呈送有關人員核閱。 ⑤應了解教學之原理原則與方法。 ⑥應了解教學之情境。 ⑦應增加學生之活動。	討論	5′
	(4)教案舉例：以本教案爲例，另分發參考教案十份。	參閱教案實例	5′
	(5)使用教案的要點 ①教案只能當做進行教學活動的指南，而不能拘守教案。 ②教師於教學之前，應把教案仔細研究，想像怎樣進行活動。 ③時間分配可以伸縮，但最好能把握時間。 ④保存教案並搜集教案，作爲自己教學時之參考。	靜聽	5′
	三、綜合活動 1. 質詢解答 2. 整理 3. 分發用紙　試編製一教案 4. 考問（指定學生口頭回答）	質詢 利用課外時間試編一教案回答問題	12′
備註	（參考資料） 孫邦正先生著：普通教學法 方炳林先生譯：中學教學法 王志義先生編著：中學各科教案之編製與實例		

試教教案表

學校	臺灣省立××女中	年級	高中一年級	科目	護理	人數		時間	20分鐘

教師姓名		教學用具	教材大綱、三角巾、白布
教材內容	三角繃帶之應用法	教材來源	軍訓課本第一册、護理技術手册

教學目標	①使學生明瞭三角繃帶之製作 ②使學生明瞭三角繃帶之優點 ③使學生明瞭三角繃帶之應用目的 ④使學生學習及熟練三角繃帶之應用技術 ⑤使學生養成正確迅速之習慣與態度
教學方法	講述法、問答法、練習法、觀察法、欣賞法

教學過程	教師活動	學生活動	分鐘
	一、引起動機決定目的		
	用實物觀察、發問	觀察、回答	1′
	二、提示教材		
	①三角繃帶之應用目的（發問、整理）	回答　筆記	2′
	②三角繃帶之製作（講述、示教）	靜聽、觀察 試作	2′
	③三角繃帶之優點（指示大綱講述）	看大綱、靜聽、筆記	2′
	④三角繃帶之使用——頭部、托臂之用法 （講述、示教）	靜聽、觀察	4′
	三、指導練習		
	①發給三角巾	練習	4′
	②巡廻糾正輔導	二人一組，輪流練習	
	③個別指導		
	四、表演及評鑑		
	①指定一組學生上台表演	注意觀察 欣賞	3′
	②師生共同評鑑	評鑑	
	五、結論（整理）	靜聽	2′

教學心得	
備註	

第三節　師生計劃

師生計劃是近年來在教學上常見的名詞，究竟何謂師生計劃？其價值何在？它在現代學校中的地位如何？是否師生計劃就是教師放棄了許多職責或者只要做很少一點工作？如果師生計劃是一種好的方法，教師應用時有些什麼步驟？這一連串的問題，必然會發生在做學生時候缺乏這種經驗的新教師們身上。事實上，師生計劃在教師方面，更需要周詳的準備和愼密的思慮。實施這種計劃，教師必須對其價值、施行技術，有所瞭解，然後才能深具信心，靈活運用此一新方法。

一、師生計劃的意義　師生計劃（teacher-pupil planning），亦有譯作師生共同設計。顧名思義，師生計劃就是教師與學生共同計劃和選擇學習題材與進程的活動。因爲，沒有人比學生自己更知道，何者對他們較有興趣和較爲重要，所以，教師在選擇學習題材和計劃教學時，讓學生參與和幫助，最爲自然合適，亦且最符合現代教學原理。

不過，師生計劃是「師生」計劃，並非「學生」計劃，正如前面所說，教師更需要周詳的準備與愼密的設計，而不是放棄教師職責，任由學生計劃，退成顧問而已。

二、師生計劃的價值

1.有助於民主生活　現代學校的重要目標之一，在於發展適合於民主生活的態度和能力。師生計劃就提供自我實現、與人合作以及對團體所有份子的貢獻與認知的機會。知所計劃，亦知所抉擇。對於每個個人的尊重，亦可因此而培養。學生學習到服從多數的決定，而仍能尊重少數的意見。這些都是民主生活所必需的知能和態度，所以，師生計劃可以說是民主公民的實驗室。

2.可以引起動機　當學生對於工作有興趣，而且其目的與團體的目標相一致的時候，學習將會容易。反之，教師把目的加之於學生的學習，其效果必然很少。俗語說：「你能把一匹馬强拉到河邊，卻不能强使其喝水。」一位能幹動人、精明飽學的教師，可以很容易引起學生的興趣。但是，一種持續的和永久的興趣，應該來自學生內在的動機。當學生要學習某些題材，以及能使各人的目的和全班的目標相一致時，就會達成强烈的動機。師生計劃卽在使學生和教師，尤其是學生和學生討論所要學習的一種活動，可以提供引起動機的機會。

3.可以適應差異　個人的適應與情緒的成熟，決定於教室中每一學生間信賴與安全的發展。所有的學生，尤其是青少年時期的學生，要在團體中覓取其地位。如果這種方法不能獲得，則多數學生會用一些引起注意的方法——其中多數和班級的目標相違背——以及導致訓導的問題。每一學生需要一種重要感，教師就應該幫助他認知其力量，這樣可以有助於個人的適應與情緒的成熟。師生計劃可以用富有變異性的工作，提供給每一學生選擇，以鼓勵他對班上作自己的貢獻。而且，師生計劃亦提供發現領導才能的機會，這對於今日社會，尤爲重要。

4.可使明瞭所習　教學上能夠使學習者知道學習的目標、方向以及內容，其效果將遠勝於學習者對學習一無所知。正如我們行路，事前對於到達之目的地，或中間所經之途程毫無所知時，在心理上常有厭倦以及途程太長之感。一般的教學，多由教師決定目的與內容，學生只是隨人作轉，不知道要學些什麼，或者爲什麼要學這些，學生對學習的態度和感覺，可想而知。師生計劃則是由教師和學生共同計劃，共同討論學習的內容，其心理與情緒自與一般教學大異其趣。

5.增加學生活動　教學上有所謂自動原則，除了要學生自發積極的學習以外，亦涵有增加活動之意，是以增加學生活動，成爲今日實施自動原則主要方法之一。師生計劃卽在教學開始之初，就有機會使學生參與活動，使教學眞正成爲「師生」雙方的活動，不再是教師將一切準備妥善，靜待學生消極被動的接受活動。

6.增加教學效率　綜括以上各點，可知師生計劃能够增進教學的效能。一方面學生有積極參加活動的機會，選擇感興趣的題材爲學習的內容，有强烈的動機與興趣，一方面亦能適應差異，達成民主生活之教學目標，符合教學之原理原則，實爲理想進步的教學措施之一。

三、教師事先的計劃　師生計劃並非不要教師和學生在學習其一單元之前，作周詳的準備。教師仔細地計劃其工作，以期指導學生作明智的抉擇，俾最後適合於全班之滿意，正是教師應有的職責。教師在師生計劃所能做的預先計劃有：

1.瞭解學生　在師生計劃之初，教師要能瞭解學生的興趣，能力和經驗。學生的興趣是師生計劃的主要根據，學生的能力與經驗，則是實施師生計劃的重要條件，是以教師先要瞭解學生。教師可以先研究學生的資料記錄，可以和以前的教師們討論，亦可以非正式的和學生談話，以資瞭解。

2.準備資料　如果教師根據同事的意見，行政的指導或課程的標準，預備了某些學習單元，還是必須定出此一單元的特殊材料與設備，發現社會上的資源人員及其所能貢獻的知能，並決定適合於單元的參觀場地。當然，學生們會在研究和討論中發現這方面的許多資料，但教師必須事先準備，以備指導學生。

3.提供標準　評價是學習過程的重要部份，教師亦要研究和選擇一些合於此單元的評估方法。提供一些標準，使學生可以藉以評估其成績，而且這些標準，最好是學生們用自己語言發展而成的標準。同時，亦要考慮到學生可以向班上報告其個人或團體成果的合適方法，以及評鑑這些報告的方法。事實上，除了評估的標準以外，學生在計劃和選擇決定時所用的標準，亦有待師生的準備和提供的，如果學生缺乏這種經驗的時候。

4.佈置情境　最後，教師的職責是供給合適的氣氛，以刺激學習此一題材的興趣，這便是佈置情境。如果學習的題材早經選定，教師可以準備一些與題材有關的、生動的展覽。在佈置的圖片下面，標上一些標題。學生們，尤其是小學生，可以爲這些展覽和佈置而興奮。標題最好用問題式的，例如：「你願意知道有關這個國家的更多情形嗎？如果是的，你希望知道些什麼？」

四、師生計劃的技術　師生計劃不僅是引起班級活動的一種方法，而且是一種繼續的活動。通常，學生在學年開始時計劃，瞭解和選擇學習的題材；在學習中間，他們可以彼此計劃；在報告成果時，可以設計高潮活動；亦可以設計合適的評估方法，用爲整個學習過程中的一部份。所以，在實施師生計劃中，可以注意和做到的有下列幾方面：

1.開學時的計劃　在學年開始時候，花一點時間於學習計劃的設計，對學生是需要的，其中：

①決定界限　教師，尤其是新教師，在班上開始計劃之前，自己心目中先要有學生所能作決定的明晰界限。因爲，主要的是在學校規定之下，學生不能作教師所能作的決定。同時，由於教師在某一科

目中的豐富經驗，學生如何學習的知識以及單元資料的經驗等，使他對於學習過程所作的貢獻，遠較學生所能作的爲優。既然學生不能決定一切，則學生能作的決定，就需要有一界限。不過，學生對於討論所能作的，則又遠非教師所能，亦卽學生自己的興趣、態度、需要與過去經驗的瞭解，實非教師所能詳悉。所以，這些如能合適的把握，可使計劃具有極爲有利之發展。

②學習計劃　最初，教師只能希望班上計劃少數一些活動，許多事情還是要由教師自己計劃以進行。教師可以使學生，在能力範圍以內的選擇事物作合適的決定上，學習如何計劃。當班上多數人能够在有用的資料中養成決定能力的時候，就可以利用師生共同建立的標準，給以更多抉擇的機會。

教師開始師生計劃的一種方法，是提供一些標準，用以選擇學習問題的先後次序，何者先學，何者其次。或者用下列一些問題的考慮，以決定某種內容和方法：

「那些資料對我們卽將學習的問題最有助益？」

「我們用那些方法才能最有效的獲得這些資料？」

「有那些資源我們可能用於此一單元？」以及

「我們希望達成的目的是什麼？」等。

2.學生對師生計劃的接受　學生參加師生計劃的程度，主要取決於他們過去的經驗與學過的計劃能力。所以，教師要：

①消除疑慮　很多教師認爲學生不够成熟和不能負責，所以都是勉强做一點給學生計劃的樣子。師生計劃在一個缺乏經驗的班級，是很難開始的。有些學生基於過去的經驗，會懷疑教師，或者甚至對

其動機發生疑慮。他們可能會想：

「是否就是教師自己計劃？」

「他會讓我們做些什麼嗎？」

在這種情形下，教師要改變辦法，以消除其疑慮。

②鼓勵參加　教師改變辦法鼓勵學生參加計劃，例如可以說：「在下一個單元中，需要完成一些計劃，我可以爲你們決定，但如果我們分擔此一責任，亦許我們會更愉快，而學得的亦許會更多。」假如學生還是沒有反應，教師就開始其自己的計劃。

③隨時接受　雖然教師開始其自己的計劃，仍然應該敞開大門，準備隨時接受。亦卽希望日後學生在單元中，可能想要分擔計劃的責任時候，可以接受並指導之。教師可以說：「在我們比較熟悉我們的單元以後，你必然會發現適合於你的興趣的題材，到時候你就會建議，我們將如何完成這些題材的學習。」這是使學生知道，教師隨時準備着接受他們的參與和計劃。

3.計劃的步驟　常常有些限制會加之於教師，影響他允許學生參與計劃的程度，例如有些問題或單元，是由一些教師所同意的，有時甚至是學校行政所指導的，再加事實上許多內容和方法選擇的判斷，教師亦必須加以限制，所以在計劃的步驟上，可以做的有：

①選擇　儘管學習的題材有多方的限制，但每一學年中，仍然有一部分是可以用於和學生研究選擇的。在這種情形和範圍之下，學生可以選擇他們感覺興趣以及希望學習的一些問題和題材。教師亦就可以開始指導他們這些興趣的討論。

②討論 當教師和班上討論的時候，通常可以把題材和興趣列擧在黑板上，學生就可以在題材中，認知某些相同之點而加以統一。這時候，教師就可以顯示其計劃包括一二個題材，作爲全班願意從事的學習單元，然後讓班上討論，爲什麼這些題材可以或者應該被選定。討論時，積極的理由應該重於消極的。開始時候建立的一些標準，如「何種資料將有助於我們」可以使討論不致離題，並儘可能使討論得以客觀。

③表決 討論的結果，學生多會同意此一選擇。如果需要，他們亦可以付之表決，使之學習服從多數的決定。當然，教師還是避免强烈與趣衝突的發生。當學生瞭解要學習的題材宜適應全班的贊成，以及在表決前作適當的討論，都可以使衝突減少。有時候，在衝突的題材中，亦可以獲得相同的一致，以及經由教師睿知的輔導，以達成某些協議與調解。

④理解 所要學習的題材旣經決定，其次一步便是對題材特質之理解。這些重要的內容與細節，應寫在黑板上，以期所有的人，都能對工作獲一深刻寬廣的瞭解。

⑤分組 由於特殊的細節內容，係由學生自行依其與趣而建議，故接着的步驟，是選擧各科小組委員，使他們在學習中能共同一起工作，最後，並在高潮時期向全班提出本組的報告，如此，學生的動機經由題材的選擇，得以持續，而全班亦將因各組的報告而受益。關於分組，學生可以自行選組，亦可由教師指定參加。不過，這樣學生或許會不能作決定，或者被指定而覺得不合適。所以，教師可以要學生按其與趣的次序，寫下各人喜歡學習的題目，並告訴他們，他將儘可能使他們有一自己選擇的小組，不過不一定都是第一志願。通常學生會了解這種聲明的。這就讓教師有時間組織各小組，而不致發生混亂

和討價還價的現象。而且，選擇主要的根據是題目的興趣，而非一些次要的原因如友誼等。

⑥適應　爲期更能適應學生的個別差異，許多題目可以由全班學習，亦可以有一些細節或問題，由個人或小組自行認定，作獨立的研究。

五、師生計劃的限制　雖然，師生計劃有諸多的價值及實施的技術，我們仍然可以瞭解到，師生計劃有其限制：

1.學生的限制　以上一再述及，學生參與計劃的程度，必須根據很多條件，諸如學生的成熟，能力以及過去在合作計劃方面的經驗。沒有達到成熟的程度，缺乏計劃和抉擇的能力，或者從未學過如何計劃的學生，驟然讓他們計劃，必然會招致失敗。

2.科目的限制　師生計劃亦並非適用於每一種科目，例如數學一類，其題材次序主要由敎材性質所決定的課程，便不能應用師生計劃，一方面學生不易瞭解科目內容，一方面敎材有其邏輯程序，非可以隨意選擇顚倒者。是以師生計劃比較適用於語文科、社會科、藝能科、職業等科目之學習。

3.敎師的限制　師生計劃亦不能應用於所有的敎師，在能力方面，固然指導師生計劃的學習，需要相當的技巧，絕非一般注入講述之能力所堪勝任。此外，在敎師個人品質方面，亦有區別。有些敎師，喜歡高高在學生之上，儼然領袖群倫，有些敎師不怕將自己降低在團體中間，不需要以自己爲活動的中心；有些敎師偸懶怕事，有些敎師不怕做錯，不憚其煩；有些敎師要用力量勉强學生尊敬，有些敎師不用要求，自然獲得尊敬，確信他能掌握學生。前一類的敎師，便不適宜採行此種師生計劃。

總之，師生計劃，有其價值，亦有其限制，至少我們可以知道，它不是一種懶人的敎學方法，能够針對科目，適應學生，配合時間，尤其是較長時間如一週或一單元的學習，實不失爲最進步的方法之一。教師們，特別是新教師，值得慢慢的嘗試這種師生計劃。

摘要

教學之需要計劃，一如其他有目的的活動，計劃愈周詳，目的便愈容易達成。教學計劃普通分爲一學期的教學進度和一課的教案兩種，前者在使整個教材能在一學期之內，如期教完，只是時間上概略的計劃；教案則是具體施教的方案，包括目的、教材、教具、教法、過程、作業、評鑑等項目，而且過程中又分教師活動，學生活動與時間分配等，內容詳實，教師必須細心編製，然後據以教學，靈活運用，教學才能容易成功。

師生計劃是教學計劃的另一種，在於及早使學生參與教學活動，選擇材料和活動的方式，以增加教學的興趣與效果。不過，在學生缺乏這種經驗的時候，教師需要逐漸指導，慢慢的嘗試此一教學新技術。

附註

一、見孫邦正著　普通教學法　第十章第三五三頁　正中
Sterling G. Callahan, Successful Teaching in Secondary Schools, Scott, Foresman & Company, 1966. Ch. 8. P. 172

二、13-1.2.3均見Sterling G. Callahan, Successful Teaching in Secondary Schools, Scott, Foresmam & Company, 1966.ch.8. PP. 173～179

研討問題

一、試以自己所教學科，編一教學進度表。
二、批評本章所列兩個教案實例。
三、選擇一課課文，試編一教案。
四、自己所教學科中如何應用師生計劃？

第十四章　講　述

第一節　講述的功用

講述可以是一種教學技術，亦可以是一種教學方法。當它是一種教學方法的時候，就是講演法。由於講演法是教師在講台上講述，學生在座位上靜聽，變成了注入式的教學法而爲人所詬病。如果講述是一種講解，叙述和說明的技術，則任何教學活動和教學方法中均需應用。所以本書把講述列作教學技術。

講述是應用最廣的一種教學技術，它在過去的教學中，具有悠久光榮的歷史，在今日的教學中仍然擔任重要的任務，而且將來亦會無疑的被應用着，因爲它具有下列功用與價值：

一、介紹新課　當開始一個新單元或新課文的教學時，教師需要把新課的目的，內容以及學習的方法，介紹給學生，使學生知道爲什麼要學習，學習些什麼以及怎樣去學習。這種新課介紹，以講述最爲方便。

二、引起動機　在介紹新課時，教師即已引起學生學習的心向，在每一節課開始時，即可用講述引起學習的動機。準備原則中所列舉的許多引起動機的方法，很多都是應用講述引起的。

三、說明解釋　無論何種學習，都需要教師加以解釋說明，或者引申陳述。練習教學法中的技能學習，教師在示範時需要加以說明。欣賞教學時對於欣賞的材料，亦需要說明講解，使學生了解，然後才能進而欣賞。尤其是艱深的教材，更需要講解說明，纔能使學生了解，易於學習，並能加深印象。

四、補充教材　教科書的內容，可能失之簡略，許多切合時間和空間的教材，以及活的經驗，非一般教科書所能具有。這些補充教材，除了其他補充的方法以外，最方便的亦是教師以講述隨時補充之。

五、整理複習　當一個單元或課文結束時，教師可用講述幫助學生整理所學，使成爲系統的知識和概念。教完幾個單元或課文後，亦可以用講述提示要點，幫助學生複習功課，以增加熟練。

六、節省時間　講述比其他觀察、討論等教學技術都要節省教學時間，只要教師事先把教材準備就緒，可以在最短時間內，作有條不紊的講解，使學生收到最好最快的學習效果，而無須嘗試錯誤，浪費時間和精力。

七、大班教學　當人數衆多，而欲求短時間內介紹一定的教材時候，講述最能奏效，由一位長於講述的教師教學，綱舉目張，深入淺出，必然生動有趣，經濟有效。

八、養成評鑑能力　學習目的中除了知識、技能之外，還有評鑑能力的培養。這種評鑑能力，是屬於附學習的內容，有待平常無形的教導和培養。教師在講述中經常會有是非善惡的評論，學生便可以在從教師的講述中學習和養成評鑑的能力，收到附學習之效。

第二節　講述的要求

一位教師，對其所教的科目已透徹瞭解，對課文的教學已作了充分的準備，但可能仍舊不能作有效的教學，以達成目標，因爲他未能善用講述，或者講述的技巧欠佳。可見講述的技術最易影響教學的成敗。一次好的講述可以引人入勝，激發學習興趣，使學生聚精會神，樂而忘倦。通常教師講述，至少要注意下列三點要求：

一、清楚 清楚是講述的基本要求，教師講述，必須使學生瞭解所講內容。這與教師的語音、口齒、用語以及教材的內容等有關。如果教師語音正確，口齒清晰、講辭切合，而教材處理得當，自然清楚明白，易於瞭解。

二、系統 教師如果能夠講得清楚明白，其次的要求便是層次井然，有條有理，使學生獲得系統的概念。這與教師的準備以及教學過程有關。教師的準備充分，教材組織嚴密，教學步驟有程序，自能使講述條理清晰，段落分明。使講述有系統最好的方法，是列大綱。列大綱的方法通常分三種：

1.先列大綱後講述——事先列好大綱，然後按照大綱逐條講述，這種方法的優點是：不會遺漏重要教材，教師不虞遺忘教材，學生易獲系統的學習；但亦有：事先繕寫費事，容易分散學生注意，教師講第一條，學生看第二條等缺點。

2.邊列大綱邊講述——一面列大綱，一面講解，這種方法可以避免先列大綱的缺點，惟一的條件是教師要熟悉教材，要講什麼，就把大綱寫在黑板上，發揮講解，侃侃而述，最爲一般敎師所採用。

3.後列大綱先講述——小學的自然科、社會科教學，常用這種方法幫助學生整理教材。不過，這種方法對學生獲得系統的知識有幫助，但無助於教師講述之有系統，因爲已經講述過了才列大綱。

三、生動 講述的最高要求是生動有趣。講得清楚，有條理容易，講得動聽，引人入勝則不易。這和教師的言辭，經驗，教學內容等有關。教師善於形容描繪，强調比喻，生活經驗和教學經驗豐富，舉例引證，切實妥貼，內容更能充實，深入淺出，自然講來旁徵博引，刻劃入微，學生聽來津津有味，逸趣橫生。

第三節 講述的技術

本節將說明一些講述或與講述有關的技術，教師如能注意，加以研究並熟習運用之，則講述自能清楚明白、系統、條理、生動有趣。

一、準備充分 準備充分，是任何活動成功的要素，教師講述，同樣需要。講述前的準備，包括：

1. 愼編教案 教案的功用，已在前一章說明，教師事先準備一份良好的教案，在教案中安排合適的過程，採用有力的例證，容易使講述緊湊切要。

2. 熟悉教材 熟悉教案和教材，是講述的基本要求。教師對教材熟悉，且能融會貫通，才能如行雲流水，使人聽了有輕快之感；否則，一切技術和要點都無暇顧及，只是爲教材所困，或則丟三落四，支吾其辭，或則時時翻閱教案，顯得手忙脚亂，都足以影響講述的效果。

3. 瞭解情況 教學對於學生的身心狀況、經驗程度、學習態度與風氣，以及教室的環境設備等教學情境，作充分的了解，可以有助於講述。例如學生缺乏某種經驗，教師欲講述這方面的例證，以加强效果，往往是弄巧成拙；教室沒有圖表架，黑板是玻璃板而教師帶的是圖釘，則繪製的大綱圖表無從張掛，勉强使用時會使教師和圖表，兩皆狼狽。所以，教師要對情境作充分的了解。

4. 深具信心 教師具有以上的準備，對自己的學識，經驗和能力有深切的了解，便產生一種信心，深信自己能够勝任愉快，到時沉着應戰，講來自能得心應手。因爲，學生眞正關心和注意的是講述的內容，而教師旣已精通教材，且作充分準備，恐懼學生的眞正原因消除，便充分具有了自信諒可成功的理由。

二、**控制緊張**　緊張是每一位新教師必然有的現象，如果學習到如何予以控制，則神經緊張正表現出教師對講述的警覺心和關心。完全缺乏緊張感的教師，可能沒有想像力，或者對於教學毫不關心，可能永遠亦不會做到超過「平凡」的地步。不過，過分緊張對教學無益，不能學會控制緊張，亦將妨害講述的進行。如何控制緊張，除了具備前述充分準備的條件之外，還需要：

1.妥記首段　講述以開頭幾分鐘最爲困難，正像作文是第一段或第一句開頭最難，開了頭，以後自能順利進行。所以，教師要把第一段的內容，或者引言，以及本科目的等妥爲記熟，可以不加思索，脫口而出，由開場白以建立良好的第一印象。

2.自我介紹　有一種開始的方法，是把自己姓名寫在黑板上，作一簡短的自我介紹。外國教師常用這種方法，我國教師比較不太習慣，而且容易把學生注意力集中到教師自己身上，往往會更加緊張。不過，亦不失爲一種開始講述的方式。

3.複習前課　教師亦可以利用複習以前學過有關的功課開頭，這樣可以立即轉移學生的注意力於他們所熟知的事物上。由此，教師與學生同處於共同的基礎上，並可使學生的注意力不集中於教師自己，以減輕其緊張。

4.從容不迫　當人在神經緊張時，身體上的動作便會自然加速，尤其講述的速度會加快。教師在進教室之前，可以先行一次深呼吸，以平抑心跳氣急；在講述時則應記住從容不迫，勿使講得太快，經過一度從容不迫的控制以後，怯場情形卽可過去，而恢復至正常的情態。

三、建立接觸　教師講述在於溝通思想和啓發學生思想，所以不能僅是說話而已。說話是你說你的，他聽他的，中間缺乏積極關聯。講述要使學生了解、關心，而且產生反應，所以要把「對」學生講話，改正爲「與」學生講話，這便是講述需要建立教師和學生間直接、良好的接觸，使學生共同參加教學活動，勿使自己作孤立的獨角演出，而讓學生作漠然的壁上觀。以下是一些有助的建議：

1.引起注意　在沒有獲得學生注意以前，教師不宜開始講述。上課時行相見禮，教師可以讓班長在叫過起立之後，停頓一下，看一看是否全班同學都已端正起立，然後再呼敬禮。要求端正站立，便具有引起注意的作用。教師亦可以淸查出席，以稍等待遲進教室的學生。通常，教師走到講枱中央，用目光掃視一下教室，可使學生肅靜；有時，必須要求學生注意，說一句「請注意！」可以產生所要求的結果。

2.引起動機　引起注意是形體上的接觸，引起動機則是建立心理上的接觸。引起學生聽講的興趣或期待的心情，使之樂意參加教學活動，這樣才眞正建立起接觸，然後教師可以開始其內容的講述。

3.保持接觸　接觸一經建立，教師尙須設法維持之。教師的聲音和目光，是保持接觸最有效的工具。教師要隨時面對學生講述，不可朝着圖表大綱講話，或者對着書本教案，喃喃自語。如圖 14-1 便是沒有維持接觸。

從學生的眼神表情，可以知道他是否注意聽講，是否瞭解所講的內容。教師必須使每一學生都有認爲教師在注視他並且直接對他說話的感覺。如果必須要轉身寫黑板，不能以目光保持接觸，則教師亦要繼續講述，以聲音維持之。

4.隨時發問　發問可以保持與學生的接觸，並集中學生的注意。隨時密切注意學生的神態和反應，學生有疑惑的表情時，立刻問他有沒有問題，學生要眺望窗外、低着頭、出了神等情形，立刻指出來，或者向他們發問。這樣，不但可以保持接觸，而且可以切實檢查出學生是否確實瞭解所講的內容和意義。

你是否維持眼的接觸？

14-1 你是否維持接觸

四、保持儀態　教師講述，應該具有良好的儀態，因爲教師的姿勢、表情和動作，不但有助於教學效果的增進，而且可收身教之效。講述時的儀態，需要做到以下幾點：

1.目光周遍　教師目光，可以與學生保持接觸，亦可以瞭解學生理解的程度和聽講的興趣，所以眼睛要看着全體學生，使整個教室都在自己目光範圍之內。教師的目光，要周遍而穩定，避免看書講課、目注「三板」，或者凝視窗外、猶疑緊張、若有所思。這些都足以降低學生學習的興趣，或者分散學生的注意。

2.態度自然　教師的態度要自然大方，勿膽怯羞澀，勿忸怩作態，儘量把學生的注意力集中到講述的內容上，不要使學生覺得教師有任何特殊的地方。

教師能夠面帶笑容，以和氣迎人，善意待人，則更容易使學生產生親切的感覺，而樂意聽講，參加教學活動。最忌的是過於嚴肅，或者臉無表情，前者使人望之生畏，後者有拒人千里之感，都不能產生參與學習的熱忱。

3.動作合度　教師在講枱上的站立走動，姿勢動作，都要注意。站立的位置要合適，不遮住黑板；站立的姿勢宜直立，並將體重平均落於雙足。不可斜倚着黑板或者傾伏在講桌上；不可以在整個講述過程中寸步不移的呆板不動，亦不可走動太勤，並且避免在枱上無目的地來回徘徊或轉動身軀。

雙手與臂，可以自然垂於兩旁，或將一手暫時放在講枱上，不要因爲不用而把手藏起來。手的動作可以幫助講述時的指示和加强講述的效果，但不宜過於使用手勢，以致變成手舞足蹈。其他表情和姿態，亦有助於講述，教師要合適的運用，使表情和動作配合教材的性質，以加强效果和加深印象。

4.精神振作　教師講述時，要精神振作，生氣蓬勃，深具熱忱，全力以赴。教師的熱忱，是具有傳染性的。教師會發現，如果他在講述時熱心賣力，則此種情緒可以傳給學生，使學生亦能興趣盎然而努力學習。假如教師萎靡不振，敷衍塞責，則學生必將精神渙散，毫無學習效果之可言。

5.避免習癖　一切不必要的小動作和不良習慣，教師都應該儘量避免。例如抓頭髮、擦鼻子、揑粉筆、托下巴、不必要的揮手握拳，如圖14-2（註二）所示。

無謂的口頭語，如「這個」「那末」「嗯」「吱」「是不是」等，都要避免，因爲這些習癖，都會使學生的注意力集中於習癖，而忽略眞正講述的內容。

五、切實動聽

眞正使講述清晰生動的，是切實動聽。教師要做到切實動聽，須注意下列各點：

1.語音正確　語言是講述的基本工具，教師發音正確，字正腔圓，則所述內容爲學生了解。否則，再精彩的內容，教師恁如何的熱心，亦無法使學生領會和欣賞。如果遇有少數鄉音難懂，可以板書補救之。

2.音量適中　教師務使聲音能爲學生所聽到，使每個學生能沒有困難的聽到每一個字，這不僅要聲音大，而且要聲音宏亮，讓學生聽來舒服。但亦不必過份，以致影響其他教室的教學，而且自己亦會有聲嘶力竭之累。

14-2 避免習癖

3.音色優美　音色是判別各人聲音的特點，係來自天賦。有些人的聲音悅耳，有些人則刺耳難聽，便是音色的差別。不過，教師仍然可以克服一些鼻音、濁音、硬音，與喉音等，使自己音色悅耳好聽。

4.音調自然　教師講述的音調，需要自然，因爲教學的講述，不同於演說或演戲之做作，如同平時說話，愈自然愈容易爲學生接受。不過講述有不同於通常的說話，是講述的聲調要有變化，要隨着教材的性質，而有抑揚頓折，高低緩急的變化，以免單調乏味。大凡激昂慷慨或興奮愉快的材料，需用高聲表達，莊嚴穆肅或寧靜安祥的教材，宜用低聲叙述。總之，講述音調宜自然中具有變化，而變化中仍能保持自然。

5.速度稍慢　教師講述，不僅要學生聽得清楚，而且要使學生理解，所以速度要比普通說話稍慢，以期學生有從容的時間，思考教師所講的話並予以接受之。當然，說話的速度與教材內容的難易、學生能力的高下、音量的大小和音調的變化等有關係。通常，說話的速度每分鐘超過一六〇字就太快，學生應接不暇，無法了解；如果少於九〇字則爲太慢，學生會因爲不耐煩而失去興趣。教師可以在此範圍內，視實際需要而定自己的速度。

教師在適當的地方，須略作停頓。講述的停頓，一如閱讀時的標點，可以使學生獲得完整的、系統的、清晰的觀念，而且可以使學生獲得理解所聽的機會。停頓是說話的一種藝術，應該在什麼地方停頓，每次停多少時間，都有待教師平時的觀察和自己的體會。而且，從容自然的停頓和半信半疑的躊躇不決有別，教師要能分辨清楚，並能善用停頓之效果。

6. 語辭合適　講述除了以上一些形式以外，還要注意講述的實質——內容。教師講述的言辭，要能切合學生的程度和經驗，能爲學生所了解，能爲學生所接受，此外，語辭合適亦包括用字的選擇和辭句的結構。字要選得正確，用得其所，語句的結構嚴密，聯結妥貼，纔能使思想表達得清晰雅達。易懂而勿粗俗，深刻而勿艱澀，簡練有力的語辭，才易構成一有聲有色的講述。

7. 具體切實　講述內容，避免空泛抽象，卽使是理論性的材料，亦宜多舉實例，比喻及事實，使之具體切實，同時要善於處理教材，使之深入淺出，易於學習。務必解釋詳明，使學生充分瞭解，以收徹底學會之效。

8. 生動有趣　教師講述，最忌平舖直敘，顯得呆板單調。要根據自己的生活經驗，採用他人的教學經驗，利用各種教具，配合各種教法，加以形容、描繪、襯托、反詰，使講述的內容清新動聽，一如能幹的導遊，能夠使遊客心嚮神往，樂而忘倦。

講述是說話的一種，所以講述亦是一種藝術，同樣一件事情，有些人講來娓娓動聽，有些人則枯燥無味。說話的藝術，需要經常不斷作注意的練習，改正弱點，發揮長處，可以逐漸達到生動有趣的地方，進入藝術的境界。

六、集中注意 通常，一次連續廿分鐘的講述，只有高中以上的學生，才堪忍受。超過此一限度，便會發生注意力分散的現象。如果講述的內容比較抽象、講述的技術不太高明、學生在疲倦、飢餓或有其他原因的時候，都會顯出注意不集中。教師如何引起學生的興趣和集中注意聽講？下列是可行的一些建議：

1. 降低聲音　如果學生在低聲交談、看其他書籍或作旁的作業，教師可以略爲降低自己講述的聲音，以引起學生的注意。因爲，學生雖然不在聽講，還是分一點心在聽教師的聲音，當教師降低聲音時，他會感覺有異而抬頭觀望，這時候教師正好以目光示警，可以提醒其注意聽講。

2. 中止講述　如果竊竊私語的不祇一二個學生，教室秩序已經非常混亂，教師在枱上講，學生在枱下談，則與其大聲疾呼「不要講話！」或者用教鞭在桌上敲得震天價響，不如中止講述，以靜止動之易於收效。其道理和降低聲音是同樣的，等大家停下來不講話時，再告訴他們要安靜，注意聽講。大聲疾呼，等於是和學生比賽嗓門，猛敲教鞭，無異告訴其他教師，你的教學不高明。

3. 提示重要　提示教材的重要，偶而亦不失爲有效的集中注意之道。當學生不注意的時候，教師可以說：「這裡非常重要！」學生一聽重要，立刻想到可能考試會考到而注意聽教師的講述。

不過以上都是消極的辦法，另外積極引起注意的方法是：

4.提出問題　前面已經提到，隨時發問是保持學生接觸的方法之一，保持接觸亦就是集中學生的注意。學生心不在焉或者顯得沒有精神的時候，教師可以向他發問以刺激之。此外，發問還有收放心的功效，把學生放出去的心收回來，使他考慮問題而注意到正在講述的內容。

5.插入趣語　當學生疲倦或精神不濟之際，教師亦可以插入適當的故事和笑話以引起興趣。不過，這種趣語需要與講述的教材有關，否則不倫不類，顯得勉强；而且以簡短爲原則，三言兩語，適可而止。

6.增加活動　學生聽得乏味是缺乏活動，消極被動接受所致，所以，教師宜立刻改變方法，使學生有活動和工作可做，以提起精神，恢復學生的興趣和注意力。

七、善用板書　所謂板書，就是寫黑板。教師能善於利用板書，可以有助於講述的清晰和有條理。當講到一個生字、新詞或不易了解的內容，可以把它寫在黑板上，以幫助學生了解；教師沒有事先繕寫大綱的，可以把講述大綱逐條寫在黑板上，使學生獲得系統的觀念，亦可以便於教師自己的整理。

此外，板書亦是新教師建立學生第一印象的最佳工具，如果能寫得一手好字，第一印象必然良好，教學自亦能順利進行；假如板書不太雅觀，教師將費很多努力才能重建學生的敬仰之心。所以預備擔任教師者，宜事先勤加練習，卽使是舊教師，亦有練習改進的必要。關於使用板書，有下列一些要點應當注意的：

1.正確清楚　板書要寫得正確，不可錯誤。偶一疏忽，卽屬筆誤，亦容易引起學生錯誤的學習或不良的評價。黑板字要寫得清楚，字體正草，視學生情形而定，大致學生年齡小的需要寫正楷，年齡較大，行書亦可以認識，但還是不能過於潦草，主要能使學生容易認識。字體大小要合適，最後一排學生亦要能看得清楚。

2.整齊清潔　板書不但要端正，而且行次要整齊，橫寫的行次要平，豎寫要直，避免東塗西抹，勾勾圈圈，凌亂而無次序，同時黑板要保持整潔，不用的字或圖，宜於擦去。保持黑板的整潔，亦是身教之一，教師板書整潔，才能要求學生作業整潔。

3.簡單明瞭　板書只是輔助教學和講述的工具或手段，所以寫在黑板上的，只是大綱或重要的材料，不宜長篇累牘，把時間都化費在寫黑板上面，如果材料較長，而且是必要的，則可以印發講義；比較精細的圖形，亦宜事先繪妥在小黑板或圖表紙上，以免浪費講述時間。

4.用中上部　寫黑板宜儘量利用黑板的中間和上面的部位，使坐在每一個位置和方向的學生，都能看得清楚，尤其是大綱和重要的材料，寫在中上部，可以留作整理之用，補充說明則在兩旁書寫，可以隨時擦去。

5.不遮黑板　寫完字，很自然的讓開，以免擋住學生視線。如果教師沒有這種習慣，則在目光注視學生的時候，便可以發現自己所佔的位置不當，在自然的走動中站開，而不必顯得非常突然。

6.邊寫邊講　板書最高的要求，是邊寫邊講，因爲寫黑板時，教師目光不能注視學生，必須以聲音掌握學習的情緒和學生的注意，所以，寫黑板時要同時說話。這一點，一方面寫的字要簡單明瞭，一方面有待經常的練習，當然還需要少許技巧。要之，靈活運用，熟能生巧，板書同樣可以自然流利而進入藝術之境。

摘要

講述是教學中應用最久和最廣的技術之一，因爲有些教師應用不當，而被批評爲注入式的、浪費時間的、不能集中注意和缺乏學生自動活動的教學技術，所以，教師應用講述，要針對這些批評，發揮講述介紹新課、引起動機、說明解釋、補充教材、整理複習、節省時間和養成評鑑能力的功能。

爲使講述達到清楚、系統和生動的要求，教師要準備充分、控制緊張、建立接觸、保持儀態、集中注意、善用板書以及使內容切實動聽。

一位教師的講述成功，可以說他的教學已經成功了一半。不過，講述只是有效的一種教學技術，而非唯一的技術，教師不可過份的應用和依賴講述。配合其他方法和技術，熟練巧妙地運用講述，才能使教學完全成功。

附註

一、引見陸軍總部譯印　美軍軍事教學技術　第六章　第三九頁

二、同註一第四二頁

三、引見羅廷光著　教學通論　第九章　第一四九頁　中華

研討問題

一、講述有那些缺點？教師宜如何補救？

二、為什麼教師講述要注視學生？

三、相傳某教授上課見有某生在教室睡覺，立令他生促醒之，他生直率回答道：「理應請你促醒他，因為是你叫他睡覺的。」（Wake him up yourself; you put him to sleep）（註三）你認為對嗎？為什麼？

四、你認為影響講述成功的最重要因素是什麼？為什麼？

五、你感覺講述最困難的是什麼？你將如何克服它？

第十五章　問答

問答和講述，在教學上同具有悠久的歷史。禮記學記篇就專門有一段提到問答的方法說：

善學者，師逸而功倍，又從而庸之；不善學者，師勤而功半，又從而怨之。善問者，如攻堅木，先其易者，後其節目，及其久也，相說以解；不善問者，反此。善待問者如撞鐘，叩之小者則小鳴，叩之大者則大鳴，待其從容，然後盡其聲；不善答問者，反此。此皆進學之道也。

中庸上亦有博學之、審問之、愼思之、明辨之、篤行之的格致工夫，可見我國古代的教學即已充分了解和運用了問答的方法與技術。尤其是大教育家孔子，最善問答，一部論語，幾乎大部分都是應答門人弟子的教學活動記載。

在西洋教育史上，同樣的最有名的教育家蘇格拉底（Socrates）便是問答能手。他常常於街衢或樹蔭下，隨人施其問答法的教學。他的反詰法就是運用問和答的原理原則，使對方自覺其無智，然後用歸納的方法，使人知其所未知。

問答之所以在教學上一直被廣泛的採用，除了歷史的淵源以外，它還可以補救講述的缺點，而且是最方便的一種補救技術，隨時可以應用。教師如果擅於運用問答，其效果遠較講述爲佳。因爲，由教師口中明明白白說出來的話，學生們有時候會充耳不聞，但是用問答激發學生們運用自己的思想，從而引出的概念，都能發生遠比教誨强大的影響。

第一節　問答的功用

問答在教學上具有很多功用，惜乎未爲一般教師所注意，往往只用其一而忽略了其餘的功能。通常問答在教學上有下列一些功用：

1.引起動機　教師用很技巧的問題，可以引起學生的好奇心，而把學生的心向引導到所要學習的題材上面，問答是刺激學生學習的一種方法。

2.回憶經驗　問答亦可以用來引起學生舊經驗的回憶，作爲學習新事物的類化基礎。

3.考查學習　教師可以用問答考查學生指定預習的功課，有無準備，所學的教材是否眞正了解。隨堂口試，亦是應用問答的一種評鑑學習的方式。

4.啓發思想　學習的目的不限於課本的講解和知識的注入，重要的是思想的啓發，能夠思考、推理、判斷、分析、綜合，然後才能應用所學的知識。問答正是啓發學生思想最好的方法和技術。自來「學」「思」並重，而且「學」「問」聯稱。

5.集中注意　在講述的建立接觸和集中注意兩點裡面，都曾提到過應用問答。應用問答可以集中學生注意，提起學習精神，並且可以減少教室管理的問題。

6.增加活動　編製教案的一項重要原則，是儘量增加學生學習的活動和反應的機會，而問答正是最容易增加學生活動的辦法。教師發問，學生回答是活動，學生要發問，必先思考是反應，其他同學問答，他要聽，亦是活動。這亦是補救講述注入缺點的功用，使學生除了消極被動的接受，還有積極主動的發表。

7. 複習整理 教師可以用一套有系統的問題，整理教材，使學生知道那些材料是重要的。用問答來複習教材，比機械的記憶和背誦爲有效，或可以使教材易於記憶。

8. 診斷困難 教師爲期了解學生學習的困難，可以用問答以診查。凡學生回答不出或答錯的地方，便是學生困難之所在，可以據以實施補救教學或決定自己教學進度的快慢，或改進自己的教學方法。

9. 口語發表 表達學生的思想和情意最方便和最多的就是語言，所以，教師要經常應用問答以訓練學生口語發表的能力，使之思想清晰，辭令優美。

10 質疑解惑 對學生而言，問答是質疑解惑最好的方法，自己學過的教材有不瞭解，觀念有不清楚以及任何生活上的困惑疑難，都可以向教師或有關人員訊問，以求得澄清和解決。教師了解這一點，就要隨時鼓勵學生發問。

11 激勵師生 問答不僅是教師用以刺激學生學習的手段，同樣亦是學生用以激勵教師之道。教師經常問學生，學生不敢偸懶放鬆，必須努力學習，才能答好教師的問題；教師亦因爲學生經常發問，而不能隨便馬虎，必須事先作充分準備，以免爲學生問住和難倒。如此，問答成了對師生雙方的一種最佳激勵，從「審問」中做好教學的工作。

有些教學法的書籍列舉的問答的功用更多，歸納起來可得：（註一）

1. 發現其不知道的事物。

2. 發現他知道些什麼。

3.發展思考的能力。
4.引起學生學習的動機。
5.提供練習。
6.幫助學生組織材料。
7.幫助學生解釋材料。
8.加强重要的地方。
9.顯示關係，如原因和結果。
10發現學生的興趣。
11發展領悟。
12提供複習。
13給予表達的練習。
14啓發心靈的活動。
15顯示同意或不同意。
16與學生取得協調。
17診斷。
18評鑑。
19集中分散的心靈之注意。

第二節 問答的技術

教學中的問答，不外敎師問，學生答，以及學生問，敎師答，所以，敎師應用問答的技術，亦可以從這四方面以說明。

一、敎師自己發問 美國敎學法專家卡爾文（S.S. Colvin）說：「敎師敎學效率的高下，大部份可以從他所發的問題的性質和發問的方法考查出來。中小學敎師若不熟諳發問的技術，他的敎學工作是不易收效的。」（註二）學記上亦說：「善問者如攻堅木，先其易者，後其節目，及其久也，相說以解。」可見敎師發問的重要。茲分具備條件和注意要點以說明敎師的發問：

1.具備條件 敎師要想向學生發問以收問答之效，必須具備下列一些條件：

(1)瞭解目標 敎師要了解所敎學科的目標、單元目標或每課目標，同時還要了解問答的各種功用，然後針對目標，合適地發問，以發揮問答的某種或某些功能，亦就是說每次發問必有所爲，而非無的放矢。

(2)精通敎材 敎師要對本科敎材精曉熟諳，融會貫通，然後才能分別敎材的價值高下和難易先後的程序以發問。

(3)頭腦淸楚 敎師的頭腦淸楚，思緒明晰，纔能分析細密，綜合統整，然後所問方得簡明扼要、逐層深入。

(4)口齒淸晰 敎師口齒淸晰，善於辭令，纔能把問題問得淸楚，不使學生發生誤解或不懂。

(5)善擬良題　善於擬具良好的問題，才能發問得當而收效。至於良好問題的特徵，則有：

①範圍確定　良好問題要避免含糊或容易造成混亂，所謂模稜曖昧的問題（ambiguous questions），而要使學生確實知道要他回答的要求是什麼。

②內容簡要　問題的內容要簡單清楚，避免雙重問題，以及語句過長而可能引致學生失去重點，以便於學生作答。

③目標正確　好的問題要和功課目標一致，亦卽與正在進行的學習內容有關，某一問題可能是用以强調要點，另一問題可能用以激發思考，而另一問題又可能用以提起興趣及促使注意。問題的目標，必須正確和特定。

④具有價值　好的問題不但與功課有關，而且要是功課中的重要部分，具有價值，才不致浪費教學時間，或者形成學習上的混亂，使學生不知道究竟何者重要，何者次要。

⑤啓發思想　良好的問題不能僅要學生記憶事實，或僅答「是」或「不是」（yes or no）或者過於明顯的問題（obvious questions），而是要刺激學生的學習，使其運用思想和智力的問題。

⑥切合學生　好的問題是適合學生的年齡、能力、興趣和經驗的問題，不但問題適合個別差異，而且措辭用字最要合適，使學生能瞭解所問的問題。當然，切合學生與啓發思想，都要能對學生具有激勵性，才能刺激學生的學習。

2.注意要點　除了上述具備條件之外，教師還需要注意下列一些發問要點：

(1)充分準備　教師發問，必須事先擬好所要問的問題，如此問題才能符合良題特徵，而且可以具有系統。

(2)態度自然　教師要具有和善的態度，平常的問答固然宜於面帶笑容，即使是爲集中注意或考查學習所作的發問，亦還是要能控制情緒，自然地發問，一旦表情嚴肅和不自然，學生會因此而感到緊張，影響到問答和學習的功效。

(3)先發問題　教師先向全班學生發問，然後再指定學生問答，如此可使問題成爲全班學生的問題，沒有人知道誰要被問，而有助於學生警覺，而且亦可給每個人思考問題的機會。不過亦有例外，如果是一個不注意的學生，或者反應遲鈍，內向害羞的學生，教師最好還是先叫他的名字，使之早作準備。

(4)不按次序　教師指名，不宜按照一定次序，如按座次表或點名册的次序，如此雖然是先發問，但學生早已算準這一問題應該輪到誰而對發問掉以輕心。尤其是問書本上的練習問題，學生往往會算準了自己要回答的問題，爲準備此一問題而忽略整個的問答。

(5)機會均等　雖然不按一定次序指名，但全班同學被問的機會要均等，有的教師喜歡問程度較好的學生，或者前排學生，有的則反是，教師不要讓學生摸透了指名的習慣和脾氣，事實上，學習的機會亦應該公平地分配給每個學生。

(6)只問一遍　教師發問，要養成學生良好的注意傾聽的習慣，問題只說一遍，不再予以重覆。如果一個學生沒有聽到，教師可以另行指定學生回答，使不聽的學生知所警惕。當然，這是指教師的問題說得非常清楚扼要而言。

(7)留有時間　教師問了問題，要有給學生充分思考的時間，使學生有機會在思考之後，更能組織其答案。過於匆忙的要學生回答，就不容易收到問答的效果。

二、對於學生回答　教師對於學生回答自己所問的問題，要注意下列數點：

1.注意傾聽　學生回答問題的時候，教師要注意傾聽，顯示重視和關心其答案，使學生不得不熱心誠懇地作答。如果學生在回答的時候，教師另去做其他翻閱課本、搬動教具、擦拭黑板等事情，學生會感到教師並不注意他的回答，可能會灰心而不合作，或者偷懶而敷衍塞責。

2.鼓勵回答　教師要鼓勵學生作積極的反應，指導他分析問題、思考答案、嘗試回答，使學生知道，經過努力以後，答錯比不答爲好，所以，教師不可接受「我不知道」、「不會」這類消極的回答。

3.要求完整　不會答的要鼓勵嘗試以回答，會答的要學生愼思而回答，不可隨便脫口而出，以圖馬虎了事，應該要求內容完整，語句淸晰，以養成學生良好的習慣。

4.全班注意　一個學生在回答問題，要使全班都注意傾聽，儘量避免問答只是教師和一個學生之間的活動。如果學生回答的聲音過小，可以要他大聲重述，務使全班都能聽到，或者訊問其他同學是否聽得淸楚，要是同學說沒有，回答者自然會大聲再答。教師要避免重覆答案。

5.制止代答　當指名學生還沒有回答的時候，不容其他學生代爲回答或從旁提示，教師可以說：「你不是××」或者「請給每一位同學有公平的機會」，亦可以用手勢以制止，只要教師嚴格執行，很快便能養成此一習慣。

6.另行指名　如果學生眞正回答不出，不必浪費時間久等，甚至形成僵局，可以另行指定學生回答。有時可以讓原來答不出的學生，重覆其他同學的答案，以確保其學習之正確。假如另行指定的學生亦不會，仍可指定另一學生回答，要是一連三個不會，就不必逐一指名，而可廣泛地徵詢願意回答者。沒有學生能够或願意回答時，教師自己提供解答，並檢討學生不會的原因，以謀補救。

7.避免齊答　除了不讓其他學生搶答和代答外，亦要避免學生異口同聲作集體的齊答，除非這些是需要練習熟練的材料。

8.評鑑答案　教師對學生的答案需要加以評鑑，不過在教師評鑑之前，可以先由同學評鑑。學生回答之後，讓其他學生批評、糾正或補充，這亦是避免問答祇限教師和一個學生之間活動的一種方法。教師評鑑學生答案，在使學生了解其答案之正確性和價值之高下。通常，宜多予學生以適當的讚許，藉以鼓勵學生樂意回答問題。

三、對於學生發問　教學上的問答，不限於教師問，學生答，還有學生的問答，甚至學生的問答尤爲重要。因爲教師問學生答還是一種消極的反應，被動的學習；學生的問答，則是眞正自動積極的學習，所以，教師要設法引起學生的問答。對於學生的問答，教師宜注意下列幾點：

1.鼓勵發問　教師要鼓勵學生發問，必須

(1)使學生瞭解：

①不恥下問　教師要使學生了解發問的意義和價值。古人說：「不恥下問」，世上沒有人是全知全能，博學如孔子，尙須問禮於老聃，因爲老聃爲周守藏室之史，掌管歷代典籍，所以孔子向其探討禮的節文與典實。就是在其他場合，孔子亦不失其求問的機會。論語八佾記載說：「子入太廟，每事問。或曰：『若謂鄹人之子知禮乎？入太廟，每事問。』子聞之，曰：『是禮也。』」求學最忌自滿和自

欺，自滿的人以爲自己所有已足，無須多所學習，自欺則常强不知以爲知，結果都是安於庸愚和固陋。所謂「滿招損，謙受益。」惟有好學的人，才對求知機會不肯放過，亦才會學到更多更新的知識。

②問學並重　問是學習方法的一種，如同思與行之爲學習另外的方法，學習而要審問，爲的是使學習力求其完備。不學不能問，不問不能學，沒有不學而問，亦沒有不問之學，問和學同樣重要，缺一不可，可謂凡好學者無不好問。因爲問而不學，是沒有學習，學而不問，則不易得明確之了解及正確之認識。從孔子弟子的問仁、問孝、問政、問士，可知問答可以增加知識，亦可以改正學生的思想和行動。

(2)提供機會　學生了解了發問的重要和價值，還要敎師能够留有時間，提供學生以發問的機會，學生纔能發問。如果敎師匆匆忙忙講課，匆匆忙忙下課，上課時候只有敎師問他們，下課以後又不接觸他們，則學生終有問題，亟欲發問，亦將苦無機會。提供學生發問最好的機會，是敎師向學生發問之前，敎師可以說：「同學有問題可以提出來！如果你們不問我，我就開始問你們了！」學生自會把握時機，提出問題。

(3)表示讚賞　眞正鼓勵學生發問之道，還是敎師自己的態度。有些敎師雖亦表示歡迎學生發問，但一旦學生眞的提出問題時候，會有厭惡不耐煩的感覺，或者嫌他嚕囌。感於中，形於外，學生很快就會發覺而不敢再問。敎師要衷心誠意，讚賞學生能够發現問題，或者誇獎所提問題的價值，樊遲從遊於舞雩之下，曰：「敢問崇德、修慝、辨惑。」子曰：「善哉問！」（註三）善哉問，就是讚許說：「你這一問眞好呀！」學生見敎師每次都能讚賞發問，自然可以逐漸因鼓勵而養成好問的習慣。

2. 指導發問　教師一方面鼓勵學生發問，一方面要指導學生發問。子夏說：「切問而近思。」此「切」字就是不亂問、不空問和不妄問，亦就是「審問」之所以要「審」的意思，指導發問，要指導學生問其所當問，問得切實扼要，並養成應有的態度。玆說明之：

(1) 問其所當問　那些情形需要發問？第一，不知則問，第二，雖知而有所疑則問，第三，知之略而欲盡其詳則問。雖然，需要問的情境有這些，但亦不是隨便問。前面提到學問並重，不問不能學，不學不能問，學生要自己先學先思，學思不得，有疑難不知和欲盡其詳才可以問。問得過於輕率，非自得之學，不足取。

(2) 問得切實扼要　不擇而問，屬於輕率亂問，所問緩急倒置，繁簡失宜，則空妄不實，難免空虛無用，徒然浪費時間。教師要指導學生把握重點，劃定範圍，口齒淸晰，條理細密，避免拖泥帶水，含混其辭，才能獲得有效明確的解答。

(3) 養成良好態度　學生發問，必須培養其良好的發問態度，這裡所謂態度，是指發問出發點的正確。許多教師不喜歡學生發問，就是因爲學生出發點不正確，有的想拖延教學的時間，以期教師少教一點；有的賣弄聰明，炫耀其多智或頑皮；亦有考問教師的學識甚至想難倒教師。教師都需要加以指導，使學生瞭解教學時間的寶貴，不宜隨便拖延浪費；教師亦並非萬能，教師的不會和困擾，並非就是學生的愉快。學生要是眞正不懂，出於至誠提出問題請教，以期有所獲益，或者此一問題確有價值，才提出來供大家硏究和討論。

孟子盡心上有一段記載謂：「公都子曰：『滕更之在門也，若在所禮而不答，何也？』孟子曰：

『挾貴而問、挾賢而問、挾長而問、挾有勳而問、挾故而問，皆所不答也。滕更有二焉。』」孟子不答滕更所問，便是滕更發問缺乏謙恭誠懇的態度。教師可以適當處理乏「誠」之問，以養成學生良好的態度。

3. 允許質疑　哈艾特在教學的方法中有一節解答學生的疑問，說：（註四）

在追溯回顧的過程中，學生們有提出「問題」的絕好機會。作爲教師的你，應當激勵學生們發問，並答覆他們的問題。一個問題，如果問得好，可以把不易瞭解的事物闡釋清楚。所以，千萬不要估低了它的力量。一直處於被動的地位，吸收資料，記得快，也忘得快的學生們，此時往往增添了生氣；在問題紛紛提出時，他也會很活躍地參加討論。但是，這一段時期的眞正價值，乃是有良心的學生們所獲的利益。一個有智力又勤苦用功的學生保留的聽講筆記，是值得你從頭到尾讀一遍的。這些筆記本上的誤會和空白，會使得你吃驚，但是青年人却不敢要求你塡上這些空白，因爲他們不願意露馬脚，又怕你責罵，或拒絕他們的要求。

你假使確如他們所料，便無異於犯罪。相反地，你應當給予他們種種鼓勵，讓他們可以開口請求你糾正他們的錯誤——名姓、數字，或者參考書的目錄。最好不要等他們開口請求幫助，而自動地去幫助他們。你的解說不一定永遠清楚明白。外國名字，複雜的公式，是很難快快地寫下來的。你的一聲咳嗽，可能淹沒了半個最重要的句子；還有現代城市上空運輸機的吼叫聲，在多數的城市中，一小時的授課時間內，每隔五分鐘便會聽到這一種似乎在屋頂上掠過去的飛機聲音。最後的幾堂課，是你清除這些堆積着的塵垢，讓失去的珠寶再露光輝的大好機會。

教師的講述和解釋，都會有一些「空白」留下來，而使學生不明瞭或者甚至於不滿意，教師要容許學生提出再問和質疑的機會，可能學生的資質不同，領悟有高下，學生有不知道或知而有疑，教師當然要讓學生提出來，不但不能表示不耐煩，甚至斥責學生說：「爲什麼剛才不仔細聽？」「是不是故意搗亂？」而且要鼓勵學生再問。尤其是不同意見的表達，教師要有雅量聽取。有些教材的解答或闡釋不一定只限一種，教師解答了其中一種，很可能學生知道的是另外的解答，教師要能承認接受，卽使學生的意見並不正確，亦要容許他提出，然後解釋爲什麼他的意見有錯誤。千萬不可以教師的地位或權威抑制，以力服人，不能使其心折，徒然影響學生對教師的尊敬和感情。

4.維持秩序　學生好問是好現象，但過於熱烈，往往得意忘形，會造成秩序上的混亂，所以，教師要注意秩序的維持，發問須先舉手，等教師許可，才起立發言；別人發問，不可爭着發言。前面一再提到，不可使問答限於教師和一個學生間的活動，但亦有例外。當全班學生進行作業的時候，學生有問題，就要示意他輕聲走到講桌前面，師生小聲的問答，以免影響妨害其他同學的學習。

四、教師處理問題

1.學生先答　學生提出的問題，可以先由其他學生作答。這是養成學生相互問答和討論的好機會，可以避免問答限於一師一生的活動，而且亦可避免考問教師等不良意圖的產生。只有其他學生回答不出，教師才可作答。

2.當時解答　如果學生提出的問題，比較簡單，三言兩語卽可作答，則當時予以解答，以滿足學生的要求，收卽時之效。

3.課後處理　如果問題是複雜而重要的，不是短時間所能解釋清楚，或者僅是少數學生的問題，可以留待課後解決，以免浪費全班教學的時間。

4.不予回答　有些問題，是學生發問的出發點不正確，如前引的孟子之五不答，可以不予解答。有些問題僅是學生一時的好奇或好問，並沒有眞想一明究竟，甚至解釋了他還是不會懂，亦可以不予解答。例如一對父子坐在公共汽車上，看到「居里夫人」的電影廣告。

五六歲的兒子問：「這是什麽影片？」

「居里夫人。」

「什麽叫居里夫人？」

「她是個科學家。」

「她做了什麽？」

「她發明了鐳。」

「什麽雷？天上打雷的雷？」

「你現在還不懂！」

「………」

五六歲的孩子，怎麽解釋亦不會理解得鐳是什麽，所以還是不回答的比較好。不過，不予回答，亦還要說明一下不回答的理由。

5.不會回答　有時候敎師亦會遭遇到不會回答的問題，敎師處理這種問題的方式，亦可因問題的性質而作下列不同的處理：

(1)反問學生　有些簡易的問題是敎師能够回答，但是一時記不起來，就可以反問學生，以爭取思考的時間。例如學生問國文敎師，唐宋八大家是那八個人，敎師說出七個，第八個一時想不起來，並非是敎師不會，就可以很自然的問：「還有一個是誰？」因爲問題簡單，學生可能知道，讓學生想或回答，亦就是自己爭取時間思考。

(2)留待以後　有些問題是與以後功課有關，教師還沒有準備充分，學生提出來，教師不能作完善的解答，可以告訴他說，以後在什麼地方會討論到，留待以後再行詳細的說明。

(3)指定作業　學生所問問題不重要，可以說明理由不予回答，如果問題是重要的，而以後亦沒有機會學習到，教師可以說：「這個問題很有價值，值得我們研究。」然後按照作業的辦法，作爲大家研究的問題，留待下一次討論。

(4)坦白相告　教師亦可以坦誠說明，自己對這個問題了解得不太清楚，需要作進一步的研究才能予以回答。知之爲知之，不知爲不知，比隨便胡扯，或似是而非模稜兩可的答案爲好。不過，這種方法，必須教師已經獲得學生的了解和敬仰，而且只能偶一爲之。同時，答應學生尋求答案，說過務須兌現。

摘　要

問答是教學上應用最悠久的技術之一，亦是用以引起學生活動和補救講述缺點最方便的教學技術，其功能有爲教師所難以想像之多，只是有待教師熟練而巧妙的運用。

問答包括教師的發問、學生的回答和學生的問答、與教師的回答，其中各有注意要點，教師要能把握這些要點，擬具良好的問題，指導學生回答和發問，將使教學活動，有趣而生動。因爲，不僅是由教師口中講述出來的話，學生們有時會充耳不聞，而激發他們運用自己的思想，從而引出的觀念，却能發生強大的影響；而且是因為問答可以激勵師生雙方，彼此努力而有效地「教」和「學」。

附註

一、方炳林譯　中學教學法　第六章　第一一一—一一三頁　師大出版組

二、引見孫邦正著　普通教學法　第四二二頁　正中

三、論語顏淵

四、嚴景珊等譯　教學之藝術　第一五九—一六〇頁　協志工業叢書

研討問題

一、請為本章所述之每種問答的功用想一個問題。

二、舉出你經驗中不合適的問答實例，並說明為什麼不合適？

三、先發問後指名有那些例外？為什麼？

四、教師如何處理之「誠」之問，試舉例說明之。

第十六章　運用教具

第一節　教具的意義及種類

一、**教具的意義**　無論是講述，或者是問答，總還是一般語言文字的教學，這種語文教學，最大的缺點，是學生只記住幾個抽象符號，不一定能明瞭它們所代表的眞正意義，以及印象模糊，似是而非，甚至張冠李戴，錯誤叢生，而且學習艱困，興趣索然。爲了補救這些缺點，便有應用實事實物，以輔助教學。這種教學上的輔助器材，就叫教具。

教師的責任，在佈置環境，使用適當的教具，提供有效的指導，並供給充分的機會，讓學生們自己去看、去聽、去品嚐、去操作、去討論、去實驗，以獲得經驗，使學習切實而澈底，不致流於形式和空洞。所以，現代教學方法上的一大特點，即在充分利用各種經驗，來增進學生的生活經驗，提高教學的效率，本書第一章教學方法圖可爲明證。運用教具，是教師的責任，也是教師的教學技術之一。

我們學習任何事物，都是由感官的聽和看來接受的，親眼看到的事物，印象深刻，容易記憶，俗語說：「百聞不如一見」，便可說明觀察的重要。當然，有的事物必須以聽覺來幫助學習，才容易學得正確，語音學就是一個很好的例子。在學習時，若只知發音部位，發音方法，仍不能正確的發出某一個音來，必須聽到這個音，並以所知的發音部位、方法，來幫助或矯正發音。

使用教具教學的觀念，由來已久。自從唯實主義思想產生，咸認知識來自感官，而重視直觀的教學。如孟特尼（Michel de Montaigne, 1533-1593）認爲向來的教學法，徒以教材灌注於兒童之耳官，如水之注於漏斗。因此兒童未能達於眞正之理解，只如鸚鵡之摹仿，經口耳而記憶之。所以他主張教師先察兒童之性能，使其對於事物自行觀察、玩味，選擇與處理的直觀教學。

以著大教育學、語學入門及世界圖解聞名的康門紐斯（Johann Amos Comenius, 1592-1670）重視感官知覺，力倡教師必須常使兒童的感官多與外界接觸，以增廣其認識。他認爲凡要知道的就要教，而且要用實事實物或直接近於兒童的觀念去教，不要祇用形式或符號。因爲，自然之造物，是以先搜集材料爲原則，如鳥之集草以營巢，所以教學當先教兒童辨認事物，然後從語言上發表；先教以事物本身的知識，然後教以彼此相互關係；先示實例，然後教以規則。

「貧民教育之父」裴斯塔洛齊（J. H. Pestalozzi, 1746-1827）則更創導直觀教學法，認爲兒童由直觀的經歷或感官的印象，根據實物的研究，才能將知識由簡而繁的明白無遺。氏以爲可作實物研究的材料，幾乎在兒童四周的環境及其平日生活的經歷當中，隨時隨地都可尋得。所以，直觀教學法可以廣泛的應用於任何學科之中。

至於科學發達，器材進步，教具使用，更爲方便。第二次世界大戰時，美國陸海軍曾應用視聽教具訓練士兵，得到優異的成績；以及電視之應用於教學，益使教具之普遍應用，以提高教學之效率。

二、教具的種類　教具的種類很多，可以很多的方法來加以分類，例如有分放映類、靜畫類、實物類、聽覺類和校外觀察類，亦可以分爲視覺類、聽覺類、視聽類及操作類。歸納以言，現在教學上常使用的教具，有下列各種：

1.實物　這是常用的教具，指各種實在的東西，有自然的和人造的。它可以觸摸，可以觀看，是最具體的教具。例如葉子、昆蟲、郵票，以及度量衡用具等。

2.標本　實物經過改製就成了標本，可以長久保存；有的是實物的整體，有的是部分的。例如各種動物、植物和礦物的標本。

3.模型　有的實物太小，不易觀察，有的太大，不方便搬動，或者是無法取得實物，就以模型來替代。模型是實物的複製品，可以將原物放大或縮小，也可略去某一部分。例如人體模型、內臟模型及地球儀等等。以上是實物類，亦是視覺類。

4.儀器　是物理、化學及生物等學科所使用的教具，以便從事各種實驗。如顯微鏡、計算器和試管、天平等，既屬於實物類，亦屬於操作類。

5.圖畫　這是最簡便，也是最易獲得的，如名人像、畫片、風土人物的圖片等。

6.地圖　是歷史和地理科教學必備的教具，如中國地理圖，歷代疆域圖、世界地圖等。

7.表解　表解可以幫助學生了解教材內容，記憶教材的要點，有概括的認識。如歷代年表、三民主義表解及自然學科的各種表解、組織系統表等。以上是靜畫類，亦是視覺類。

8.練習卡片　如識字卡、生字練習卡、算術練習卡等。

9.黑板　是最普遍的視聽教具。各種學科都可以應用此教具，來幫助講述，尤其數學科更需要此一教具。

10揭示板　包括絨布板、甘蔗板、打洞板、磁鐵板等用以揭示教材。以上亦是視覺類。

11收音機　是收聽教育播音節目的一種工具。

12錄音機、電唱機　是在音樂、語言及社會科教學中經常應用的教具。以上是聽覺類。

13幻燈電影　是現在各種教學上的重要教具，也是學生很感興趣的教材。如地理科，可放映各地風土人情的影片或名勝古蹟的幻燈；生物科，可放映細胞分裂生長、生殖的影片。幻燈電影是視聽類教具。

14社會資源　凡是社會中可以利用於教學的一切人、地、物、都可稱之爲社會資源。這是最具體、眞實的教育材料，可以使學生獲得實在的經驗。社會資源有天然資源、人力資源，組織資源及技術資源四種，其中除人力資源用以協助教學，指導學習以外，多數屬於校外觀察類。

第二節　教具的功用

我國有一句諺語：「畫能當萬言」，正可說明教具的功用。教具在教學上，實有極大的價值，前面亦曾簡單地提過，應用優良的教具，在知識思考教學中，可以幫助教師去指導學生，澄淸某種觀念，加深印象，容易了解，並能引導學生運用自己的思考。應用在練習教學中，可以幫助教師指導學生明瞭做法，獲得正確的反應，熟練技能，引起學生練習的興趣。在欣賞教學中，能幫助教師引起學生欣賞的興趣，引起想像並激發其情感。應用在發表教學中，可以幫助教師引起學生發表的動機，佈置情境，提供資料，以達成目的。歸納起來，教具的功用有下列數點：

一、獲得正確知識　教具能使學生獲得正確的知識，所謂知識，可分兩種：一種是間接知識，一種是直接知識：間接知識，是由語言文字所得來的；直接知識，是由親身體驗和親眼觀察而得來的；由語言文字所獲得的，是抽象的概念；學生一知半解，印象模糊，而親身體驗的，則容易了解，容易記憶，而且歷久不忘。所以，凡學生未曾見聞的事物，應使其親眼觀察，親身經歷，在教學時，就要學生們觀察實事實物，使其獲得正確的概念。例如歷史課，對於人物的叙述，就應將此人物的畫像或照片給學生看，使其獲得正確的印象，而不是自己任意想像或虛構的模樣。

二、容易了解　教師在教學中，常常會遇見一些不容易解釋清楚，或不容易爲學生了解的教材，就可以用教具來幫助講解和說明，使學生有清晰澈底的印象，容易了解。例如算術中的植樹問題，教師可以用繩子代替距離，釘上圖釘以代替所植的樹，因繩子可以任意擺弄，故可安置任何形狀，來說明圓形、方形等各種植樹方法，使學生能澈底的理解。又如生理衞生課，講到生理系統時，教師可將某一系統的圖表或放映幻燈給學生看，比教師費盡口舌來叙述這些系統的構造要容易得多，而且代替了許多不必要的說明。

三、激發興趣　人都有好奇心，尤其對新奇的事物，特別感到興趣，覺得有意思。教師應充分利用學生的好奇心，來引起其學習的動機和興趣。因爲講述久了，容易感乏味而厭倦，若能使用一些合適的教具，學習興趣立刻就會提高。例如在歷史、地理課時，教師可放映一些有關的風土人物影片或幻燈片，或是掛上地圖來講解，必然生動有趣，容易吸引注意力而專心學習，並充實了教學的內容。

四、印象深刻　使用教具，易使學生獲得深刻的印象，這一點是語言文字所無法與之相比的，因爲由語言文字所得的印象，不易正確，而且容易遺忘。若由實事實物上觀察，可獲致清晰的觀念和深刻的印象，並使所獲得的知識記憶長久。例如生物課講到兎子的各種器官構造，若只靠教師的講述，仍然很抽象，而且不久就模糊了。若讓學生們親手去解剖一隻活兎子，由使其昏迷到解剖完畢這一完整的過程中，學生對兎子的構造，就有具體的認識和深刻的印象，還可以達到副學習和輔學習的目標。

五、充實經驗 教具可供給具體而實際的經驗，這是最值得注意的。因爲文字語言的教學，往往過份注意理論的探討，而忽略實際的經驗，以致與現實生活脫節。在教學時，學生若觀察了實事實物，不但可以克服時間和空間的限制，擴大了經驗的範圍，而且可以將書本中的知識與實際生活的經驗打成一片。例如種植的方法，可選擇電影或示範表演來教學，學生就容易獲得正確的經驗，以便模仿實行，若在生活中，遇到種植的問題，就可應用已獲之經驗，來適應其生活環境中的需要，也達到學以致用的教學目標。

六、節省時間 大凡容易使學生明瞭所習的教學方法，必然能節省教學的時間，而無須重覆語言文字的描述。尤其對人數衆多的教學，更需要教具來幫助説明，節省精力和時間。例如三民主義、生物、數學等學科，可應用表解和圖示來教學；又如語言的訓練，若能充分利用許多電化設備的教具，便能加快速度，增强效果。

七、啓發思想 教具能塡補記憶的眞空，供給思想的基本材料，以啓發學生的思想，使學生們有訓練重組經驗能力的機會，產生有效的思想；綜合所獲之經驗，以形成正確的概念，並能運用智慧，引出一般性的結論。這些在現代的教學中，都非常重要，而適當教具的運用，便能達成此項任務。由學習與趣的引起，而啓發學生自動的學習和研究。

第三節　準備教具

凡事豫則立，不豫則廢，教具既有幫助教學，實現目的的功用，那麼，在教學實施之前，自應充分準備，以供教學時應用，否則將影響到教學的效果。因此，事先作周密的計劃和準備，是不可忽視的工作。玆分幾點說明：

一、詳列所用的教具　因爲各地的情況不一，限於人力、財力的關係，往往不能多備置一些教具。但是爲了實際上的需要，各科教師應該根據每學期教學計劃中的預定教材，加以研究，根據觀察的目標，確定那些教具是必須要用的，學校裡有些什麼教具，列一詳表，以供教學時參考運用，才不致慌亂無所適從。

二、確定觀察的目標　這是很重要的一點，因爲所用的教具，若不適合觀察的目標，就失去了使用教具的意義。教師必須認清教具在教學上的需要，也就是有必要時，再選擇適當的教具。使用教具，要依據教學的目標及所要達成的重要目的，以及教材的性質、學生的需要，而不是漫無目的的任意使用教具。若在歷史課，講到鴉片戰爭，教師認爲除了告訴學生鴉片戰爭的前因後果和戰爭的經過，還應啓發學生的民族意識，愛國心，以及如何奮發圖强雪恥，因此，他放映一段當時戰爭的紀錄片或殘殺同胞的圖片給學生看，以激起他們的民族意識，這就是他使用此一教具時的目標。所以，確定觀察的目標是很重要的，否則教學目標就無法達成。

三、選擇適當的教具　當教師認爲有使用教具的必要時，就要依據教學的目的及教材的性質來選擇適當的教具。因爲一個教具，並非適用於任何學科，因此，教師對教具方面，就要有豐富的知識，才能適當的選擇。關於選擇教具的要點，宜注意到：

1. 動態的教具比靜態的好。
2. 用途廣的教具比用途小的好。
3. 變化多的比變化少的好。
4. 適合學生的年齡、智力和經驗。
5. 能培養學生思考力與判斷力。
6. 使用的手續簡單。
7. 經濟耐用。
8. 大小合適。

四、計劃運用教具 當教具選擇好之後，就要計劃怎樣使用。在使用教具實施教學之前，教師要將教具準備妥當，以免上課時，浪費學生的時間；事前要加以檢查，看看所擬用之教具，是否完好，有無錯誤，有無危險，是否合用。例如使用電影教學，事先應放映一次，看看片子是否拿錯，聲響效果如何，是否切合教學內容，以達成預期的結果。還要計劃觀察的方法，使用的手續。如果是多種教具，應如何依次拿給學生看，帶進教室時，是採公開式抑或先行隱藏而適時取出？形狀大小，如何使全班同學都能看到，這些都要在上課前仔細計劃。

五、學生的準備 在使用前，先要學生作適當的準備，或是閱讀有關資料和教科書、或是教師略加說明、或指導討論問題，或是要學生解答問題，爲的是使學生對於所要觀察了解的事物，先有基本的了解和認識。這樣，不但能提高學習的興趣，並能供給學生必需的知識，使之容易了解，提高學習效率。學生在觀察時，亦可注意到重點，並且能運用已有的舊經驗，來學習新經驗。所以，這種準備工作，是極爲重要的。

第四節　運用教具的原則

當教師將教具的準備工作做好了以後，就要開始運用教具於實際的教學活動中了。由於教具的種類繁多，實際使用的方法亦各不相同。好在有一些運用教具的原則，可以提供參考。玆分運用前、運用時、運用後，以及一般原則叙述之：

一、運用前　在給學生觀察、聆聽或操作教具之前，先要向學生說明爲什麼使用這種或這些教具的目的，如何觀察、觀察的重點，那些該仔細觀察，那些可以省略過去，使學生能作要點的觀察，不必浪費精力、時間，而收運用教具之效。

二、運用時　在使用教具的時候，又可分幾點來說：

1. 適當指導　運用教具時，教師要作適當的指導，對於所觀察的事物，要詳加說明，這樣學生才能有充分的了解。

2. 隨時發問　在教具使用中，教師可以隨時向學生發問，以啓發學生運用思想，並能技巧地集中學生的注意力，或考查學生的觀察視聽，以瞭解其思想與觀念是否正確。當發現學生的觀察不正確時，應及時予以糾正。

三、運用後

1.繼續活動　在觀察之後，教師要指導學生討論所觀察的材料，若許可的話，還要寫成報告，或做些課外作業，以使學生能有繼續的反應，自動地學習，並能予以溫習或應用的機會，總之，無論做什麼活動，必須有繼續的活動，以完成教具之運用，因爲應用教具，並非就是教學的目的。

2.檢討結果　觀察視聽以後，還要檢討結果，看看是否達成目標，所要研究的問題是否解決，學生對此一教具的反應如何，有什麼需要改進的地方。檢討這些，作爲下次教學時，使用教具的參考和改進，並能適時施行補救教學。

四、一般原則

1.教師應注意觀察材料的大小，務必使全班的同學都能看到，都能有觀察的機會。

2.在量的方面，教師要注意：不要一次使用太多的材料，因爲材料太多，必定走馬觀花，印象不深，結果只是泛泛地看了、聽了許多東西，未能達成使用教具的目的。

3.使用教具要注意變化，不要經常應用一、兩樣教具，因爲一種教具使用久了，必然乏味，使學生覺得老是這一套。所以，教師要盡可能的變換教具，以維持興趣。

4.教具必須是眞實而正確的，不要以爲只要有教育的可能性，就可用之於教學。學生能很快辨別其是否正確，而且他們會在校外的各種機會中比較出來。如果使學生產生「貓比老虎大」，或者「畫虎不成反類犬」的情形，則完全失去教具的意義和價值，尤其是教師自己製作的教具，需要特別的注意。

5.運用教具的目的，在說明某種教材的意義，供給學生解決某種問題的材料。教師應把它看作教學上的輔助材料，就好像應用參考書一樣，經常應用，才能充實教學內容，增加新的知識，不致落伍。

6.教具只是教學時的輔助工具，不能過份依賴教具，希望教具能代替教學，必須與其他的教學法配合應用，如講述、討論、社會化教學法、設計教學法，自學輔導法等，才能發揮功能，使這些教學法更加生動，而相得益彰。

第五節　教具的來源

許多教師常常因為學校沒有提供合適的器材，而為自己不够生動的教學作辯護。其實，這種抱怨只是推諉而已，亦可以說是種無能的表示，因為只要稍微發揮一點創造進取的精神，隨處可以獲得無數的教具以供應用。茲將教具的來源分述如下：

一、蒐集　蒐集教具是最容易獲得教具的一種方法。教師按自己所教學科的範圍，隨時注意，可以從各種報章雜誌、自然環境和社會生活中，蒐集合適的器材，以備使用。教師還可以指導學生蒐集教具，學生亦最喜歡蒐集許多圖片、標本，來作為佈置教室和幫助教學之用。教師將這些蒐集品分類整理，選擇應用，並予保留，則數年之內，就會擁有充分豐富的教具，使自己教學益形生動。

二、製作　很多教具，例如地圖、圖畫、表解、練習卡，以至幻燈片，可以由教師自己製作，亦可以指導學生製作，或者聯合其他有關學科的教師，共同製作，在某一科可能是作業，完成以後便成為另一科的教具。不過，教具製作，最要緊的就是注意教具的正確性，以免發生不正確的學習。

三、購買　當然，多數教具，尤其是精巧的儀器類，以及視聽類，需要由學校購買。我們需要學校設備充實，但不能希望事事物物都由學校購買。

四、租借　有些有價值的器材，尤其是視聽教具，不是教師所能製作，亦非學校所能購置的，可以向有關單位租借。雖然租要錢，借不要錢，但租借性質相同，都是臨時取用，然後如期歸還。租借的機構和單位，都訂有一定的手續和方法，亦會提供器材的目錄，教師只要以學校公函接洽，卽可獲得所需要的教具。

五、交換　學校或教師可以和其他的學校交換教具，這些教具多數屬於當地的特產品，如山地學校，可以獵物標本等和礦區學校交換礦物，是一種免費獲得教具的方法。

六、函索　另一種免費獲得的方法，是向有關單位或機構函索。教師以學校公函，正確地說明需要的物品，應用的原因，許多大的公司行號，樂意提供某些刊物或樣品，以廣宣傳。當然，教師在使用這些器材時，要小心並能排除一些有害的廣告。

七、應用社會資源　社會資源中，除人力資源外，其他天然資源、技術資源和組織資源，都可用爲教具。例如本地出產的岩石、礦石、昆蟲、花卉，以及各類產品，卽可製成標本，供教學之用；本地的各種組織機構之設備，可供參觀之用。應用社會資源，要對當地資源先作一調查整理，有所了解，然後才能充分地、適當地運用，以幫助教學。

摘　要

教具，在今日教學上，已經普遍地使用。當學生缺乏舊經驗，或舊經驗不完全時，得設法使用教具，以提示必要的經驗；為使學生容易了解、提高其學習興趣、節省時間、啓發學生思想、獲得正確知識，補救口語教學缺點，都要應用教具。但教師要認清設備教具的目的，不是作為學校的裝飾品和陳列品，而須經常的使用；也不是用在教學上要什麼花招，玩什麼魔術的，而是用來幫助教學順利進行，實現教育目的，所以要慎選慎用。同時，教具雖能代替許多語言文字，幫助語言文字的說明，却並不能代替講解說明，它只是教學上的輔助工具，不能單獨使用，因為從直接感覺的經驗中所獲得的知識，畢竟還是有限，還須由聽講和閱讀來塡補。在使用教具時，教師的指導非常重要，合適的指導，才能有效的學習，否則徒勞無功，浪費寶貴的時間。教學之後，要檢討結果，以作為下一次使用教具的改進依據，教學不能墨守成規，必須由經驗中獲取教訓，從改進中求取進步。

研討問題

一、教具在教學上有何價值？
二、你所教的學科中有那些可用的教具？
三、這些教具如何獲得？
四、自製教具應注意那些要點？
五、常有教師誤用教具，試列舉誤用的情形和缺點。

第十七章　指導作業

學生在學習中最感頭痛和苦惱的事，除了考試以外，就是作業了。的確，一提到「作業」，就使人想到抄寫和做練習。學生固然是照書直抄，索然無味；教師要化時間去批改，萬一有疏忽或者遲延，還會招來家長和上級的指責與批評，而感到苦惱。作業眞是那樣無聊和累贅嗎？這與作業的性質有關係，與作業的指導亦有關係，本章將就作業的特質、擬訂、提示、指導與評鑑等說明之。

第一節　作業的意義與特性

一、作業的意義　所謂作業，簡單的說，就是教師要學生學習的工作。無論在課外、課內、課前或課後，教師爲了達到教學目的，而要學生所從事的工作和課業，都是作業。瞭解這一點，就知道作業不僅是抄寫或反覆練習，尤其不僅是書面的工作，所有閱讀、筆記、報告、設計、研究、繪製、製作、預習、複習、蒐集、實驗，都是作業。

由此可知，作業不但不是教師和學生的苦惱與累贅，應該是教學活動中的主體，甚至是切實達成教學目標的重要工具。

二、作業的特性　何以說作業是切實達成教學目標的重要工具，此可以從作業的特性得知。根據現代教學的原理，可以析知作業具有下列十項特性：

1. 作業的課程性　所謂課程，是指學生在學校和教師的安排與指導下，所從事的一切學習活動與經驗而言。作業是教師要學生所從事的學習工作，所以作業是課程的一部分，透過作業，才能完成課程的使命，達成教育的目的。

2.作業的完整性　學習是學習者身心一元的反應，所以作業既要有外表肢體的反應，亦要有內在心靈的活動，即使是書面的作業，亦要學思並重，知行合一。從作業中，學生學習到知識、習慣、技能和態度、理想、欣賞等完整的學習。

3.作業的貫徹性　學習是持續完整的活動，而非片斷的動作，所以作業是從學習開始前的預習，到學習後的繼續活動的連貫的工作。可以說學習是以作業爲始，以作業爲終。終結的作業既可以熟練所習、應用所習、考查所習，而且可以啓發下一個學習活動或動機，變成了學習的開始，終而復始，使新舊經驗相聯繫，貫徹了學習活動。

4.作業的激勵性　學習是學習者主動積極的反應，所以作業的內容是生動有趣的，從事作業的態度是積極自動的。作業要是學生所感覺需要的，至少教師要引起學生感覺作業的需要和動機。是以作業不是平淡乏味的，作業對每個人或每個小組，具有挑戰性和激勵性。

5.作業的指導性　有效的學習必須是指導的，所以作業亦必須是在教師指導之下進行的。作業之前需要指導，進行作業的過程中間和完成作業以後，都需要教師適當的指導和鼓勵，決不是照本抄寫，敷衍了事的工作。

6.作業的活動性　學習上有自動學習原則，作業便具有自發的活動性。從作業的擬訂、提示、進行以至評鑑，學生都參與其事，親身經歷，增加了學生學習中的責任和活動機會，眞正做到「從做上學」。

7.作業的啓發性　作業的範圍，既包括各種的學習，所以作業便具有啓發的特性。它可以啓發學生的智慧和思想，更可以啓發學生學習和研究的興趣。從作業中養成學生博學、審問、愼思、明辨和篤行的良好習性。

8.作業的適應性　學習上有個性適應原理和社會化原理，既求其同，亦因其異，所以作業有團體的，亦有個別的，團體的作業在發展群性，個別的作業在適應個性。作業在難度、份量和性質上都能適應學生的差異，以激勵學生的學習。

9.作業的評鑑性　任何活動需要評鑑，學習尤其需要評鑑，所以作業有其評鑑特性。作業完成以後，需要適當的評鑑，以估量其價值，同時作業本身亦能評估學習者的學習成果，以瞭解學習的效果如何。缺乏評鑑的作業，不是沒有效的作業，便是不正確的作業。

10作業的診斷性　由於作業有評鑑的特性，所以作業亦有其診斷性。從作業中可以分析學生的學習，診斷其有無困難、困難的所在或困難的原因，以爲補救教學的依據。

衡量和批評作業的標準很多，但若能根據上列十項特性，便不難評定一種作業之是否爲優良的作業。

第二節　作業的功用與種類

一、作業的功用　討論作業的重要和功用者甚多，如波新（N. L. Bossing）在其所著中學教學法中引述作業的重要說：

「教學的成功，和學生學習方法的進步，完全靠着適當的指定作業。」

「指定作業是最重要的教學工作之一。它可以替代教學的預備階段。」（註一）

孫邦正教授列舉作業的功用爲：

1. 使學生明白所要做的作業
2. 指示學生克服困難的方法
3. 把新舊經驗聯繫起來
4. 引起學生學習的興趣
5. 易於適應學生個別差異（註二）

以上僅是從作業的指定而言，此外，從作業的特性、教學的技術、作業的評鑑等方面，都可以說明其不同的功用。歸納起來，作業重要的功用有：

1. 作業可使學生預習功課　這是經常被教師應用的功用之一，要學生查字典、看課文、找出重點、發現疑難，俾正式教學時，方便教學之進行。

2. 作業可使學生熟練所習　這是最熟悉的一種功用，背書、抄寫、演算習題，都在於使學生反覆練習，熟練所學的功課。

3. 作業可激發學習的興趣　良好有效的作業，不但不是累贅苦工，相反的正是對學生學習興趣的一種刺激。中學國文的「仁聖吳鳳」一課，對於喜愛表演和有編劇才能的學生，將是何等有趣的題材！從成功的滿足中，可以激發學習和研究的興趣。

4.作業可適應個別差異　作業適應個別差異的功能，不常爲教師注意和應用，但確有其適應的功能。例如在全班做某些基本共同的作業之外，另有一些性質不同、難度不同的作業，供學生選作，以適應其能力、興趣和需要的不同，使教育眞正提供適性發展的學習。

5.作業可培養自學的能力　作業雖然要有教師指導，但主要在於學生的自學。無論是蒐集資料、繪畫圖表、解決問題，都要學生從作業中自己計劃、自行學習，以逐漸養成獨立自學的能力。

6.作業有助於診斷補救　從作業的診斷性中，知道教師可藉作業以了解學生學習的情況，以爲決定次一教學步驟的依據，究竟需要改進教材教法，還是繼續教學，或者是重新教學，以便作最適當的指導學生學習。所以，作業有診斷的功用。如果學生因缺乏練習而致成績落後，亦可以作業增加其練習，所以作業亦有補救教學的價值。

7.作業可以充實教育的內容　教育不限於書本文字的學習，教育是完整生活經驗的習得。作業可以補救一般講述注入的不足，使學生從思考、判斷、整理、理解、領悟而到經歷、體驗、實施、熟練，包括了所有的教育內容，使偏狹空泛的教育完整化和生活化。

二、作業的種類　作業的種類，因教學方法不同或分類觀點不一，而有不同的說法，例如有從作業的指定分爲六種：

1.教科書的頁數、節數和課數

2.研究問題

3.單元作業

4. 設計工作
5. 實驗工作
6. 練習作業（註三）

有從作業簿的編輯標準分爲：

1. 筆記式
2. 習題羅列式
3. 灌輸公式倣做式
4. 觀察實驗記錄式
5. 節目課本式（註四）

亦有列舉作業的具體稱謂，有閱讀、筆記、回答問題、注音、查字典、演算、查地圖、繪製地圖、調查、訪問、製表、觀察、記載、比較、研究、討論、實驗、報告（包括口頭報告、書面報告、對小組之報告、對全班之報告等）、製作、練習（包括歌唱、舞蹈、繪畫、書法、樂器演奏等之練習）、表演、演習、專題研究等。（註五）

事實上，因學科的不同，教學方法的不同，自不能羅列所有作業的名稱。若按作業的性質爲標準，可以分爲：

1. 閱讀的作業——閱讀書本的章節、課文、頁數、背誦、心得、感想等屬之。
2. 抄寫的作業——筆記、記錄、抄書、課文後的習題等屬之。

3.練習的作業——數學的演算、語文的習作、體育的操練、音樂的彈奏等都是。但以數學和語文的演算習作爲最多，與前兩種作業，構成今日學校的一般作業，雖有其價值，卻令人有厭煩和累贅之感。

4.製作的作業——雖亦有用手和用寫的，如繪製地圖圖表，但以手的運用爲主，且有具體成果之表現，如模型的製作、教具的製作、勞作家事的作業等。

5.設計的作業——手腦並用的設計屬之，如表解的設計、美術圖案的設計、調查問卷計劃的設計等。

6.活動的作業——如討論、報告、調查、訪問、參觀、蒐集、表演、實驗等作業。

7.研究的作業——如實驗、計劃、比較、專題研究等作業屬之。

以上分類，可以一種作業同屬幾類範圍，亦有一類包括他類作業者。

若以作業的時間爲標準，則又可分：

1.課前的作業

2.課中的作業

3.課後的作業

一般都偏重在課後的作業，如果以作業室（Laboratory）的方式或社會化的方式進行學習，則很多活動便是在課程進行中的作業了。

第三節　作業的擬訂與提示

一、作業的擬訂 作業的實施，首先就是擬訂作業。擬訂作業可以提出的，主要是擬訂所依據的標準和原則：

1.要符合作業的特性 作業的特性，是良好作業的標準，擬訂的作業能符合作業的特性，自然是有價值的，適應差異的作業。

2.能達成作業的功用——作業不但要符合特性，還要能完成其功能，才不致是浪費時間、令人煩惱的苦工。

3.要顧及學生的時間 學生的功課很多，每一科目的學習均有作業，所以擬訂作業，必須顧到學生自學的時間，做到作業合理的要求。

4.要能師生共同擬訂 瞭解學生需要和興趣的，莫過於學生自己，要想作業適合學生的需要，最好是師生共同擬訂。這樣，既可以顧及學生的需要和興趣，又能把握作業的價值、分量和內容。

5.要事先及早擬訂 凡事豫則立，不豫則廢，準備充分的教師，即使是教學中要舉的例證，都要在事先想好，何況作業是完成學習活動的重要一環，尤其需要詳密的計劃。一個好的作業，決不是臨事可以擬訂妥善的。何種作業全班共同要做的，何種作業可以選作，可以適應差異，都需要事先及早擬訂，以便易於實現作業的目標與功能。

二、作業的提示 作業的擬訂和計劃，只是方針的確定和材料的具備，譬如烹飪，只是預備了美好的材料和做些什麼菜，又如成衣，只是有了衣料和式樣的計劃，重要的還有待學生們實際的烹調和縫製。至於如何引起學烹調縫製的動機和興趣、瞭解要烹製些什麼以及如何烹製的方法，則有賴教師的提示活動。

一般都稱此一手續爲指定作業，而且以之爲作業的全部範圍。實則，「指定」作業，未免顯得過於强制，而有一種「對立」「不快」和「被迫」的感覺，不如「提示」來得妥貼；同時，提示作業固然重要，但提示作業並非作業活動的全部，這種觀念，必須首先澄清。

關於提示作業，亦卽所謂指定作業，又可以分爲下列幾項：

1. 提示的步驟　提示的步驟，正如上面所述，包括：

(1)引起興趣和動機　這一步影響作業的效果很大，非常重要，但如同教學的引起動機一樣，常爲教師所忽視。好的動機和興趣，可以引發學生做作業的心向和强烈的慾望。引起興趣的方法很多，如說明作業的價值、說明作業的目的、提出疑難的問題、佈置學習情境等都是。至於師生共同擬訂作業和蒐集資料等，已經是引起興趣和動機的預備階段了。這一步可以 why 一字代表之。

(2)提示作業的範圍和內容　這是最主要的一步，在使學生知道要做的作業，性質是什麼？範圍怎樣？時間長短？要求結果？各種項目，都要詳細列舉，以便學生瞭解。這可以what一字代表之。

(3)指導方法和提供資料　如何完成作業的方法，應用那些參考資料以及必要的基礎經驗，都要在提示作業範圍之後，緊接着指導學生，以便學生循一定途徑，切實有效的完成作業。所以，最好是教師把第二第三兩步的項目，詳細列舉，印發給每一學生，或張貼在佈告欄，或抄寫在黑板上，學生既可以切實瞭解，還可以隨時參考。這是How的一步。

(4)檢查和確定　爲了要切實知道學生是否眞正瞭解作業的內容和學習的方法，教師最後要考問檢查一下，亦卽所謂 Make sure。如果還有不清楚的，就要重行提示和說明，要是有作業大綱的印發或公佈，則可有助於檢查及確定的手續。

2. 提示的時機　提示作業的時機，並無一定規定，可以在上課開始的時候，取其精神集中，可以在課程進行中間，相機提示，亦可以在下課之前，一個單元終了時候提示，都是各有利弊。要在根據教學方法和作業性質，因時制宜，而能以喚起學生注意和順乎教學的自然程序爲主。

比時機尤爲重要的，是提示時間的問題。很多教師在教案中分配的指定作業時間，只有一分鐘。實際教學時候，甚至連一分鐘都沒有能控制好。下課的鐘聲響了，學生在整理課本、開關抽屜，脚在地板上沙沙移動的一片混亂聲中，以一二句話匆匆交待了事。提示過於匆促草率，自難獲致良好效果。因此，有認爲提示作業所需的時間，以十五分至二十分鐘爲合適，在指定大單元作業時，則需要更長的時間。可是衡諸一般實際上課的時間，每節最多五十分鐘，以三分之一以上的時間提示作業，可能會影響其他教學活動的進程，而且上列提示作業的四個步驟，普通亦無須化費如此長久的時間。所以，我們以爲一般作業的提示，以五—十分鐘的時間最爲合宜，少於五分鐘，恐不易完成四個步驟，不超過十分鐘，亦不致影響其他活動。至於作業範圍較廣，工作較難，或者從師生共同計劃開始，以至提示作業，時間宜於稍長，自不受此限。

3. 提示的主體　一般以爲提示作業者，必然是教師，其實現代教學，是師生共同的活動，所以提示作業亦可以分由：

(1) 教師提示　多數作業由教師擬訂，並由教師提示，因爲教師瞭解教學的目的、作業的價值，並能掌握作業的份量和內容，控制提示的時間，提示得亦較爲淸晰有效。

⑵學生提示　有些作業是由學生感到需要，或經討論而得，則可由學生提示之。尤其是採用經驗課程學習的教學，一切學習以學生生活經驗爲中心，學生提示作業的機會更多。學生雖然缺乏組織能力和經驗，但所提示的往往是最感興趣的作業。

⑶師生共同提示　爲補救學生提示的缺點，而且是由教師學生共同擬訂作業者，則由師生共同提示，或者學生在教師安排與指導之下，擬訂並提示作業。這種方式，在師生計劃尚未爲我國教師和學生熟悉以前，恐不易實施，但這是一種正確發展的方向，値得我們嘗試的。

第四節　作業的指導評鑑

一、作業的指導　由於把作業的觀念，限於抄寫和練習的狹隘範圍，所以很少有作業尙需指導的瞭解和認識，事實上作業是學習活動之一，同樣需要教師的指導。不過有些作業是在家庭或課外時間做的，教師的指導不具正式形式而已。

指導學生進行作業的方法，往往因作業的性質而不同，但仍然可以提出一些基本的要點：

㈠指導學生養成正當的態度：如及時開始、集中注意、耐心學習、正確精細等，都是學習應有的態度。

㈡指導學生正確的基本能力：

1. 運用學習工具的方法，如字典、辭典、地圖等運用的方法。

2.操作學習器材的能力，如各種實驗設備、儀器、教具的運用方法。

3.筆記、繪製、製作、發表等方法和能力的指導。

㈢指導學生閱讀的方法和能力，諸如：

1.如何利用圖書館

2.如何查閱目錄，找到書籍。

3.如何瀏覽

4.如何略讀

5.如何精讀

6.如何撮要

㈣指導學生參觀、訪問及利用社會資源：如何決定目的、分析內容、擬訂表格、決定方法、進行活動，以至整理資料和編寫報告，都需要教師指導。

㈤隨時鼓勵　教師除了指導學生方法，培養學生能力之外，還需要隨時鼓勵，維持學生學習的興趣，以提高作業的效率。

二、作業的評鑑　作業評鑑，亦就是一般所謂作業批改，但作業評鑑不限於作業批改，因為有些作業並不需要批改，而且評鑑包括了評估和鑑賞在內。一方面批改訂正，評估其價值，一方面可以鑑賞其成果。玆分評鑑的重要、原則和方法等說明之。

㈠評鑑的重要　無論什麼活動，經過相當時間以後，從事者都有希望知道其結果的需要。一如運動員之希望知道其得分，演員希望知道觀衆的反應，甚至搭積木的孩子希望成人讚賞他們的傑作一樣，學生對自己的作業，當然亦希望知道其成果與價值如何。分析以說，評鑑的重要有：

1. 瞭解學生的學習　從作業的評鑑中，可以瞭解學生學習的情況和理解的程度。

2. 改正學生的錯誤　學生學習的錯誤，可以從作業的評鑑中訂正和改進。

3. 改進教師的教學　教師教材教法的是否得當，可從作業評鑑中得知，以爲改進教學的參考。

4. 診斷學生的困難　只有評鑑作業，才能眞正了解和分析學生學習的困難，與診斷其困難或失敗的原因。

5. 督促學生努力　教師切實評鑑作業，學生自能努力學習，完成作業。

6. 養成優良的習性　教師按時評鑑作業，認眞評鑑作業，可以養成學生守時、負責、整潔、正確等優良習性。

7. 養成鑑賞的能力　從作業的評鑑中，學生還可以養成批判價值和鑑賞的能力，以收附學習之效。

㈡評鑑的原則

1. 按時評鑑　教師必須按時評鑑，不可積壓延遲，以養成學生懶惰不守時的壞習慣，這樣才可以促使學生重視作業的學習，尤其不可以在敎務處要查作業時，才催着學生趕作業，使學生有作假和匆促之感。

2. 切實評鑑　教師評鑑作業要切實詳細，千萬不可打上「V」或寫一「閱」字，馬虎了事。敎務處抽查作業，往往亦是讓工友在每本作業簿上蓋章子，上行下效，學生當然不會認眞的學習和完成作業。

3.共同評鑑，共同評鑑又可分：

⑴師生共同評鑑——師生共同活動，是現代教學的重要趨勢之一，從師生共同計劃、共同參與、共同提示到共同評鑑，始終是教師和學生雙方的活動，旣能符合自動原則，更做到了同時學習的要求和價值。

⑵家長參與評鑑——這有幾點好處：⑴可以培養家長對子女作業的關心和興趣⑵培養家長對子女作業的責任感⑶使家長瞭解一般作業的標準⑷可使教師了解到家長的需要和期望。

⑶有關教師共同評鑑——如邀同前任學科的教師，或同一學科的其他教師共同評鑑，這樣可以集思廣益，可以統一標準，還可以取得相關的聯繫。

4.簡明公平　評鑑作業要簡明扼要，使學生容易瞭解，能符合學生的程度與能力。同時，評鑑要公平無私，使評鑑的價值具有眞正的意義。

5.保存原意　無論何種作業，評鑑時宜儘量保存學生原作和原意，避免删改得面目全非，因爲作業畢竟是學生的學習，不是教師的傑作。

6.積極鼓勵　獎比懲更有激勵學習的作用，所以評鑑作業宜多予積極鼓勵，少用消極批評。無論是等第或文字，最好經常使有進步，使學生具有成功的滿足和愉快，而且要有積極的意見和建議，使學生知所改進。

㈢評鑑的方法

1. 觀察　學生作業是書面的、活動的，都可以用觀察的方法，評鑑其進程和結果。

2. 查閱　有關各種文字的、記錄的作業，可以由查閱以評鑑之。

3. 鑑賞　有些表演、設計、製作的作業、可以訂立一定的標準，共同鑑賞。

4. 批改　許多文字的、書面的作業，需用批改的方法，加以修改和批評。

5. 訂正　大多數學生的作業都要訂正，而訂正又有：⑴全班訂正⑵抽查訂正⑶行間訂正⑷直接訂正⑸領袖訂正⑹當面訂正⑺交互訂正⑻符號訂正等方式。

第五節　作業的困難和趨勢

一、作業的困難　儘管作業的意義和特性，是如此的廣泛和重要，而眞正實施作業上，仍有許多的問題，例如費林和渥俊（C. W. Fleming and M.N. Woodring）調查二百三十位中學教師所感覺指定作業的重要困難有十七條：

1. 計劃時沒有充分的思考和準備。
2. 不易使學生了解作業的主要目標。
3. 不易引起學生的興趣，並使作業適合生活上實際的需要。
4. 不易防止因作業之指定至預備時間的冗長而喪失興趣。
5. 學生因作業太長，不能在可能時間內完成而喪失興趣，亦不易避免。
6. 不易防止因作業種類過多而分散學生的興趣，並影響其作業的成績和習慣。

7. 不易使學生了解作業，亦不易知道是否每個學生都瞭解。
8. 不易測量作業的難易，以期每個學生都能成功。
9. 不易決定需要全班學習和適應差異之作業。
10 不易擬訂刺激學生思想的作業。
11 不易使問題既與舊經驗有關，又與以後問題相聯繫。
12 不易與其他科目和課外活動相聯繫。
13 指導做作業的方法、引起興趣、鼓勵努力和排除障礙，均非易事。
14 不易供給作業所需的工具，及訓練學生學習的方法、技能和習慣。
15 不易供給學生以考查自己作業的方法。
16 評鑑作業的效率不易。
17 不易有充分時間及合適時間以指定作業。(註六)

可知在擬訂作業、提示作業、指導作業和評鑑作業中，都具有困難。不僅如此，我們現在的教師還有另外的困難，如：

1. 學生人數過多　人多了，適應差異的作業便不易擬訂，評鑑作業亦不易切實。
2. 教師時間不够　時間不够是受人數過多的影響，此外教師待遇差，兼職亦佔去了不少時間。
3. 升學主義的影響　學生重視的是升學，不能有助升學的作業，都不受重視，有助於升學的，亦只是反覆練習的作業而已。

4.教師觀念不正確　不但學生不重視作業，教師亦不重視作業的價值而掉以輕心。

5.教師訓練不够　教師對作業的擬訂、提示、指導和評鑑的訓練不够，不易發揮作業的功效。

6.督導不嚴　教育行政和學校行政作業的督導考查，不够嚴密認眞，以致不能收切實作業之效。

二、作業的趨勢　雖然，作業有上列這些困難，但基於作業的特性和功用，作業仍有其教學上重大之價值，並受到教學研究之重視。現代教學上對於作業，可以發現逐漸注重下列趨勢的發展：

1.作業的範圍擴大，不限於文字、書面和練習的作業。

2.從教師中心到師生共同擬訂，提示和評鑑。

3.注重作業的適應差異性。

4.作業成爲完成學習的重要活動之一。

5.作業不但有個人的，還有團體的，以發展學生群性。

6.作業有賴於教師、家長、學生和行政人員之通力合作，以提高其效率。

摘　要

作業不僅是抄寫或反覆練習的工作，從其所具的課程性、完整性、貫徹性、激勵性、指導性、活動性、啓發性、適應性、評鑑性和診斷性等特性，可知作業在教學中的價值與功用。儘管作業有許多的困難，但教師能針對作業的趨勢，在擬訂、提示、指導和評鑑作業時，謹守原則，悉心以赴，仍然不難由作業以達成教學之目的，因爲作業是成功教學的關鍵之一。

附註

一、N.L.Bossing, Teaching in Secondary Schools, Houghton Mifflin company, Boston 1963. P.297

二、孫邦正著　普通教學法　P.478

三、同註二P.480

四、楊光妹　談作業編輯與學習指導　教育輔導月刊十七卷一期

五、李祖壽　改進國校指定作業的途徑　教育文摘十卷一期

六、同註一P.318

研討問題

一、在你所習的學科中，可以有那些種類的作業？

二、如何與學生共同擬訂作業？在你的教學中舉一例說明之。

三、如何與學生共同評鑑作業？舉一例說明之，

四、作業可以適應學生差異，試擬一套適應學生差異的作業。

第十八章　教室管理

教室管理是教學技術中重要的問題之一，平常教室管理的工作處理得得當，不會覺得它有何重大影響，但是一旦教室管理的工作做得不好，則立刻問題叢生。首先就是教學不能如期進行，甚至師生間的情感、學生的人格發展，都將因之受到影響。所以教師教學，必須講求教室管理的技術。本章將對教室管理的意義、目的、內容和方法，作一簡略說明。

第一節　教室管理的意義與重要

一、教室管理的意義　何謂教室管理？一提到管理，就很容易使人想起控制和約束等消極的活動、認爲教室管理就是教師在教室中，管理學生行爲和維持教室秩序的工作。其實，教室管理在性質上絕非如此消極，在範圍上亦絕非如此狹隘。在英文裏，教室管理是Class management,「Management」有處理、經理的意思。引用處理和經理於教室，就知道教室管理是教師或者是教師和學生共同、合適地處理教室中人、物、事等因素，使教室成爲最適合學習的環境，以易於達成教學目的的活動。其中人的因素是指教師、學生、以及學生與學生、教師與學生、教師與教師間的關係，例如教師不隨便在學生面前批評或議論其他的教師；物的因素是指教室中一切物質的環境與設備；事的因素則指一切發生在教室中的活動。明乎此，就可以知道學生行爲的管理和教室秩序的維持，只是教室管理的一部分而已。如果我們能稱之爲教室處理或教室經理，亦許更容易瞭解教室管理眞正的意義。

二、教室管理的重要　教室管理的重要，可以分別從教室和管理兩者的重要以說明：

1. 教室的重要　教室是學生在學校生活的中心，無論是小學生或中學生，早上從七點半甚至更早的時間到學校，以至下午四時半或更遲的時間離開學校，一天有八九小時是在教室裏渡過，他們在此進食、在此生活，他們的行爲、思想、習慣，大部分都是在此養成，可知教室對學生的關係，是如何的重大了。

教室不但是學生在校生活的環境，而且是學習的場所，而學習的效率，常受環境的影響。環境要能安靜、舒適、合宜和有利，便能增進學習的效率。反之，不僅降低學習效率，而且可以減少學習興趣，產生不良的情緒反應。卡爾漢（Sterling G. Callahan）在其所提關於學校建築的十二點建議中，便有「經常注意物質環境對學生學習影響」的建議。（註一）

此外，教室還是學生養成社會行爲的主要環境。許多學生在教室中共同學習，共同生活，既學習如何發展自己的智能，又學習如何適應團體的生活。在教室中有互助合作、相互切磋的機會，亦有分組討論、公平競爭的機會，自由與法治、民主與服從、權利與義務、個人與團體等許多觀念、知識、能力和習慣，都要在教室中訓練和培養。

2. 管理的重要　教室不是自然環境，需要適當的處理和管理，所以，教室重要，教室管理更重要。工商業上有所謂工商管理，其目的在求效率之提高，教室管理亦是如此。如何使合適的人，在合適的場地，合適的氣氛中，運用合適的材料，進行學習，就需要事先周密的計劃，隨時切實的處理，不但使教學活動經濟有效，而且要獲致最佳的效果。

第二節　教室管理的目的

一、維持教室秩序　維持教室秩序，是教室管理最容易使人想到的一個目的，使教室秩序良好，可以便於教學的進行。教師可以專心教學，不必經常爲秩序問題而中止，以致影響教學進度和教學效率，學生亦可以安心學習，不受混亂的紛擾。教室秩序良好，還可以不影響其他教室的教學。所以，維持教室秩序，是教室管理最基本的目的。

二、啓發學習興趣　教室管理中包括有環境的佈置和風氣的培養。良好的教室管理，使教室內具有充分的教學設備以供學習；可以隨教學進度而佈置環境，以啓發學生學習的興趣；更有良好的學習風氣，可以增進學生學習的興趣。所以，教室管理在能安排合適的刺激，以激發學生學習和研究的興趣。

三、提高教學效率　教室管理在使教學具有安靜、舒適的環境，俾教學效率得以提高。如果學生在骯髒、昏暗、沉悶或者室徒四壁的環境中學習，其效果之低落，是可以想見的。至於良好的衞生環境之於身體健康，和愉快的精神氣氛之於情緒興趣，更直接地影響到教學的效果。所以，教室管理主要的目的，在使教學的效率提高，以增進教學的效果。

四、培養自治精神　教室管理中的常規訓練，可以養成學生許多良好的習慣，尤其是自治的習慣和精神，爲今日民主社會生活所必需。這種自治的精神和民主生活的習慣，最易在教室管理中培養。因爲，優良的教室管理，透過班級的活動和組織的生活，使學生學習自發自動，能爲愛護團體的榮譽而自愛自治，以達到自治精神和自治能力培育的目的。

五、增進師生情感　良好的教室管理，不但不需要壓抑學生的行爲，而且可以從師生間的互助合作，和諧相處中增進情感。教學本來就是師生情感交流的作用，如果師生情感得以增進，則教師易於獲得學生的尊敬和信仰，學生亦更易接受教師的指導和教誨，眞正做到師生如同家人，教室成爲「快樂的家庭」，亦眞正收到教學的效果和達成教學的目的。

第三節　教室管理的內容

由於教室管理需要達成上述一些目的，所以教室管理的內容至爲複雜，而且中外國情不一，教室管理的內容亦有差異。歸納以言，可有下列幾種：

一、教室環境——安靜、明朗、雅緻　教室環境包括物質環境和精神環境兩種，精神環境屬於教室氣氛，當另外說明。物質環境則包括教室的座落、色彩和佈置等。教室的座落方向，與光線、溫度、通風都有關係，普通是南北向比東西向好。教室座落除方向外，便是位置。教室靠近街道，易受車輛、商店廣告、音響等干擾。不過，教室早經建築，教師對此無能爲力。但教師對於教室的色彩，則可以努力改善的。昏暗和單調顏色的校舍時代已經過去了，現在的學校常常飾以愉快的色彩，有陽光的部分用淺綠色或藍色，陰暗一面用橙色和黃色。目前，我們還沒有這種習慣，由教師或師生共同設計和改善自己教室的色彩。如果眞有那麼一天，則不但學生的學習內容充實，可以學到設計、勞動、欣賞和實際的生活經驗，而且學生對於經由自己努力完成的教室之愛護之情，將會油然而生，師生們對教室會像對家庭一樣的產生感情，這何嘗不是教室管理中的另一種收穫。

教室環境除色彩以外，還有環境的佈置。佈置環境，可以刺激學習意念，增進教學效果。現在的教室佈置，大致中學不如小學。小學的導師，幾乎整天的時間都在自己班級的教室裡，所以肯用全副心思在教室的佈置方面。中學教師分科教學，導師不像小學導師只教一班，自不易集中全部精力於自己班級的教室。當然，「中學重教材，小學重教法」的錯誤觀念之影響，亦是原因之一。其實，無論中學小學，教材教法是同等的重要，佈置教室都可以提高學習的興趣。教室佈置與教室設備有關，普通經常的佈置，有格言、標語、公佈欄、陳列枱，此外，還有隨教學進度以變換的佈置。

由教室的位置、色彩和佈置以言教室環境，則教室需要達到安靜、明朗、雅緻的要求。

二、教室設備——充實、耐用、方便 教室設備與學校的經費、教學的方式有關，很難說一個教室應該具有多少設備。許多教室，除了黑板和學生的課桌椅外，一無所有，甚至講枱和講桌都沒有。卡爾漢曾指出舊式學校建築設備的缺點有：教室過於擁擠、教室未能按教學需要而變異、溫度不良、桌椅高度缺乏變異、桌子固定不能移動、照明不够、黑板太小或反光、教室顏色太深或太淺、桌面不平、貯藏和放置物品處所不合適、佈告欄過小或失當、缺乏視聽器材放映處所。（註二）可知教室設備至少應該具有桌椅、黑板、佈告欄、燈光、視聽設備和貯物的架櫃等。如果能使教室成為一個作業室（laboratory），有工作枱、教室圖書室或書架、陳列枱和圖表、模型等教具，則學生在教室中，即能獲得最方便的學習。

作業室或教室的設備，常因學科不同而異。例如自然科學的教室，其設計完善者應包括實驗、閱讀、教學和個別工作的場所，除重要的設備外，須有教師的書桌、會議桌、演示枱、冷熱水管、暗房、書架、黑板、公佈欄等。（註三）一組語文科教室則須包括1.小辦公室（教師可能暫時重作一下學生之用）2.教學資料中心3.電視設備4.說話和聽力實驗室5.語言實驗室6.補救教學室7.寫作室8.師生或學生討論的會議室（裝有便於觀察的玻璃）9.個別閱讀室10.至少一間便於進行協同教學中的大班講演教室11.可以改變以作協同教學小組討論之房間12.使用教學機的教室。（註四）

渥凡特（Glen F. Ovard）更建議社會科學教室宜有九個基本場地：位於中央的學生學習區，位於前面的基本教學區、教師的貯藏區、公佈區、開放的展覽區、可鎖的展覽區，創作設計區、小組研討室以及貯藏區，分別有不同的設備，可從圖18-1得知：（註五）

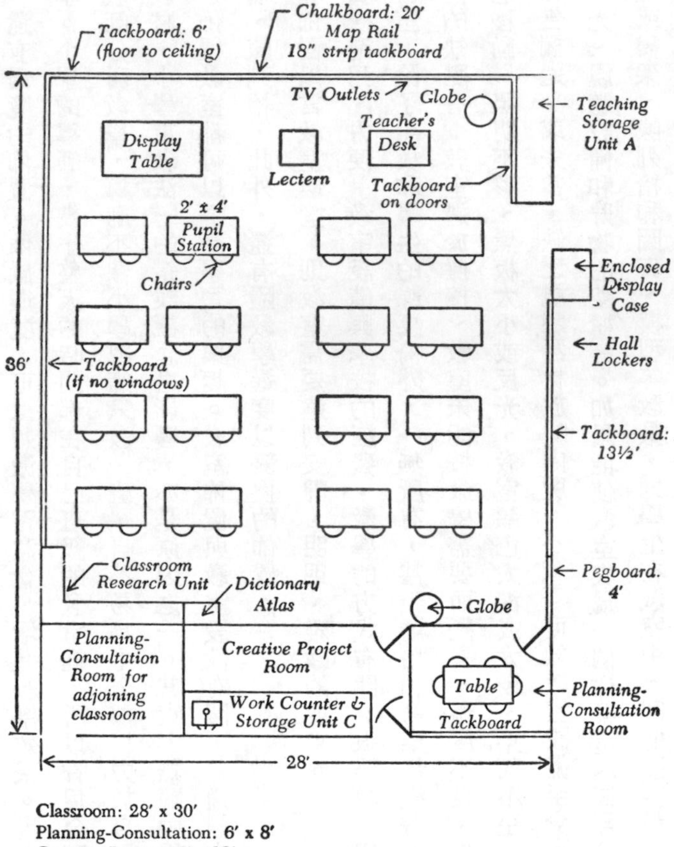

Classroom: 28′ x 30′
Planning-Consultation: 6′ x 8′
Creative-Project: 6′ x 12′
Total Area: 924 sq. ft.

18-1 Floor plan for a social studies classroom.

以上所引各科教室的設備，在我國目前自難做到。但專科教室中的教具設備，則宜儘量充實，以利教學。普通教室則教學設備和生活設備，宜兼顧並重。一切設備中，以桌椅黑板爲最必需和最普通。桌椅的標準，除要合乎衞生的要求以外，要堅實——質料堅實、製造堅實，要經濟——佔地經濟、顏色耐久、形色美觀，要靈便——便於應用、便於變化。（註六）黑板，現在多數已改稱粉筆板，因爲顏色已經從黑色改進爲綠色。質料亦由木板改進爲玻璃板。面積增大，且有弧度。黑板高度，配合講枱講桌，方便教師書寫，更要適合學生觀看。所以有上下或左右活動黑板之裝置。總之，教室設備要能做到充實、耐用和方便。

三、教室衞生——整齊、清潔、衞生　教室衞生直接影響學習的效率和學生身體的健康，間接亦影響到學生習慣的培養，其中包括：

1. 整潔　與秩序同樣重要而爲教室管理首要的事情，便是整潔，而整潔亦是最容易做到的工作，只要教師和學生養成習慣，使教室的一切設備和物件，安置在合適的地方，以保持整齊，黑板、門窗、桌椅、地面之擦拭，以維持清潔，使人有窗明几淨、明亮愉快的感覺。

2. 光線　光線影響視力，光線太强或太弱，都足以損害目力，現代教室都利用燈光的照明，以補救光線的不足。最近教育當局鑒於學童近視的增多，而竭力改善照明設備。但究竟多少亮度才算合適呢？根據研究，光度因教室的用途而異，如波新（N. L. Bossing）所提供學校建築每平方呎的燭光標準是：（註七）

至於弱視學生的教室，則必須特別明亮，室內任何地方均須保持五十燭光之明度。（註八）

教室除了燈光之外，還需要用窗帘來調劑光線的明暗，尤其是避免陽光之直接照射在學生桌面或黑板以及閃光。這些，教師都要隨時注意，並使學生養成習慣，自行開閉調整，並隨時注意，要在合適的光線之下工作或學習。

教室類型	照明工程學社 1947	全國教育會 1946	美國教育署 1948
教室自修室	30	30	30
走廊	5	5	
繪圖設計室	50	50	40
體育館	20	20	
作業室實驗室	30	30–50	40
講堂	30	20–50	
餐室	10	10	
縫紉室	50	100	40
樓梯	10	5	
工作室	30	30–100	30
儲藏室	5		
盥洗室	10	10	

18–2　學校建築燭光標準表

3.溫度和空氣　溫度的高低和適中，亦影響學習的效率，太熱和太冷都會分散學生工作時的注意和減低學習的速度。理想的溫度是華氏70°，普通67°到73°之間都算是合適的。我們現在沒有冷暖氣的設備，則窗戶的開關，亦可以調節溫度。空氣的新鮮，對健康和學習亦有關係，空氣新鮮，頭腦清新，易於學習。教室裡人數衆多，通風不良，空氣最易汚濁，教師要注意儘可能保持空氣的新鮮，但亦要防止學生的直接吹風。

4.桌椅　桌椅影響學生的姿勢和身體的發育，根據研究，波士頓醫院中四百個駝背和疝氣患者，百分之七十一是由學校所造成。前面提到過，桌椅高度不合是學校建築設備缺點之一，怎樣的桌椅才合乎衞生呢？據研究：

1.膝下沒有壓擠之感，亦卽旣不懸空，亦不壓得太低。

2.雙腿有足够自由移動的空間。

3.坐椅有較低、中空的靠背。

4.當學生放平其手臂時，桌面要稍高於學生的雙肘。

5.具體的說，桌高應約占身高七分之三，椅高應占七分之二。

這是指桌椅高矮而言，此外桌椅的排列亦要符合健康條件，例如光線要從左後方射入、桌椅要能移動以適應不同的學習方式，可以面對教師，或同學之相互對面討論，而無須回頭或扭轉身軀。桌面亦宜略呈傾斜，以便學生視線與書面成一直角，總之，教室衞生要做到整齊、清潔和衞生的要求。

四、教室常規——簡明、合理、自然　教室裏有許多經常的規定，這些經常規定就是常規。如果常規訓練得愈好，教學亦就進行得愈好，因爲常規可以使學生們無須一再地告訴，便知道如何工作，可以節省許多時間，還可以養成良好的習慣。不過，太多的常規或者要求過嚴的規定，亦能導致興趣的喪失和厭倦，所以教室常規要簡單明瞭合理，而後才能行之自然。一般的常規有：

1.座次　通常，學生在教室裏都有固定的座位，因爲排定座位，可以⑴便於教師認識學生；⑵便於清查出缺席；⑶便於收發簿本材料；⑷能適應學生身體狀況。不過，座位次序的排列，可因教學方式而異；並非永遠是面對教師的聽講座次，圖 18-3 便是一般傳統座次方式之外的幾種座位形式。

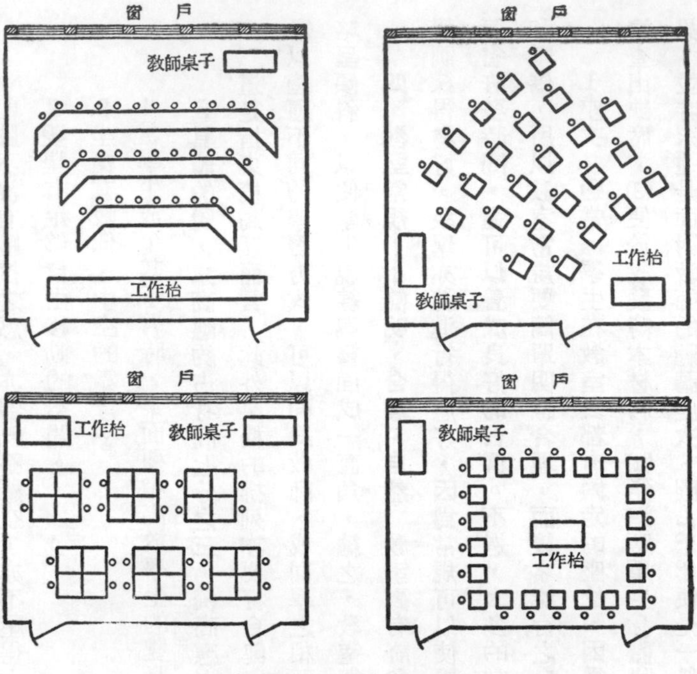

18–3　幾種不同的座次圖（註九）

座次的編排，宜注意：(1)學生身材的高矮，矮的坐前面，高的坐後面；(2)視聽力困難的情形；(3)書寫有特殊習慣者；(4)頑皮愛講話者不宜排在一起；(5)適應教學方式。座次一經排定，可以在適當的時間內變換行次，把旁邊的換至中間，或左右兩邊對調，有些細心的教師，甚至規定每週輪流依次換行，以免影響學生的視力。

2. 點名　除了特殊需要，教師不宜用唱名方式清查出缺席，最好是備有一份座次表，按圖索驥，很快就可完成點名的工作。亦有由班長或值日生事先清查之。如果教學方式不同，可以先讓學生坐在自己指定的位置上，以後可以變更其工作位置。最不好的方式，是由學校行政單位派員點名，往往在教學進行中間，造成教室秩序的混亂。

18–4 18–5 是兩張特殊的座次表，教師不僅可以用此點名，而且可以了解學生。當然，這只是參考的例子，教師可以按實際的需要，自行設計合適的座次表以供應用。

TEACHER

Earl Jeppson School principal Jr. 14x120x4 Accountant	Allene Cheney Teacher Jr. 16x110x2 Housewife	Karen Hastings Farmer Jr. 16x105x3 Secretary	Jean Simmons Farmer Sr. 17x90x4 Nurse	Larry Fullmer Farmer Soph. 15x90x4 Farmer
Farrel Hung Farmer Soph. 16x95x5 Farmer	Larry Robins Businessman Jr. 16x110x2 Businessman	Ronald Berrett Rancher Jr. 17x95x6 Cattleman	Harold Cramer Laborer Soph. 15x100x2 Contractor	Betty Morrell Salesman Soph. 15x125x4 Homemaking teacher
Bill Berrett Teacher Jr. 16x90x3 Farmer	Arlene Albertson Farmer Jr. 16x100x10 Secretary	Sharol Garner Butcher Soph. 16x105x3 Designer	Chuck Mueller Salesman Soph. 15x105x3 Baseball player	Kent Dutson Store owner Sr. 18x110x7 Penny's manager
Carl Holm State Repre-sentative Sr. 18x110x6 Business	Ken Nukaya Farmer Jr 17x115x4 Artist	Tom Edwards Draftsman Jr. 16x110x3 Engineer	Ann Johnson Railroad foreman Jr. 16x105x2 Secretary	Dorothy Jensen Optometrist Soph. 15x100x4 Receptionist
Noel Hales Social worker Soph. 15x120x3 Architect	Martin Thorne Newspaper editor Soph. 15x115x2 Editor	Diane Lyman Laborer Jr. 16x100x4 Housewife	Ralph David Farmer Jr. 16x105x6 Engineer	Joe Henery Doctor Soph. 15x110x5 Dentist
Kent Beus Lawyer Jr. 16x110x2 Doctor	Jean Smith Farmer Jr. 16x100x3 Housewife	Marilyn Berret Teacher Sr. 17x100x3 Housewife	Larue Barrus Musician Soph. 14x115x3 Music teacher	George Simms Truck owner Soph. 15x105x3 Truck driver

4 Seniors, 14 Juniors, 12 Sophomores

Note: Seating block shows
Student's name
Father's occupation

School year
Age x I.Q. x Number of children in family
Desired occupation

18-4 座次表之一（註一〇）

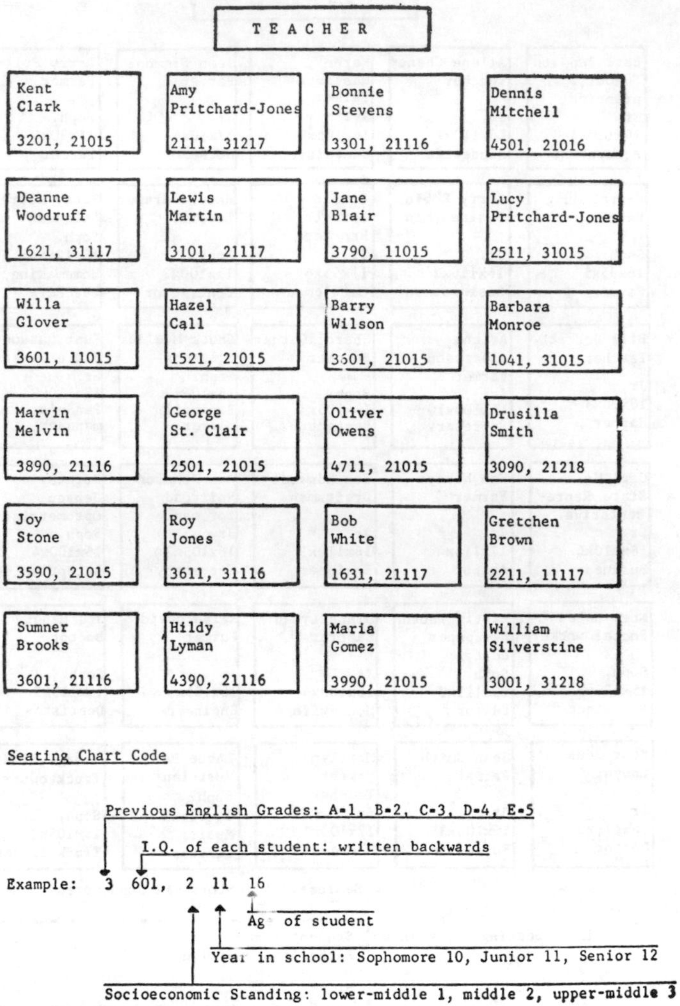
TEACHER
Kent Clark 3201, 21015
Amy Pritchard-Jones 2111, 31217
Bonnie Stevens 3301, 21116
Dennis Mitchell 4501, 21016
Deanne Woodruff 1621, 31117
Lewis Martin 3101, 21117
Jane Blair 3790, 11015
Lucy Pritchard-Jones 2511, 31015
Willa Glover 3601, 11015
Hazel Call 1521, 21015
Barry Wilson 3601, 21015
Barbara Monroe 1041, 31015
Marvin Melvin 3890, 21116
George St. Clair 2501, 21015
Oliver Owens 4711, 21015
Drusilla Smith 3090, 21218
Joy Stone 3590, 21015
Roy Jones 3611, 31116
Bob White 1631, 21117
Gretchen Brown 2211, 11117
Sumner Brooks 3601, 21116
Hildy Lyman 4390, 21116
Maria Gomez 3990, 21015
William Silverstine 3001, 31218
Seating Chart Code
Previous English Grades: A=1, B=2, C=3, D=4, E=5
I.Q. of each student: written backwards
Example: 3 601, 2 11 16
Age of student
Year in school: Sophomore 10, Junior 11, Senior 12
Socioeconomic Standing: lower-middle 1, middle 2, upper-middle 3

18-5 座次表之二（註一一）

3.收發器材、物品、講義、簿本的收發，亦要建立常規，按行次，由前向後發，由後向前收，如果可能，要在上課以前做好收發的工作，既可以節省時間，又可避免紛擾。

4.儀禮　教室中有一定的儀禮，上下課的相見禮，集會時的儀式頌詞，都應該虔敬，誠於中而形諸外。此外，進出教室、發言發問、服飾、姿態、都有一定的規定。

5.秩序　教室秩序的良好，需要平時常規的訓練。秩序良好與安靜有關，但安靜不等於正襟危坐，鴉雀無聲，而是大家在忙着各種學習，可以交談討論，可以走動，就像電視播放室之向播放的目標進行各種活動，教室是向着完成學習活動而忙碌。

6.其他　除以上一些常規外，其他如試卷的直寫橫寫、一面寫兩面寫、作業何時繳齊、第二天帶那些簿本器材，都要及早規定，有的可以用小黑板逐日定時公布，儘量減少學生的困惑，而能按一定常規進行學習。

五、教室氣氛——輕鬆、愉快、勤奮　教室氣氛是教室的精神環境，如果氣氛與情調和樂愉快，則不但有助於學習，而且有助於學生心理健康的發展。因爲，有效的學習是產生在愉快而友善的環境之中，學生可以在這種有利的環境中，享受到喜悅和滿足。甚至學生在校外所遭遇消極的、不快的經驗，都可以因爲教室中的友誼，接受和賞識而消除殆盡，恢復正常。所以教室管理的內容之一，是培養和創造一種有利的教室氣氛。教室氣氛包括：

1.相處關係　教室中教師與學生、學生與學生間的關係，是影響學習、心理健康的重要因素。這種「人際關係」不但影響學生的人格發展，而且亦是學生以後「人際關係」的基礎。根據麥士羅（Maslow）研究常態人格，發現心理健康的人：(1)有適當的安全性；(2)有適當的自發性和感受性；(3)能作適當的自我批評；(4)能够面對現實；(5)有適當的軀體慾望和滿足此等慾望的能力；(6)有適當的自知之明；(7)具備人格的統整和一致；(8)有適當的人生目的；(9)有從經驗而學習的能力；(10)有滿足團體需要的能力；(11)能够適當的超脫於團體或文化的限制。(註一二)可知學生在敎室中是否處相等的地位，有相等的機會，對自己有適度的自尊，有自知之明，亦有成功的滿足；同學間能相親相愛，相互砥礪，能相互切磋研究，亦能作合理的競爭。學生能在融洽的、友善的關係中學習和生活，則必然自尊尊人，達成敎室管理的目的。

敎師和學生的相處，則受敎師品格和情緒的影響。敎師人格成熟，情緒穩定，能够容忍、熱心、鼓勵、尊重學生的尊嚴，平易近人，自然使學生如坐春風，易於學習、易於爲人，敎師亦自然地獲得尊敬。如果敎師過於嚴肅、暴燥易怒，或者抑鬱寡歡、沉默保守，或則過於隨便猥瑣、毫無値得尊敬之處，則學生們不是恐懼儒怯，冷淡呆板，就是粗鹵囂張，其影響學習情緒和社會行爲，自屬必然。

2. 學習風氣　學習風氣亦是敎室氣氛中重要的精神環境。在整個學校的學習風氣，便是校風，在一個班級的風氣，便是班風。有的班風勤勉，有的班風混亂，有的健談，有的活潑，有的散漫。在優良的學習風氣中，個人的心情可受感染和影響。團體的或社會化的敎學法，便是應用團體的力量，刺激和促進學習的情緒和士氣。所以，敎師要能培養良好的學習風氣，以加强學習的效果。

總之，敎室氣氛在使學生能在輕鬆、愉快和勤奮的精神環境中，收到潛移默化的功效。

六、敎室訓導——公平、合理、友愛　敎室訓導無疑是敎室管理中最受重視的內容，一切訓導上的事情，都會在敎室中發生。學生的奬懲、輔導、自治活動、問題學生的處理，敎師能處理和指導得當，敎室管理就成功了一半。如果處理失當，則其他敎室管理工作將受到影響，學生對敎師的尊敬和信仰，亦將因之而喪失。但教室訓導最難處理，一般有所謂抑制派、放任派和感化派等三種不同的主張。抑制派主張用嚴格的懲罰方法，要求學生在教室中保持肅靜、維持秩序、循規蹈矩；但這種方法只能收到暫時的，表面的效果，而且會使學生養成自卑，懦怯或仇恨、反抗的心理。放任派則主張給予學生無限的自由，不必重視教室秩序，事實上這已經不能算是處理訓導的方法了。感化派主張以教師人格感化學生，既不放縱學生，亦不威嚇學生，而是以身作則，諄諄善誘，尊重學生的人格，並給予適當的指導，由養成良好習慣而培養良好行爲，進而發展爲健全的人格，這些不同的主張，與教師的人格、教師所服膺的道德哲學都有關係，教師要能針對教育目的、教室管理目的，而作合適的處理。

教室訓導中最常遭遇的是懲罰。懲罰是不得已而爲之的方法，但確是重要教室管理內容之一。有的學生因爲功課，有的學生因爲習慣或行爲而受到懲罰。其實有許多是可以避免懲罰，而代之以其他方法處理的。所以，對於懲罰的處理，可以提出下列幾點建議：

1. 儘量避免懲罰　懲罰並非最好的方法，只要能有其他積極指導的方法，就不要用消極懲罰的方法。

2. 避免當衆懲罰　學生有懲罰的原因或問題發生時，最好避免當時、當衆懲罰，因爲當時懲罰，最易意氣用事，不能保持心平氣和而公平合理；當衆懲罰則無異於以自己的機智、能力和威嚴，在全班學生面前作無情的考驗。所以，最好是事後，私人的懲罰，喻之以理，動之以情，收效必然更大。

3. 期能改過遷善　懲罰不是報復洩恨，而是希望能改過遷善，所以要使學生明瞭受懲罰的原因。

4. 避免體罰　懲罰本來就足以損害學生的心理健康，而體罰則更直接損害其身體，早爲我國教育行政法令所不許，甚至因一時疏忽，造成嚴重後果，與其事後謀求補救或不可補救而悔恨，不如事先防制，不用體罰。

學生對於教師的態度，通常有三種：怕教師、敬教師和愛教師。教師要能使學生由敬而愛，而不是單純的懼怕，才能眞正達到教室管理的目的。所以，教師要以「人」的關係來友愛學生，以公平、合理的態度，來處理教室中發生的事情和問題。

七、行政責任——正確、切實、及時　行政責任是教師教學之外的責任。與教室管理有關的行政責任多少，視學校而定，許多外國的學校或私立的、教會的學校，僱用職員很少，而行政效率頗高，便是一些行政責任，分由教師處理。例如：

1. 準備報表　有人列舉教師所要處理的報表有：學生出席報告、缺席報告、書目、書單、書籍請購單、自助餐表格、會議報告等。(註一三)教師能及時準備、正確提出，使學校行政得以正常進行，亦就合適地盡了教室處理的責任。

2. 準備請購　有些教學設備和教室器材，需要教師請購，以便教學時或教室內的應用。這種請購，不但要及早，而且要正確。時間上不能及早，則會延遲購買的時間，請購不够清晰正確，則會造成購買時的錯誤，兩者都足以影響教學或工作的進行。

3. 保存記錄　學生資料的記錄，如學籍、成績、操行、個人資料、健康記錄等，有些學校需要教師——主要是導師保存。此外，教室財物記錄的保存，亦是教室管理責任之一，其中尤其是流動的，消耗的數量之正確，更爲重要，如書籍的借出與歸還，實驗器材的消耗與存量，要是記錄上有而實物已經有的時候，就會影響教學和實驗的進行。當然，有些可以由教師指導學生負責記錄和保管，以培養學生辦事的才能。總之，教室中的行政責任，要做到正確、切實和及時。

第四節　教室管理的方法

根據教室管理的內容，似乎千頭萬緒，包羅萬象，無法縷舉應該用那些方法，才能達成教室管理的目的，但一些重要的法則，仍然可以提出作爲參考的：

一、充分準備　教室管理是教學工作之一，所以教師在教學方面的充分準備，如準備適當的教案、教具、熟悉教材，使教學活動精采生動，都可以有助於教室管理。又如前列的行政責任，亦屬準備的範圍，及早切實的準備，可以有助於教學。

二、及時開始　教師準備充分，不遲到，不早退，使教學活動及時開始，能掌握學生情緒，亦可引起學習高潮。切忌拖泥帶水，教材與上次連接不上，點名費上五分鐘，發講義簿本，改正錯字，還要聊閒話，小而至於忘帶粉筆，都可以造成教室混亂，影響學習情趣。

三、引起興趣　興趣是學習的原動力，要想維持秩序，需要引起學生學習興趣，想培養良好風氣，亦要引起學習興趣。興趣與教材、教法都有關係。在作業室的學習興趣，就高於講述式的教學，引人入勝的講述，又比枯燥沉悶的注入爲有趣。這是興趣原則的內容，不贅多述。

四、集中注意　學生注意力集中在學習活動時，一切違反教室管理的行爲，如說話、傳紙條、看小說、做別的功課、做白日夢以及精神不振等都不會發生。

五、瞭解學生　教師認識學生，可以使好學生自珍，壞學生自警。再從認識學生進而瞭解學生，協助他們，尊重他們，關懷他們，既便於指導其學習，又有助於教室管理。有些學生需要診斷以瞭解，才能適應其特殊需要，而減少教室中的紛擾和問題。

六、樹立敬仰　教師最重要的，是學生能够產生敬愛之情，既敬佩教師的才識，更愛戴教師的爲人，所謂「如七十子之服孔子」，學生信服惟恐不及，何至產生秩序和禮貌的問題。所以，教師的學識、品德、態度，都要足以使學生敬仰，才能收潛移默化之效，亦才能培養良好風氣和教室氣氛。

七、訓練常規　常規是教室生活的習慣，愈早訓練，愈有助於教室管理，使學生習慣成自然，行之若素，教室工作就可以在常規中，按部就班，井然進行。所以常規要及早訓練，嚴格執行，不容例外，只要這常規是合理的。

八、發展自治　自治最有助於教室管理。從指導學生團體活動、生活公約中養成自發、自動、自覺，自治的習慣和能力，愛團體、愛榮譽，則一切整潔衞生，環境佈置、秩序禮貌、資料記錄，都可以在教師指導下處理完成之，亦且達成了教育的目的。

九、使之忙碌　使學生在上課時忙於有意義的工作和活動，使每個人忙碌無暇，大家有合適的學習，一種活動完畢，立刻有其他活動開始，一種方法將要厭倦，立刻變換別種方法。不讓學生有閑，是消泯亂源的無上法門。當然，這與教師的準備和經驗都有關係。

十、師生合作　使學生共同參與教室管理的工作，才能收澈底處理之效，學生才能體認教室與自己的關係和重要，知道安靜不是爲教師，整潔明朗不是爲校長或督學，而愛之護之，與教師共同協力以完成此工作。

至於教室訓導的方法，因牽涉範圍至廣，不在這裡敍述。最後，列舉學者所提教室管理的原則七條，以爲實施上述方法時參考的依據：

1. 力求時間與精力之經濟——新式企業的管理法大可應用。
2. 常規的執行宜使活化，不宜流爲僵化。
3. 公共秩序須設法使大家維持，由强制而趨於自動。
4. 須認清目的，引起動機——使學生了解自己所應做的事及應守的規則。
5. 決定方法以後卽努力做去。
6. 多加練習，求純熟而正確。
7. 維持常態，免除例外，並隨時糾正缺點。（註一四）

摘　要

教室管理是敎師或敎師和學生共同處理教室中人、事、物等因素，使教室成爲合適的學習環境，以易於達成教學目的的活動。其目的在維持教室秩序，啓發學習興趣、提高教學效率、培養自治精神與增進師生情感；其內容則包括教室環境、教室設備、教室衞生、教室常規、教室氣氛、教室訓導與行政責任。爲處理這些教室管理的內容而達成教室管理的目的，本章僅列了十項方法和一些原則，主要還是要敎師能留意、肯用心，努力和學生共同地管理教室。

附註

一、Sterling G. Callahan, Successful Teaching in Secondary Schools, Scott, Foresman and Company, 1966.P.506

二、同註一 P.504

三、Leroy C. Olsen, "Planning High School Physical Science Facilities American School Board Journal, 1962 (March), 144:31

四、Stanley B. Kegler, "planning the Language Arts Classroom," American School Board Journal, 1962(Aug), 145:28–29

五、Glen F. Ovard, "Social Studies Facilities for the Modern Secondary School," Amercian School Board Journal, 1962 (April), 144:33–34

六、羅廷光著 教學通論 中華 P. 79

七、引見 Nelson L.Bossing, Teaching in Secondary Schools, Houghton Mifflin Company, 3d. ed., 1963. P.427

八、洪吉宏 視力缺陷的原因與教育問題 師大健康教育通訊十四期

九、引見方炳林譯 中學教學法 PP.273–274

一〇、同註一 Appendices, P. 512.

一一、同註一 P. 526.

一二、引見賈馥茗：青年心理衛生的探討，臺灣教育輔導月刊 一六卷一二期

一三、同註九 第二七六頁

一四、同註六 P. 97

研討問題

一、回憶自己中學時代的教師，有那些不良的教室管理事件？用何種方法處理比較合適？
二、在你的學科中，可能有那些座次排列的方式？
三、你能設計一張合適的座次表嗎？請設計之。
四、學生打瞌睡、看小說、作其他功課、回答不出問題，隨便講語、擾亂秩序，你將如何分別處理？
五、懲罰是否是必需的？

第十九章　診斷教學與補救教學

第一節　診斷與補救教學的意義

一、診斷的意義　教學不僅是將知識、技能、理想、態度等傳授給學生就行了，事實上，在教學之前，就需要瞭解學生的程度、經驗和能力等，以爲施教的依據，不過，這是了解學生的工作，已經在第十一章介紹過了；在教學之後，則要考查學生學習的結果，看看學生成績的情形，以爲次一步教學的依據。這種指導學習和考查成績以後的繼續活動，便是診斷與補救教學。

教師由成績考查中，瞭解了學生學習的情形，亦發現了學生學習失敗和困難的發生，於是進一步的找出困難的所在，並尋求造成困難的原因，這些工作便是診斷。

診斷（Diagnosis）一詞，來自醫學上，醫生在醫治病人以前，必須先對病人及其病情有所了解，知道是什麼病，什麼原因引起的，然後才能處方治療。在某種意義上，學生亦可以說是教師的病患。教師對學生學習的困難和失敗，需要有明晰的了解和認識，才能因情制宜，給予學生以最合適和最有效的幫助。所以，診斷是成績考查以後繼續活動的第一步，亦是補救教學所需的依據。

二、補救教學的意義　如果醫生對他的病人，祇是了解病情或致病的原因，最多對病人做到了解和同情，而無助於病人疾病的痊癒；必須在診斷之後，接着以有效的治療，才能善盡醫療的職責。教學亦是如此。教師診斷了學生的學習困難和失敗的情形與原因以後，接着便要有效的教學措施以爲補救。所以，補救教學便是依據診斷而作合適的教學，以期徹底達成教學目的的補救活動。

航海者為了要使他有正確的航程，必須隨時鑑定其航行紀錄，並校正其航程的方向和方位，以完成其航行；教學對準一定的目標以實施，一如海上之航行，這種工作稱為評鑑。診斷是評鑑的一種，補救則是診斷的接續活動，二者都在確保教學效果的獲致，在教學中是重要的一環，但常為教師們所忽視。事實上，忽視診斷與補救教學，不但是教師未盡教學職責，而且是不合理和不公平的。因為，班級教學和個別差異的事實，無法獲致同樣的教學結果。當然，造成學習困難和失敗的原因，不止於此。

第二節　學習失敗的原因

學生的學習，無論是知識的學習，或是行為的學習，都可能發生困難和失敗的情形。有心的教師，可能會自怨自艾，責怪自己；亦有些教師，會歸罪於學生的愚笨、貪玩和不用功。根據學者的研究，學習失敗的原因，是來自多方面的。例如麥可麻克（Mc Cormack）研究兒童反社會行為的原因，有不良的訓練方法、年級超過智慧程度、仇視教師、惡劣伴侶和缺乏適當的娛樂設備等。(註一) 關於一般學習失敗和成績落後的原因，根據孫邦正教授所列舉，(註二) 可以歸納為下列四方面：

一、學生方面　屬於學生本身的原因，又可分為生理、心理以及態度和習慣、缺乏基本能力四方面：

1. 生理方面的缺陷：

①神經系統發育不全，或因病、因重傷而受到損害，以致心智低下，無法正常地學習。

②視覺或聽覺器官有缺陷或受傷，使之遲鈍。
③腺體分泌不正常，而影響情緒的穩定性。
④身體有殘缺，以致心智和情緒不正常。
⑤體弱多病，或患無法醫治的疾病。

2.心理方面的缺陷：

①智力低下，缺乏推理思考的能力。
②情緒不安定，以致無法安心學習。
③無雄心大志，缺乏學習目標，以致不努力上進。
④受失敗的影響，而失去自信心和學習的興趣。
⑤缺乏某種營養，而精力不够。

3.習慣態度方面的缺陷：

①對學校功課不感興趣，不喜歡學習。
②懶惰成性，不肯化精力、時間去學習。
③常常缺席，而使功課無法銜接。
④無恆心毅力，往往半途而廢。
⑤沒有好的讀書習慣，無法集中注意於學習。

4.缺乏基本能力：

①閱讀能力、計算能力等，尚未打好基礎。
②缺乏學習的技巧，如運用工具書的方法、作筆記的方法、作報告的方法等。
③多次轉學，或越級升級，以致程度不銜接。

二、學校方面 屬於學校方面的，又可分課程、教師、學校環境三者來說：

1. 課程：
①課程的編制不當，不能切合社會的需要和學生的能力。
②教材內容不切合時代、社會及各個學生的需要。
③缺乏適當的教具，以致教學的效果不佳。
④課外活動太多，分散了學生的精力和時間。

2. 教師：
①教師未受過專業訓練，不懂教學方法和學習心理。
②教師待遇低微，校外兼職、兼課，以致不能全心全力地指導學生的學業。
③教師的責任繁重，學生人數衆多，無法專心致力於教學上，也不能對各個學生一一加以指導。
④教師教學的進度，不切合學生能力，學生追趕不及而囫圇吞棗。
⑤教師的教學法呆板而陳舊，不知道運用各種新的教學法。
⑥教師要求的標準太高，而不顧及學生的能力。
⑦教師身體不好，精力不够，而無法用心於教學。

⑧教師本身學識經驗淺薄，而無法指導學生。
⑨教師缺乏修養，以致學生厭惡學習。
⑩教師不進修，也就無法指導學生進步。

3.學校環境：

①教室的光線、通風等條件不好，影響學生學習的效率。
②教室座落的環境不好，面臨街路，喧囂的聲音，妨害學習。
③學生座位排在最後面，聽不清教師的講解。
④黑板反光，以致板書看不見，或是刺傷眼睛而情緒不穩定。

三、家庭方面

①家庭經濟困難，父母做事，學生回家後，須幫助家務，而無時間自修，而且沒有精力學習。
②家距離學校很遠，往返路程，費時耗力。
③家中人多屋小，喧擾不寧，無法安心自習，或是光線昏暗、空氣汚濁、影響健康。
④家長教育水準較低，無力指導子女自修。
⑤家庭常常遷徙，一再變換學校，而無法安心向學。
⑥家庭經濟窘迫，無法購買必需的參考書及文具。
⑦父母對子女疏於管教，以致子女放學後在外遊蕩，荒廢學業。

四、社會方面

①缺乏正當的娛樂設備和運動場所，以致無法作正當的消遣。
②住宅環境不好，或不衞生，或者過於喧鬧，都影響學生自修。
③受不良朋友的影響，在外遊蕩，不唸書。

以上這些因素，並非是單獨的影響學生的學習，往往是幾種原因同時發生，或者相互影響而成。此外，多數原因，可以由人力克服，或敎師設法改善解決，亦有少數非人力所能克服，或非敎師所能解決者，敎師都要瞭解清楚，認識正確，分別地合適地處理。總之，敎師要以耐心和愛心，用不同的方法去診斷學生的學習困難，並用合適的方法補救之。

第三節 診斷與補救教學的方法

一、診斷的方法：

診斷學生學習困難，以及造成困難原因的方法，可分爲下列幾種：

1. 觀察法 所謂觀察法，是由敎師在敎室內及敎室外，隨時觀察學生待人接物和做人的態度、行爲、情操，以及在敎室中準備功課，做作業和學習的精神與態度，以發現學生學習發生困難和成績退步的原因。只要仔細觀察，對某些學生困難的原因，這種方法會相當的正確，但是，因爲學生多，敎師所花的時間和精力也大。在運用觀察法的時候，要特別注意自然而輕鬆，不要讓學生發現你在注意他，觀察他，否則，學生將會掩飾，往往表現出好的一面給敎師看，這就失去了觀察的意義，學習困難的原因，當然也就不易找出來了。這是觀察法的困難之一。此外，觀察法還有一個困難，就是敎師與學生接觸的機會不多，而且在學校環境中，有些困難的原因，往往不易表現出來，所以，教師應製造各種情境和團體活動，並且參與其中，由這些特殊環境中去觀察他們。

2.分析作業法　這是教師常用的方法，由學生的作業分析中，可以發現其錯誤以及錯誤的原因。教師在發現錯誤後，要以自然而巧妙的方法提出來，態度要誠懇嚴肅，以免同學們將這種錯誤留為笑談，成為取笑的對象，傷害到學生的自尊心。

3.口頭報告法　當教師不易從學生的作業上找出其錯誤的原因時，可以要學生作口頭報告，說明其做作業的方法。例如數學作業，教師可令其說明計算步驟，由其說明中，亦可以發現造成困難的原因，是題目不懂、不會立式，或是計算困難。若是語文學科，更可以使用這種方法，從口頭的練習和閱讀中，發現其錯誤，並及時糾正，以加深印象，這是一種直接的診斷法。

4.會談　這是一種逐漸被廣泛採用的方法，教師可以和學生經常接觸，個別談話，以發現其性格、興趣、長處和短處，他自己對於學習的困難和對家庭環境、學校生活、以及對教師、同學的意見和感想。由學生的談話中，教師能直接或間接分析獲得其學習困難的原因，但會談時，應有合適的情境、坦誠的態度，才能導致良好的效果。

5.訪問　教師若由學生那兒，無法斷定原因時，還可以訪問其他的同學，其他的教師或學生的家長，以獲得更多廣泛資料，加以整理，再參考別的資料，亦可以正確的診斷。但是，教師在訪問前，先要有計劃，列出訪問的重點，才不致遺漏重要的項目。

6.測驗法　隨着科學的進步，測驗的編製技巧也愈益進步，教師可以採用專家編訂好的診斷測驗或教師自編的診斷測驗，診查出各種學科的困難之處。

7.實驗法　教師還可以採用一些科學器械，來診斷學生學習上的困難，例如語言學習之應用錄音機，運動藝能學習之應用攝影，以切實檢查診斷。

8.個案研究法　教師對於某一特殊學生，可以採用個案研究法，以診斷其困難及原因。這種方法是一種綜合的方法，運用調查、訪問、測驗等方法，搜集資料後，再加以分析綜合，以求得一個結論。

二、補救教學的方法　當診斷出學習困難的原因之後，就要施以補救教學。補救教學的方式，因學科而不同，現就一般常用的方法，簡介於後：

1.再教學　所謂再教學，就是重新教學，對於多數學生發生困難，或對某一能力未養成、某一教材未澈底了解時，教師就要再教學。教師要找出此一共同困難的原因，予以正確的幫助，教師在重新教學時，可以盡量運用各種教具，改進教學方法，使學生能眞正而澈底的了解和熟練所習，以達成再教學的目的。

2.個別指導　若少數的學生發生困難時，教師可以在課內或利用課外的時間，予以個別的指導，克服學習上的困難。對於簡單的，不花太多時間的困難，可以在課內即時指導解決，若是複雜的或以往的根基不好，就在課後予以補習，以免耽擱課內正課的時間。

3.增加練習　學生的錯誤，有時是由於缺乏練習而產生的，而這些錯誤，往往阻礙了學習的進步，影響到以後的學習。所以，當教師發現了這種困難時，就應供給練習的材料，多多給予學生練習的機會，當練習純熟後，這些困難亦就自然消失了。

4.設補習班 多數學生基本訓練不够，或對某一學科發生困難時，可以開設補習班以施予補救教學，開設補習班應以教學爲目的，而且是利用課餘的時間。

5.設特別課程 學生有個別差異，學習同一教材時，往往因智愚的差異，而相距很遠，而且有些學科，是智力低下者無法學習的，唯有開設特別課程或改變教材的內容來適應學生的能力。現在國民中學裏，同一級的學生程度，可能相差很遠，補救教學時，便可採用這種方法。

6.徵得協助 如果學生是心理或生理有缺陷，或生活方式、學習習慣有問題時，應徵得專家、醫生、護士與家長的協助，才能有效地克服困難，幫助學生學業的進步。

第四節 診斷與補救教學的原則

一、觀念正確 教師實施診斷與補救教學的時候，觀念要正確，了解診斷與補救教學的意義及其功能，既非吹毛求疵，亦非留難學生，而在幫助學生，切實達成學習的目的。教師不但自己觀念正確，亦且使學生、家長以及學校了解這一點。

二、態度積極 教師在診斷和補救教學時，態度應該積極，不因爲它是成績考查以後的繼續活動，而認爲是一種累贅；或是對於學習失敗和困難的學生，持有歧視的態度。須知診斷與補救，仍是教學的一部分，而且是確定下一步驟的依據；對學生是一種仁愛同情的協助，所以必須積極以從事之。

三、適應差異 適應差異，在教學上永遠適用。診斷與補救教學，亦要根據學生的程度和情形，例如有些學生的成績，已經達到及格的標準，但並未與其潛能相稱，表示其學習雖無困難，却仍屬失敗，同樣需要診斷和補救教學。

四、方法科學　今日教學，具有科學化的趨勢。教師在診斷學生學習的時候，亦要盡量利用科學的設備、器材和客觀的診斷測驗，用科學的方法和態度，正確而客觀地瞭解和診斷。診斷愈正確可靠，補救教學也愈有效。

五、多方合作　診斷和補救教學，需要各方面的合作。因為造成學習失敗與困難的原因，並非一端，所以補救教學亦非教師獨力所能完成。不過，教師是施行補救教學的主體，教師要根據診斷結果，尋求各方面可能的合作。

六、持之以恆　診斷是考查以後的工作，而考查是隨時、繼續的活動，所以診斷亦是隨時、繼續的活動。有了隨時的診斷，便有接續的補救教學。教師要不灰心、不氣餒、不急燥，持之以恆地實施診斷和補救教學，希望澈底的達成教學目標，完成教學活動。

七、特殊例外　原則上，教學希望每個學生都能達成預期的教學目標，但亦有一些特殊的情形和例外的學生，則須特殊的措施。尤其國民中學的學生，是國民小學生免試進入，在程度、能力、基本訓練，以至身心發展的狀況，難免有顯著差異，不能適應中學教育的學生，他們根本就不適宜接受中學教育。這種情形，可以說是不在補救教學的工作之內，而需其他特殊教育或措施以解決。

摘　要

假如學生沒有學到什麼東西，或是學業的成績落後，趕不上一般的程度，並不能說是教師沒有教給他什麼東西，或教師沒有認眞教學，因爲，學生學習困難有許多原因。影響學生學習失敗，可能是學生本身在心理上、生理上發生了問題，習慣態度上沒有好好培養，或是根本缺乏基本能力；可能是學校環境不佳、教師沒有專業化訓練、或是課程未能切合學生的能力和社會的需要；也可能是家庭或社會的種種因素造成，所以教師就要就這些學習失敗的原因中，找出其困難的所在與原因，根據這種診斷的結果，以作爲下一步教學的根據。所以診斷教學是很重要的工作，是教師不可推卸的責任。教師應隨時診斷，無論是在開始教學時、教學中、或教學之後，都應有診斷教學，因爲愈早作「亡羊補牢」的工作愈好，愈能達到經濟而有效的學習。

常用的診斷教學的方法，有觀察法、分析作業法、口頭報告法、會談、訪問、測驗法、實驗法、個案研究法等。這些方法，教師都可採用，但務求其正確和客觀。

當教師發現了學生有困難，經細心的診斷後，就須依其困難的性質加以補救教學，否則診斷就失去意義了。補救的方式，依學科而異，一般常用的有再教學、個別指導、增加練習、設補習班、設特別課程、或徵求家長、專家、醫生之協助等方法，這些方法必須依據學生困難的性質，才能發揮最大的效果。

診斷和補救教學，還有一些原則，由這些原則，可以知道補救教學並不是一件容易而可以輕率從事的工作。根據這些原則，當能幫助教師成功地達成補救教學的目的。

附　註

一、蕭孝嶸著　教育心理學　第三七九頁　正中

二、孫邦正著　普通教學法　第五〇四～五〇八頁　正中

研討問題

一、診斷與補救教學有何重要？

二、你所教的學科中，可以應用那些診斷的方法？

三、學生學習的失敗包括那些失敗？

四、前題中能用那些方法補救？

第五篇 教學成績的評鑑

教學成績的評鑑，在整個教學活動中佔着極爲重要的地位，無論是在學校行政方面，或者是個別的教師，雖然不是以此爲教學的終極目標，至少亦是許多重要的教學中心活動之一。至於學生，則首當其衝，關係更爲密切。因爲教學成績的評鑑，在理論上和實施上包括的範圍至廣，其中包括有許多的問題，例如：爲什麼需要成績的評鑑？用那些方法去評鑑？所謂考試又有那些方式？怎樣的考試才是好的考試？考查以後的成績如何表示？良好的記分應具那些條件？常用的記分方法有那些？記載成績以後，如何使學生和家長獲知？怎樣的成績報告才是理想的成績報告？……這些問題，歸納起來，不外三個方面，第一是成績的考查，第二是成績的記載，第三是成績的報告。目前，我們教學上在這三方面，顯然還存在着許多問題，本篇將就教學成績評鑑的三方面，加以討論。

第二十章 成績的考查

考查和考試 普通提到教學成績的考查，立刻會使人想到考試，想到考試，就會想到紙和筆。事實上，考查並不等於考試，而考試亦不僅僅是紙和筆的一種方式。考試是考查的一部分，但考查不限於考試。考查可以用考核，評鑑等詞來代替，英文裡用 evaluate 一字，而考試則用 test 或 examine。如果一個機關的首長考核其部屬的勞績，我們不能說他在對其部屬考試。瞭解這一點，就不難分別考查和考試的差異。不過，兩者在意義和作用上雖有不同，關係仍然非常密切。考試是一種情境的瞭解和說明，而考查或者評鑑則在價值的評定。例如，一個學生考試的分數是七十分，這七十分並沒有告訴我們什麼意義。是好？是壞？如果七十分是全校最高的成績，它代表的是另一種意義；是聰明學生的最低分數，或是愚笨學生盡了最大努力得的結果，都代表着不同的意義。必須根據其他的資料，才能推論得出一種價值的判斷。考查不但在瞭解當時的事實和所作勞力的成果，而且還作爲下一步驟進行的依據。所以，考試是一種測量，是一種教學成績考查的工具，甚至是種主要的工具，沒有考試，考查會顯得漂浮不定，這就是所以容易使人混爲一談的道理。

納稅和鑑鏡　有一位修習普通教學法的學生，在她的一篇讀書報告中，懷疑現行考試制度是否有改進的必要，最後她說：

老師：不知道我的這篇報告的看法是否正確，如有不是處，希望老師給我指導。因爲有許多矛盾的制度，我一直不了解爲何還要繼續下去？一時不能改進嗎？還是它有時代的價值？希望老師給我一個正確的答案，以解我心中之惑。

這使作者想起很久以前，爲討論初中入學聯考應否恢復常識，在中央日報有篇題名「誰被考倒？」的文章說：

考試這東西不僅使我們的教育官員、專家、教師和學生家長們焦頭爛額，就是在世界有名的學府如哈佛大學者，也無法對這東西的功罪作一判決。自去年以來，有二十位教授參加檢討這一問題，最近提出了報告，但是他們和我們的教育廳長一樣，提不出結論來。因此，哈佛的學生們不比西門或中山國校的孩子更幸運，將必須繼續開夜車，必須强記事實，才能像初次約會隔壁拉廸克福女校的女生時一般，充滿信心，走進考場去。

在這本一百三十五頁的報告書中，哈佛教授和臺北專家一樣，公說公有理，婆說婆有理，譬如：

歷史學者韓德齡（Oscan Handlin）認爲，考試，特別是期考，有兩種功能：它是評量學生工作優劣與努力程度的工具，也是一種施敎的手段。

以寫「孤獨的群衆」一書而聞名的社會學者雷斯曼（Llevis Riesman）說，考試對於很多學生是一種挑戰，「一個學生可能像一個運動選手一樣加以反應，他可能在比賽的準備中、儀式中及比賽的本身自得其樂。」

音樂副敎授哈爾（James Haar）則建議棄除一部份考試，他說考試的勝利是憑一時的靈感或運氣，再加上能不靠查閱書本寫出一些資料，他問道：「這就是一門課的最後標的嗎？」

生物學敎授華爾德（Geacge Wald）則站在正反面兩方之間。他認爲考試和捐稅一樣，不受人歡迎，但學生與敎員必須付出這個代價，正如人民必須繳稅一樣。他說，考試對考者與被考者都是痛苦的經驗，「我不喜歡它，但沒有它可就不行。」

考試是和捐稅一樣嗎？敎師和學生都必須付出痛苦而有害的經驗的代價嗎？難怪這位同學要對考試制度懷疑了。我認爲與其把考試看作納稅，那樣的消極無奈和不受歡迎，不如把成績考查當作一面鏡子看來得好。下面馬上要說到考查的需要，從考查的需要中，很明顯的可以看到，考查有其鑑鏡的意義和功用。敎師由考查而知道自己的敎學，學生由考查而瞭解自己的學習，學校由考查而瞭解辦學的成績，家長和社會由考查而瞭解教育的設施，就像大家站在鏡子前面，由鏡子中見到了自己，亦見到了別人。沒有這面鏡子，就不容易看到自己。當然，現在「考查」這面鏡子，亦許還是古代的銅鏡，或者是一面製作不够精良的鏡子，還不能非常清楚有效的達到「淸鑑」的地步。敎育專家和敎師們爲改進這一面鏡子，曾作過許外的努力，而且還繼續不懈的在改進。這一改進，正是我輩教育工作人員大家的職責。不必不喜歡它，亦不必懷疑它，因爲沒有它不行。

第一節 考查的需要

無論什麼人，從事任何活動，經過一段時間以後，就會產生一種希望知道結果的需要。比賽的運動員希望知道他們的得分，演員希望知道觀衆的反應，在地板上搭積木的孩子，希望成人讚賞他們的傑作。同樣的，學校裡的學生亦希望知道他們學習的成績如何。教師爲了滿足學生的這種需要，就必須對學生的學習，作必要的測量或評估。心理學上指出，使學生瞭解自己的進程或者公佈學生的成績，都可以爲學生提供强而有力的學習動機。關於成績考查的需要，可以從下列的幾個觀點，分別的說明：

一、從教師的觀點說 教師是實際負責的考查者，很多教師爲了考查成績而被學生討厭或仇視，認爲教師故意給他們爲難過不去，事實上亦眞有些教師，是以成績考查當作征服學生的武器。或者還有些教師，爲了要看考卷而討厭成績考查，這些都是不正確的。成績考查是教師專業職責之一，不能不考查；同時，成績考查並不是專考學生，至少有一半是爲教師自己的。就教師而言，考查的需要是由於：

1. 瞭解教學目的之是否達成　眞正合理的教學，必然有一些教學目的需要達成。教師在教學之前就確立了這些教學目標，或者就瞭解了這些目的，然後才針對這些目的計劃、選材、施教。但教學了一段時間——這一段時間，可能是一月，一週，甚至是一小時——就需要瞭解這些目的有沒有達成，以及達成了多少。怎樣才能瞭解？這就有賴教學成績的考查。

2.改進教材和教法的依據　教材的選擇和教法的採用，多半先根據教學目的而定，希望達成什麼目的，就選什麼教材；希望訓練技能，就採用練習教學法，希望增進知識，就採用知識思考教學法。但學生情形不同，智力、程度都有差異，教學之後，必須要考查一下，才能知道教材是否適合，無論是程度上的深淺或份量上的多少，教學方法是否恰當，講解的詳簡，速度的快慢，這些都有待考查以後，才能知所改進。

3.診斷困難的需要　學生學習總會發生困難，問題不在學生之有困難，而在教師如何發現這些困難。發現有困難，找出困難的所在以及瞭解困難的原因，在教學上統稱爲診斷。診斷困難的方法很多，例如有觀察法、作業分析法、口頭報告法、會談訪問、測驗法、實驗法、個案研究法、自我評鑑法等，其中大部分都和考查有關係。所以，教師爲要診斷學生學習困難，亦需要教學成績的考查。

4.補救教學的依據　亦唯有成績考查，才知道如何施行補救教學。是全班或多數人沒有學好，則需要再教學；是少數人沒有學好，則需要個別指導；是缺乏練習所致，則要加强練習材料；是過去訓練不够，則要開設補習班。這些補救教學方式的決定，亦有賴於成績考查。

5.次一步驟的依據　無論是教學目標之達成、教材教法之合適以及診斷補救的需要，都在於決定下一步驟的方向和計劃。正像航海人員之隨時需要鑑定其方位，以便作次一步驟的依據——可以繼續航行，或者需要校正方位。唯有成績考查以後，才能知道要不要修訂目標，要不要改進教材教法或者施行補救教學。

二、從學生的觀點說　教學成績考查對學生的關係，比對任何人的關係爲密切，很多人把「考」字說作「烤」，則直接受「烤」的就是學生。許多學生把學習視作畏途，厭惡學習，多少與「考」有關係，也許這是「考查」被老師和學校誤用所造成的結果。事實上，就學生而言，考查的需要至少有：

1.瞭解自己學習的進程　前面已經說過，無論何人做事情，都有知道結果的需要。運動員需要知道自己的得分，學生當然希望知道自己的學習成績。成績的考查，不僅在於評估自己的進程，而且還包含有鑑賞自己成功的意義和功用在內。這些瞭解、評估和鑑賞，都有賴成績的考查。

2.提供學習的動機　動機是學習的原動力，而引起動機的方法，亦因人因時而有不同，但公佈學生的成績，引起學生的競爭心和好勝心，則是常用的引起動機方法。學生經由考查，知道自己的成績，好的想要保持它或者求得更好，差的希望趕上別人或者力求進步，尤其是在發現自己有好的成績或者自己在進步中，那份喜悅是學習最好的動機。

3.給予複習的機會　學生的學習，由於經常或定時的考查而增加了複習的機會。學習的時候，是每一單元各自分離獨立的，到複習的時候，零碎的知識可以組成系統的概念，一知半解的，可以澈底理解，溫故而知新，還可以增加學習的功能。

4.知道自己的得失　學生的學習和教師的教導一樣，不經過衡量，不容易知道自己的長短優劣。由於成績考查，才知道自己那些觀念不清楚，那些技能不熟練，那些態度理想不正確？知所得失，然後及時補救。

5.發現興趣　學生對於自己的潛能和興趣，往往並不瞭解清楚，經由成績考查，可以發現自己的興趣所在，是長於數理，或者擅於藝能，再徵得家長的協助和教師的輔導，可以決定自己的方向，向最合適的途徑發展。

6.促使努力　由於成績考查，促使學生不得不努力用功。雖然這是一種拙劣的刺激，却是師生雙方共同體認的一個因素。人有惰性，尤其是缺乏自制能力的學生，除了少數以外，大多是要一種力量驅使他，才能完成某種活動。考查正是一種適當的驅力，使學生的精神、注意、心力和時間，能集中運用於學習，多數普通的學生，因此而培養成興趣，亦因此而成功。

三、從學校的觀點說　學校辦理教育，實施教學，亦有其舉辦成績考查的需要：

1.瞭解辦理的良窳　學校辦理的好不好，主要決定於學生成績的好不好。學生的知識豐富、技能熟練、習慣良好、品性純良、理想遠大、身心健全，便是學校辦理成績優良，否則，就是辦理不善。這一些都有待成績的考查，才能由客觀標準，表現出具體事實。

2.考查教師的教學　學校聘請教師，其教學的好壞，主要亦從教學成績的考查中獲知。因爲學校代表政府、代表人民或某一團體，辦理教育，當然希望能培養良好國民，亦就希望每一位教師，都能認眞負責、有效的指導學生學習，這種教學成績，多半可以從成績考查中得知。

3.作爲升留級和給予榮譽的依據　學校對於學生的學習，經過一定時間，必須有升級或畢業的舉行。如何決定一個學生的升級或留級？如何決定一個學生之可以畢業？以及如何決定賦予學生一種榮譽或獎賞？當然是依據學習成績。成績達到某一標準，可以升級，可以畢業，否則需要留級或者重讀。成績達到一定標準，可以授予榮譽，是好學生、模範生、品學兼優，發給獎品、獎狀、獎金，或加以表揚，都需要成績考查。

4.向家長報告的依據　家長把子弟送到學校受教育，有權知道自己子弟學習的成績，亦即學校有義務向家長報告學生的成績，所以必須隨時考查學生的學習，才能公平、合理而客觀的向家長報告。

5.爲獲得家長的瞭解和協助　學校爲使家長瞭解教育的設施和進程，需要定期使家長知道，成績考查以後，正是使家長瞭解的好機會。學校有向家長報告的義務，同樣家長亦有瞭解和協助學校的義務。指導學生學習的責任，並不完全在於學校，有許多造成學習困難的原因來自家庭，而許多補救教學亦有賴家長的協助和合作，所以學校需要考查學生的學習，在適當的時機，獲得家長適當的協助，才能收到良好的教學效果。

除了教師學生和學校需要成績考查以外，家長和社會亦有其需要成績考查的理由，不過，僅就教育的三主體——學校、教師、學生——而言，亦已經知道教學成績考查的重要了。

第二節　考查的種類

教學成績考查的種類，可因標準的不同而有不同的分類。下面將從教學目的，考查時間和考查方式等說明之：

一、從教學目的分　教學目的是成績考查的依據，而教學目的之是否實現，亦賴成績考查以瞭解，兩者關係至爲密切。可以說有什麼樣的教學目的，就有什麼樣的成績考查。學校教學的目的雖然很多，但一般說來，不外知識思想的學習，習慣技能的學習和態度理想與趣等的培養，所以成績考查亦分：

1.知識思想的考查　這是以考查學生學習多少知識及考查學生思想思考能力爲主，在現行學校教學中做得最多，亦做得比較最好。原因非常簡單，因爲現在的教學是以知識傳授爲主，教師和學生都傾全力以赴，而且這種考查簡單易行。

2.習慣技能的考查　這種考查，除了技能學科專以技能的學習爲主，考查亦注重技能以外，做得就沒有前一種的考查爲好。一方面教師不認爲普通學科包括有技能的教學在內，另一方面這種考查不如知識考查的方便，它需要借助工具，如書法之需要書法量表、作文之作文量表、說話能力的等級標準，尤其是習慣的考查，更需要教師平常的觀察和記錄，實施起來，就沒有知識思想考查的方便了。

3.態度理想等的考查　這可以說是我們今天教學中成績考查做得最不理想，甚至根本沒有做的一種考查。其原因有：

(1)教師的認識不清　多數教師以教書爲專職，「教書」就是傳授知識，至於態度理想情感的培養，則是訓導處和導師的事情。既然不教，當然就不考查。

(2)一般觀念的錯誤　不僅教師認識不清，一般人的觀念錯誤，亦是一大原因。今天的家長，並不重視自己的子弟有沒有正當的態度，遠大的理想和豐富的情感，所以亦就不要求學校教學這一些，學校行政人員，自然亦不會要求教師注重這些的學習和考查。

(3)上一級學校不考　除了社會不重視道德人格的培養以外，最主要的是上一級學校不考這些。升學主義的影響之下，各級學校都成了上一級學校的附庸和尾巴，唯上一級學校的入學考試馬首是瞻，初中不考常識，國校就忽視常識的教學和考查，大學分三組考，高中就分三組教，大學分四組考，高中就分四組學，大學不考英文作文和翻譯，高中亦就不重這些的練習。甚至大學亦是留學考試的準備，缺乏了獨立性。而各級學校不考道德品格，到社會服務，亦不要求德行，難怪學校教育之忽視這些的考查。

(4)不易考查　態度理想等學習的考查，比知識思想和習慣技能的考查都來得困難。它不能用一張紙一枝筆，出幾個問題所可以考查，亦不是利用量表和等級標準所可以測量，必須教師經常和學生接觸、談話、觀察、記錄，最好是生活在一起，才能對學生認識清楚，亦才能眞正考查得知他們的立身處世和理想志趣。這些方法之不易實施，是可以想見的。

(5)教師缺乏時間　即使教師觀念正確，認識清楚，亦不畏困難，指導學生和考查這些的學習，亦是心有餘而力不足。現在一個教師必須要教足多少小時的課，而每一班學生又多至五十人，甚至五十人以上，一個教師教三個班級，一二百學生，不必說談話、接觸、生活在一起，就是記熟每個學生的姓名，已經不容易了。不能認識，當然談不到瞭解，不能瞭解，自無法考查。

(6)缺乏標準　知識有一定的範圍，技能亦可以速度、準確、熟練的標準來衡量，唯有態度理想，究竟那種理想算是遠大？那種人生觀是正確？那種志趣高尙？實在缺乏具體的標準。憑教師的主觀和判斷，既不正確，亦不客觀，那就失去考查的意義了。

(7)受成績報告的限制　最後，眞有教師化了時間，盡了力量，認識了學生，瞭解了學生，考查了這些學習的成績，又受了現行成績報告方式的限制，無從記載和表達。我們現在的成績報告單，多數每一學科只有一小格的地方，用以記載和報告學習的成績，這一成績只是幾次月考和大考考卷上的成績。如果這些成績是八十分，就塡上八十分，至於他對這一科學習的態度如何？是用功？不用功？做的作業是認眞還是馬虎？喜不喜歡這一科？教師考查了亦沒有地方可供塡寫。至於操行一欄，亦只有一個等第，或者加上導師四個字的評語，模稜兩可，不切實際。

由於以上這些原因，使今日成績考查只做了知識思想的考查和一部分習慣技能的考查，眞正重要的學習的考查，反而付之闕如。這兒所說重要，是因爲誰都知道上述三種敎育目的，是以第三種最爲重要。只有它才能達到發展健全人格和變化氣質的敎育目的。

二、依考查時間分 成績考查依考查的時間分，又可以分爲：

1.平時的考查 平時的考查，顧名思義是敎師日常對學生學習成績的考查。這種考查，包括堂上口頭的問答、作業的成績、學習的勤惰、參加活動的態度、以及臨時測驗的成績等，所以，無論從舉行的次數和包括的範圍說，平時考查是眞正能代表學生學習的成績。惜乎一般敎師和學生，都把平時考查限於小測驗一項，而小測驗並不正式規定時間，甚至事先並不通知，測驗亦很少超過一堂課的時間，總覺得「測驗」不是「考試」，等閒視之，以致疏忽了這種考查，這是不正確的。

2.學月的考查 亦就是普通所謂月考，學校在每一個月或相當時間舉行一次，以考查這一個月時間內學習的成績。一學期多則三次，像大學裏便只有期中考一次。由於學校正式規定時間，每科考試時間至少一節課，所以，對月考的看法，比平時考查要重視得多。

3.學期的考查 學期考查舉行於學期結束前，考查的範圍包括一個學期的所學，不過，普通多以上一次月考以後所學的爲主。因爲學期考又叫大考，學校多停課並集中舉行，所以學生就特別重視大考，於是開夜車，猜題目，臨時抱佛脚，完全失去成績考查的意義和目的。

學習成績不是一朝一夕所可以決定，更不是專門考查知識的學月和學期考所可以概括，所以學校當局和教師，應該體認到成績考查的眞正意義和功用，加强平時的考查，尤其在學習成績的比例分配上，作適當的調配，才能眞正收到成績考查的功效。

三、依考查的方式分　依考查的方式分，一般都分口試和筆試兩種。其實，從上述考查的需要和功用而言，考查不止口試和筆試兩種。華特京士（Ralph K. Watkins）曾經提出下列幾種考查的方式：（註一）

1.教師的評判。2.口頭的背誦。3.論文式的考查。4.標準化的客觀測驗。5.非正式的、教師自編的客觀測驗。6.學生作品的評定。7.表演的評定。8.非正式記述的評鑑。9.機械的記錄。

爲期明瞭起見，特將九種方式略予說明，至各種方式的批評，則留待下節。

1.教師的評判（Teacher Judgement）這是一種古老的考查方式，可以說自從有了教師和學生，就有了它的存在。而且現在仍然被廣泛而普遍地應用着，尤其是其他考查方式不能奏效的時候。這種方式的應用，多半需要教師和學生相處得很久，經由觀察和瞭解以後，敎師對學生學習的成績，可以作較正確的評判考查。目前，多數學生的操行成績，便是根據這種方式而來的。

2.口頭的背誦（Oral recitation）這裏所謂背誦，並不是作爲一種學習方式，而是指考查的方式，亦即一般所謂的口試。口試亦是常用的考查方式之一，教師就學習的範圍，隨時提出問題，由學生口頭回答，教師根據回答的內容，決定其成績的高下。嚴格說來，口試還是敎師評判的一種。

3.論文式的考查（Prose test）又包括兩種：

(1)短而非正式的考查（short and informal-the quiz）事先不宣佈，時間亦僅上課時間的一部分。

⑵長而正式的考試（Longer and formal-the examination） 事先宣佈，時間至少一節課，甚至更長一點。

無論是那一種，都是由教師出幾個問題，這些問題，有的寫在黑板上，有的印在紙上，要學生用作文的方式來回答，所以名曰 Prose，其實就是平常所謂的論文式考試。

4.標準化的客觀測驗（Standardized objective test） 所謂標準化的客觀測驗，包括着客觀測驗和標準化的兩種意義。先說客觀測驗，一個測驗要客觀，其評分必須不因人和時的因素而有變動。同一試卷，由不同的人評閱，或者由同一人在不同時間評閱，結果需要相同。要做到這一點，必須一個測驗題目只能有一個正確的答案，沒有爭辯的餘地，不能有另一個答案似乎也對。其次，所謂標準化客觀測驗，第一它須具有客觀測驗的條件；第二它具有可資比較的標準或常模。這種標準或常模，是由專家將測驗編訂好，經過大量的試用以後，所求出的一個統計學上常態的平均數，給予應用這種測驗的學校和教師作比較的標準。我們常用的標準測驗有智力測驗、教育測驗、人格測驗和職業測驗等。

5.非正式的教師自編的客觀測驗（Informal teacher-made objective test） 它不是標準測驗，是一種客觀測驗，具有客觀測驗的特性，亦即平常所稱的新法考試。由教師根據教學的內容，按客觀形式命題，以考查學生學習的成績。非正式是對標準化而說，客觀測驗是對論文式的主觀而言。一般新法測驗題的形式，最常用的有：是非、選擇、塡空、改錯、重組、排列、配合等，可因學科性質不同，而採用不同的格式。

6.學生作品的評定（The rating of samplings of products of pupils work）這種考查多半適用於學生的創作、技能等成績的考查，如作文、圖畫、書法、農業、家事、打字等。教師可以從完整而具體的成果上，來考查學生學習的成績。當然，這種考查有時候會遭遇到一些困難，所以很多學者建議，採用記分卡作爲考查評分的根據。在記分卡裡定下了各種項目和標準，學生亦可以從這些項目和標準中，瞭解自己學習的强弱優劣，知所改進，達到成績考查的目的。

7.表演的考評（Performance rating）有些學生的創作和技能，可以經由作品而考查，而有些創作和技能却不能形成一種可以觸摸的成品，例如運動、演講、各種音樂演奏和遊藝表演等，教師必須在表演進行的當時，就予以考查評定。儘管有過這方面評鑑經驗的教師，大體上能够滿意地評定表演的成績，但由於表演的稍縱卽逝，無法在需要時重新檢查，所以，和作品的考試一樣，宜於採用記分卡。除了記分卡的幫助以外，最好能將應該注意的相關要點，事先公佈或讓學生知道，就像講演的記分卡分成內容、國語、聲調、姿態、時間控制等項目，各佔百分之多少，這樣在開始練習的時候，就知道針對重點，作注意的練習，考查以後，亦可以知道自己的得失。

8.非正式記述的評鑑（Informal description evaluations）這種考查，是現代教師正在嘗試的一種方式。現代中學教師正嘗試利用許多評鑑的工具，以測量一些不是現有工具所能測量的學習方式。這些嘗試，包括個案記錄、學生日記、學生文件、家長記錄，以及其他可以用來記錄學生行爲的方法。總其名曰非正式記述的評鑑。這種考查方式，多用於學生行爲的改變、態度理想與趣等學習成績的考查。

9.機械的記錄（mechanical recording）在前述第七種表演的考評方式中提到，許多運動、演說、演奏和遊藝的表演，稍縱即逝，不易在需要時作重新的檢查，所以，又有一種機械記錄的方式，協助表演考評的不足。這要感謝近代科學的發明，不但使許多科學儀器協助教學，提高教學效率，而且使成績考查，能够更爲正確和精細，諸如照相、影片、錄音等，使許多學習的成績，得以保留記錄。從記錄中可以詳細的考查，更可以詳細地檢討和改進。

以上九種方式，可以說把各種學習成績的考查都包括無遺。主要的還要看敎師對考查的認識和決心，以及學校的設備等因素而定，至少我們要瞭解，成績考查在方式上，不僅僅是口試和筆試兩種方式，在時間上宜加强平時的考查，而在範圍上，則包括知識思想、習慣技能和態度理想等整體學習的考查。

第三節　選擇的標準

既然考查的方式有這許多，敎師在考查的時候，一定要作選擇的決定，如利用論文式考查和敎師自編的客觀測驗之間，就有極大的爭論。敎師如何決定呢？一般說來，有四個標準，可供敎師作選擇考查方式的依據。亦可以說，良好的考查，應具備四個標準，這四個標準是有效性、可靠性、客觀性和可用性。本節將說明這四個標準，同時用這些標準衡量前述的許多考查方式。

一、有效性（Validity）　有效性又名效度。一種考查，如果其測量的範圍，就是原來所想要考查或測量的，則是一個效度高的考查。反之，就是一個有效性低的考查。在所有考查的四個標準中，以效度最爲重要，因爲一種沒有效的考查，是沒有價值的考查。效度又包括了下列一些內容和因素。

1.課程的效度　課程的效度，就是一種考查應該測量敎過的課程範圍，或者測量告訴過學生要學習的範圍。我們常常可以聽到學生在考試以後這樣說：「老師從那裡出來這個題目？我從沒有聽到過。在班上亦從來沒有提到過。」這就是缺乏課程效度。考查的結果，將因爲缺乏課程效度而不正確。

2.目標的明瞭　我們時常亦可以聽到學生說：「老師要我們準備這些，可是考的又是另外一些。」這種抱怨來自目標的不够瞭解。教師在事先淸楚地把考查的目標告訴學生，亦可以增加考查的正確性。換言之，一個有效的考查，應該適合學習的情境。

3.具有區別力　一種考查，具有區別的能力，才是效度高的考查。例如測量棒球運動員的投球能力，一定要能在好與壞的投手之間，有所區別的考查，才是有效的，否則，這種考查又有什麼用呢？

4.相稱的比例　一種考查，對於所要考查的重要部分，需要有一相稱的比例，亦卽主要考查的目的應該首先達成，就像要考查棒球員投球的能力，結果考查了與能力無關的投球姿勢，則是取樣不對，等於考查無效。

5.工具的合適　考查要有效，與工具的是否合適有密切的關係。仍以棒球運動爲例，用紙和筆來測量投球能力，必然不會是一種效度高的考查。

以有效性衡量前述的各種考查方式，則：

1.教師的評判　如果教師事先把考查的範圍和目標明確地告訴學生，使學生明瞭，則這種評判是正確有效的。否則，這種考查的效度，就有疑問。教師最要注意的，是不能以貌取人，因爲學生的外表特徵和學習是無關的。

如果教師和學生相處甚久，或者對學生有深刻的認識和瞭解，評判會是有效的。尤其在無法用其他科學方法考查的時候，例如音樂和藝術教師，對學生之於音樂藝術欣賞的進步，唯有賴教師繼續觀察以後所作的評判。當然，歷史教師有客觀測驗而不用，而用評判以考查學生的歷史知識是不對的。所以，教師評判在學生的生活行爲和附學習方面的學習考查，較爲有效。

2.口頭背誦　口試的方式，用之於考查指定學生學習的知識部分，似乎是有效的。但除非是在口試時間內，把全部問題統統提出來，才能獲得較高的效度。如果憑少數問題以考查某一學生，等於是以有限的範圍，以判斷個別學生的反應，犯了以一概全的毛病，其正確性便大有問題，所以口試應該避免用作考查的方式。當然，如果語言學科要考查學生的說話和表達能力，口試仍不失其高度的有效件，何況口述還有及時糾正，加深印象的優點。

3.論文式考查　論文式考試的效度，是因考查的目的而定。一般說來，客觀測驗所不能考查的，如組織思想、應用所學以解決問題的能力、卓越的見解、偉大的抱負和理想等學習，都可以經由論文式考試，正確的考查得知。

4.標準測驗　標準測驗具有高度的客觀性、可靠性，多數亦具可用性，四個考查的標準中，唯有效性成問題。第一，標準測驗是由測驗專家所編製，不是敎師所編訂，在課程的效度上很差。亦卽標準測驗的內容，不一定是學校敎師所敎過的內容，所考查的不是敎過的，敎過的反而不能考查。第二，標準測驗一經編訂完成，三五年短時間內不易修訂，往往顯得陳舊，不易與敎學內容相配合。第三，卽使內容相符，彼此的目的亦不一。無論是智力測驗、敎育測驗或職業測驗，其目的和敎學成績考查的日的不同，所以效度不高，甚至根本缺乏有效性。

5.教師自編的客觀測驗　從效度的意義而言，教師自編的客觀測驗是有效的。只要試題以教材爲基礎，同時顧及教學的目標，這種新法測驗具有極高的效度。在新法測驗的各種命題方式中，又以選擇和塡空題的效度爲高，當然這是指命題良好，考查知識學習的成績而言。至於藝能的學習、欣賞和態度的進步之考查，新法測驗的效度就比較低了。

6.作品和表演的考評　如果教學的目的，是重視學生有好的作品，則作品的考查是有效的。事先必須告訴學生教學的目標和達成目標的途徑，考查時以學生的一般程度爲標準，不要以成人或作家的眼光來衡量，亦不要以不同學生的作品衡量他們之間的成績，而是衡量同一學生前後不同時間的學習成績。評鑑表演，和作品的考評一樣，如果是合乎目標，則是有效的。此外，主要的是所用考查的工具。前面已經說過，紙筆的考查，對於運動技能是無效的。如能借助機械儀器的記錄，便可以增進其考查的效度。

7.非正式的記述評鑑　諸凡學生的個案記錄，日記、自省，以及家長的記述等，如果記述和考查的目標相符，也許有其效度，問題是這些非正式的記述，本身正確的程度，是一大疑問。學生或家長知道這些是考查的資料，往往記述便會失實，所以這種考查的有效性是有疑問的。

二、可靠性（Reliability）　可靠性又名信度。一種測驗如果對同樣的學生，在相同情景下重複使用，或者以不同形式使用，能够得到相同或相似的結果，其可靠性便是高的。在統計學上，是以相關係數來表示可靠性的高下，這種係數介乎 +1.00 與 −1.00 之間。如果兩種測驗的係數是 +1.00，便表示有絕對的正相關，其結果是可靠的。如果是 −1.00，就表示測驗的結果完全不可靠。事實上，相關係數

+0.50 以下，普通就被認爲可靠性較小，沒有什麼價值。好的測驗，可靠性係數在 +0.80 至 +0.95 或者可能更高，但亦不可能是 +1.00，因爲沒有一種測量會是完整的。影響考查信度的因素有：

1. 與所用的工具有關　要測量一個房間的長度，用沒有刻度和不太直的木杖，就沒有定長的直尺可靠，而卷尺比碼尺可靠，鋼尺又比布尺更可靠。當然，鋼尺亦會因溫度增減而漲縮，但比較其他工具則爲可靠。在考查成績上說，客觀測驗比論文式考試爲可靠。

2. 與測驗的內容有關　測量的內容能够包括所要考查的全部材料，則其信度較高。一個測驗內的試題愈多，其可靠性愈高，範圍愈廣，其結果亦愈可靠。所以，長的測驗比短的測驗爲可信，這亦就是新法測驗比論文考試爲可靠的道理。

3. 與考查的情境有關　考查的情境亦常常影響到考查的信度。如考試場地的是否舒適和安靜，每次考查的手續，如做法的指導和說明，學生的疾病、疲勞和緊張，以及試卷的繕寫和印刷之清楚等，都有關係。場地光線不足，空氣不流通，或桌椅的大小高低不合適，可以影響考查的結果。繕寫的疏忽、如選擇題①②③③，答案應該是④，匆忙的學生會選③，其實他的答案是第二個③。又如改錯，「書」字通常都不寫成「書」，小學一二年級學生，一定會把「書」當作錯字改，而把眞正的錯字放過去。此外，做法的說明，印刷的不清，考查時的氣氛和考查者的態度，都足以影響考查的可靠性。

以信度衡量各種考查方式，則：

1. 教師的評判　表面上看，教師評判是一種不可靠的考查。事實上、一個曾與學生們相處甚久，而且富有經驗的教師，可以做到非常可靠的評判。當然，進行這種評判，教師要避免對學生個人特徵而生偏見。一個頑皮的學生，可能是一個聰明、機警而好學的學生。常常有學生因爲被寵而不認眞學習的情形，所以，只要教師作客觀的評判，其結果是可靠的。不過，要想對學生作精細的評判，而定出某甲八十分，某乙八十一分，則這種方式，就像是量房間長度的無刻度的木棒子。

2. 口頭背誦　一般說來，口試的信度很低，甚至是等於零。因爲口試的問題很少，與教師態度、當時氣氛、學生口才都有關係。

3. 論文式考試　論文考試的可靠性亦有疑問。因爲多數論文考試問題較少，有些問題如「試論……」式的問題，就含糊不清，往往使學生不知道考查的目的是什麼，因而答得不對教師的原意要求，成績便低落，但並不表示學生學習得不好，如果換一種命題的方式或詞句，結果就會不同。

4. 客觀式的測驗　標準化的客觀測驗，常常可以獲得最高的可靠性，至少可靠性是被知道的。教師自編的客觀測驗，則以有經驗的教師所編的可靠性較大。不過，多數教師從不檢查其所用測驗的可靠性，所以其信度就無從得知。普通，一個長的測驗比短的測驗要可靠。一個只有十五到二十題的是非測驗，其可靠性就很小，甚至是種浪費學生時間的考查。

5. 作品和表演的考評　作品和表演考評的可靠性，與教師的評判相類似而且有關係。教師利用工具、記分卡，作再考查和再鑑定，可以增加這種方式的可靠性，而教師的經驗尤其重要。作品和表演兩者比較，則後者的可靠性，因其稍縱卽逝而較低，所以要多利用機械的記錄。

6. 非正式記述的評鑑　非正式記述評鑑的可靠性，幾乎完全不知，因爲在同樣條件之下，重覆的記述評鑑，實際上是不可能的。非正式記述評鑑的可靠性，有賴於記述的忠實和教師的評判。事實上，無論學生的日記、反省或家長的觀察、證明，其可靠性都是非常的低，所以，這種考查是缺乏信度的考查。

三、客觀性（Objectivity）　考查的客觀性，是指評閱者主觀的因素，不致影響考查的結果。一種考查或測驗，由不同的人評閱，或者由同一個人在不同時間評閱，所得的成績相同，便是一種客觀性高的考查。一般來說，新法測驗和標準測驗比論文式考試要客觀。如果測驗能夠有一份確定的答案，或者儘量減少教師主觀意見的滲入，其客觀性便可提高。試以客觀性衡量：

1.教師的評判　教師的評判，完全缺乏客觀性。因爲它旣沒有一定的答案，又缺乏標準可循。兩位教師對同一個學生的學習，可以有完全不同的意見和不同的看法，卽使是同一位教師，在不同時間內對一個學生，亦會有不同的評判。

2.口試　由於口試是在匆促中所作的考查和評判，再加上以不同的問題，考查不同的學生，教師對學生的印象有深淺好壞的差別，所以，口試亦缺乏良好的客觀性。

3.論文式考試　一般說來，論文式考試並不客觀，答案的長短，文筆的暢滯、書法的好壞和試卷的整潔與否，都可以影響到評分，亦就是影響了考查的客觀性。不過，這種缺點是可以改進的。只要考查的問題能細心的陳述，而且每一問題都事先提出答案的要點，一方面可以使學生知道教師所要考查的是什麼，一方面教師評閱可以有所依據，藉以增進其客觀性。

4.客觀測驗　從客觀測驗的名詞上，就可以知道這種考查方式具有客觀性，因爲它們的問題都具有一定的答案。尤其是標準測驗，不但有確定的答案，而且有常模，用以相互比較。

教師自編的新法測驗，亦具有很高的客觀性，不過有時候因爲不是專家所編製，或者由於編製時候的疏忽，會造成一個問題不止一種答案的困難。無論如何，新法測驗比其他教師所做的考查方式的客觀性要高得多。

5.作品和表演的考評　由於需要教師的判斷，作品和表演的考評的客觀性不高。同一作品由不同教師評閱，會得到差異極大的成績。如果應用製作精良的記分卡，則其客觀性可以大大地改進。富有經驗的教師，大致可以不用記分卡，亦能獲得相近的結果，如能應用記分卡則更好。

考評表演和考評作品的性質相同，另外的一種困難，是表演不易作再考查。所以，常常需要應用機械儀器的方式，以增進考評表演的客觀性，如照相、影片，錄音之可以使運動、音樂等表演的學習，獲得再考查的機會，而變得較爲客觀。

6.非正式記述的考查　應用記錄、日記和家長證明等非正式記述的評鑑，客觀性很低。一方面由於記述者的主觀，很多家長會說：「我的孩子不會做錯事。」一方面由於解釋這些記述的觀點不同，而影響其客觀性。不過，個案記錄中，亦可能包括許多學生生長和行爲的客觀事實在內。

四、可用性（Feasibility）考查的可用性又稱容易實行性，也可以說是用度，可用性大的考查是種好的考查。影響可用性的因素很多，諸如考查的時間、學生的成熟、打字和複印、學生的作答、教師的記分，這些手續和方法，應該愈簡單、愈容易處理愈好。

例如，一種必須個別舉行的考查，每個學生要三十分鐘，則擔任五個班級每班四十人的教師，要化費一百小時的考查，其可用性便很小。

考試時，試題用打字的比繕寫的要清楚，油印的比寫在黑板上的可用性大。試題答案的空白留在一定的地方，不但學生易於作答，教師評閱記分也較方便。以可用性衡量，則：

1. 教師的評判　教師的評判因爲容易實行，而常常被教師用作考查的一種方式。不過，由於教師的偏見和許多評鑑缺乏證據的支持，亦引起很多的爭端。但通常教師的評判，是非常容易處理。

2. 口試　口試似乎是一種易於處理的考查方式，隨時可以考問，其實不然。一方面它是個別的舉行，在時間的因素上就有缺點。另一方面，口試不容易作公平客觀的比較。不同的學生，回答不同的問題，自然很難作公平合理的考查。所以，口試幾乎不可能成爲合適的處理學生學習考查的一種方法。

3. 論文式考查　如果是短而多的問題式論文考試，其可用性很大。困難的是有許多學生會把題目看錯了，以致答非所問，或者時間不夠，往往在規定時間內作答不完，而教師的困難，則是要花更多的時間來看完學生的答案。這些都是論文式考查的不易實行性。不過，這些缺點，還是可以改進的。教師在命題時，要仔細審愼，使學生一目了然，就不會有模稜兩可，似是而非，或在文字上兜圈子的弊病。爲節省學生作答的時間和教師閱卷的時間，最好在試卷上留有一定合適的空白，以限制學生答案的過份冗長，這都可增加論文式的可用性。

4. 客觀的考查　標準測驗在處理上有極大的方便，因爲多數標準測驗是早已印就的，教師不必花時間去準備命題，當然，教師還是要花一點時間去研究測驗的指導說明。由於記分有標準的答案可循，評閱時間亦就簡短。學生作答亦非常方便。這種考查的主要困難，在於標準測驗的複份太少，不能經常使用，以及教師、家長和學生的誤用測驗和對於分數的誤解。

教師自編的非正式客觀測驗，如果學校有良好的繕印設備，在學生作答方面的減少和教師記分的簡易，使時間節省，比較論文式爲有利。不過，在準備編製一份良好的新法測驗題所花費的時間，可能比閱讀論文考卷的時間還要多，這表示新法測驗在命題方面，是一件非常艱難的事情。無論如何，新法測驗除了命題以外，是一種易於實行的考查方式。

5.作品和表演的考評　作品的考評，教師如果富有經驗，而且能應用記分卡，則駕輕就熟，既不需另定時間考試，記分時間節省，手續亦非常簡便。

表演的考評能用記分卡，亦是非常良好。問題在於表演的考評必須個別進行，在時間上是一種費時的考查方式。

6.非正式的記述　各種非正式的記述，在處理上是相當的麻煩，因爲它必須個別的處理，在時間上極爲浪費。同時，要使學生和家長了解學校的記錄和解釋，亦不是一件容易的事。所以，除了在別種考查方式不能應用時，才應用這種方式。

7.機械的記錄　機械的記錄已經逐漸被應用於學生學習的成績考查，但是在實施和處理上，仍有許多的困難。首先，運用這種機械，就需要有特殊的訓練和技巧。其次，它亦是個別的測量多於團體的應用。購置這些機械和儀器，固然昂貴，處理和貯藏許多的影片和錄音，亦是一種難題。而且，這些記錄的解釋和評判，亦非易事。儘管如此，學校採用這種機械記述的趨勢，是與日俱增，因爲，除了可用性外，它還具有其他的優點。

第四節　考查的施行

如何實施考查，表面上看，似乎是一件非常容易的事，事實則不然。首先，要確定考查的目的，究竟是考查學生的習慣技能，知識思想或者是態度理想，然後才能根據目的，決定考查的方式，是用教師的觀察評判，機械的記錄，作品或表演的評估，或者是口試和筆試。考查的方式不同，所用的手續、步驟和方法亦就不一。現在，學校裏教師最常用的考查是筆試和口試兩種，筆試中尤其以論文式和新法測驗爲最主要的兩種考查，這裏就以這兩種爲例，說明如何施行考查。

一、命題　考查的目的和方式一經決定，接着的便是命題。我們在前文中已經分別的提到，論文式考試的缺點是不客觀，信度低和缺乏可用性，其中許多都是和命題有關。而教師自編的新法測驗，最困難的亦是考題的編製和準備，所以，命題在考查中最爲重要。茲分別說明之：

㈠論文式考查的命題　論文式的目的，在考查學生的進步和理解的程度，以及應用所學的能力。由於時間的因素，如何合適的取樣，就顯得非常重要。根據實際的經驗，設計論文試題，可以依據的法則有：

1. 問題是敎材中的重要部分　很多教師爲了避免試題的重複，往往出些瑣細的問題，這樣固然避免了重複，但失去了論文式考查的目的和用意。

2. 限定問題於某些事物　爲使學生在指定的時間內，能够作合適的回答，所以每個問題的文字要確定，使學生瞭解其界限，應儘量避免空泛的「討論式」的問題。

3. 確信取樣是合適的，以及測驗能眞正達到考查的目的，顯示學生在學習中學得的成績如何。

4. 短而多的論文題，比少而長的問題爲好，因爲這樣可以包括比較多的敎材。

5. 確信每個問題考查特殊的學習結果，而且正確答案的資料，在課程中具有，以達到課程的效度。

6.問題的文字要清楚特定，既不致使學生發生誤解，亦不致有模稜兩可、搪塞的答案現象發生。

㈡新法測驗的命題　新法測驗具有一切的優點，就是命題困難，不是曖昧不明，就是從洩漏答案中指引了線索。要用新法測驗考查程度高的學習，不是不可能，而是命題不易，尤其題目的解答更難確定。一般說來，新法測驗的命題，有下列一些法則需要記住的：

1.所有教學目標，應按其重要的比例測驗之。
2.測驗的題目，應包括容易到最差的學生都能够做，以及困難到最好的學生亦不容易做的題目。
3.避免混亂，測驗中要用少數種類的問題。
4.同一類的題目要放在一起。
5.題目要從最容易的排到最難的，以免對不太聰明的學生，測驗一開始就感到沮喪氣餒，而且亦是不公平的。
6.指導說明，排列版式，字體書寫，都應該非常清楚。不要有詭詐或隱晦的問題，因為測驗既不是玩笑，亦不是迷津。
7.問題的內容，要代表重要的教材。
8.問題詞句，不要直接抄錄課本的文句。
9.問題語句要簡單明瞭，避免拖泥帶水和不關重要的文字，以免發生紛擾。
10是非題的是非和選擇題的選擇數量宜大致相等，排列亦不可按一定程序。
11選擇題後面答案的數量，愈多愈好，普通以三選一或四選一為合宜。

12 同一測驗中，選擇題後面的答案數量要一致，語句的長短詳簡，亦要一律。

13 無論是選擇或是非，其錯誤不可過份明顯。

14 題目的數量要適當。新法測驗題目的數量，因時間、格式和學生年齡能力而定。時間長，題數宜多，是非題應比塡空題多，高年級要比低年級多。普通新法測驗的題數宜多，題數多，才能包括全部重要的教材。

15 命題時應同時將答案準備好。

二、檢查　題目和解答準備好了以後，接着要做的事便是檢查。檢查主要的目的，在確定試題的內容，正確無誤，以及使考試得以順利進行。檢查的內容，包括很廣，主要是根據前述命題的法則，檢查每一問題，是否合乎這些法則。例如：

1. 試題是否考查了課程的目的？
2. 試題是否均衡的包括了各種目的？
3. 有沒有刁滑和含糊的問題？
4. 繕寫是否正確？
5. 同類題目是否集在一起？
6. 試題是否由易而難的排列？
7. 有沒有版式上的混亂，如配合題目的越過了頁次？
8. 有無印刷不清的試卷？

9.有無空白或失頁的試卷？

10指導說明是否清楚？

總之，是要檢查它是否有效的、可靠的、客觀的、和有用的。其中尤其是有錯誤或隱晦不明的地方，最好是在繕寫之前檢查出來，並予改正。檢查不清楚的指導說明和試題的一種好的方法，是請另一位教師精細的看一遍。這些不清楚和錯誤，至少應該在拿到教室考查以前，予以更正。因爲，在班上宣佈和更改錯誤，會花掉了測驗本身許多有價值的時間，而且常常有人會忽略了改正而形成不利。如果不能在考試以前更正，教師亦必須在考試以前，口頭向學生解釋和說明之。同時還要把說明和改正寫在黑板上，以供學生在考試進行中參考，就不致因爲忘記或者疏忽了宣佈而造成不利。中斷考試以宣布，是一種最不好的辦法，因爲它會破壞學生的思路。

另外，要學生在作答以前檢查一下，他們是否具有一份良好完整的考卷，如同大專聯考生檢查其試卷號碼和座號是否相符一樣，亦是件重要的檢查事項。最細心準備的試卷，也會有印刷不清、空白、破損和失頁的情形，所以，教師要有多餘的試卷，以爲必要時的更換。這些事情，如能在考前做好，就可以減少考試中許多不必要的混亂和紛擾，以增進考查的可靠性和可用性。

三、準備試場　考試的場地，在考查中可以造成極大的差異。前文已經提到過，舒適的學生，能够做更好的工作。所以，教師要考慮到教室中的光線，溫度，和濕度。桌椅的高矮大小，亦要合適。如果可能，教師還要防止吵鬧紛擾，或其他分心的事物。普通，只有在舉行標準測驗時，才貼這樣一張告示：「測驗中，請勿妨礙！」其實，這種告示在一般教師命題的考試時，亦應該使用。許多教師犯了一種錯誤，就是在考試時，和學生或者別的教師談話。有的讓教室門敞開着，而別的學生在走廊上通過。這些紛擾和不適，都足以騷亂學生而減低考查的信度。

四、評閱　考試以後，必須閱卷。通常試卷應該立刻評閱，否則，教師會失去加强考查的動機和診斷方面的機會。論文式考試的一大缺點，就是不能客觀地評閱。事實上，客觀地評閱論文式試卷，幾乎不可能。不過，教師可以儘可能的設法客觀的評閱它們，其方法有：

1.預定標準　教師在命題的時候，就同時定下每題的標準或答案的要點，每一標準或要點，按其重要性，給予一定的數值或數量，評閱時以此爲依據，可以增加評閱的客觀性。

2.比較評閱　這種方法，是先看每份考卷的同一試題，使閱卷者集中於一個問題之上，看完了所有的第一題，再進行第二題，這樣，同一時間評閱同一題目，可以比較客觀。

3.分等評閱　分等評閱和比較評閱相類似。評閱的時候，先不計分，只是比較試卷的優劣，依上中下三等或甲乙丙丁戊五等排列，甚至可以作第二遍的調整。分等以後，再逐本仔細評閱計分。

4.如果考查目的不是測量書法或其他成績，就不必過份注意書法的優劣，或試卷的整潔等因素，以減少主觀的影響。

這是論文式考試的評閱，至於新法測驗的評閱，則比論文式容易得多，甚至容易到不必教師親自評閱，往往由事務人員甚至學生評閱都可以。因爲新法客觀測驗題有固定的答案，評閱非常機械。爲了增加評閱的方便，題目的編排和繕寫要有計劃，使答案的空白留在一定的地方，教師在一張試卷上塡好所有的答案，截下來成爲一條，閱卷時只要放在每張試卷答案的旁邊，很快的找出做對的或做錯的題數。

亦有用蔽障（mask）的方法，就是在一張硬紙板上，在答案應該出現的地方做一個洞，讓正確的答案出現，而遮掉一切不正確的答案，評閱時將蔽障往試卷上一放，從蔽障中顯示的正確答案上，做一記號就可以。

五、檢討　考試以前要作檢查，閱卷以後，要作檢討。這種檢討，一方面是檢討學生學習的成績，以作爲診斷和補救教學設備的依據，另外，主要的是檢討這次考查的命題，是否適當。例如論文考試，有沒有學生答非所問，這可能是題意含糊所引起的誤解。尤其是新法測驗題，更需要有閱卷後的檢討，其中需要檢討的事項有：（註二）

1. 題目的份量　題目的數量是否合適，太長了在規定時間內做不完，太少了，多數學生都極早繳卷。
2. 題目的難度　試題的難易是否適中，全部成績都很好或者都很差，都不是一種好的考查。
3. 題目的區別力　試題是否能分別出學生程度的高下。
4. 指導說明　指導說明是否非常清楚，沒有引起誤解。
5. 問題的清晰　問題的文字詞句，是否清晰。
6. 目標的均衡　是否各種重要的教學目標，都按照比例，包括無遺，或者是加重某些目的，而忽略了另一些目標。

爲要瞭解題目的難度和區別力，最好的方法，是作題目的分析。這種分析的手續很簡單，只要在一張白紙的左面列出學生的名字，上面是考試的題目，用「＋」「－」號來表示每個學生回答每個問題的對和錯。能够把所有學生按其等第次序排列是最好，因爲這種分析也可以作爲診斷之用。普通只列上下四分之一的學生亦可以，就像下列所示：

學生 \ 正誤 \ 試題		1	2	3	4	5	6	7
上四分之一	甲	+	+	+	−	−	+	−
	乙	+	+	+	+	−	+	−
	丙	−	−	+	+	−	+	−
下四分之一	丁	+	−	−	−	−	+	−
	戊	+	−	+	−	−	−	+
	己	−	−	−	+	−	−	+
	庚	+	−	−	+	−	−	+

從這一張表的研究中，就可以知道試題的區別力及其難度如何，亦可以知道那些題目沒有出好，或者含糊不清，或者根本沒有學過。

前文已經說過，一個好的測驗，必須有一些題目很少人能够回答得出，也要有一些題目，幾乎每個人都能回答。需要前一類題目，在於發現誰的成績最好，而後一類題目，則在鼓勵成績差的學生。通常，多數題目應該能爲大約一半的學生正確回答。一個不到百分之二十學生能正確回答的題目，可能不是一個好問題。一定要予以檢查，如果它不是太難，那它是考查什麼目的，是否適合於課程，或者是繕寫得不好？反之，如果正確回答的學生超過了百分之八十的題目，亦要檢討一下，看看它是太容易，還是題目裏洩露了答案。

比較上四分之一和下四分之一學生的回答，還可以發現一些有助於檢討的事情，如果上四分之一能答對，而下四分之一不能答對的題目，就具有區別力。如果上四分之一和下四分之一的學生都答得很好，這種題目就沒有做到區別。要是一個題目，下四分之一做對的學生，還比上四分之一做對的人數爲多，那就一定有什麼地方不對了。要不是解答有錯誤，就是題目需要重出。

考試閱卷以後，作這樣的檢討，在於瞭解教師這一次的命題如何，然後根據這次的檢討，來改進下一次的命題，這樣繼續不斷的檢討改進，才能使考查漸臻理想。

因爲好的題目不易編製，所以有人建議教師，每舉行一次測驗，不要隨便把試題丢棄，應該把它保存起來，以備將來應用。保存的方法很容易，只要把每次檢討過的題目，將好的問題粘在一張卡片上，加以編檔。這樣，可以節省許多命題的辛勞。當然，教師在每次測驗中，應該加入一些新的題目。

以上決定考查目的，決定考查方式，命題、檢查、準備場地、閱卷和檢討，便是舉行一次考查所應有的步驟和手續。

摘　要

本章考查的內容，包括有：

一、考查的需要　可以從教師，學生和學校等觀點瞭解。所以，考查並非全在考學生。

二、考查的種類

1. 依教學目的分　有①知識思想的考查②習慣技能的考查③態度理想等的考查。

2. 依考查時間分　有①平時考查②學月考查③學期考查。

3. 依考查方式分　有①教師評判②口試③論文考試④標準化客觀測驗⑤教師自編的新法測驗⑥學生作品的考評⑦表演的考評⑧非正式記述的評鑑⑨機械的記錄。

三、選擇的標準　選擇考查方式的標準，亦卽良好考試的特性有四：1.有效性、2.可靠性、3.客觀性。4.可用性，以這些標準，衡量各種考查方式，各有利弊得失。

四、考查的施行　普通，舉行一次考試，在決定考查目的和方式以後，其手續有：

1.命題2.檢查3.準備場地4.評閱5.檢討。

最後，我們還可以瞭解到：

1.考查的目的是多方面的，尤其對教師，是教學重要職責之一。

2.考查的種類很多，所謂合適地運用一種考查，是指符合四種考查的標準，因人因時因事而制宜。

3.考查是繼續不斷的工作，教師要隨時隨地的考查學生的學習。

4.考查是瞭解成績的鑑鏡，教師對此的態度，是適當地運用它、努力地改進它。

5.考查是一種評鑑，不但需要學生的參與，更需要學生的合作。

附註

一、Ralph K. Watkins, Techinques of Secondary SChool Teaching, The Ronald Press Company, New YorK, 1958, P.295

二、方炳林譯　中學教學法　第十一章　第二一五頁　師大出版組

三、民族晚報五十八年一月二十七日洒掃集

研討問題

一、除本章所列考查方式外，還有那些其他考查的方法？

二、說明自己對考查的意見和做法。

三、以自己所教學科的某一單元或一課爲範圍，各擬論文式試題五題與新法測驗題目四種，每種五至十題。

四、有一篇題爲「分數、成績、名次」的方塊文章（註三）寫道：

現在我們各級學校，各類考試，仍採用記分法，一百分爲滿分，六十分爲及格，分數與成績究竟是不是一回事，分數究竟能不能代表學生所學，所了解的，據我想，難有肯定的說法。不過，我們可以說：分數是根據試卷來的，名次則又是根據分數定的。於是，考試用的試卷，就成了問題的根源。

出題目是很傷腦筋的，不能太簡單，人人都考一百分總不像話，也不能難到沒有人及格；不能太死板，完全考學生的記憶，也不能變化多到學生無法捉摸。學校裏如有教師教學活動，應該有命題這一項，而各師範學校，也應該對命題方面多作學理上的探討，而提供正確的命題方式。

我們家老二今年剛上一年級，原來我對他期望很高的，誰知道第二次月考考了個四十四名，我氣極罵他連祖宗八代的人都被他丟盡了，打開算術卷子，一個小方塊裏畫着一棵有許多枝椏的樹，上面有三十二個小蘋果，他却數來數去數不清。國語考卷上有一題錯綜排列的句子：哥哥弟弟比比我我大小，他怎麼樣也排不成句，像這樣的錯誤是表示他根本不行，還是值得原諒呢？

再看他的總平均：八十九點幾，這是很高的分數，照說是應該獎勵的，但設若論名次，四十四名眞該打屁股，再往後不是就要背榜了？

他見我生氣，小臉上滿是驚惶，然後戰戰兢兢的問：「媽媽，做媽媽的要怎樣才快樂？」

聽他這樣問，我的心又融化了，而且想到剛看過的電視影片「小英雄」裏，畢佛被選爲戲中主角，要親吻女主角，畢佛不肯，氣得跑上樓把自己關進洗澡房，這時華利在一旁看熱鬧，媽媽罵他不應該，華利說：「你們也用不着愁眉苦臉啊！」

是的，我也不能因孩子考試成績不盡理想就怒氣衝天啦，乃擺出笑臉說：「孩子們活潑可愛，身體健康，都可以使媽媽快樂。」

你看了以後獲得些什麽？請列舉之。

第二十一章　教學成績的記分

教學的成績，既經各種合適的方式，循一定的步驟考查以後，接着的問題，便是如何把學生學習的成績記述下來，以表示其學習的優劣或進步與否。這種成績的記述和表示，通常稱之爲記分。記分和考查一樣，亦存在着許多問題，而爲一般人所詬病。所以，本章除說明記分的意義之外，將分記分的批評、記分的制度，記分的標準和改進等敍述之。

第一節　記分的意義

一、**成績記述**　所謂記分，照普通的解釋，是考查學生學習成績以後，用一種文字、等第、符號或數字以表示其優劣的方法之謂。其實，嚴格地說，這種用文字、等第、符號或數字以表示學生學習成績的工作，應該稱爲成績的記述。因爲：

1.分數不能概括所有的成績　由於是「記分」，似乎應該是記載分數，但學習成績的表示，除了用數字之外，還有用文字和等第記述的，分數並不能概括的代表文字和等第的成績。

2.成績包括載述和記錄　學生成績除了載述表示以外，還有成績的記錄。一般所說記分，就是教師用方法表達學生的成績，這是載述的部分。就學校的立場說，還要把這些成績做成記錄以保存之，這便是記錄的部分，自亦不宜用記分以名之。

所以，記分——成績的記述——包括了成績的載述和成績的記錄。前者是考查以後，即刻向學生或家長表示成績。後者則是學校永存的學生成績。在我們現行的社會和教育制度之下，這種永存的學生成績記錄，亦卽學籍卡，並不重要，亦不重視。記得有一次參觀臺北美國學校時，問他們的中學部校長，他們的成績記錄要保存多久，他說要永久保存，因爲無論是轉學、畢業、升學或者就業，都需要這種成績記錄的印影本以爲參考。所以，只要社會和教育制度健全，學校對於學生成績的載述和記錄，都要愼審和重視。由於這種成績的記錄，亦影響到記分的條件，記分不但要使家長懂得，亦要使一般社會人士易於瞭解。

二、沿用記分　記分既然包括了成績的載述和記錄，何以我們還是用記分的名稱，其理由可能有下列數端：

1.相沿成習　大家用慣了記分，亦就相沿成習的，以記分表示成績記述的工作。而且，多數成績是以分數表示的，家長和社會人士自己過去的學習是用分數，自然習慣於分數的成績。

2.簡單明瞭　學生成績的載述和記錄，在稱謂上不若記分簡單容易。而且，文字或等第的成績，沒有像分數的表示那樣，一目瞭然。

3.便於計算　無論學生的成績是用文字或等第表示，在計算和比較上，都沒有分數來得方便，甚至原來用文字或等第記載的，最後還是要變換成數字以計算。這亦許就是分數不能概括文字和等第，而用分數以代表的道理。

由於以上原因，大家都用記分，所以本章亦仍沿用「記分」一詞。

第二節　記分的批評

本章一開始就提到，記分和考查一樣，存在着許多問題，而為一般人士所詬病，綜括許多對記分缺點的批評，計有下列數點：

1. 不明確　現行的記分，最為人所不滿的，就是不够明白和確定。例如一個學生某一科目得到A的成績，這個A究竟表示了些什麼？是說他很用功，或者是個聰明的懶人？是說他學得了一些特殊的教材，或是具有長足的進步？沒有其他的資料，任何人都無法從現有的記分中明確知道他。事實上，現行的記分，除了一個A或八十分之外，就是沒有其他的資料。

2. 不概括　現行的記分，不能包括學生全部的學習成績。例如甲生的英文得了A，固然無法知道他是長於文學、閱讀，或者是文法、作文，亦不能將甲生所學過的技能、觀念、態度、理想、與趣等學習成績，包括無遺。甚至他可能在會話方面很差，亦不能從記分中表達出來。這種不概括和不明確，就是所謂隱藏了資料（Hide information）。

3. 不客觀　儘管現在測驗和測量的方法與工具已經很多，但還是沒有進步到能够非常精確地考查學生學習的成績，因此，亦就影響到記分的客觀性。教師的分數，常常受學生的態度、學校行為、整潔，以及出席等因素的影響，使記載的分數，不是眞正代表學生學習的成績。

4. 危害心智的健康　有些批評者覺得，現行的記分過份重視競爭和成功，而這種重視，足以危害學生心智的健康。例如現在小學生的學業成績，很多九十分甚至九十分以上的分數，往往由於競爭的劇烈，而排名在全班的一半以下，甚而最後幾名，教師向他要求，家長覺得不滿，學生自己亦始終沒有成功的感覺，這些影響到他的情緒，使他產生嫉忌、羞恥、憂悶、煩惱，而這些心理的反應，對於學生人格的發展，具有莫大的影響。知識上的一點得失，與之委實不能相比。

5.使學生誤解學習的目的　過份重視分數，使學生誤以分數爲學習的目的，結果是情願熱衷於獲得分數，而不願學習有價值的事物，爲了分數而學習，不是爲學習而學習。

6.使學生誤解學習的功用　重視分數，使學生誤以爲學習就是記誦知識、應付考試、獲得分數，而不再重視學習的過程，以思考，觀察，實驗，自學和培養興趣。

7.是一種拙劣的刺激　有人以爲分數是種引起學生反應、鼓勵學生努力的刺激，尤其對於功課好的學生是如此。其實，以分數爲引起學生學習的刺激，亦只是一種拙劣的刺激而已，其效果是值得懷疑的。因爲，分數眞有刺激的作用，應該很少有學生會學習失敗了。由於分數成爲一種拙劣的刺激，所以常常發生欺騙、舞弊、臨時抱佛脚，或者選習容易的課程，和只求及格的現象。

記分之所以有以上這些缺點，有的或者是使用不當所致，但主要還是由於記分根據了一些不合理的假定爲基礎，林克爾（W.L.Wrinkle）認爲，這些不合理有六。（註一）

1.相信任何人能從分數所示，得知學生學業的等級或已有的進步如何。

2.相信任何人只要願意努力，都能够達到他所希望的分數。

3.相信學生在放學以後的成功，比在校的成功爲有利。

4.相信學生的分數有類於工人的工資。

5.相信競爭的記分制度，對於競爭的成人生活，是提供一種有價值的和合適的引導。

6.相信學校記分是達成教育目的的一種手段。

實際上，這些假定都缺乏事實的根據，其間錯誤，至爲明顯。一般學校記分，並不能適應個別差異；學校的分數和社會上的成功，亦不是經常有極大的相關；學習顯然應該比分數更是教育的目的；而達成目的的手段，並不一定要用分數；尤其一般學生不肯相信，認爲分數眞能表示他們的學業及進步情形如何。

第三節　記分的需要

無論記分的理論基礎缺乏事實根據，以及有許多爲人詬病的缺點，但學校在成績考查以後，仍然需要記分。分析記分的功用，可以知道記分的需要有下列幾項：

1.可以向家長報告成績　記分和考查，同爲向家長報告所必需。學校考查學生的學習以後，用什麼向家長報告其子女的學習，惟有利用成績的記載以表示。

2.可以使學生明瞭自己的學習　學生瞭解自己學習的進程，固然從考查中得知，但表示進程的方法是記分，從記分中，知道自己的學習是進步還是退步。

3.供給努力的動機　雖然前面說過，記分的缺點之一，是種拙劣的刺激，但在一般情形之下，記分仍不失爲促進努力的動機，學生知道自己是進步，或是退步，多半會力求上進，努力爭取或改進學習的方法、學習的習慣和學習的成績。

4.可作升留級或編班的依據　在學校行政上，對學生升級或留級的決定，多依學生分數而定。分數達到一定標準，可以升級，可以補考或者決定留級。在分班和分組方面，除了依興趣或特殊需要為條件以外，多數是依據學生分數的高下，或則平均分配，或則分數相近的編在一班。

5.可以作成記錄　前面已經說過，在合理的社會和教育制度之下，學校有責任提供學生正確的成績記錄，以供升學和就業的參考之用。所以，學校可以用文字、等第，符號或數字，記述學生的成績，作成記錄，以應需用。

6.可使教師確實明瞭學生的學習　從學習的考查和成績的記述中，教師可以知道學生學習的優劣和得失，再配合其他的資料，瞭解其原因，以為個別指導和補救教學的依據。

總之，考查是一種學習的測量，而記分是測量的表達。沒有測量，不能知道學習的成效，沒有記分，則測量的結果無由表達。現在的記分，容或表達得不够清晰，不够正確，我們可以做的，在於改進記分的方法和缺點，而不能不要記分，是以記分有其必需性。

第四節　記分的制度

從方法上說，記分可以用分數，可以用等第，亦可以用文字或符號，以表示學生學習的成績。不過，因為記分根據的標準和觀點不同，一般分作兩種不同的記分制。一種叫絕對制記分，一種叫相對制記分，前者記述的就是學生所得的成績，後者則是比較得來的結果。玆分別說明之。

一、絕對制記分法　絕對制記分所記述的成績，就是學生學習的結果，所謂「絕對」，並不是百分之百正確的絕對，因爲事實上不可能有百分之百正確的測量和記分的方法，這裏的「絕對」，是對「相對」制記分而言，它不是相互比較的記分。通常爲學校採行的絕對制記分，有百分法，等第記分法，文字記述和符號記述法等。

（一）百分法　百分記分，是應用最普遍的一種記分方法。其等級普通是從〇分到一百分，分成一百個等級，有些教師分得更精細，又將每一分分成一半，成爲二百個等級。但亦有僅分五十分的辦法，就是五十分以上，每一分一個等級，五十分以下不再分等，全部認爲不及格。

應用百分法的手續非常簡單，按照考查的內容或問題，酌量或平均分配以應得的等級分數，某一內容佔幾分，某一問題佔幾分，達到多少要求的標準或答對多少問題，便得多少分數。原則上是一百分不能達到，即使能達到，亦是不容易達到。

由於百分法採用的普遍，所以非常通俗，無須特別的解說，學生、家長和社會人士，都能很容易地瞭解它所代表的意義。不過，所謂瞭解，亦只是模糊的，大概的知道而已，究竟八十分是什麼意義，是學會了百分之八十？學會了百分之八十又是什麼意義？還有那百分之二十是什麼？是好的成績？還是壞的成績？或者是中等普通？教師、學生和家長，都馬馬虎虎，並未深究。

其次，百分法的及格不及格，常因學校規定不同而異。普通以六十分爲及格，五十分可以補考，不滿五十分爲根本的不及格，但亦有以七十分爲及格分數，所以，解說的時候，一定要附加所用標準的說明。

第三、分數之間的距離並不相等，成績八十分的程度，並不就是四十分的兩倍，九十分和八十分之間的十分，並不等於六十分和五十分之間的十分。許多學生和家長常常喜歡用分數和別人相比，事實上是不能相比的。

任何方法有其優點，亦有其缺點，百分法的優點是：

1.方便 百分法記分的手續簡便，根據學生達到的要求和答對的題數給分，加以是數字記分，計算非常方便。

2.通俗 無論是學生、家長、教師和社會人士，都瞭解百分法，不需要作特別的解釋。

百分法的缺點則有：

1.不能正確地代表學生的成績 百分分數的多少，並不能正確地表示學生程度的好壞，因爲百分法受試題難易和教師寬嚴的影響，試題難了，分數就低，試題容易，分數就高，同樣，教師嚴，分數低，教師寬，分數就高。往往同一學科，由於上下學期任課教師不同，記分標準不一，而使家長感到迷惘不解。

2.不易評定質的成績 用百分記述量的成績可以，以之記述質的成績如圖畫、書法、作文等，就比較困難，因爲品質的高下，是不易用數字表達的。作文的七十九分和八十分，究竟相差在什麼地方，教師自己亦不能正確地指出來。

3.分等過於精細 由於測量和考查的方法，還沒有發展到非常精確的地步，記分亦就很難做到精密的程度，而百分法分等過於精細，反而失却了每一等級分別的意義和價值。

4.〇分和一百分缺乏積極的意義 在理論上說，〇分是代表一無所有，一百分代表完善無缺，這在學習上是同樣不可能的事情。沒有人能在學習一段時間之後，毫無所獲，亦沒有人能在某一科的學習中，能登峯造極，達到不能再好的地步。但我們現在就常有○分和一百分的分數出現。

（二）等第記分法　百分法是用數字記分，等第記分則多用文字記分，用某一文字代表某一等第的成績。最爲教學上常用的等第，過去有優、上、中、下、劣，現在有甲、乙、丙、丁、戊和A、B、C、D、F。

常用的等第記分多是五等分，不過亦有分等較多的，例如把五等每一級加上「上」「下」或「+」「-」，而取銷本身這一級，變成甲上、甲下、乙上、乙下或A+，A-，B+，B-等十等分；甚至保留本來一級，成爲十五等分。這種加多等級的變化，如果仔細研究，會發現其中是有問題的。以A、B、C、D、F、五等爲例，C代表普通的成績，A代表最好的成績，F代表最不好的學習（此地不用E，因爲E在英文裏是代表 Excellent）。比普通爲好，而又不够最好的以B表示，D則不如普通而還沒有到達最不好的地步。爲了要再分得精細一些，介乎A和B、B和C之間，各加「+」「-」，成爲B+、B、B-、C+、C、C-是可以，如果A要加成A+、A-，F要變成F+，F、F-，就沒有理由。因爲A已經是最好，比最好還要好，就表示A不是最好，而A-是比最好稍差，則與B的意義相同；同理，F是最不好，就用不着F-以表示比最不好的還要壞，F+是比最不好稍好一點，亦就等於D，而D這一級，有人以爲亦是同樣的道理，不需要「+」「-」，所以，五等的變化成爲九等分。當然，各種等級的變化，是由學校和教師各自規定的。

等第記分法的處理，亦比較簡單，因爲等級較少，不必像百分記分，作非常精密的等級，成績相近的都可以給予相同的等級，尤其是作文、書法、勞作等品質性成績的記分，教師最易處理。但等第記分因爲記的是等第，等第不能平均，必須變成數字，才易計算。有些教師是用 A=5, B=4. C=3, D=2, F=1 的方法換算，平均之後，再變成等第。但多數還是用百分換算，例如規定：

A. 95—100%
B. 85—94
C. 75—84
D. 60—74
F. 60—以下

當然亦有其他不同的分數分配。

關於解釋方面，等第記分和百分法同樣的通俗，都能爲學生和家長所了解。不過，因爲它的計算常和百分法有關，不但學生和家長愛用百分法解釋等第，就是教師亦常常用百分定等第的標準以記分，所以，等第記分等於是百分法的一種變化。

有些學校則爲每一等第作補充的說明，如：

A、顯著的進步。
B、較希望有的進步爲好。
C、普通，惟尚須努力。
D、較希望有的進步爲少。
F、很少或根本沒有進步。

又如臺北美國學校成績單上的等第，是表示其進步的情形：

A、顯著的。
B、迅速的。

C、中等的。

D、遲緩的。

I、不足的。

F、失敗的。

有了這些補充說明，可以幫助學生和家長對記分的瞭解，而不致和百分法相混淆。

等第記分和百分法的優點相似：

1.通俗　只要每一等第附加說明，都能瞭解其代表的意義。

2.簡便　記分手續方便，學生成績相差不多時，不必强加區分，作精細的分等。

3.適用於質的成績　這比百分法爲優，可以合適的評定作文、書法、操行等品質的成績。

等第記分法的缺點則爲：

1.缺乏標準　用等第記分，由於缺乏標準，往往失之不客觀，同一成績，由不同的敎師評定等第，可能相差非常大。

2.不易代表眞正程度　和百分法相同，不但缺乏標準，而且受試題難易的影響，使所記等第，不能代表眞正的程度。這種不公平和不客觀的缺點，可以說是絕對制記分共有的通病。

3.計算不便　等第記分記述方便，但計算時要用數字換算。

㈢文字記述法　文字記述法，就是用文字記載學生學習成績的方法，其中有配合等第使用的，如下列例一：亦有完全使用文字的，如下列例二例三：

閱讀測驗成績
　故事的理解力——高
　字義的了解力——很高
　閱讀的速率——中等

例一

算術	數的觀念正確
	計算正確
	計算不够迅速

例二

閱讀能力——朗讀清晰正確
　　　　　默讀了解不够
書　　法——清潔整齊
　　　　　成績良好
　　　　　富有興趣

例三

這種文字記述法沒有什麼等級，在處理上，主要由教師用簡明的文字表達成績，亦沒有分數的計算或平均，完全以學生個人成績的表達爲主。在解釋方面亦沒有困難，學生和家長從文字的記述中，就瞭解學習成績的好壞。所以此法的優點是：

1. 內容翔實　每一學科包括許多項目，每一項目分別予以說明，內容翔實，可以改進記分不明確和不概括的缺點。

2. 記述清晰　使學生、教師和家長，都能一目瞭然，並能針對缺點，以求改進。

其缺點則爲：

1. 記述麻煩　尤其人數衆多的班級，教師要對每個學生的成績，都有翔實清晰的記述，是一相當繁重的負擔。

2.不易正確　除非教師對每一個學生都有極深的瞭解，仔細的觀察和切實的考查，各項成績的記述，就不易正確，不能正確，便容易流於形式和空洞。

3.不客觀　由教師觀察考查而作的記述，必然免不了主觀的影響，所以，此法亦失之不客觀和不公平。

(四)符號記分法　符號記分實在是綜合文字、等第和符號等記述而成的記分法，有的是用文字敍述各種學習項目，而以符號表示其學習成績，如：

能專心上課嗎？	∨	∨　表示做到
能自動研究問題嗎？	×	
能按時做作業嗎？	∨	×　表示沒有做到

能從一數到十	*	*　表示做得很好
能清楚地說完整的故事	△	△　表示做到
能够安靜的吃點心	×	×　表示沒有做到

有的是用文字記述各種項目，同時分成等級，在相當的等級項下，以符號表示學習的成績如：

項目		成績等第　常常如此	有時如此	很少如此
語文	說話清楚	∨		
	能用文字表達思想		∨	
	能正確運用國語文	∨		

例如現行國民小學成績考查，規定除以等第記載外，並應根據學科目標，作學習能力之分析記載，其記載方法，便是按照各科分析項目，依優良者作「○」號，尚可者作「∨」號，較差者作「×」號記載之。應用符號記分，其優點：

1. 翔實。

2. 清晰

缺點：

1. 2. 兩點和文字記述法相同。

3. 不能比較　這一點文字記述法同樣具有，兩者都不是以數字表示，不能計算，亦就不能比較學生成績的高下，或學生在班上的地位。不過，這一點可以說它是缺點，亦可以不算是缺點，因爲比較的結果是競爭，競爭足以引起不良的心智反應，所以符號記分不能比較亦不足爲病，只是一般家長和學生，甚至教師和學校，習慣上都喜歡彼此比較，如果純粹從記分的功用說，符號記分應該是比較進步和合理的記分制度。

二、相對制記分法　提到學生成績的比較，則相對制記分法便是比較的記分法。從相對制記分法中所記的成績，不是學生的程度或眞正的成就，而是相對比較的結果。其中又分與自己過去的學習相比較以及與別人比較以表示在班上所處的地位的兩種方法。本來比較和競爭並非是絕對的不好，心理學指出，適當的競爭，是引起學習動機的一種方法，尤其是自我比較和自我競爭，實有其教育價值。茲分別說明兩種相對記分法如下：

㈠與自己比較的記分　與自己比較的記分，是介乎絕對制記分和相對制記分之間的一種記分，嚴格地說它不是比較的記分，因爲它不是和班上同學比較的結果。但它亦不是絕對制記分，因爲所記的成績已經不是眞正的成績，而是與自己過去相比較的結果。所以，它可稱爲非競爭的記分（Noncompetitive marking）。其中又分：

1.S—U制　這是一種兩級記分，以S（Satisfactory）和U（Unsatisfactory）兩種等第，表示學生的進步。S和U都是和自己開始時候的比較，如果有進步，就是S，如果沒有進步，就是U，這樣可以避免比較記分，由競爭而起的許多弊端。

這種S—U記分法，在處理上，必須具有每個學生的原始成績和各項資料，以其智力、潛能和程度爲基準，同時每次所用的測驗，信度要良好，才能可靠的測量出學生之是否有進步。

在等級上，這種記分制名爲兩級，實在等於不分級，不是S就是U。很多敎師因此感到只是S—U，過於簡單，不足區分學生的成績，所以就增加了E（Excellent）或H（Honour）以代表更好的進步。慢慢地，從H、S、U三個等級，又發展成 H_+. H. H_-. S_+. S. S_-. U_+ 和U八個等級，等於回到了競爭的等第記分，亦就失去了記分不競爭的原意了。

此外，S—U制記分法還有下列一些缺點：

第一、兩級非競爭記分，在理論上很好，使成績能按學生各人的能力差異而定，鼓勵每一個學生向着目標努力前進，但在實施上，則有許多困難。首先，學生和家長會感到不滿意，在這種記分制中，除了進步或滿意與否以外，一無所知，而且常常會引起不必要的誤會，爲什麼自己的子弟在學校每次都是S的成績，而在升學考試中會失敗。原因是他的S是自我比較，而升學考試是相互競爭的比較。

第二、不能看出眞正的成績。如同剛才所舉升學的例子，不能從滿意或進步與否中，得知學生眞正的程度。又如兩個學生，於三月份在同一個二百十五分的測驗中，甲生得180分，乙生得9分，在普通比較的記分制中，甲生可能得到A或E，而乙生得F，到九月再測驗，甲生得179，乙生得63，照非競爭記分，自我比較，則甲生沒有進步，乙生進步達七倍之多，所以甲生得的是U，乙生得的是S。這樣將使學生對於成績的觀念，發生懷疑。

第三、凡人都喜歡比較，每一家長不但希望知道自己子女的成績，更希望知道和鄰居孩子們的比較如何，如果剛才所舉的甲乙二生，其家長對這種記分，一定會大惑不解。

第四、年齡大、年級高的學生，逐漸接近社會，出而謀生的機會增多，在合理的社會和教育制度下，社會希望學校提供學生的學習成績，爲僱用的參考。各機關需要知道的，不是該生打字能力比前三個月爲進步，而是要知道其打字技能和正確迅速的程度。這種記分，不能對社會提供滿意的資料。

最後，爲了補救以上這些缺點，學校和教師必須爲每個學生準備二套成績資料，一份用S—U記分法，以備向家長報告，使學生和家長知道其學習進步的情形，另外一套，則用普通記分法，記述比較詳細的成績內容，以備必需之用。這樣，所增加的麻煩，似乎是不值得。

2.文字符號記述法　此法與絕對制記分中的文字符號記分法相同，只是成績的等第不分高下好壞，而用「成績美滿」「已有進步」「尚須努力」或「有顯著進步」「進步與能力相稱」「有進步惟仍需努力」和「進步很少」等分別表達各項成績，再在各項等第下打上符號以表示之。這些「有進步」「進步很少」，都是和過去自己的成績比較而得，其利弊如同S—U記分法，必須和其他記分法配合使用才可。

(二)與別人比較的記分　一般講相對制記分，多指與班上其他同學比較以後所得的結果而言。這種相對制記分，多根據常態分配的原理，以作爲分配學生成績的標準，其法有：

1.常態分配法　按照常態分配的理論，人類身心的差異，都成一種鐘形的分配曲線，所以學生的學習成績，亦將呈鐘形常態分配，如圖 21-1

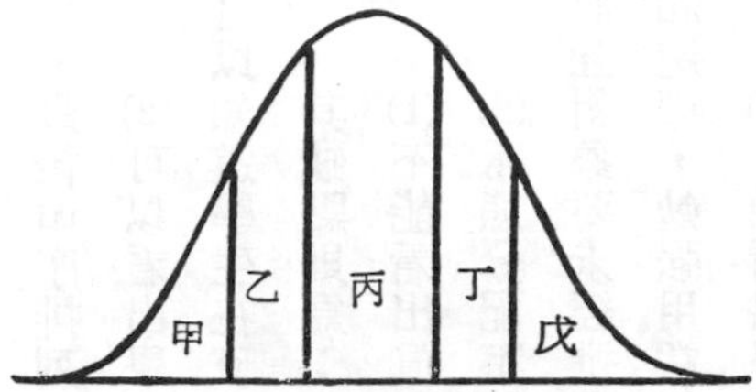

21-1 常態分配曲線

五等分法，卽將全班學生的成績，分成五等，每一等級及其所佔百分比分配如下：

等第	甲	乙	丙	丁	戊
百分比	5	20	50	20	5

（亦有其他百分比的分配）

其法，先把學生百分法的成績，按最好到最差的次序排列起來，然後照上列的百分比分配，全班百分之五的人獲最好的成績，不論他們的成績是九十分，八十分或者七十分。如果一班有五十個學生，則有二—三人獲得甲等，十人左右獲乙等，二十五人左右獲丙等，依此類推，成績最差的二三人得戊等，亦不論他是七十分，六十分或二十分。

亦有把五等分得更細的，如十等分法，其百分比爲：

等第	甲上	甲下	乙上	乙下	丙上	丙下	丁上	丁下	戊上	戊下
百分比	1	3	8	16	20	22	16	8	3	1

常態分配記分法，在解釋方面，就沒有絕對記分法這樣，爲一般學生和家長所熟悉，必須要說明所

列的等第，是和全班比較的結果，並非學生眞正的成績，可能他的成績只有百分法七十分，但全班分數以他最好，所以他就是甲等，或者他的成績可能是百分法八十分，但全班分數都很高，以他爲最低，他就是戊等。

所以，常態分配的優點是：

(1)公平　它不受教師寬嚴或試題難易的影響，因爲教師寬，全班都寬，分數都高；試題難，分數都少，最後循序排列，並不影響學生的等第。

(2)可以看出學生在班上的地位　絕對制記分只知道學生的成績，而無從判別其好壞，相對制記分就可以知道學生在班上比較的地位。

其缺點則爲：

(1)不能看出眞正的成績　雖然可以知道學生比較的地位，但不能從這種記分法中知道眞正的成績。

(2)常態分配不適於班級的應用　常態分配必須有人數衆多和隨機取樣的二個基本條件，人數愈多，而且對象要未經選擇，才能愈接近常態分配。普通一個班級最多五十餘人，而且年級愈高，愈經過陶汰和選擇，勉强用常態分配，不免有削足適履之嫌。

(3)不能看出學生的勤惰　在普通情形之下，成績好的不會很快就差得很遠，差的學生亦不會進步得很快，所以成績分配，永遠好的是好，壞的是壞，既不能看出學生的勤惰，且易使勝者驕，敗者餒。

(4)百分比固定　常態分配的百分比固定，往往不能切合實際。

(5)易與等第記分相混　一般學生和家長熟悉等第記分，常常把常態分配的等第和普通等第相混不淸，以致列戊等的成績者，不重視其最後的地位，而認爲是不及格。

爲了補救上述最後二點的缺點，就有另外兩種常態分配法：

2.彈性常態分配法　此法完全和常態分配法相同，只是各等第的百分比，可以由教師按學生實際成績，採用彈性，自行決定分配。如果學生成績好的多，甲等或乙等可以多分配一些，而減少丁等戊等的人數，甚至根本沒有戊等亦可以。反之，成績差的多，亦是如此。

例如現行國民小學各科成績之考查，規定應依據常態分配之原則，如有特殊情況，其等第得作彈性之調整，其人數之分配比例如表 21-2（註：六十學年度起又恢復百分法記分）

等第	甲	乙	丙	丁	戊
數值	5	4	3	2	1
人數百分比	7	24	38	24	7
彈性分配調整範圍	0～15	20～35	30～50	20～35	0～15

21-2 國民小學常態記分表

3.米蘇里制（Missouri system）　米蘇里制爲免與普通等第相混，而用M（Middle）表示中間的百分之五十，S（Superior）表示上百分之二十三，E（Excellent）表示最高的百分之二或三，I（Inferior）表示下百分之二十三，F（Failure）表示最低的百分之二或三，變成E、S、M、I、F五等，以代替普通等第的A、B、C、D、F、的五等名稱。其處理、解釋和批評，大致和常態分配相同。

4.四等分法　除了以上的常態分配法以外，還有一種四等分法，亦是根據統計學的原理，把學生按成績高下排列，從最高的成績，往下四分之一的地方算 Q_3（上四分之一點），從最低的成績往上四分之一算 Q_1（下四分之一點），而從中數往上下各四分之一的成績算是中等，佔全部人數的百分之五十。這種方法和前述的常態記分，在手續和解釋上，大致亦都相同。

Aurora High School: English I, sec. 2, 1st quarter, 1960–61

Teacher: Otto Krank

Nature of Test	Quiz 1	Quiz 2	Teacher Rating	Notebook Rating	Quiz 3	Final Exam.	Summary	Mark
Scope of Test	Parts of Speech	Sentence Structure	Composition	Reading	Verb Forms			
Date	9/30	10/15	11/1	11/15	11/30	12/10		
Maximum Score	100	100	E	E	110	150		
Adair, Alice	75	80	50 M	60 M+	85	120	470	
Botts, Calvin	90	95	100 E	90 S+	100	135	610	
Culver, Ida	80	70	50 M	40 M−	80	115	435	
Dugan, Donna	85	90	70 S−	80 S	90	130	545	
Edwards, Clay	60	65	30 I	30 I	65	85	335	
Fyfer, Cliff	70	80	50 M	50 M	85	110	445	

21–3 *Sample Section of Teacher's Grade Record Sheet* （註二）

以上介紹的一些記分方法，無論其爲絕對制記分，或相對制記分，都有其利弊得失，所以，現在多有混合採用的趨勢，至少是採用其中的幾種，配合運用，如21-3所列，便是英文科各項成績的記分：

Aurora High School: English I, sec. 2, 1st quarter, 19xx–xx

Rank	Summary Score	Mark	Rank	Summary Score	Mark
1.	615	E	21.	475	M
2.	610	E	21.	475	M
3.	590	S	23.	465	M
4.	585	S	24.	460	M
5.	580	S	25.	455	M
5.	580	S	26.	450	M
7.	575	S	27.	445	M
8.	570	S	27.	445	M
9.	560	S	29.	440	M
10.	550	S	30.	435	M
		Q_3			Q_1
11.	545	S	31.	425	M
		Adjusted Q_3	32.	415	M
12.	530	M			Adjusted Q_1
12.	530	M	33.	400	I
14.	525	M	34.	390	I
15.	520	M	35.	385	I
16.	510	M	36.	370	I
17.	500	M	37.	365	I
18.	490	M	38.	350	I
18.	490	M	39.	335	I
20.	480	M	40.	300	F
		Median			

21–4 *Ranks on Raw Summary of Tests and Ratings*（註三）

其中第一二行是分別在九月三十日和十月十五日舉行第一二兩次小測驗，各生所得的成績，其最高總分爲一百分；第三和第四行的成績是由教師評定，所以用米蘇里制的等級評分，不過在S和M二級分別加上「＋」「－」，而以百分配合，便於計算，其等級和百分配是：

100	E
90	S_+
80	S
70	S_-
60	M_+
50	M
40	M_-
30	I
0	F

第五行是第三次小測驗，總分不是一百，而是一一〇，第六行最後考試的最高分爲一五〇，然後將各次成績合計成最後一行總分，無須把每一種成績化成百分數。這樣得到的成績，是絕對制記分的成績，爲期明瞭學生在班上的比較，再用四等分法求得其位置，而以等第表示之，如 21-4

上表所列，全班四十人，按成績高下排列，分數相同的給予同樣名數，在中數（第二十和二十一名之間）上下各二十名中，按實際情形，決定第十一名（545）為上四分點 Q_3，第三十一（425）和三十二名（415）為下四分點 Q_1，並分別以米蘇里制給予 Q_3 以上的成績以E和S，中間的二十多名為M，Q_1 以下的為I，最後一名三〇〇分與三三五分相差過遠，故予以F。

這種混合制和相等制的記分，在手續上固然較為麻煩，決定 Q_3 和 Q_1 要稍加斟酌，以及學生和家長在開始時要多加解釋之外，比較地說，是種完善的記分制。如果再能佐以符號記述，則更能達到記分的目的和功用。

第五節　記分的標準與改進

一、良好記分的標準　根據上節各種記分方法的介紹，似乎每一種記分法都有其優劣，究竟怎樣的一種記分，算是良好的記分？歸納各種意見，可以得知一種好的記分，必須具備下列一些條件或標準：

1.正確　記分是記載學生學習的成績，而這種成績正日漸為學生、家長、教師、學校和社會所需要與重視，所以教師記分，必須正確，所謂正確，包括：

①成績要眞能代表學生的程度　亦就是說，學生程度好的，所記的成績就要高，程度差的成績亦要差。例如前述S—U非競爭記分法所舉甲乙二生的例子，甲生程度高得到U，乙生程度低，反而得S，就不符合正確的要求。

②成績要能表示學生的進步與否　良好的記分，不但可以正確地表示學生程度的高下，亦要能表

示出學生有無進步。成績好而無進步，與成績差而有進步，後者應該更值得嘉許。

③成績要能表示學生在班上的地位　無論人們怎樣反對比較和競爭，現實的社會生活裏就有競爭，如果說教育即生活，則學校裏雖不要鼓勵競爭和比較，但讓學生學習並適應比較和競爭的生活，還是正確的，何況公平和合理的比較競爭，自有其價值。所以，正確的成績除了表示學生的程度與進退步之外，還要能正確表示他和別人比較的結果。

影響記分正確性的因素很多，主要的是教師的標準、教師的觀念和記分的制度。教師標準寬嚴不一，足以使學生成績不正確。其次是教師的觀念，有些教師以學生成績高爲他教學效率好的象徵，亦有教師以給學生分數低而顯示其權威，結果都足以影響記分的正確，使所記成績不能代表學生眞正的程度。此外，亦有因爲所用記分方法不良，使所記成績不能達到上述三項正確的要求。記分而不能達到正確，便失去記分的意義和目的。

2.客觀　記分的客觀性，和正確性有密切的關係，能客觀的記分，才能正確的表示學生成績，反之，正確的記分，必然是客觀的記分。影響記分客觀的因素有二：

①教師的因素　教師在考查或閱卷時候，由於注意和着重點的不同，可以使所記的成績不同。

②考查方法的因素　由於所用的考查方法不同，記分的客觀性亦隨之而異。論文考試，教師觀察和作品表演的評定，都沒有新法測驗記分的客觀性爲高。同理，與記分制亦有關係，相對制記分就比絕對制記分爲客觀，利用統計學的方法，則更爲正確。

3.統一　同一學校的記分，應該有統一的標準，這樣，由不同教師所教的同一科目，才可以相互比較，不但同一種科目，就是不同的科目亦要能够比較，一個學生的國文八十分，數學七十分，應該是國文程度比數學爲好。甚至不同學校的成績，亦可以彼此比較，例如校外的獎學金申請，尤其是各師範畢業生保送師大，許多學生會因爲當年教師評分的不公而抱怨，事實上，只要記分做到正確和客觀，便可以做到統一的標準。

4.**簡便**　一種好的記分，要手續簡便，易於處理，因爲每一個教師所要記分的學生人數很多，如果每一個學生成績的記載、計算，都很麻煩，則花費教師許多時間和精力，而這些時間和精力，可以給教師做其他更多有益於教學的工作。所以，記分應該是簡便易行的。

5.**通俗**　無論是數字或文字，是等第或符號的記分，一定要很容易地爲學生、家長、教師和社會所瞭解。否則，儘管記分正確和客觀，別人拿到成績，不能明瞭所代表的意義，亦就失去記分的功用。所以，好的記分是易於解釋的記分。

6.**合理**　良好記分所訂定的標準，應該是合理和可能，尤其是最高的標準，一項記分中所定的最高標準，至少要爲少數學生所能達到，永遠達不到的標準，等於沒有這些標準。相反的，大家都達得到的標準，亦是不合理，因爲它失去了區別性。

7.**概括**　良好的記分，應該是概括幾種以上的測量或考查的成績，不但是知識的成績，亦包括了技能、態度、社會行爲等各方面的成績。

二、記分的改進　綜上所述記分的批評、記分制度和記分的標準，可以知道，過去記分，有的缺乏標準，影響正確和客觀，有的偏重知識，忽略記分的概括性，所以，現代改進記分的趨勢有：

1.注重各種學習　現代的記分，逐漸擴大其範圍，使所記的成績，包括知識學業、工作習慣、社會行爲、興趣能力、公民道德各方面的學習。在教育理論上，是智德體羣美五育的平均發展，在教育目的上，是注重健全人格的培養，所以考查方法、方式與記分制度，都要配合此一發展。

2.注重內容精細　不但記分的範圍擴大，除學業成績外，還要注意各種學習的成績，即使是一個科目，亦不再是含混籠統，以一個數字或文字記分，而是分門別類，作更精細的記述。例如英文一科，就有讀、寫、聽、說、文法、作文、努力、成就、愛好等許多項目，使學生、家長、和教師，都能更精細清晰的瞭解成績的優劣强弱，以爲進一步的補救改進之依據。

3.進步與比較並重　學生學習的成績，一方面要表示其比較的結果，同時亦要注意本身的進步，使關心學習的各方面人員，更容易發現其學習的位置，作更好的努力與協助。

4.注重綜合的記分　現代的記分，已經逐漸改變單一的記分方法，而採各種記分方法的配合使用，既用數字記分，亦用文字記述，有等第記分，亦有符號表示，有學生個人的絕對成績，有全班同學的參考或比較，亦有自己的進步情形，有綜合各種的記分，亦有分科詳列的記述，要在能善盡記分的功能，以達到教育上成績考查的目的。

摘　要

記分包括學習成績的記述和記錄，而且可以用文字、符號、數字、等第等記述，並非只限於分數的記載。

記載學生實際成績的絕對制記分法，有百分法、等第記分法、文字記述法與符號記述法，通常用以表示學生在班上地位的，是常態分配記分的相對制記分法。現行國民小學的記分，是爲了避免學生過分的競爭，才採用五等分常態分配法，其結果恰好適得其反。可以說，沒有一種記分方法是盡善盡美。唯有採用綜合各種方法，尤其是文字和符號，精細的記述各種學習成績，才能達成正確、概括的要求。

附註

一、William L. Wrinkle Improving Marking and Reporting practices, Rinehart and Company, Inc., New York, 1947

二、Ralph k, watkins Techniques of Secondary School Teaching The Ronald Press Company. New York, 1958. ch. 14, P.364

三、同註二 P.370

研討問題

一、你所要教的科目，有那些成績需要考查？用那些方法記述成績？

二、絕對制記分和相對制記分各有那些共同的優缺點？

三、你對本章所引阿羅拉中學（Aurora High School）英文成績記分的意見如何？請列舉之。

四、現行的百分法有何缺點？你將如何改進？

第二十二章　教學成績的報告

教學的成績，經過考查和記述以後，最後一部分工作，便是如何使學生和家長，知道這些學習的成績，這種使學生和家長知道成績的工作，就叫成績報告。成績報告是學校、教師和學生及家長之間的一種重要聯繫，影響至鉅。因爲，無論是考查或者記分，畢竟還是學校內部的工作，惟有成績報告，才眞正和學生，尤其是和家長發生了關係。學生關心自己學習的成績，家長尤其關心子弟的成績，家長亦關心學校辦理的情形，所以成績報告良好，可以提高學生學習的情緒，增進家長和學校及教師的關係；否則，影響學生的士氣，家長對學校及教師的不諒解，甚至破壞了家庭的關係與氣氛。然而，目前各級學校的成績報告，都採用報告單的方式，顯然不易令人滿意，這亦就是在第二十章教學成績考查中所說的，無論在考查、記分和成績報告方面，都存在着許多問題。本章將分報告的需要，報告的條件和報告的方式三部分說明之。

第一節　報告的需要

爲什麼需要成績報告？據克拉克和史搭（Clark and Starr）在合著的中學教學法中說，每個家長有權知道其子女在學校中學習的情形，他們認爲家長應該知道的事項有：

1. 學生在每一科目中的進步如何？
2. 他的進步和班上的同學，以及同年齡的孩子們比較如何？

3.他的潛能如何？他有沒有發展何種特殊的才能或興趣？

4.他的進步和潛能的比較如何？

5.他有沒有特殊的困難？

6.那一些做得比較好？

7.他在學校裏的行爲——如何立身處己？

8.他和同學相處得如何？和教師相處如何？

9.家長怎樣能對他所有幫助？

10家長怎樣才能幫助教師？（註一）

從家長需要知道以上這些資料，可以知道成績報告的需要有四：

一、履行責任　履行責任，又可以包括學校和家長兩方面：

1.學校的責任　家長有權利知道這些事項，學校就有責任報告這些資料。不但家長有權要知道，學生亦有權利知道自己的學習成績。最可笑的是現在有些大學，藉口人手不够，每年只將學生的成績，在敎務處門口，公佈一下，而不再將成績向家長報告，學生如果需要成績單（多數是申請獎學金之用），得向敎務處繳納手續費或抄寫費，才予發給，這完全是忘記了成績報告的意義，亦玩忽了學校報告的職責。

2.家長的責任　在一方面說，家長有知道子女成績的權利，另一方面說，家長亦有責任要知道學生的成績。無論家長想不想要知道，願不願意知道，都得應該知道，知道了成績才能長善救失，作適當的補救。所以，成績報告在學校說，固然是責任，在家長說，同樣是責任，在學校和家長雙方，成績報告都是在於履行責任。

二、獲得瞭解 成績報告可以給予學校一種機會，向家長說明學校的計劃及教育的措施與進程，以期獲得家長的瞭解和合作。學校裏爲了學生的學習或缺點的矯正和補救，舉辦某種設施和活動，就需要先使家長瞭解學生的學習情形和成績，然後才能獲得家長的充分合作。

三、獲致協助 我們曾經一再說過，指導學生學習的責任，並不完全在於學校，有許多造成學習困難的原因，來自家庭，而許多補救教學，亦有賴家長的協助和合作。例如身體的疾病、生活的習慣、家長的態度等，都可以影響學生的學習，而不是學校所能爲力。所以就需要報告成績和學習情形，以期獲得家庭的協助，俾針對原因，設法改善和補救。

四、瞭解進程 以上三點，都是就學校和家長而言，就學生而言，成績報告是使學生瞭解自己學習的進程，可以作爲發展和次一次步驟的依據。從成績報告中，學生知道自己那些科目有長足的進步，可以繼續發展其興趣和潛能，那些學習有待繼續的努力，尤其那些科目不及格，需要補考，可以及早準備，以謀補救，這都是學生瞭解進程以爲次一步驟的依據。

第二節 報告的條件

成績報告和記分有密切的關係，所以，從記分的條件中，亦可以知道成績報告應具的條件。歸納起來說，一個良好的理想的成績報告，應該注意下列幾項：

一、進步的重要　在一個良好的成績報告中，最重要的就是學生學習進步的報告。這種進步，是以其潛能、努力和原來的程度作標準。例如英文教師張小姐，知道九年級班上畢爾的智商是九〇，閱讀能力是七·〇。第一段考終了時，畢爾的成績是：閱讀、拼字和寫作都是班上倒數第二名，聽講中等，說話比較好。張小姐知道畢爾已經盡了力，而且還會有進步，所以她給他的成績是：

說話：在教師的經常協助下，進步良佳。

聽講：在教師的經常協助下，已有進步。

閱讀：在教師努力協助下，進步緩慢。

拼字：與閱讀同。

寫作：需要特別協助。

這樣的報告，使學生知道自己的長短，雖然有缺點，但是有進步，所以並不洩氣。畢爾不因爲功課不好，想逃學或者搗亂，反而很願意在張小姐的協助與愛護之下，繼續努力，師生間的關係非常友善良好，家長亦不會因爲成績低落而抱怨。

如果是在傳統的成績報告中，畢爾多半會得到一個「F」，試想學生和家長，從「F」所得到的觀念是什麼？所得到的效果又是什麼？不過是一片模糊的觀念和缺乏積極鼓勵的效果而已。所以，成績報告應以進步爲最重要。

但是，亦有這樣的情形：甲乙二生，在上第一堂美術課的時候，甲生已經具有很好的技能，而乙生很差。一學期以後，甲生雖然還是比班上其他人畫得好，但沒有進步；乙生則對圖畫發生了興趣，而且進步很快，雖然比不上甲生，却比班上一般同學畫得爲好。如果按進步記分和報告，乙生得的成績好，甲生得的不好，變成差的學生獲得高成績的情形了。事實上，這是用分數和等第記分的缺點，如果用進步來敍述，就沒有這種混亂的現象發生了。

二、比較的需要　如果說進步是報告中的第一要件，則比較就是第二要件。人類生性喜歡比較，而且，我們亦一再說明比較和競爭在學習上的價值。所以，在成績報告中，有比較的需要。例如前述畢爾的成績，說話有進步，寫作沒有進步，究竟進步到怎樣的地步，或者差到怎樣的地步，張小姐的成績報告是：

說話：在全班最高的三分之一。

聽講：在全班中間的三分之一。

閱讀：在全班最低的三分之一。

拼字：與閱讀同。

寫作：與閱讀同。

這樣，不但使學生和家長知道進步的情形，亦知道了相對比較的地位。

亦有把學生自己的努力和相互比較的成績，並列在一起，增加學生和家長的瞭解，如

次別	第一次月考					
成績／科目	超過標準	一般標準	低於標準	努力		
				良好	尚可	不够
閱讀						

說話						
拼字						

在每一適當的行次項內作一「V」以表示之，一個學生比較的成績，可以超過一般標準，但努力不够，如同前述美術課中的甲生，亦可以是一般標準，而努力良好，如同前述美術課中的乙生。

三、多項目標　根據第一節所列家長需要知道學生在校的事項，可以知道成績所應該包括的項目很多。所謂成績是多目標的，是指：

1.在科目方面　單一的科目名稱，不如分析成許多項目的報告，例如英語科，可以分成閱讀、寫作、說話，文法等知能的成績，以及負責、認眞、正確、注意等習慣態度的成績，分別用等第，分數或文字符號記述表示。

2.在內容方面　內容不一定只限於絕對成績的報告，亦可以同時報告進步的情形、比較的地位、努力的程度等。總之，成績報告的項目愈多，報告就愈詳細和清楚，亦就愈能達到報告的目的。

3.在目標方面　成績報告不僅是告訴學生和家長，關於學生在校學習的各項成績，而且要提供資料和意見給學生與家長，使他們知道接着的步驟是什麼，應該如何的加强或補救，發揮教學的指導和積極的作用，所以不是通知一個等第，分數或升留級就算了事。同時，還要尋求家長的協助和合作，以提高教學的效能。報告要能達到這些目標，才是理想的報告，亦才達成教學成績考查的目的。

四、容易瞭解　容易瞭解可以說是成績考查的基本條件之一，無論是對學生，或者對家長，亦無論是進步的情形，比較的結果，知能的學習或習慣態度的成績，都要能够易於解釋和了解，不致引起混亂和誤會，這在前章記分中已經說明，不贅重述。

五、增進關係 根據成績報告需要的說明，可以知道報告成績在於增進教師和學生、家長、學校與家庭之間的關係，大家爲兒童和青年的教育而努力，俾能更瞭解和更密切的合作，以完成此一教育重任。所以成績報告既不隱惡揚善，只宣好事，亦不吹毛求疵，以示權威，而是要忠誠地報告出學習的情形和結果。一方面，我們要以增進關係爲目的，來報告成績，一方面不要專爲了增進關係而致不能忠誠的報告成績，這就和正確的考查與客觀的記分有關了。凡是成績的考查正確，評閱客觀，記分確實，則成績報告，必然正確。亦惟有正確的報告，與積極的建議，才能增進家長和學校、教師間的關係。

第三節　報告方式

目前，一般學校所用的成績報告方式，都是成績報告單，所以一提到成績報告，常常使人想起成績報告單，事實上，成績單只是報告的一種方式，除成績單外，還有補充報告、信件、展覽和會談等方式，玆分別說明之。

一、成績報告單 成績報告單通稱成績單，是最常用甚至是一般學校惟一的成績報告方式。不過因使用的格式不同，可以分成：

1.以個別學生爲單位的報告單　每個學生拿到的，是他自己的成績單，如果是月考，則只有所考科目的知識成績，如果是學期成績，則除各科平均分數外，還有操行、體育成績的等第，導師的評語和名次。這種報告單最爲簡單方便，但亦最含混籠統。

2.以全班爲單位的報告單　以全班爲單位的報告單，多半使用於每次月考以後，每個學生拿到的成績單都相同，亦卽將全班學生的成績，統計、油印，分發給每個學生，學生和家長拿到成績單，不但可以知道自己及子女的成績，亦可以知道其他學生的成績，如果教師做得完善的，會按各科時數的比重，求出總積分，則學生和家長還可以看出各人在班上的地位。這比第一種報告單要進步，但手續亦比較麻煩。

3.以學科爲單位的報告　以學科爲單位，如同以前所舉英語科的例子，目前並不多見。另外有一種爲很多小學採用的方式，就是在每次測驗或考試以後，教師在每張試卷上蓋上一顆圖章，如22-1，教師求出全班平均成績以後逐項塡妥，由學生帶交家長簽章以後交回。

考試人數：
平均成績：
名　　次：
家長簽章：

22-1　考卷報告

這樣的報告，一方面從平均成績和名次，知道相對的地位，一方面可以從試卷上直接知道學習失敗和錯誤的是些什麼，可以及時改正和指導，簡單易行，值得爲中小學普遍採行。當然，在中學裏，最好是根據前述報告的條件，採分科多項的方式報告，教師考查可以比較仔細，學習範圍比較廣泛，教育目標亦才能眞正實現。

二、補充報告　有些學校因爲感到成績報告單的過於籠統，不够清晰，所以就用一種補充報告來補救。這種補充報告可分以下幾點說明：

1.人員：準備這種報告的，可以是敎師、導師、輔導人員或者校長。

2.時間：每次考試以後，可以發出這種報告，要提醒不能令人滿意的學習或其他機會，如學生有優良的成績時，亦可以致送這種補充報告。

3. 目的：補充報告在補充成績報告單的不足，使家長更清楚的瞭解學生的學習，或者是提醒家長的注意，多數是不及格或不能令人滿意的學習，以期獲得家長適當的協助與合作。

4. 格式：

各校所用的補充報告格式不一，有的是以學科爲單位，在每一學科內，詳列項目，用文字、符號、等第等報告成績；有的是一般分析的報告。例如22-3是某校由輔導部發出的進度不能令人滿意的報告：

學生__________ 年級__________

科目__________ 教師__________

學生學習的分析：

______功課有困難，但學生在勤奮的學習。

______只要願意作必要的努力，就能熟習功課。

______現在有困難，但很快就能改進。

______不能正常的完成學業。

______準備每天的作業，但很粗心。

______很少向教師發問，或尋求協助。

______在家裏沒有足够的學習時間。

……………………

學生訓育的分析：

______經常遲到

______上課不注意

______不尊敬師長

……………………

學生態度的分析：

______有能力但缺乏決心和興趣。

______不喜歡參加討論

……………………

輔導人員______________ 年____月____日

22-3 補充報告（註二）

上列許多詳細的項目，自不能一一列入成績報告單，而又應該讓家長知道，所以就有採用補充報告的需要。

三、信件　信件亦是成績報告的一種方式，有時亦為教師和學校所採用，但一般都是用之於生活行為的學習，尤其是發生了問題，要記過、要開除，才寫信給家長，通知「來校一談」，所以家長最怕學校的信件。其實，除了特殊的行為以外，信件亦可以用於一般成績的報告，或者是與家長的聯繫。例如普通成績單上的前言、附語或家長簽註意見等，都是信件的一種，不過多數是用以提醒家長注意功課的。

寫信給家長，要注意：

1.正確　不論是什麼目的，給家長的信必須審慎的書寫。無論是格式、書法、文字、語氣，都應該正確有禮，因為社會上對教師的要求，會比要求一般行業人員的標準為高，偶而有一個錯字，或者文句欠通，不但貽笑大方，家長還會以此藉口，聊以自慰而又抱怨的說：「難怪我的孩子功課不好，原來老師的程度就不好。」

2.簡短　為了報告成績的信件，要簡短扼要，避免許多不必要的客套贅語，使家長能一目瞭然，很快知道這封信的目的。有些學校印就了格式如22-4、22-5：

> 敬啟者
> 貴子弟＿＿＿＿在＿＿＿＿科之學習，成績較差，其原因可能是
> 請撥冗來校相商以謀改進。
> 此　致
> ＿＿＿＿先生
> 導師＿＿＿＿　月　日

22-4 信件報告之一

NOTICE OF UNSATISFACTORY WORK

Mr.________________________ :

I regret to advise you that________________is not doing satisfactory work in________________ • The reason may be________________

____

_______An appointment to discuss this matter may be arranged if you will call the Principal's secretary at 94-2131

_______It will not be necessary for you to come to school to discuss this matter.

____
Instructor

____
Parent

NOTE: This notice is to be signed by the parent and returned next day to the instructor. Remarks may be made by the parent on back of this notice. A duplicate of this statement is filed in the office of the school.

22-5 信件報告之二（註三）

這種信件簡單方便，但容易流於形式，所以最好是教師親筆以私人函件方式爲宜。

3.易懂　不一定每一個家長都是知識份子或教育專家，所以信件的內容應該清晰易懂。避免使用專門的術語。一封文雅而專門的信件，不如普通而清楚的書信，來得容易達成報告的目的。

4.忠實　前列第一條的正確是指文筆體裁，這裏的忠實，是要正確無誤的報告學生學習的成績。有些教師顧慮家長的面子或感情，以致不能明白地指出學生的失敗。報告的目的，就是要使家長知道實際情形，所以教師要機敏靈巧而忠實地，使家長知道應該知道的事項。

5.積極　報告的主體，是品評學生的學習，指出其强弱得失，但並不是專爲挑毛病而寫信，所以，一方面要不傷家長的感情，先提出一些學生好的事情或進步的功課，然後再指出學習的失敗，同時要說明失敗的原因，如前列臺北美國學校的信件；一方面還要提出積極的建議，作爲家長的參考。因爲家長並不都懂教育，爲家長提出了問題，還要爲家長指出可以解決的途徑，才是教師應有的態度。而且，信件以學生的好的事情開始，再以積極的意見結束，可以爲家長帶來愉快和希望。例如下面由一位導師寫給家長的信：（註四）

親愛的史密斯先生/夫人：

約翰的老師們已經把他第一階段學習的情形告訴了我。除了代數以外，成績都很良好。只是在代數方面，有一點困難。約翰好像對數學原理，缺乏瞭解。他的數學教師卡尼先生覺得他需要一些課外的幫助。在其他方面，約翰似已有了很好的開始和進步。

如果你們有關於約翰的功課的意見或建議，我們將竭誠歡迎，更歡迎你們方便的時間光臨學校。

導師　珍妮上

這封信就具備了以上所列正確、簡短、易懂、忠實和積極的各項條件，使家長看了，既知道實際情形，亦不致非常失望或抱怨。

四、展覽　展覽亦是成績報告的方式之一，不過很少為人注意，通常，學校裡舉辦成績展覽，多是選擇一些代表性的作品和成績，或者特別為展覽所製作的東西，以為宣傳炫耀之用。家長亦沒有瞭解其眞正展覽的意義，由於陳列琳瑯滿目，所以走馬觀花，一幌而過。其實，展覽和陳列，都有報告成績的意義，無論是特別佈置的展覽，或平時陳列在教室的作業和成績，都可以歡迎家長參觀，甚至作必要的指導和說明，使家長瞭解自己子弟的學習情形，同時可以和其他學生的成績相互比較。這種方式，比其他方式更為具體和深入。

五、會談　教師和家長會談，在整個教育活動中，是種逐漸流行的方法，在成績報告方面，亦同樣為普遍採行的方式，尤其是小學，採用的更多。玆分別說明之：

1. **優點**：會談有很多好處：

(1)可以使教師和家長當面討論。

(2)可以增進教師和家長間的瞭解。

(3)可以避免由信件或報告中所造成的不瞭解。

(4)可以補充信件或報告之不足。

(5)可以給予家長一種詢問或建議的機會。

(6)可以給教師一種從家長處獲得更多資料的機會。

2. **缺點**：不過，會談亦不是沒有缺點，其缺點有：

(1)時間難以安排　要適合於家長，又要適合於教師的時間不多，為了遷就家長，往往安排的時間對教師不便。

(2)浪費時間　教師和家長會談，所費的時間，超過任何其他報告的方式。

(3)有些家長難於接待　家長性情不一，有的健談，嚕囌不完；有的情緒激動，批評指責；有的固執己見，不可理喻；都可以使教師感到為難或沮喪。

會談雖然有這些缺點，教師如能設法克服或解決，會談還是值得採行的一種報告方式。

3.處理的一些建議：

處理會談，往往因人因時而不同，下面一些意見，可以作為教師處理會談的建議和參考：

(1)會談前　會談前教師要做的事情是：

A、計劃　事前要周密的計劃，關於會談的時間、場地目的和內容，以便合適的完成會談。

B、邀請　邀請家長會談，要及早、要客氣、最主要的要考慮家長的困難，諸如有職業的，子女衆多的，交通不便的，都要考慮周詳，務期能够如期出席。22-6是會談邀約單的格式：(註五)

先生：

你能於　月　日　午　時　分駕臨＿＿＿＿會談嗎？

假如上列時間不合適，則請指定　月　日　午　時　分。

會談目的是＿＿＿＿

教師（簽章）

22-6　會談邀約單

(2)會談中　教師在正式會談的時候，要能：

A、表示歡迎　無論是家長應邀或自動前來，教師都應該向家長表示歡迎，讚揚其對於子女教育的關心。

B、及時開始　教師和家長，雙方的時間都很寶貴，所以會談要及時開始，避免作過長的客套和閒話。

C、好的開始　有好的開始，才能建立好的關係，促進會談的成功。一方面表示歡迎，一方面先從讚許學生的長處談起，沒有一個家長不願聽到讚許自己子女的談話。

D、機智有禮　爲使家長感到愉快和親切，教師應該機智有禮，既要願意聽取家長的敍述和意見——這種敍述和意見，往往是重要的資料，又要適時的提出報告和問題。態度不卑不亢，不隨聲附和以討好，又能保持家長的顏面和地位。

E、清晰有效　會談一方面要能保持生動，一方面又要能清晰有效，達到會談的目的。所以，要根據事先的計劃，把握重點，提出商談。會談的目的是報告成績，就要儘量避免含混籠統、無關緊要、不着邊際的談話，亦要避免教育上的許多專門術語。

F、避免批評　教師和家長會談，最要避免隨意批評學校的措施或其他教師。要知道對家長隨便批評，不但不能獲得家長的同情或者好感，相反的只能增加家長對教師的不良印象，於己無益，於事無補。如果家長要批評，教師亦要設法轉移話題，不可隨聲附和，加以渲染。要是家長作過份或惡意的批評學校，可以安排和校長或負責人去談。愛護同仁和學校，是教師專業道德律之一。

G、積極建議　會談和信件一樣，要爲家長提出積極意見和可能解決問題的途徑。當然，教師提出意見時，要考慮到家長的生活、環境、教育程度，務使建議是合理的、積極的、可行的，而且不致損害家長的地位和自尊。

H、尋求合作　家長和教師同樣負有教導學生的責任，甚至家長對子女的關心，比教師對學生的關心，還要有過之無不及，所以，只要教師合理的要求，家長無不願意爲教育其子弟提供最大的協助和合作。

I、及時結束　會談目的達成，要能有禮貌的及時結束會談，以免躭擱太多的時間。

(3)會談後：

A、記錄要點　會談以後，教師要把會談中重要的事項，摘要記錄，無論是說過的事情，作過的建議和達成的一些結論，都要記錄，以免遺忘。

B、繼續活動　會談結束，並不就表示此一活動結束，應該根據記錄的要點，分別實施繼續的活動，務使會談成爲有效的活動，並且可以作下一次會談的依據和參考。

總之，會談是件重大的事情，教師要能謹愼的處理，才可以收到報告和其他意想不到的效果。

結　論

「教學是科學、教學亦是藝術。」這句話在教學成績的考查上，更獲得了證明。成績考查需要用科學的方法和工具，以考評測量學生的各種學習，要用科學的方法記述學生的成績；亦要用藝術的態度和手腕，以處理學習和報告成績。能有藝術的手腕處理，才能巧妙理想的達成目的；能用藝術的態度處理，才能不厭其煩，盡善盡美的做好這份工作。每一種教學活動都有其重要，成績考查的考試，記分和報告自有其價值，做好這份工作，是每個教師應有的職責！

摘要

成績報告是評鑑工作中最後的一步工作，它不但在履行義務、使學生瞭解學習進程、使家長瞭解結果，而且由此可以獲得協助，以改進教學，所以，優良的成績報告，要兼顧到學生成績的進步和比較的地位，同時，成績報告應該是多項目標、容易瞭解、並能增進學校與家庭、家長與教師以及教師與學生間的關係。

成績報告的方式除成績報告單以外，還有補充報告、信件、展覽和會談等，其中各有利弊。教師要能以「學不厭，教不倦」的精神，繼續研究，用科學的方法和工具、藝術的手腕與態度，以改進和做好這份工作。

附註

一 Leonard H. Clark & Irving S. Starr, Secondary School Teaching Methods, The Macmillan Company, New York 1963. PP.239~240

二 同註一 PP.246~247

三　臺北美國學校之信件報告

四　同註二P.249

五　Herbert J. Klausmeier, Teaching in the Secondary School, Harper & Row, publishers, New York 1958 P. 481

研討問題

一、成績報告如何影響家長與教師、教師與學生間之關係？

二、現行成績報告的方式和辦法有何優點與缺點？

三、批評所列各種成績報告的格式。

四、你預備將來怎樣報告所授學科的成績？

第六篇　教師職責與修養

第二十三章　教師的課外責任

韓愈說：「師者，所以傳道、授業、解惑者也。」教師除了解惑、授業外，還要傳道，這是古代教師的職責。現代的教師，因爲教育思想和環境的變遷，除了教室內外的教學工作以外，還有許多的職責需要負擔，這些職責，總其名曰「課」外責任（extra-class or extracurricular duties）或附責任（Concomitant duties）。

教師除了教學以外，還需要負責訓導學生的生活和行爲、指導課外活動、參與社區活動，以提高教育效果，達成教育目的。教師的課外責任，可因學校的要求不同而異（註一），但至少將有下列數端：

1. 訓育
2. 輔導
3. 指導課外活動
4. 參與學校計劃
5. 參與社區活動
6. 其他

如圖23-1所示

23-1　教師的職責

第一節　訓育

一、訓育的重要　教學與訓育，原來就是教育中不可分開的內容，教學中有訓育，訓育中有教學。祇是今日學校行政的分工，使二者獨立分掌，遂產生了教師負責教學，導師負責訓育的錯誤現象。教育部頒佈「訓育綱要」中關於訓育的意義一節，謂：

訓育之意義，在於陶冶健全之品格，使之合乎集體生存（民生）之條件，而健全品格之陶冶，在於培養實踐道德之能力。培養實踐道德之道無他，好學、力行、知恥三者而已。好學而不惑，智者能之；力行而不憂，仁者能之；知恥而不懼，勇者能之。培智之道，在於求眞，求眞則知益；行仁之道，在於博愛，博愛則情厚；養勇之道，在於自強，自强則意堅。……故意、知、情三者之發展與完整，爲構成品格之要素，缺其一不能全其功。過去各級學校對於學生意志之激勉，知識之傳授，情感之陶冶，未能遂其平均之發展，是故道德式微，精神衰頹，青年心理，不流於浮誇，即流於消沉，致此之咎，責在訓育，考其原因，實由於教師之忽於德育指導。蓋教育主要目的，在於培養完全之人格，否則縱有精深之知識，健强之體格，而無高尚之道德以正其用，於個人則爲自私自利，以趨於自殘；於國家則未獲其益而適承其病。故訓育在教育上之功能，實爲顯示知育與體育之目的與意義，使之用得其當，以提高人生之價值，而完成知識技能的教學效果之保證；而究其實踐，則使德、智、體三育能相互爲用，以完成建全品格之基礎者也。

可知訓育重在德育指導，並保證知能學習的效果，在教育中的地位，至爲重要。

今日訓育，不但講求道德教育，而且在發展群育。道德教育在養成學生健全的人格，使個人獲得充分發展，智育與體育，用得其當；發展群育，則在陶冶學生群性，使熟習民主的生活、建立服務的理想，以符合民主社會的要求。訓育的功用和意義既然如此，敎師便有指導學生行爲、培養學生德性、發展學生人格的訓育職責。

二、敎師和訓育

1. 瞭解訓育原則 敎師要了解訓育的原則，以便據以負起訓育的職責，一般訓育的原則有：（註二）

⑴心理發展原則 學生的年齡不同，身心狀況不一，這是縱的差異，學生與學生之間有不同，這是橫的差異，訓育要能適應這些差異，做到因材施訓，因勢利導。

⑵自覺自律原則 訓育上有他律和自律，被動和自覺之分，年齡幼小的學生固然多用被動他律，但隨着年齡的增長，敎師宜啓發其理性，逐漸趨向自覺自律，以達訓育最高的要求。

⑶團體制約原則 團體制約是社會化的原則之一，因爲人是群體動物，最易接受群體的暗示和模仿，亦最需要團體的接納和讚賞，所以，訓育上多用團體的力量，公約的制裁和規範，遠較敎師的權威和約束爲有效。

⑷敎訓合一原則 敎學和訓育，不但在理論上不能分開，在實際上亦需要合一。敎師認眞敎學，可兼收訓育之效；訓育有方，則可有助於敎學的進行。所以，敎師要寓訓於敎，以收敎訓合一之效。

⑸知行並重原則 道德敎育和群性陶冶需要知的了解和認識，更需要行的實踐和表現。知是行之始，行是知之成，行而不知，是盲目之行，知而不行，是無效之知，必須知行並重，才是眞正的訓育。

⑹道重師尊原則 師嚴然後道尊，敎師嚴以律己，爲學生樹立良好的榜樣，學生自能產生敬仰之心，翕然景從。所謂以身敎者從，以言敎者訟，敎師以身作則，易使訓育收事半功倍之效。

(7)民主精神原則　訓育既在發展群性，培養民主生活的習慣與知能，自須充分運用民主精神，養成學生自尊尊人，自治治事的觀念和能力，以期成爲崇法務實、犧牲服務的優秀公民。

(8)科學客觀原則　訓育有哲學的內省和克制，亦有科學的觀察和探究，敎師對學生的了解和指導，宜多利用科學的方法和技術，多方蒐集資料，以客觀的態度分析判斷，始能作適當的指導。

2. 熟悉訓育方法　敎師不但要瞭解訓育原則，更要熟悉各種訓育方法，才能運用這些方法，做好訓育的工作。訓育的方法可分下列幾種：

(1)陶冶　陶冶是一種化育的方法，敎師經由潛移默化中，逐漸變化學生的氣質，而形成其優良德性。陶冶多數需要較長的時間，手段亦較中和，是從間接暗示模仿中施敎，但收效最大。

(2)訓練　訓練是種短期的方法，在很短的時間內，以期達成某種訓育的目的，可以採用。如儀禮訓練，中心德目訓練，在一週內以某一德目爲中心，反復訓練，加深印象，可以很快的學會某種觀念、習慣或能力，收到立竿見影之效。由團體的訓練，還可以有經濟的利益。

(3)管理　管理是利用各種法令規章，規定學生行爲的方式和範圍，使學生知所遵循。如果學生違犯，便會受到禁止和干涉。這是一種消極的、直接的方法，適用於年齡較小尙未成熟的學生，因爲他們理智尙未發達，意志尙未堅定，不能辨別是非善惡，亦缺乏堅强的毅力，以貫澈其行動。

(4)指導　指導是介乎訓練、管理與陶冶之間的方法，既不是直接的命令或干禁，亦不是無形的暗示或陶冶，而是依據學生的差異，予以積極的合適的啓示和誘導，瞭解和行動的力量，來自學生自己，敎師只是從旁予以協助與引導。

(5)言教　教師利用語言的教誨，使學生明辨善惡是非，或指導其踐履實行的方法，進而能知所抉擇，修德行善。言教可以用講演、座談、討論等方式對團體施教，亦可以用會談、訪問等方式個別施教。不過，言教所能收到的效果，多限於道德教育的知識了解。

(6)身教　身教是利用具體的行動和行為為施教的方法，除了教師自己的行為，需要以身作則，收潛移默化之效外，還可以用示範、演習等方式實施之。例如由學生作行為規範的示範、禮儀的表演，都可以達到觀摩身教的目的。

(7)境教　利用環境及環境中的事務，對學生施教，是另一種訓育的方法。古代的孟母三遷，是最好的境教。境教中可以佈置環境、培養氣氛和利用教具等方法。教師利用學校的環境，作適當的佈置和應用，使學生耳濡目染，獲得良好的薰陶，透過物質、精神和視聽器材的運用，可以加强訓育的功效。

(8)奬懲　奬賞和懲罰不是訓育的好方法，因為它們是外鑠的，不是內發的。從道德的觀點說，道德是高尚聖潔的，一涉及利害和苦樂，便失去了道德的價值，所以，奬懲是沒有道德的意義和價值。但奬懲却是教師最常用的訓育方法，應用得當，未始不能收效，何況道德哲學上功利主義一派，非常重視此一方法。教師所要注意的，是如何應用奬懲，才能達到訓育的目的。

3.隨時協助切實訓育　今天的學校行政，是教學和訓育，分處辦理，訓育工作由訓導處專門負責，但訓導處人員有限，必須全體教師通力合作，始克奏效。尤其教師上課，和學生直接接觸，了解學生，比較訓導人員為清楚，獲得學生敬仰，亦較訓導人員為容易，所以要隨時協助訓導人員，切實負起訓育的職責。做導師固然如此，做一般教師仍須切實訓育，因為不能以經師為已足，需以人師自許；而且德育群育，才能保證智育體育教學之有效。

第二節　輔　導

一、輔導的意義　輔導（Guidance）是教育上一種新的方法，亦是教育中一部分新的工作。許多輔導學者和專家，曾對輔導的意義提出解釋，如：（註三）

奧爾森（Ohlsen）說：「輔導是一種合作事業，在其中許多人共同工作，並組織知識，以助解決學生的問題和發展學生的潛能。」

皮特斯（Peters）和法威爾（Farwell）以爲：「輔導就如一種教育計劃，包括幫助每個學生了解自己，承認自己，和在社會中有效生活的經驗，並包括幫助學生獲得對過去和現在世界的經驗。」

克拉侖斯（Clarence）等以爲：「輔導是一種方法，用以幫助學生了解並應用或發展教育的、職業的、和個人的機會；又是一種有系統的形式，用以幫助學生對學校和人生做滿意的調適。」

歸納起來說，輔導是一種服務，用以幫助學生了解他們自己，以及更有效地指導他們自己的生活。透過輔導，學校可以幫助每個學生，使他具有更合適的學習，形成更富生氣、更爲愉快和更爲有用的生活。所以，輔導的方法和技術亦許是專門的，但輔導的觀念並非新奇，只是把教育的範圍擴大，使教育益形完善而已。

二、輔導的內容　輔導的內容，包括些什麼？有從輔導的性質，分爲教育輔導、職業輔導和生活輔導三種，或者學業輔導、人格性輔導、健康輔導和社會性輔導四種，亦有從輔導的方式分成個別輔導和團體輔導。既然我們把輔導看作是一種服務，我們就可以從輔導所提供的服務來瞭解輔導的內容。一般學校所提供的服務有：

1.始業指導（Orientation） 亦即新生入學訓練，在於幫助入學新生，瞭解此新環境的各種設施、學校教育的目標，與學習有關的規定，如成績考查辦法、考試辦法、作息時間、請假辦法等，以期方便學生今後的學習、發展與生活。

2.個人資料服務（Individual Inventory Service） 蒐集學生的一切資料，如自傳、累積記錄、軼事報告、健康記錄、家庭訪問報告、智力及其他心理測驗的結果等。這些資料，是幫助學生了解他自己的最好資料，亦是教師和輔導人員教學和輔導的基本依據。

3.職業及教育資料的服務 教育資料是提供其他學校的概況與特點，尤其是上一級學校的資料，以便準備升學者有所了解和參考。職業資料則在提供當地社區所有職業的機會，以及每種職業的需要，以爲準備就業者的了解和選擇。

4.諮商服務 常被認爲是輔導的中心。諮商是輔導人員根據各種可靠的資料，協助學生獲得適當的自我分析與領悟，對其自身所處的情境或所遭遇的問題，知所選擇和解決的過程。

5.安置服務（Placement Service） 包括課程的、生活的、職業的等安置。把學校中的課程，尤其是選課和課外活動，公布使學生知道，並協助學生根據自己的興趣、才能或需要，獲得適當的選擇與安排，使之有更合適的學習和更愉快的生活。就業的安置，則在利用職業的資料，配合就業安置機構，協助學生評量職業，及指導學生獲得適當的工作。

6.繼續服務（Fellow-up Service）　在保持畢業學生的繼續聯絡，而藉以評鑑學校教育的內容、科目和活動的功效，作爲改進的參考，並爲將來的學生，準備最合適的學習。

三、輔導的功能　由於輔導的意義和內容，可知輔導在教育中的價值與功能；關於輔導的功能，有從功能的性質分爲順應（Adjustment）、分配（Distribution）和適應（Adaptation）三方面的功能，有從對學生、對學校和對社會的功能以說明。如果就教學的觀點，則輔導至少有下列一些功能：

1. 幫助學生瞭解自己的興趣、性向和優點，有助於理想的實現。
2. 幫助學生增進解決困難或問題的能力，有助於自我的發展。
3. 幫助學生獲得人際相處的能力，有助於群體的適應。
4. 幫助學生了解學校的設施，有助於學習的成功。
5. 幫助學生了解與安排合適的生活，有助於生活的愉快。
6. 幫助教師了解學生的個別差異，以便因材施教。
7. 幫助教師了解學生的需要，以便合適的指導。
8. 幫助教師了解學生的困難和反應，以便教學的改進和研究。
9. 幫助學校培養互助合作的氣氛，以便良好校風的建立。
10 幫助學校了解教育的功效，以便學校設施的改進。

四、教師與輔導　從以上輔導的意義、內容與功能三點，可知教師與輔導關係，至爲密切。通常，教師在輔導方面，是一位協助者。教師在敎室中的教學和課外活動的指導中，有很多機會蒐集輔導人員所不能獲得的資料。教師亦能早在輔導人員了解以前，就能指出某些學生具有特殊問題，需要輔導。由於許多記錄性資料的提供，教師能增進輔導的效能。教師不但是一位輔導的協助者，而且是一位重要的合作者，教師的教學和教師對學生的同情，都可以使輔導人員很快地做好輔導工作。

今日國民中學，已經有指導活動的課程，但不一定都是正式的受過專門輔導訓練的人員擔任。在沒有設置專門輔導人員的學校裏，除了校長、有關行政人員以外，則教師可能就是一位輔導人員。事實上，許多前述的輔導內容的責任，常常是由教師擔負和教導的。一位教師，尤其是一位新教師，必須要學習如何輔導學生，幫助他們得以自助。下列是一些遵行的條件和原則，至於具體的方法，則屬專門範圍，需要參考其他專書。

條件：（註四）

1. 認識自己對諮商與輔導的能力和界限。
2. 熟諳個人輔導與團體輔導的技術。
3. 能應用輔導與諮商的合適原則。
4. 觀察諮商與輔導手續的重要性質。
5. 能夠處理並解釋各種測驗。
6. 建立並維繫與家長有效的關係。
7. 認識個別學生的能力。
8. 在學校整個輔導計劃下完成個別學生的工作。

原則：（註五）

1.學校實施輔導工作，應以全體學生為對象，不可以侷限於少數「問題學生」。

2.輔導的責任，全體教職員都應該負擔，不過各人所分擔的任務，應有不同的規定。受過專業訓練的輔導人員，是實施輔導工作的主幹，切不可缺少。

3.輔導工作的實施，應貫穿全校的教育活動，不可以祇做部分的技能輔導。

4.輔導工作應注意學生整個的發展，實施輔導時，必須根據其全部資料。

5.輔導工作的進行，必須在民主自由的氣氛之中，輔導人員絕不可存有權威的觀念，強迫學生接受任何建議或命令。

6.輔導的重點，是幫助學生培養其選擇與適應的能力。

7.輔導的方式，應該兼顧個別輔導與團體輔導。

8.輔導的目的，在促使學生自我瞭解與自我輔導。

9.輔導工作是一種持續的過程，學校實施輔導工作時，應設法搜集學生以前的資料，學生離校以後，還應該做追蹤輔導。

10輔導工作的實施，仰賴正確的資料與方法，故須有系統的應用科學方法及工具，蒐集正確的資料，實施分析與診斷。

11實施輔導時，應聯絡有關人員，協同工作，務期步調一致，以增加輔導的效果。

12輔導工作的實施，應該定期檢討其成效，以便對輔導計劃及輔導方法，謀求改進。

第三節　指導課外活動

一、課外活動的意義　課外活動一詞，很難以恰當的言辭，正確地表明其意義。通常，是指正課以外的各種學習活動，所以英文稱爲 Extra-Curricular Activity，但按課程的意義說，學生在學校、教師指導之下，所從事的一切有教育意義的活動和經驗，都是課程，則課外活動亦屬課程的一部分。亦有稱之爲聯課活動（Co-Curricular Activity），意爲與正課相配合的活動。但一涉及正課，便很容易令人想到副課。不過，無論如何，課外活動是課程的一種，它沒有被課程標準具體規定，它可以任意爲學生所選擇，而且它是學生經由「參加」而學習的活動。

二、課外活動的重要　由於課外活動是課程的一部分，所以，凡是課程所要達成的目的，課外活動都能完成，而且可以補充正課的不足，使課程的內容更爲完整，功能更易實現。現在，一般學校的課外活動，大致有學藝活動、康樂活動、自治活動、集會活動、生產訓練、勞動服務和社會活動等七大類，以完成德、智、體、群、美五育的功能，玆簡述如下：

1. 德育方面的重要　課外活動注意生活的規律、做人做事應對進退的禮節和習慣能力的培養，使許多優良的品德在實踐中養成，較之課本文字的學習，更爲具體有效。

2. 智育方面的重要　學生在課本中學得的知識，可以實際應用於課外活動中，以獲得印證，使理論的知識具體化；在課外活動中發生疑難，可以激勵學生求知的需要，眞正做到活學知識和活用知識。

3. 體育方面的重要　課外活動中除了有體育的活動以外，其他許多活動，亦無不需要學生的體能，有正當的活動，可促進學生強健身體的發展。

4.群育方面的重要　大多數的課外活動，都是在團體中進行，或者接觸到實際的社會生活，使學生養成互助合作、善與人處，愛護團體，犧牲服務的羣性，以備將來善過民主的生活。

5.美育方面的重要　康樂、學藝的活動，都在透過音樂、美術、文學、戲劇、舞蹈等活動，陶治學生的情感，增長學生的欣賞能力和興趣，使他們能够樹立健全的人格。

三、課外活動的指導　課外活動需要指導，指導的方法因課外活動的性質而有異，但指導的原則則相同。茲引李德（Ware G. Reeder）以及其他專家所列的課外活動指導原則爲例，列舉如下：（註六）

1.所有學生的課外活動都應該由學校指導，並受學校控制與管理。

2.每一種新的課外活動開始之前，都應該經過適當的負責人員之認可。

3.每一種課外活動都應使參加的學生產生公民的、社會的、道德的及其他重要的價值。

4.學校的校長及教師，應有權否決任何課外活動組織的任何申請。

5.課外活動的數量及種類，決定於學生人數的多寡及學校的需要。

6.各種課外活動的介紹，應該是漸進的。

7.每一個學生參加課外活動宜有所限制。（註七）

8.爲使學生在正課和課外活動均有完美的發展，學校的教育指導計劃宜兩者同時兼顧。

9.課外活動必須是民主的，亦卽每個學生都有參加每種活動的機會。

10只有在校的師生才能參加課外活動，以便接受學校的指導和管理。

11活動的場所宜在學校的場地，以便監督指導，並能節省費用。
12活動日程應及早安排，以免衝突。
13各種活動的費用宜儘量減低，以免學生負擔過重。
14課外活動經費宜予指導。(註八)

第四節　參與學校計劃與社區活動

一、參與學校計劃

1.是責任亦是權利　有人說敎師對學校所作的最大貢獻，不在教學，而在參與學校計劃。透過學校計劃，敎師能對學校的福利、學生的活動、學校的發展等，作整體的影響，所以比在敎室裡的教書工作的成效更為深遠。這些計劃，是指各種委員會的會議和計劃而言。例如敎師必須參加各科敎學研究會，在敎學研究會中，可以提出一個學科的敎學計劃和意見，影響所及，就不止是自己所教的班級，全校都將受到影響。此外，敎務會議、訓導會議、導師會議、校務會議、人事評判會、經費稽核會等等，不一定敎師參加每一個會議和組織，但多少總會參加一些，這是敎師的責任，亦是敎師的權利。

很多敎師把參與學校計劃認為是一種累贅和負擔，有許多會議和組織，亦確實令人討厭。但現在是民主的時代，學校亦要由民主的途徑以求改進。學校無法仍由少數行政人員就可以包辦一切，因為學校是公衆的事業，需要群策群力，共謀發展。

2.合適的參與　雖然敎師有參與學校計劃的責任，但參加的態度和份量有待注意。敎師在參加計劃之前，必須對學校的情況有所了解，才能作適當的建議。尤其是行政人員的傳統和作風，需要知道，過多或過少的計劃，都會造成對自己不利。

年輕的新教師，往往會遭遇到不同的情況，有時候學校和同事會因爲你是剛畢業，必然具有新的資料和觀念，他們希望你眞正成爲充實他們的新血輪；亦可能會因爲你是新人，而被舊同事所排拒，新教師要能機智熱誠地參與計劃。

還有，就是要提出計劃，亦應該是積極的，委婉的建議，不可以稍有消極免强性，認爲非如此不可。因爲，畢竟你是教師，你的意見和觀點可能非常正確，但見木不見林，免不了本位之見。行政人員綜覽全校，有其通盤大計，教師要學習適應環境，合適的參加學校計劃。

二、參與社區活動

1.學校與社區　近來由於教育思想的丕變，使學校和社區、教育和生活發生了極爲密切的關係。社會中心學校，不僅使學校成爲社區的中心，課程要配合社區生活的需要，而且要學校領導社區的發展。蔣總統在民生主義育樂兩篇補述中說：「教育的使命在促進社會進步與民族復興，教育的任務在充實學生生活內容。」這說明了學校與社區應有的關係。

同時，學校要靠社會的支持和關心，利用社會資源以充實學校教育；社區亦需要學校的指導，透過學生的教學，以影響社會；藉社會服務，以促進發展。

2.教師參與　學校與社區之建立關係，除行政人員及公開設備場地以外，主要是教師的參與社區。教師的參與社區活動，可以分二點說明：

(1)參與服務　教師參與社區活動，以社會服務爲最多。通常有文化服務、自治服務、衛生服務、生產服務、福利服務和康樂服務等。這些服務不一定每項都做，而是針對社區情形，因時、因地而制宜。

(2)參與態度　教師要爲社會服務，必須：(註九)了解當地民情風俗，深自警惕，潔身自愛，不捲入地方派系，不與居民發生惡感，處處謹愼自持，事事和衷共濟，必須爭取社區民衆的信仰，永遠保持師道的尊嚴。生活固然要大衆化，但須保持教育工作者的風度，待人接物，要和而不驕，親而不押。與民衆應酬，在所難免，惟須力避不正當的娛樂；爲民衆做事，不可收取報酬；爲民衆調解糾紛，不可助人作惡。指導民衆，要多觀察體驗，並能切合程度，不持個人偏見，才能眞正達到改良風氣，促使進步的目的。

亦許教師們會覺得，本身的教學工作已經够忙的了，何來時間精力參與社區活動？這就要看教師有沒有現代教育思想的素養和認識，認爲應該做的，自然會去做。

第五節　其他責任

一、學生的管理　學校有專門的人員負責管理學生，但有時候教師亦有管理學生的責任，多數情形是值日或值週教師的職責。下課時秩序的維持、中午的用餐、早晚集會的升降旗等，這些事情的管理和監督，可能由學生或幹部練習，可能由訓導人員或各班導師負責，各校情況不一，如果教師把它看作是一種學習的活動，學生在這些情境中如同在教室一般，能够產生學習和獲得經驗，教師自能樂意負起此項責任，給予學生以最眞實的生活教育。

二、安全的責任 學生在學校的時間很長，這一段時間裏，學生固然要學習照顧自己，但學校和教師，理應爲家庭和家長負起學生的健康和安全的責任。教師要使學生們瞭解，如何合適地運用他們學習和運動時所用的工具，以及當他們應用時所要遵守的安全規則。例如運動場上運動和遊戲時的安全、打掃清潔擦拭窗戶的安全、某些課程中器材的操作以及實驗的藥物反應等等，這是校內的學習和生活；亦有校外的安全，如平時的交通安全、參觀旅行時的安全，教師都應該隨時注意，並指導學生作預防的措施和警覺。教師具有充分的熱忱和教育愛，關心學生如同關心自己的家人，必然會負起注意學生安全的職責。

三、應變的措施

1. 準備應變 無論怎樣預防，有時候臨時的緊急事件仍會發生。所以，教師必須有所準備。教師應該及早了解學校對緊急事件處理的方針和手續。例如：在倉促中如何可以找到一位醫生？如何報火警？何處可以獲得緊急的援助？

教師對於應變的準備之一，需要對學生的情形有所了解，例如不常有的健康問題，像癲癇患者、貧血或跛脚等，一旦有疾病發作，知道如何處理。

平常各項演習，（如防空演習、防火演習），教師亦要努力使學生認眞練習，小心實施，以加深學生印象，不可以爲沒有意義而等閒視之。

2. 儘速報告 應變措施中一項重要的手續，是立刻向有關人員報告此一事件。在事件發生的當時，可能忙於處理，不及報告，但必須儘速地向負責人正確地報告發生的事件、發生的原因、以及處理的方法。能够在事件一發生卽報告最好，因爲，一則可能敎師並不熟悉學校處理的方針而致弄巧反拙，再則使負責人知道，他們具有應變的經驗，可以作適當的處理，萬一需有改變或補救，他們都可以有時間，至少使他們心理上有準備，知所措施。所以儘速報告緊急事件，可以避免各種行政上、甚至法律上的紛擾。

摘　要

由於課外責任仍屬於敎育的一部分，所以是每個敎師敎學以外必須負擔的職責。訓育是指導學生養成良好習慣和高尙品德的重要工作，更是培養民主公民的重要途徑，一方面它不是少數訓育人員所能做好，一方面它亦是敎育內容之一，所以敎師必須共同合作，完成人師重任。

輔導是項新的服務，幫助學生了解他自己，而能具有更合適的學習與更愉快的生活。輔導雖然需要專門的技術和方法，但敎師可以協助輔導專業人員，提供資料。其實，根據輔導所提供服務的內容，敎師仍是一位輔導者，向學生作各種不同的指導和協助。

課外活動如同正課活動一樣，具有學習的價值，所以它需要計劃、指導，而敎師便是主要的計劃和指導者。能使課外活動和正課活動配合，整個的敎育目的，才更易生動自然地實現。

參與社區活動是擴大敎育的範圍與功能，是敎師對校外的責任，參與學校計劃是敎師對學校的另一種貢獻，但敎師對這兩種責任，需要機智的參加，以免影響敎學的工作或產生不必要的紛擾。敎師另外的職責，則是關心學生們的健康和安全，這是防護學生們意外的災害，以及必要時採取緊急措施。敎師要記住的是「預防勝於治療」。

附註

一、Roy O. Billett, Teaching in Junior and Senior High Schools, WM. C. Brown Company publishers, 1963
第二九〇頁列有二三項之多

二、引見雷國鼎　方炳林等編　教育概論　第二一三—二一五頁　國中教師職前訓練班

三、引見賈馥茗著　兒童發展與輔導　第二章第四一—四二頁　臺灣書店

四、方炳林譯　中學教學法　第十五章　第二九一頁　師大出版組

五、同註二　二二四—二二五頁

六、Ward G. Reeder, A First Course in Education. The Macmillan Company. New York, 1958. PP.396~400

七、同四第二八五頁列有限制的辦法

八、同七第二八七頁

九、引見彭震球編著　學校如何促進社區生活　第四二頁　師大教育系社會中心教育小叢書　第二集

研討問題

一、除本章所述外，教師還有那些職責？

二、獎懲有那些原則？

三、你是一位新教師，你能做些什麼輔導工作？如何做？

四、一般學校有那些課外活動？你能指導些什麼？

五、新教師宜如何參與學校計劃？

六、教師爲什麼要參與社區活動？

七、說明你經驗中學校所發生過的安全問題或緊急事件，教師是如何處理的？

第二十四章　教師的修養與進修

第一節　教師的修養

任何工作，對於其工作者，都有適當的要求和條件，這些要求和條件，便是工作者的品質或修養。如果工作者的修養不够，則其工作的效率低劣，不易成功，或者因爲工作的性質而影響及於人群社會。教師的工作，便是對於個人、社會、國家、甚至世界人類，有無限的影響。對個人說，教師在發展個人潛能、增進生活知能，並促使自我實現；對社會則傳遞社會文化、促進社會進步並更新社會文化；對國家則延續民族生命、培養建國人才，促使富强康樂；對世界人類，則可促進世界和平、維護人類安全和增進生活幸福，而且影響所及，不祇目前，遠及千秋萬世。因此，教師的修養，就顯得格外重要，玆分教師修養的研究和教師應有的修養說明之：

一、教師修養的研究

㈠研究的方法　歷來對於教師品質和修養的研究至多，但歸納起來，不外演繹的方法和歸納的方法兩種：

1. 演繹法　這是以主觀的意見爲出發點，以發現理想的教師所需要的人格品質。問題是因爲出發點的基礎是主觀的，所以演繹的結果，往往不易正確。

2. 歸納法　這是從教育事實與實際教學出發，歸納而得教師的特性。例如個別心理圖示法、工作心理圖示法及相關分析法（註一）；都是應用心理原則，分析歸納教師品質的方法。歸納法由於從具體事實出發，易於接近現實，而且結果比較客觀，但亦可能因爲重視個別的心理特徵，而不易獲得整體的人格。

㈡研究的困難　研究教師的修養，不僅是方法上互有利弊，主要的還是教師工作的複雜性和特殊性。教學包括了許多因素，教師的學業成績、健康等級、智慧分數、品質指數（包括教師的好惡、才略、明哲、機智、評判的確切性及感情態度等），都直接間接影響教學，而且還要假定學生的一切學習情形完全是由教師負責的，事實上並非如此。例如以成就比率（Accomplishment ratios $A.R. = \frac{S.A.}{M.A.}$ $\frac{\text{Subject Age}}{\text{Mental Age}}$）測量教學效率，亦並非完全正確，因爲一位地理教師增高學生地理科一科的成就中，亦許部分進步來自國語教師或數學教師的努力，所以，在一個教師的工作內發現顯著的變化，就認爲完全是這位教師的努力，是一種不正確的評判。何況一切「成績優良」「具有效率」還是來自不同個人的評估，這種評估仍是主觀的意見。

至於教學的特殊性，則在於教學是和情緒及人的價值有關，情緒不能有系統的估價和應用，人的價值，尤其不是在科學的範圍內所能充分領會。所以一個研究委員會報告說：「對於教師品質和教學效率，經四十年來無數的研究，並無若何的結果，可使學校可靠的聘用教師，或有助於師範教育的改進。」（註二）

㈢研究舉例　儘管教師修養的研究有困難，而且缺乏有效的結果，但許多中西的研究，仍然值得參考。林本教授著有現代的理想教師一書，擷取歷來學者及學術團體之學說菁華，對教師之修養介紹備詳

，並配合時宜的需要，作成臺灣省中小學教師素質意見之調查研究，爰引列各種前三項之意見以為參考：〔註三〕

	項目列次	國校校長	中學校長主任	專家行政人員	大專高中學生	初中高小學生	備註
教育理想	有獻身教育事業的志向和熱忱	1	1	1	1		
	相信教育的力量足以促進社會的進步，國家的復興，並有助於世界和平理想的實現。	2	2	2	2		
	信奉「力行、創造、日新」的教育哲學。	3	3	3	3		
學識：一般學識	具有正確的人生觀。	1	1	1	1	1	
	有豐富的生活常識。	2	3	3	2	3	
	具有民主的理想及習慣。	3		2			
	對於自己的國家民族和世界人類的歷史文化，有廣博的認識。		2		3		
	對於國文、數學等基本學科有良好的修養，並能充分地表達其個人的見聞與思想。						
學識	對於自己所擔任的學科，能有充分的研究。	1	1	1	1	1	

修養							
專門的（所擔任學科的）學習修養	能熟習教科書的內容，並了解其編製的體系以及各個單元的中心目的。	2	2	2	3		
	富於研究的精神，熟悉研究方法，並能指導學生從事研習活動。	3	3	3	2	2	
	能從事並提倡教學實驗工作，來增進教學的效能。					3	
教育的學識修養	了解中華民國教育宗旨，當前教育方針以及各級學校的教育目標。	1	1	1	3		
	了解教學原理及最有效的教學方法。	2	2	2	2		
	了解學生人格發展之天賦的潛能：並能誘導學生均衡發展其身心。		3	3	1		
	能將教育理論與實際融會貫通，知行合一。	3					
了解學	能熱愛兒童青年，富有樂育爲懷的精神。	1	1	1	1	1	
	了解教師人格對於兒童青年可能發生的影響。	2	2	2	2		
	了解並重視交友對於兒童青年人格發展的關係與影響，並經常指導學生擇交益友。		3			2	
	了解並重視家庭生活和兒童青年的關係，及其可能發生的影響。			3			
	了解兒童青年身心發展上的各種因素，並熟悉其發展的正常狀態。	3					

專業技能	生	重視兒童青年的學習能力並能因勢利導，促其發展。				3	3	
	教學技能	嚴格認眞的教學態度，於課前並有充分的準備。	1	1	1	1		
		有豐富的教學經驗。					1	
		能隨時注意研究並改進教學的方法，以期增進教學的效果。	2	2				
		能注意培養學生良好的學習習慣。	3	3	2			
		能配合學生的需要和程度，而以適當的方法來提示教材，使學生易於了解並吸收。				2	2	
		口齒清晰，講解有條理，並能說普通的國語。			3			
		能發現兒童青年學習上的困難之所在，並隨時予以輔助的教學及指導。				3		
		能嚴格地作公平合理的成績考查。					3	
	訓	能以明智而客觀的態度對待學生，決不意氣用事或草率從事。	1	1	3	1		
		熟諳訓育目標，並了解積極輔導學生人格發展的意義。	2	2	1			
		具有領導的才能。					1	

能	導技能	具有充分的輔導知識及經驗，並能認眞去從事輔導工作。			2			
		問題發生後，能冷靜地從事鑑別調查，以了解整個的問題，並正確的分析判斷其結果。				2		
		能與學生保持友誼的態度，並設法增進相互間的信任。					2	
		能與學生家庭作充分的合作與聯繫。	3	3			3	
		奬懲得宜，而不任意濫用。				3		
品	儀表態度	儀容整潔。	1	1	1	2	2	
		和藹可親。	2	2	2	1	1	
		舉止端莊。	3	3				
		樂觀愉快。			3	3	3	
	品德	愛護自己的國家民族。	1	1	1	1	1	
		公正無私。	2	2	2	2	2	
		能自我反省，並勇於改過。	3					

格修養	項目						
修養	勤勉有恒。		3				
修養	自尊自重，並尊重他人。			3			
修養	守信用，重然諾。				3		
修養	仁慈而富有同情心。					3	
健康	有良好的工作及生活習慣。	1	1	2	2	1	
健康	情緒穩定平衡。	3	2	1	1	2	
健康	生活有規律，能講求衛生。	2			3	3	
健康	身體健康而無生理上之缺陷。		3	3			
服務道德	對於自己的工作，專心而負責。	1	1	1	1	1	
服務道德	能任勞任怨，有服務的熱忱。	2	2	2	3		
服務道德	能清白廉潔自勵，以保持其職務之尊嚴。	3			2	2	
服務道德	有敬業、樂業、堅定不移的服務精神。		3	3			

	能與同事互相諒解，密切合作。					3	
社會的領導	相信民主社會中，教育是領導社會進步的核心力量，而且有領導社會活動的興趣。	2	1	1	1		
	了解學校在當地社會上的重要，並積極爭取社會對學校的信任。	1	2	2	2		
	相信教育的設施應以社會需要爲考慮的依據，並能隨時研究改良學校設施，謀求適應。	3	3	3	3		

二、教師應有的知能修養　從前列的研究例表中不難看出，一位教師的修養，應該具備一些什麼修養。一般討論教師修養的書籍亦列舉爲：學識的、專業的、品格的修養（註四）或通曉科目、愛好科目、喜歡學生、了解學生、多方面的知識和興趣等素質，以及記憶、堅強意志和仁愛等能力（註五）。歸納以言，教師應有知、能、願的三種修養，玆先言知和能的修養：

㈠知的修養　知就是知識、學識。知識雖然不是教育的主要內容，傳授知識亦不是教學唯一的目的，但教師必須具有廣博的學識修養，然後才能夠做一個好的「經師」。學識修養又分：

1.基本知識　豐富的基本學識和廣博的人生學問，能使教師的教學左右逢源，取精用宏；擴展學生眼界，指示人生眞諦。

2.專科學識　教師對自己所教的學科，要有專精的研究，深湛的造詣，教學才能游刃有餘，引人更上層樓，以窺堂室奧秘。

3.教育學識　凡教師都是教育工作者，都需要具有教育學識修養，了解教育的基本原理，國家的教育目的，學生的身心發展，教學的原則方法以至世界的教育趨勢，以爲施教的依據。

㈡能的條件　優良的教師要具備：

1.教學的能力　一切教學方法和教學技術的運用，都屬教學的能力，有高超的教學能力，並能靈活運用，才能提高教學效率。

2.訓導的能力　訓育、輔導以及一切課外責任的處理，亦是教師應具能力之一，以便達成教學目的，擴大教育效能，善盡教師職責。

三、教師應有「願」的修養

教師的「願」，便是專業的精神，一切教師的品德修養、職業道德等，都屬於專業的精神。既然教師的修養，都是來自各人主觀的意見和評判，則作者認爲教師的專業精神修養最爲重要，因爲「願」是「知」「能」的基本動力，有了「願」，才能使「知能」發揮積極的作用。

教師的專業精神修養有三：敬業、樂業和勤業。這三種精神修養，來自教師的三種特具報酬：能將心思用在有價值的事物、創造的歡欣和清閒（註六）。故先爲說明這三種特具報酬，再言專業精神修養。

㈠教師特具的報酬：

1.能將心思用在有價值的事物　每一工作，都是工作者把心思用於事物之上，但是否用在「有價值」的事物上，則是問題。許多人做着例行公事，許多人簽名蓋章，不是瑣碎無聊，異常乏味，就是乾脆麻痺不仁，無動於衷。如同哈艾特所說，他們不是爲工作而工作，祇是看在錢的份上，容忍一切。教師的工作則不然，如果你是一位眞正瞭解一門極饒趣味而又重要科目的教師，你無論做什麼，總會感到眞正的樂趣，會很起勁地給學生們講解課文，用心解決他們的困難，每逢找到了一本新的參考書，就十分高興，一面教書，一面研究、學習。

嚴格地說，教師工作的對象，不是事物，而是生氣蓬勃的學生。社會上以「人」為對象的工作不少，以兒童、少年和青年為對象的就不多，而教師做的，又是在激發和啓廸他們智慧和心靈的工作，試問有什麼比這更有價值和更偉大呢？

當然，教師對於健全國民和建國人才的培養，社會文化的傳遞與發揚，尤負有重大的責任。良師興國，史不乏例。「為天地立心，為生民立命，為往聖繼絕學，為萬世開太平。」這是先儒對教師工作所立的界限，亦是教師工作價值的評估。這些工作，又是何等的有價值！教師為負責訓練兒童而操心，對社會及道德的進步而負責，要做他同胞的模範。教師實在是捨棄自私、不圖榮華富貴的高尚人物。

2. 創造的歡欣　教師第二種報酬，是創造的歡欣，這是和前面一種具有連鎖的關係。所謂「生命的意義在創造宇宙繼起的生命」，和「萬世開太平」，俱是教師所負的偉大的開創重任，而文化的傳遞和發揚中，更有文化的更新，這些都是教師工作的創造性。不過，這些創造是無形的、無名的，亦不是教師所能親自及見的。這裏所謂創造的歡欣，乃是顯然可見而又為教師所能欣賞和享受得到的，那便是對學生的創造。

教師的對象是兒童、少年和青年，教師的工作是激發和啓廸學生的心智，由這種激發和啓廸，可以獲得無限創造的歡欣。哈艾特說：「在學生跑來受教之初，他的心智尚未完全成熟，你不僅發現他們的見解模糊，想法過於單純；而且，會在他們心上找出一大片的空白。如果你教導有方，你絕不至於僅僅用一大堆事實去填滿那些空白。教學和替人注射五百CC的血清，或者給人吃一年的維他命丸不同。因爲你的對象是活的心智，你的工作乃是去鑄造它，使之成型。它有時會抗拒你，有時它又可能沒有反應，顯然用消極的方法拒絕接受你的任何影響。有時它又似乎過於容易鑄造，但是旋即熔化，仍然是一片平板，了無痕印。然而，只要你繼續工作下去，你所鑄造的型像通常會漸漸凝固，使你感到協助創造一個活人之無可比擬的欣慰。」可知敎師正同一位藝術家之繪畫，在學生空白的心靈上，用調和的彩色繪出一幅名畫，亦像一位音樂家之操琴，和緩地觸動學生思想上和情感上的心弦，刺激之、安慰之、興奮之、鼓勵之，創造出學生光輝的前程與和諧的人生。醫生給病人按脈，因爲病人的脈膊恢復正常，而感到生命力的流動；敎師敎導學生，同樣的見到學生的成長而感到欣慰和喜悅。

3.清閒　敎師第三種報酬是清閒。敎師不像其他工作者，每年上課或辦公的時間會到四十八或五十個星期，每天上課的時間，也會從上午八時一直到下午六時。普通，寒暑假就將近三個月，而且，就是有課的日子，敎師亦無須每一小時都坐在辦公室裏等待學生來找。當然，敎師在敎課之外，有許多工作要做，諸如敎師要準備考試的題目、批改卷子和作業、接見學生、課外的責任以及準備功課。尤其是準備功課，需要計劃、需要研究。但是，這些工作不必一定在辦公室的辦公桌上完成，可以在自己家裏，或者在圖書館的一個安靜角落裏去做，而且在時間的安排上，可以憑自己的選擇，在清晨、在黃昏、在假日、甚至在深夜。所以，敎師的工作在時間上說，不但是清閒的，而且是自由的。敎師有更多的自由，支配自己的時間，這是敎師爲其他工作者所常常羡慕的一種特有報酬和權利。但不幸的，是這種權利亦常常爲敎師們所誤用，這就是有關敎師專樂精神修養的問題。事實上，眞正好的敎師，並沒有太多的閒暇可以利用。所以，敎師第三種報酬與其說是清閒，毋寧說是自由更爲合適。

㈡專業精神修養

1. 敬業　古人說：「執事敬，與人忠。」敬業就是重視自己的工作和事業。任何事情，如果重視它，把它當一回事去做，沒有不會成功的。今天的教師，在笑貧不笑娼的社會上，地位已經一落千丈，人家已經看不起教師，如果教師自己再不重視自己，等於是喪失了信心和鬥志的戰士，絕對沒有戰勝的希望和機會。教師必須瞭解自己工作的性質，認清職責的重大，然後才能鄭重其事，認眞負責的完成自己的使命。法國心理學家費亥（André Ferré）著有教師的職業道德一書（註七）。其中第一章教師的天命，認爲人以自己的技業爲最美，最合適、而能樂其所業，全力以赴，非此不生，便是認識天命。天命使教師產生責任感和使命感，覺得有加於他人的精神上的行動的需要——傳道授業的需要。亦卽感到有加入他人的行動需要，擴張其影響力，將自己精神的寶庫給他人享受。有類傳敎士將其宗敎信仰帶到沒有它的民衆去，教師則將他的認識帶給無知的兒童、少年或青年。教師的這種認識也有信仰的意味，不過是倫理的、社會的、世俗的信仰。

敬業來自於教師的第一報酬，因爲既然能將心思用在有價值的事物上面，便知道自己工作的價值，甚至應該相信，唯有教育才是最有意義，對個人、社會、國家和文化最有貢獻的工作，由此而培養成「富貴不淫、貧賤不移、威武不屈」的堅强信念，不爲物慾所誘，不見異而思遷，能爲全民而教育，更願教育以終身。

教師要做到敬業，不外做到認眞和負責兩端。認眞，是認眞的準備功課、認眞的教學、認眞的指導學習、認眞的批改作業和認眞的考評學生成績。負責，則是對學生負責、對家長負責、對社會負責和對自己良心負責。能如此，才算是一位具有敬業精神的教師。

2.樂業　教師不但要重視自己的工作，而且還要樂於從事自己的工作。這種樂業的精神，來自創造的歡欣。學生們由於教師的教導，而知其所未知，能其所不能，有其所未有的態度和理想，教師眼看着學生們的成長而感到欣慰。當學生們一個個學成以後，進入社會，有所成就，有所貢獻時，教師會因爲這些貢獻和成就中，有過自己的努力而感到光榮和愉快——雖然社會和學生，都很少向教師表示尊敬和感謝。孟子說：「得天下英才而教育之，三樂也。」便是這個道理。

費亥教授在教師的天命一章中分十三節闡述，其中第五節教育天命的內徵，認爲教師天命的徵號，從行爲的分析看，有三種互相關聯而且不可或缺的心理要素：研究的嗜好、愛兒童及少年青年之心、傳道授業的需要。教師之愛兒童及青少年，乃父愛或母愛本能的延長，這種愛便是樂業的基礎。喜愛學生和研究的嗜好，正與「學不厭智也，教不倦仁也」，可以互爲發明。

孔子之所以成爲萬世師表，就在於其學不厭和教不倦。社會上學不厭的人可能不少，教不倦的人却不多。教不倦，便是教師的樂業精神，諄諄善誘，樂在其中。教師要能在教學中培養興趣，發現樂趣。找到一本新的參考書，您會求知若渴，先覩爲快；遭遇到問題，你會鑽之研之，然後嚐到克服困難後的輕鬆愉悅；學生對你的歡迎或抗拒，是一種激勵的挑戰，使你的生活多采多姿；你曾爲學生憂懼、生氣，甚至傷心，但只要你肯把心思用在學生身上，你終會寬恕他們，指導他們，以教育愛去滋潤幼苗，作育英才，讓自己陶醉在學生的天眞和笑容中，其樂融融。

安貧樂道，樂道安貧，唯有樂業的精神，才能「飯蔬食飲水，曲肱而枕之，樂亦在其中矣。不義而富且貴，於我如浮雲。」當然，教師之發現樂趣，主要在於培養興趣，而培養興趣，端在教師的第三種專業精神修養。

3. 勤業　勤業就是勤於自己的事業。這正是費亥所說的研究的嗜好。願意做教師，乃願意爲知慧的大家庭中的父母，亦即願意肯定他的智慧的美質。這與一般工人、手工業者、農人，在閒暇之時讀書、學習、聽廣播、欣賞音樂，完全異趣。教師之癖，乃是輕視財物，視精神事物重於五穀。所以，有教師天命的人，是發憤忘食的，對於讀物、認識、默省等，不視爲外在的奢侈的東西，而視同生活所必需的，不可一日或離的精神食糧。

教師的勤業，就是要勤於進修。而進修最大的理由和條件，是教師具有清閒和自由的報酬，教師有充分的時間，可資自由的支配和運用，把難得的清閒，用之於有價值的事物上面。一個不讀書的人才會滿意於自己學識的豐富，愈是學習的人，愈感到自己的不够，同樣，一個充分利用時間的人，才會苦於時間的不够。能够勤業的教師，不會覺得自己有太多的清閒。當然更不會把有限的時間，浪費於無謂的應酬，而又徒嘆時不與我。

教師的勤業，不限於學業的進修，乃包括進德和修業二者而言。學海無涯，固然需要繼續進修，而人師重於經師，潛移默化的人格感召，實居教育之首。是以砥礪品德，陶冶心性，更是教師隨時省察，終身涵泳的功夫。

總之，教師的特具報酬有三，專業精神修養亦有三，教師能將心思用在有價值的事物，然後才能由敬業而樂業；有了清閒和自由，才更需要和更能够勤業進修。亦惟有具備了敬業、樂業和勤業的專業精

聊「願」的原動力，才能發揮「知、能」的功效，做好一個教師，而享受到教師特具的報酬。

第二節　教師的進修

教師的進修，本屬於教師的專業精神修養之一——勤業，已見前述，不過，因爲進修對教師至爲重要，所以特爲另列一節說明。

一、教師進修的意義　一個優良教師，是職前的教育和在職的教育合併以養成的，職前教育的時間有限，在職教育的時間無窮。這種無限期的教師在職教育，就是教師的進修。

教師的進修，在內容上包括了進德和修業，進德是砥礪自己的品德，使自己眞正成爲一位人師；修業則是在修習所業。教師所業，有學識和教學技能，故修業要繼續不斷的增進學識，和改進教學的技能。此外，身心健康的發展，亦須隨時注意維護。所以，教師的進修，就是提高教師素質，促進專業生長的工作。

二、教師進修的重要　世界教師組織第十二屆大會，曾決議教師在學術和專業方面應具備的條件有：(註八)

1. 教師的職能應爲發展每個兒童的身體、心智和精神的潛能，培養能推理或批判而兼具創造思想的個人，並應負起促進國際瞭解和人類互愛的責任。
2. 教師所採用的方法應求不斷的改進，俾能與日俱新。
3. 教師所具有的普通和專業訓練的年期，必須要與他所擔負的責任，謀求適應。

4.敎師必須達到高度的專業標準。
5.必須保證敎師獲得精神上的自由和專業的地位。
6.敎師組織和政府，對於吸引優良敎師從事敎育工作，應共同負責。
因此可知敎師進修的重要。
敎師爲什麼要進修，其理由在於：
1.時代的需要　這一個時代是變動頻繁，進步神速的時代，一切觀念思想，科學知識，隨時在變，敎師必須隨時進修學習，與時俱進，否則，落伍陳舊的敎育，將使自己擯棄於敎育園地之外。
2.專業的需要　敎師要使敎學游刄有餘，就必須廣泛的學習，不斷的進修，才能把學生的心思帶到無限長的旅程上去，使他熱心學習，渴望進一步的深造而窺堂奧之秘，不致因爲自己敎材的平凡，使學生感到枯燥乏味，視學習爲畏途。而且敎師在敎學中，常常遭遇新的困難或問題，必須繼續研究，以求獲得圓滿的解決。如此，既可以增長學識，亦可以提高工作的興趣。
3.補救的需要　有些新敎師在職前敎育時期，沒有能養成專業的技能和態度，有待在職的進修以爲補充。更有許多敎師，未曾受有專業訓練，則更需要在職敎育，以爲補救，務期藉進修以使所有敎師達到圓滿的地步。
4.敎學相長　敎學的本質便是繼續生長的過程，禮記學記篇說：「雖有佳肴，勿食不知其旨也；雖有至道，弗學不知其善。是故學然後知不足，敎然後知困。知不足，然後能自反也；知困，然後能自强也。故曰敎學相長也。」敎師一面敎，便是一面學，而且亦需要一面學，所以梁啓超說：「敎育這門職

業，一面誨人，一面便是學；一面學，一面便拿來誨人。兩件事併作一件做，形成一種自利利他不分的活動。」（註九）

5.保持清新　教師要想使自己像泉源那樣清新，永遠地精力充沛，富有朝氣和活力，唯有進修。一位優良的教師，必須每一年、每一月、甚至每一週，都學到一些新的東西，讓自己與新的問題和刺激相接觸，以保持心靈的青春。

三、教師進修的方法　教師進修的方法很多，通常有下列數種：

1.閱讀　閱讀是教師進修最方便和最主要的一種方法，有關教育書籍、報章雜誌、本科參考和一般讀物，教師可隨時閱讀，充實學習，以爲教學之用。

2.參觀　參觀是增進實地經驗、改進教學技能方法的一種方法，校內的觀摩教學、校外的參觀活動，都可以增廣見聞，收到觀摩切磋之效。旅行訪問亦屬參觀的一種，可收觸類引申之效。

3.討論　平常在學校，同事之間可以討論切磋，亦可以透過各科教學研究會或特別組織討論會，以研討有關教學上的問題，從討論中交換經驗和心得，以資學習和改進。

4.聽講　社會上常有各種學術講演，或由學校邀請學者專家來校，作專題講演，教師都可以踴躍參加聽講，以獲取新知。空中的播音和電視的收聽，亦能有助於教師的進修。

5.講習　寒暑假期，教育行政單位、各大學以及師範院校，常有各種講習班講習會，甚至平時亦有此項講習的舉行，教師可以利用機會，參加進修。

6.函授　有些函授的組織，教師亦可參加，或者以通訊的方式，進行研究學習，可以解決經費和時間的困難。

7.深造　大學的夜間部，研究所或者國外的深造，都可以利用時間或休假考察的機會以進修。

8.研究　教師從實際發現的問題，或就自己興趣所近，作專題的研究，則更屬具體有效的進修。

9.發表　將研究所得的結論或心得，以語言或文字的方式，加以發表。這種發表，一方面可使自己的思想清晰有條理，一方面可以就教專家，以了解研究的結果是否正確有效，而且亦是對教育的一種貢獻。

10鍛鍊砥礪　除了學業的進修之外，身心的健康，有待隨時鍛鍊，品德的砥礪，需要終身涵泳，以期成為眞正完全的良師。

四、影響教師進修的因素　影響教師進修的因素很多，大致可以分為客觀的和主觀的兩種，分別說明如下：

1.客觀的因素

(1)進修的制度　假若一個國家，沒有健全的教師進修制度，則缺乏一種外在的法規和力量，以資鼓勵教師繼續進修。

(2)進修的環境　如果一個社會或學校，缺乏良好的進修風氣或環境，教師亦往往沒有進修的興趣、動機和機會。

(3)時間的問題　時間可以是客觀的因素，亦可以是主觀的因素。許多教師覺得任課鐘點太多，要準備教學，要批改作業，要指導學生學習，甚或兼負學校行政職務，還要忙於生活，實在無暇進修。一部分客觀的事實確是如此，但主要的，還是教師自己不知如何的安排和利用時間。

古人說：「勸人讀書，多謂無暇，不思嬉戲晝寢，爲暇多矣。一頁數行，偶然觸目，他日遇事，或卽恰收其用。自非幼學眞讀書者，斷無終日整襟危坐，限定讀書時刻之事也。」（註一〇）我們眞要讀書，則一頁數行，所謂開卷有益，隨時讀來，日積月累，所得必有可觀。所以，教師儘可合理安排工作的時間，避免無謂的應酬，少作費時的閒談，充分運用難得的清閒自由，以致力於進修。只要我們去找尋和把握，一定會有許多時間爲我們尋獲和利用的。何況時間的清閒與自由支配自己的時間，正是教師特具的報酬和權利。

(4)經濟的問題　經濟亦和時間一樣，是客觀因素，亦是主觀因素。現在教師的薪資僅足糊口，甚至仰事俯蓄，都有困難，不得不靠兼差維持生活。這種待遇之差，中外皆然。24-1是美國大學各科系畢業生（獲有學士學位）的起薪表：

業別	年薪
教師	五，九四〇
工程師	九，三一〇
物理學家	八，九一五
化學家	八，五二〇
會計師	八，四二五
經濟學家	七，八〇〇
市場專家	七，六二〇
文史學士	七，三七〇
警員	六，五五五
消防隊員	六，二〇〇

24-1　美國大學生比薪比較表

其中以教師爲最低，次低的是文學院畢業生，最「熱門」的理工科系畢業生，起薪最高。表中警員和消防隊員都沒有學位，起薪亦較教師爲高。（註一一）中小學教師每月區區二百元的教師研究費，報載卽將調整爲四百元，很顯然就是不重視教師進修和研究的表示。但教師之開源節流，利用其他補救方法，如集資購書、交換書報、利用圖書館以及投稿獲得報酬等，以克服經濟上的困難，則又屬主觀的因素。

2.主觀因素

(1)認識教師對進修的認識，非常重要。關於這一點，我們可以從教育的性質和功用說起。依照文化教育學者的說法，教育上有所謂「主觀」和「客觀」二個名詞，「主觀」是指個體，「客觀」是指文化，教育便是一種「客觀主觀化」和「主觀客觀化」的歷程。使客觀的文化變成主觀的個體所有，這是「客觀主觀化」，教育擔任了傳遞的任務；主觀的個體接受了客觀的文化以後，更能創造更多客觀的文化價值，這是「主觀客觀化」，教育擔任了創造的任務。前者是由外向內的注入，後者是由內向外的取出，但無論是注入或者是取出，其中有一基本條件，便是內在的覺醒。客觀文化財之傳遞於主觀的個體，並不像以車運貨，抽水灌田一般單純的運輸和灌注，而是有待個體的接受、消化、了解和體驗，所以必須有賴個人開啓其內在的門戶，傾注出蘊藏的能力而後可，這種開啓內在的門戶，便是內在的覺醒。由於個體內在的覺醒，然後才能自動積極的接受客觀的文化價值，獲致了解與體驗，從而形成健全的主觀精神。但教育的作用並不止於主觀精神的形成，還要由此進而創造客觀的精神價值。創造客觀的精神價值，則又有待於義務道德意識之確立，這種義務道德意識的確立，仍然屬於內在的覺醒。因爲這裏所謂義務道德的意識，不是外加的政治的或法律的義務道德，而是內在自發的。個體覺得自己在人生和文化中所處的地位和所負的責任，具有倫理的道德的義務，然後才能自動積極的使智能發放，創造價值，以充實客觀的精神。所以，教育的兩種過程，都在於內在的覺醒。(註一二)這種內在的覺醒，就是前節所說的天命；認識天命，正是教師對工作，對進修的認識。

我們教師本身便是主觀的個體，又是教育活動中的主體，自然更需要內在的覺醒、瞭解自己在教育文化中的位置和責任，在於提供經驗和創造文化——教學，這種義務道德的意識，必然會使我們努力進修，以求能有最佳和最有效的教學。而且，提供經驗和創造文化，必須要有經驗和文化財爲提供與創造的憑藉，才不致取出之茫然，則亦必須內在的覺醒，開啓內在的門戶，虛心以接納。這種開啓門戶，虛心接納，亦還是教師的進修。

關於教師的認識，還可以從事實上加以說明。除非我們教師不想把教學工作做好，否則，教學和學習是不能分開的。哈艾特曾說：

「如果一位女孩子已經選擇了教授法文作爲她的事業，那末她就不應當在背熟了指定的課本和文法後，再爲別的事情分心。她應當以一生的一部分時間，專門研究法國語文，法國的優美文學，以及歷史、藝術和文化等等。爲了良好的修養，並使自己成爲優良的法文教師起見，她應當集藏各種法文書籍，以便博覽羣書，增加知識。舉例來說：用一年的時間，遍讀巴爾札克的著作，第二年則研究普魯斯特，再次年研究莫里哀，……她不妨在一個大學的暑期班裏，選修幾門法文課程。此外，自然要盡可能地看些法國影片，學習欣賞雷繆的夠味的馬賽發音，或者隨斐南特爾來一陣哄堂大笑。因爲學習教書，並不全然是板着臉做工作，或者計劃着「自我長進」。它也是一種生活，因此，就含有享受，甚至於遊戲的成份在內，就如魯新納．飽育和查理斯．脫萊納的那些新的唱片。在遊戲時仍不忘學習，就可以把書教得更好。」(註一三)

這一段話不僅說明了教師進修方法的多彩多姿，亦且說明了教師進修的意義和價值。一個在小學教書的教師，可能永遠碰不到一個能了解李白和杜甫作品的學生，那爲什麼要去讀李白杜甫的詩？一位教自然的教師，爲什麼必須知道最新的化學方面的發現？一個理由是，假使一個教師不知一門科目的較高成就，便不可能了解其基本原則，他將不足以勝任這門功課的教學。另外一個理由是人類心智的容積是無限的，要教好一門功課，必須能將學生的心思帶到無限長的途程上去，使他熱心地學習入門知識，並企求進一步的深造。所以，教師的進修，端在於自己想不想把教學工作做好。

⑵情緒　教師對進修的態度，亦是情緒的問題。普通所謂苦與樂，並無一定的標準，有些教師認為進修沒有價值，被迫參加講習，痛苦萬分。事實上，境由情生，我們認為進修重要，進修就變得重要；我們覺得進修富有樂趣，進修自然興趣盎然。興趣是逐漸培養而成，樂趣是工作中發現而得。開始的時候，亦許是間接的興趣，為了某種目的，慢慢地自會產生興趣，發現樂趣，所謂勉而行之，安而行之，利而行之是也。「一簞食，一瓢飲，在陋巷，人不堪憂，回也不改其樂」，是所志不同，「發憤忘食，樂以忘憂」，是興趣所在，教師能把進修不但看作是一種「自我長進」，而且看作是一種生活，在生活中就含有享受，甚至遊戲的成份，在遊戲時不忘學習和進修，學習和進修時亦就遊戲和享受，寓進修於生活，就可以把書教得更好。這時候，教師對進修的看法，就不是外加的義務或費時失業的苦工，而是教學生活之必需和人生最高的享受了。

⑶能力　教師了解進修的重要，亦且樂意進修，但缺乏能力，亦不易進修。諸如學識基礎不够，工學科太差，或者訓練不够，不知如何進修，都足以影響進修工作的進行。但學業的進修，可就自己所教的學科，或教育的知識方法，購備適用的工具書，先閱讀適合自己能力的書報，向有經驗的人請教，參加進修的機關或團體，以求解決。至若進德方面，則多屬自己方寸一念之間，我欲建立理想，砥礪品德，理想品德自然建立砥礪。所以，教師進修是「為」與「不為」，而非「能」與「不能」，只要教師願意進修，就能進修。

⑷意志　最後一個主觀因素，便是毅力和恒心。教師知道進修、能够進修、樂意進修，而缺乏堅强的意志，一曝十寒，仍然難有效果。學海無涯，需經年累月的學習，品德陶冶，是終身涵泳的工夫，但只要教師隨時省察，處處體驗，學得一點，就是一點，做得一滴，就是一滴，開卷有益，做卽有效，爲者易成，克服困難，持續努力，必有所獲。

以上，對進修的認識，是知的因素；對進修的態度和情緒，是情的因素；能力是能的因素，克服困難，貫徹始終是意的因素；綜合知、情、意、能，由內在的覺醒和天命義務的意識出發，自然會排除障礙，努力以赴，不假外求，行之自然的進修。這些主觀的因素在於教師自己，求之於人者難，求之於己者易，何必捨易就難，坐待客觀因素的配合？不如卽時開始，由己做起。因爲，教師進修，獲益的除了自己，還有學生、學校和整個的教育！

摘　要

學記上說：「師嚴然後道尊，道尊然後民知敬學。」這句話說明了教師修養是如何的重要。儘管研究教師修養的演繹法和歸納法都有缺點，研究教師修養如何的困難，仍然可以獲得一種結論，那就是教師應該具有知、能、願三種修養。其中又以「願」爲最基本重要的動力。本章所謂「願」，是指敬業、樂業和勤業。此三者分別來自教師特具的報酬——能將心思用在有價値的事物上、創造的歡欣和清閒自由。

教師的進修，對於教師個人，學生以至教育，都有重大的關係。影響教師進修的因素有客觀的制度、環境、風氣，主觀的認識、情緒、能力和意志，亦有介於主觀客觀的時間和經濟，但以主觀的內在覺醒為最重要。教師要利用各種進修的方法，在身心的鍛鍊、專業的修習和品德的砥礪方面，勤於所業，才能提高自己素質，促進專業生長，成為有效的經師和成功的人師。

附註

一、見蕭孝嶸著　教育心理學　第廿二章第四一八～四二〇頁　正中

二、Roy O. Billt, Teaching in Junior and Senior High Schools. WM. C. Brown Company publishers, 1963. P.292

三、林本著　現代的理想教師　第一三七頁　教育部中等教育叢書

四、孫邦正著　普通教學法　第廿一章　第七一二～七二〇頁　正中

五、嚴景珊等譯　教學之藝術　第一一～六六頁　協志工業叢書

六、同五第八～九頁

七、引見涓埃　費亥名著　教師的職業道德簡介　新天地第五卷第九期

八、引見蔣建白　教師進修問題　師範教育研究第二〇五頁　正中

九、見梁任公學術講演集　第二輯第二一〇頁

一〇、見張之洞著輶軒語

一一、引見子瑜譯自五十八年三月三日美國新聞與世界報導之美國改善教師待遇

一二、引見王文俊　教育的展望　師範大學教育研究所集刊第三輯

一三、同五　第二章第十二頁　協志工業叢書

研討問題

一、你認為教師的修養中以專業精神修養為最重要嗎？為什麼？

二、你認爲優良的教師宜具備那些條件？
三、教師爲什麼要勤於進修？
四、何謂「師尊道尊」？
五、說明「學不厭智也，教不倦仁也」的意義。
六、你知道我國現在對中小學教師有那些進修的規定？試列舉之。

教育叢書書目

西洋教育思想史	林玉体	臺灣師大	已出版
西洋教育史	林玉体	臺灣師大	撰稿中
教育社會學	宋明順	臺灣師大	撰稿中
課程發展	梁恒正	臺灣師大	撰稿中
教育哲學	楊深坑	臺灣師大	撰稿中
電腦補助教學	邱貴發	臺灣師大	撰稿中
教材教法	張新仁	高雄師大	撰稿中
教育評鑑	秦夢群	政治大學	撰稿中
高等教育	陳舜芬	臺灣大學	撰稿中

中國現代史叢書書目（張玉法主編）

中國托派史	唐寶林	著	中國社科院	已出版
學潮與戰後中國政治(1945～1949)	廖風德	著	政治大學	已出版
商會與中國早期現代化	虞和平	著	中國社科院	已出版
歷史地理學與現代中國史學	彭明輝	著	政治大學	已出版
西安事變新探——張學良與中共關係之研究	楊奎松	著	中國社科院	已出版
抗戰史論	蔣永敬	著	政治大學	已出版
漢語與中國新文化啟蒙	周光慶 劉　瑋	著	華中師大	已出版
美國與中國政治(1917～1928)——以南北分裂政局為中心的探討	吳翎君	著	中央研究院	已出版
抗戰初期的遠東國際關係	王建朗	著	中國社科院	已出版
從接收到淪陷——戰後平津地區接收工作之檢討	林桶法	著	輔仁大學	已出版
中共與莫斯科的關係(1920～1960)	楊奎松	著	中國社科院	已出版
近代中國銀行與企業的關係(1897～1945)	李一翔	著	上海社科院	已出版
蔣介石與希特勒——民國時期的中德關係	馬振犢 戚如高	著	中國第二歷史檔案館	已出版
北京政府與國際聯盟(1919～1928)	唐啟華	著	中興大學	已出版

中等教育	司　琦　著	前政治大學
中國教育史	胡美琦　著	文化大學
中國現代教育史	鄭世興　著	臺灣師大
中國大學教育發展史	伍振鷟　著	臺灣師大
中國職業教育發展史	周談輝　著	臺灣師大
社會教育新論	李建興　著	臺灣師大
中國社會教育發展史	李建興　著	臺灣師大
中國國民教育發展史	司　琦　著	前政治大學
中國體育發展史	吳文忠　著	臺灣師大
中小學人文及社會學科教育目標研究總報告		
教育部人文及社會學科教育指導委員會　主編		
中小學人文學科教育目標研究報告		
教育部人文及社會學科教育指導委員會　主編		
中小學社會學科教育目標研究報告		
教育部人文及社會學科教育指導委員會　主編		
教育專題研究　第一輯		
教育部人文及社會學科教育指導委員會　主編		
教育專題研究　第二輯		
教育部人文及社會學科教育指導委員會　主編		
教育專題研究　第三輯		
教育部人文及社會學科教育指導委員會　主編		
選文研究——中小學國語文選文之評價與定位問題		
教育部人文及社會學科教育指導委員會　主編		
英國小學社會科課程之分析	張玉成　著	教育部人指會
教育部人文及社會學科教育指導委員會　主編		
如何寫學術論文	宋楚瑜　著	省政府
論文寫作研究	段家鋒、孫正豐、張世賢主編	政治大學
美育與文化	黃昆輝主編	總統府
師生關係與班級經營	陳奎憙 王淑俐 單文經 黃德祥　著	臺灣師大 臺北師範學院 臺灣師大 彰化師大

三民大專用書書目——教育

教育概論	張鈿富	著	政治大學
教育哲學	賈馥茗	著	臺灣師大
教育哲學	葉學志	著	彰化師大
教育原理	賈馥茗	著	臺灣師大
教育計畫	林文達	著	政治大學
普通教學法	方炳林	著	臺灣師大
各國教育制度	雷國鼎	著	臺灣師大
清末留學教育	瞿立鶴	著	
教育心理學	溫世頌	著	傑克遜州立大學
教育心理學	胡秉正	著	政治大學
教育社會學	陳奎憙	著	臺灣師大
教育行政學	林文達	著	政治大學
教育經濟學	蓋浙生	著	臺灣師大
教育經濟學	林文達	著	政治大學
教育財政學	林文達	著	政治大學
工業教育學	袁立錕	著	彰化師大
技術職業教育行政與視導	張天津	著	臺北技術學院
技職教育測量與評鑑	李大偉	著	臺灣師大
高科技與技職教育	楊啟棟	著	臺灣師大
工業職業技術教育	陳昭雄	著	臺灣師大
技術職業教育教學法	陳昭雄	著	臺灣師大
技術職業教育辭典	楊朝祥	編著	教育部
技術職業教育理論與實務	楊朝祥	著	教育部
工業安全衛生	羅文基	著	高雄市教育局
人力發展理論與實施	彭台臨	著	臺灣師大
職業教育師資培育	周談輝	著	臺灣師大
家庭教育	張振宇	著	淡江大學
教育與人生	李建興	著	臺灣師大
教育即奉獻	劉真	著	前臺灣師大
人文教育十二講	陳立夫等	著	國策顧問
當代教育思潮	徐南號	著	臺灣大學
心理與教育統計學	余民寧	著	政治大學
教育理念與教育問題	李錫津	著	臺北市教育局
比較國民教育	雷國鼎	著	臺灣師大